MAN RAY

SELBSTPORTRAIT

MAN RAY

SELBSTPORTRAIT

EINE ILLUSTRIERTE AUTOBIOGRAPHIE

Aus dem Amerikanischen
von Reinhard Kaiser

SCHIRMER/MOSEL

FÜR JULIET

Die Deutsche Bibliothek – CIP-Einheitsaufnahme
Ray, Man: Man Ray – Selbstportrait. – München:
Schirmer/Mosel, 1983. Einheitssacht.: Man Ray – selfportrait (dt.)
ISBN 3-88814-149-4

© dieser Ausgabe by Schirmer/Mosel, 1983/1998
Autorisierte Übersetzung des Werkes »Man Ray – Selfportrait«
© 1963 by Man Ray

ISBN 3-88814-149-4
Printed in Germany

Programminformation im Internet:
http://www.schirmer-mosel.de

MAN RAY, n. m. synon. de *Joie jouer jouir*

MARCEL DUCHAMP

> Picasso, Sie und ich, wir sind die größten Maler
> unserer Zeit, Sie im ägyptischen Stil, ich im modernen.
>
> *Henri Rousseau*

1   *Man Ray mit seiner Mutter, Philadelphia ca. 1895*

NEW YORK

Meine Mutter erzählte mir, mein erstes Strichmännchen hätte ich mit drei Jahren gezeichnet.

Später erfuhr ich dann, daß ich beinahe gar nicht geboren worden wäre. Mit ihren unschuldigen achtzehn Jahren war meine Mutter von den Anträgen meines Vaters in spe entsetzt, und sie trennten sich. Ein Jahr später trafen sie sich, beide unglücklich und verzweifelt, in Philadelphia zufällig wieder, und jetzt war sie mit einem gemeinsamen Leben einverstanden, auch damit, mich möglicherweise in die Welt zu setzen.

Meine früheste Erinnerung an die Begegnung mit Farbe stammt aus der Zeit, als ich fünf war. Wir wohnten in einem Zweifamilienhaus in einer stillen Sackgasse. Es gab mehrere Kinder, mit denen ich spielen konnte, darunter auch einen widerspenstigen jüngeren Bruder, den ich nur mit Bestechung oder unter Drohungen dazu bringen konnte, an all meinen Unternehmungen und Experimenten teilzunehmen. Ich hielt das für ratsam, um für den Fall, daß wir ertappt würden, die moralische Verantwortung und die Schuld besser verteilen zu können. Eines Nachmittags — die Anstreicher waren schon gegangen — lehnten diese hellgrün gestrichenen Fensterläden zum Trocknen an der Wand. Meine Mutter war mit der Nachbarin von oben zum Einkaufen ausgegangen. Mir kam eine Idee. Ich näherte mich den Fensterläden, drückte meine Hände darauf und schmierte mir die Farbe mit aller Sorgfalt ins Gesicht. Meine Spielkameraden überredete ich, es mir nachzutun, und dann legten wir uns hinter der Haustür auf die Lauer. Als unsere Mütter zurückkamen, sprangen wir hervor und schrien: *Buuuh!* Die eine Mutter stieß einen Schrei aus, die andere fiel fast in Ohnmacht. Als sie sich von dem Schrecken erholt hatten, schrubbten sie uns mit heißem Wasser und einer ganz abscheulichen Wäscheseife gründlich ab. Ich kann mich noch heute an den Naphtageruch erinnern, er war längst nicht so angenehm wie der von frischer Farbe. Unsere völlig verkleckst en Kleider wanderten in den Abfall. Wenn ich heute zurückblicke, erscheint mir das als Verschwendung, denn viele Jahre später, als moderner Maler, habe ich in Farbe getauchte Lumpen als Ausgangsbasis für meine Gemälde verwendet. Die eigentliche Strafe für dieses Abenteuer kam dann später am Abend, als Vater heimkehrte und davon erfuhr. Er verabreichte uns gründlich und kaltblütig eine Tracht Prügel.

Als ich sieben war, zogen wir nach New York, nach Brooklyn, und ein Vetter schenkte mir zum Geburtstag eine Schachtel Buntstifte. Damals hatten die Spanier in Kuba gerade das amerikanische Panzerschiff *Maine* in die Luft gesprengt, und die Zeitungen waren voll von Bildern dieses großartigen Schiffes. Eins dieser Bilder zeichnete ich genau ab, mit den Gefechtstürmen und den Geschützen, und kolorierte es dann höchst eigenwillig mit den Buntstiften, wobei ich das ganze mir zur Verfügung stehende Farbspektrum einsetzte. Während die Genauigkeit der Zeichnung allseits bewundert wurde, gab es Einwände gegen die Richtigkeit der Farben. Damals konnte ich einer solchen Kritik nichts entgegensetzen, aber meiner Meinung nach durfte ich meiner Phantasie freien Lauf lassen, weil das Originalbild schwarzweiß gewesen war; außerdem konnte ich auf diese Weise meinen Patriotismus zum Ausdruck bringen.

In den nächsten Jahren nutzte ich jeden freien Augenblick zum Zeichnen und Malen, ich kopierte alles mögliche, Chromolithographien von venezianischen Sonnenuntergängen ebenso wie japanische Holzschnitte. Schule und Hausaufgaben wurden vernachlässigt, und doch brachte ich es im englischen Aufsatz anscheinend mühelos zu guten Leistungen, und mein Lehrer lobte mich für meinen großen Wortschatz. Ich las viel, vor allem Dichtung, und beeinflußte auch meinen jüngeren Bruder, der daraufhin anfing zu schreiben; mit zehn oder elf Jahren produzierte er ein Sonett, das, wie mir schien, einem Keats in nichts nachstand. (Armer Bruder, er kränkelte und war nach einem Polioanfall verkrüppelt — damals gab es allerdings weder diesen Namen noch das dazugehörige Heilverfahren; seine große Sorge war es, daß er nicht wie wir anderen den Spaß und die Freuden des Lebens genießen könnte. Aber er wuchs heran, heiratete, hatte Kinder und wurde ein erfolgreicher Geschäftsmann.) Ich brachte ihm sogar Tennis bei, und er schloß sich enger an mich, sein Mißtrauen mir gegenüber schwand. Irgendwann wollte ich Schachspielen lernen; mit einem Buch brachte ich mir die Kniffe dieses Spiels selbst bei. In der Hoffnung auf einen Gegner wollte ich auch meinem Bruder Schach beibringen. Aber er erlernte das Spiel ohne jede Begeisterung; schon damals richteten sich seine Gedanken auf eine praktischere, direktere Beziehung zum Leben. Soviel ich weiß, hat er später nie mehr etwas geschrieben oder auch nur ein Buch gelesen.

Mit der Zeit begannen sich meine Eltern über mein heftiges Interesse an der Malerei Sorgen zu machen; zwar waren sie stolz auf das, was ich zustande brachte, aber die Aussicht auf eine sichere Zukunft konnten sie in diesem dilettantischen Treiben nicht erkennen, und so kam es zu endlosen Diskussionen darüber, wie ein ernsthafter Beruf für mich aussehen könnte.

Trotzdem wurde der Wunsch zu malen immer stärker, auch wenn sich einige der

Befürchtungen meiner Eltern auf mich übertragen hatten. Insgeheim zeichnete ich weiter, zeigte meine Arbeiten aber immer seltener vor. In Öl zu malen hatte ich noch nicht versucht; nach mehreren Museumsbesuchen schien mir das unerreichbar, aber ich war schon damals der Ansicht, daß gerade das Schwierigste und Unmögliche auch das Erstrebenswerte ist. Systematisch bereitete ich mich auf mein neues Wagnis vor. Ich bekam nur sehr wenig Taschengeld und wagte es nicht, meine Mutter anzubetteln, obwohl sie bei zusätzlichem Geldbedarf ein offeneres Ohr hatte als mein Vater. In unserer Nähe gab es — ziemlich merkwürdig für die biedere Gegend, in der wir wohnten — einen gut sortierten Laden für Künstlerbedarf, in dem ich hin und wieder einen Bleistift oder Radiergummi erstand. Natürlich verkauften sie auch Schreibwaren und andere Artikel, die mehr gefragt waren, aber meine Augen wanderten immer wieder zu dem offenen Fächerregal, das mit Ölfarben vollgestopft war. Mit meinem bißchen Geld kaufte ich von den billigsten Farben jeweils eine Tube, und wenn der Verkäufer einen Augenblick abgelenkt war, holte ich mir zwei oder drei weitere Tuben und ließ sie in meiner Tasche verschwinden. Dieses Manöver wiederholte ich ein paarmal und gelangte auf diese Weise in kürzester Zeit und unter denkbar geringem Geldaufwand zu einem kompletten Satz Farben. Gewissensbisse hatte ich nicht, denn was ich tat, galt ja, wie mir schien, einem überaus edlen Zweck. Das Malen eines Bildes betrachtete ich als den Gipfel menschlicher Leistung; und noch heute halte ich an dieser Überzeugung fest. Zumindest halte ich alle Künstler, gleichgültig, was sie produzierten, für bevorzugte, begnadete Wesen. Später, an einer passenden Stelle meiner Lebensgeschichte, werde ich dieses Problem vielleicht einmal etwas ausführlicher erörtern.

Aber noch mal zurück zum Klauen: Ich hatte eine ziemliche Fertigkeit darin entwickelt. Fagin, der Hehler aus *Oliver Twist,* wäre stolz auf mich gewesen. Ich wurde sogar selbst zu einem kleinen Fagin. Ich trainierte nämlich zwei oder drei Spielkameraden und schickte sie auf Beutezüge in Geschäfte mit offenen Ladentischen, aber mit der Anweisung, nur farbige Gegenstände mitgehen zu lassen. Eines Tages öffnete meine Mutter eine unbenutzte Schublade und entdeckte unter einem alten Hemd ein großes Vorratslager an nagelneuen Buntstiften, Garnröllchen, angeordnet in der Reihenfolge der Spektralfarben, und Flaschen mit roter, grüner und purpurfarbener Tinte. Ich legte ein Geständnis ab, aber, wie ich mit Stolz sagen kann, ohne meine Kumpane zu belasten. Mutter bestand darauf, mich in die Geschäfte zu führen, um dort Schadenersatz zu leisten. Aber listig behauptete ich, das Diebesgut stamme von den Handkarren herumziehender Straßenhändler und es sei schwer, sie wieder ausfindig zu machen.

Wenn ich zurückblicke, komme ich nicht umhin, die Vielfalt meiner Interessen und meines Erfindungsreichtums zu bewundern. Wirklich, ich war ein zweiter Leonardo da Vinci. Neben der Malerei erstreckte sich meine Wißbegier auf die menschliche Anatomie, die männliche wie die weibliche, sodann auf die Ballistik und die Mechanik im allgemeinen. Was das erste betraf, so dienten mir mein Bruder, zwei jüngere Schwestern und gelegentlich auch Kinder aus der Nachbarschaft als Versuchskaninchen. Eines der geschändeten Mädchen beklagte sich bei seiner Mutter, und ich bekam eine Tracht Prügel, die ich aber fast genoß: war ich ein angehender Sadomasochist?

Ich hatte mir eine kleine Kanone aus Eisen organisiert. In einem Geschäft für Jagdbedarf konnte man eine Unze Schießpulver kaufen, und als ich die Kanone damit lud und den Lauf mit Kugeln aus nassem, zusammengeknülltem Papier vollstopfte, brachte ich einen Knall zustande, laut genug, um sämtliche Nachbarn an die Fenster zu locken. Ich errettete eine halbtote Maus aus den Fängen einer Katze, lud meine Kanone, befestigte den Schwanz der Maus am vordersten Papierknäuel und gab Feuer. Ich war enttäuscht, als ich nach der Explosion feststellen mußte, daß sich die Maus nur ein paar Zentimeter von der Stelle bewegt hatte, aber ich bin sicher, das war der erste Versuch, ein lebendiges Wesen in den Weltraum zu schicken.

Ganz toll war es, sich aus einer Seifenkiste, einem Brett und vier Rädern, die man im Süßigkeiten- und Spielzeuggeschäft kaufen konnte, selbst ein Gefährt zu basteln. Ich wollte es besser machen als alle anderen. Also besorgte ich mir außer der Standardausrüstung noch ein kleines Faß und ein Stück Ofenrohr und baute daraus ein einigermaßen wirklichkeitsgetreues Modell einer Lokomotive — ein schwarzer Anstrich und ein bißchen Watte, als Rauch in das Ofenrohr gesteckt, machten die Illusion komplett. Nur meinen engsten Freunden erlaubte ich, damit herumzufahren, während die anderen neidisch zusahen. Eines Tages ging ich nach der Schule in den Hinterhof, wo dieses Ding untergestellt war, und fand es zerhackt in hundert Teile, daneben eine Axt. Einen Augenblick lang war ich wie betäubt, dann griff ich nach der Axt; Wut stieg in mir hoch; diesen Übeltäter mußte ich finden und mit dem Tomahawk erschlagen. Mutter war es gewesen; die Straße mit den vielen Fuhrwerken sei zu gefährlich. Ich heulte los und beteuerte, ich sei damit immer auf den Gehsteigen geblieben; aber sie war unerschütterlich und zeigte keinerlei Reue; es dauerte lange, bis ich das verwunden hatte, und verziehen habe ich ihr, glaube ich, nie.

In Kunst- und Geschmacksfragen dagegen zeigte sie mir gegenüber einen gewissen Respekt. Einmal nahm sie mich mit zur Modistin, um sie bei der Auswahl eines neuen Huts zu beraten. Man fragte mich um Rat, wenn ein neues Möbelstück angeschafft oder eine neue Tapete ausgewählt werden sollte. Ein Lampenschirm ging entzwei, und ich erbot mich, einen neuen zu machen. Mir schwebte etwas Ungewöhnliches, Originelles vor und außerdem etwas, das unzerstörbar war. Im Eisenwarenladen besorgte ich mir ein Stück biegsames Messingblech, zeichnete die Umrisse des kaputten Papierlampenschirms darauf ab und fügte dann ein kompliziertes Muster aus Schnörkeln und Blumen hinzu. Irgendwo hatte ich wohl eine chinesische Lampe aus perforiertem Metall gesehen, die ein geheimnisvolles, romantisches Licht verbreitete. Mit einem Nagel und einem Hammer begann ich, nach meinem Entwurf kleine Löcher in das Blech zu schlagen;

aber nach einiger Zeit wurde mir das zu mühsam — deshalb machte ich mich, als niemand zu Hause war, an Mutters Nähmaschine heran, entfernte das Garnröllchen und fing an, die Zeichnung mit der Maschine in das Blech zu sticheln, als wäre es eine Stickerei. Das ging viel schneller, aber die Nadel brach oft ab, und als ich mit der Arbeit fertig war, hatte ich die wenigen Nadeln alle verbraucht, ganz zu schweigen davon, daß die Maschine jetzt eierte. Der Lampenschirm fand große Bewunderung; meine Technik habe ich aber nie offenbart, und Mutter hatte fortan Schwierigkeiten mit ihrer Nähmaschine.

Mein Interesse an Tieren beschränkte sich auf die Hunde oder Katzen, die wir zuweilen im Haus hatten und die mir beim Zeichnen als Modelle dienten. Auch Pferde erregten meine Aufmerksamkeit, aber hier ging es mir mehr um das Reiten. In einer Nebenstraße lag eine große Brauerei, zu der gegen Abend die Fuhrwerke zurückkehrten; einer der Bierkutscher erlaubte mir, sein gewaltiges Percheronpferd in den einige Blocks entfernten Stall zu bringen. Aber eigentlich brachte das Pferd mich in den Stall. Rittlings saß ich auf ihm, ganz nah am Hals und hielt mich an der Mähne fest, und mit untrüglicher Sicherheit fand das Tier den Weg zu seinem Stall. Als einmal die Wild West Show in der Stadt war, konnte man ein Pony mit einem richtigen Cowboysattel mieten und damit auf dem Platz herumreiten. Ich stellte meinen Fuß in den Steigbügel, hatte aber Schwierigkeiten mich hinaufzuschwingen. Der Aufpasser gab mir einen freundlichen Tritt in den Hintern und fragte, ob ich Blei im Arsch hätte. Ganz gemächlich trottete das Pony um die Bahn, und nichts konnte es veranlassen, in Trab oder Galopp zu wechseln. Ich verlor das Interesse an Pferden. Jahre später, als ich zum erstenmal ein Pferderennen sah, hatte ich nicht den Eindruck, daß die Jockeys ihre Tiere irgendwie unter Kontrolle hätten; es waren sture, eigensinnige Kreaturen, die nur liefen, wenn ihnen danach zumute war. Neben dem Murmelspiel und dem Kreiseltreiben erwarb ich mir auch die Grundkenntnisse im Kartenspiel und im Würfeln, aber zu gewinnen oder um Einsätze zu spielen, interessierte mich eigentlich nicht; ich kam zu dem Schluß, daß ich nicht das Zeug zu einem Spieler hatte. Vielleicht war es die Angst vor dem Verlieren; es wurde mir widerwärtig, mit anderen irgend etwas zu spielen oder zu tun, wobei es um Glück oder Geschicklichkeit ging.

Mit vierzehn Jahren kam ich auf die höhere Schule, und hier ging der Ärger dann richtig los. Neben dem üblichen Unterricht in Geschichte, Mathematik und Sprachen hatten wir auch zwei Zeichenstunden pro Woche, eine in Freihandzeichnen und eine in technischem Zeichnen. Ich habe ihre Namen vergessen, aber die beiden Zeichenlehrer waren so verschieden wie Schaf und Schäferhund. Der Freihandlehrer war in jeder Hinsicht ein Künstler, mit sanften, grauen Augen, einem weichen Spitzbart und einer lispelnden Stimme. Wie viele Kunstlehrer war er offenbar ein verkrachter Maler und wurde nun zur Zielscheibe einer flegelhaften, zu jedem Unfug aufgelegten Klasse, die die Stunden bei ihm als Erholung von den ernsteren Unterrichtsstunden betrachtete. Nicht einmal die Pau-

sen, die mehr oder weniger zur Vorbereitung auf die dann folgende Stunde her-
halten mußten, boten solche Gelegenheit zu allgemeinem Übermut und
Papierkügelchen-Werfen. Die Stimme des Lehrers zitterte und er war den Tränen nahe, wenn er versuchte, uns die Gesetze der Perspektive und des Bildauf-
baus zu erklären. Ebensogut hätte er einer Horde Schimpansen die Feinheiten
des Balletts nahebringen können. Er tat mit leid, und ich gab mein Bestes, um
ihn durch Aufmerksamkeit und Tüchtigkeit zu trösten. Natürlich wurde ich mit
Leichtigkeit Klassenbester und trug am Ende des Schuljahrs alle Preise davon.
Meine Zeichnungen wurden aufgehängt, und man stellte mich als Vorbild für die
Klasse hin. Das machte mich bei den anderen nicht gerade beliebt; auch ich hatte
unter ihren Streichen zu leiden. Ich war der Liebling des Lehrers.
Der Lehrer für technisches Zeichnen war ein nüchterner, kleiner, dünner Mann,
Absolvent des Massachusetts Institute of Technology, der zu Mittag an seinem
Pult Rosinen und Nüsse aß, während er seine Papiere durchging. Immer wieder
schweifte er von seinem Thema ab und ließ sich auf irgendwelche philosophi-
schen Exkurse ein. Die Tafeln waren geziert mit Schaubildern in farbiger Kreide,
dazwischen eingeflochten Wahlsprüche wie *Ich denke, ich kann, ich will* . Diesem
Lehrer wurde mehr Respekt entgegengebracht als dem anderen, aber das Interesse am Unterricht war auch hier sehr gering, die Schüler ließen diese Plackerei
nur über sich ergehen, weil sie dadurch ihre Punktzahl für das Schuljahr erhöhen
konnten. Ich mochte diesen Mann sehr; er vereinigte alle erdenklichen praktischen Fähigkeiten mit einem staunenswerten Gefühl für das Zeichnerische, und
meine Bewunderung war komplett, als er unsere Schulabgangsabzeichen in Gold
mit einem Flachrelief von Michelangelos David-Kopf entwarf, umgeben von einem emaillierten Ring in den Farben unserer Schule. Nicht nur dem regulären
Unterricht folgte ich mit großer Aufmerksamkeit, auch in den Pausen eilte ich
in sein Zimmer, wo er mir alle Papiere und die Zeichnungen, die er in seinen
Studienjahren angefertigt hatte, überließ, so daß ich am Ende meiner Schulzeit
eine vollständige Fachausbildung in den Grundzügen von Architektur, Ingenieurwesen und Schriftkunst absolviert hatte. Das sollte mir später sehr zustatten
kommen, als ich mich entschloß, meinen Lebensunterhalt selbst zu verdienen
und mich unabhängig zu machen. Sogar nach den Schulstunden ging ich zu ihm
und half ihm bei der Erledigung von bürokratischer Routinearbeit für die Schule.
Wie schon gesagt, die anderen Fächer hatten unter dieser Konzentration auf die
Kunst erheblich zu leiden. Vor allem Geschichte war mir eine Qual. Ich war der
schlechteste von allen, eine Schande für die Klasse, und brachte den Lehrer zur
Verzweiflung. Alle anderen außer mir hatten die für den Schulabschluß erforderliche Punktzahl erreicht. Dem Geschichtslehrer war es unbegreiflich. Ich machte
doch einen intelligenten Eindruck. Meine Hefte, in schöner, gleichmäßiger
Handschrift geschrieben, waren mit farbenfrohen Karten der Feldzüge Caesars
und mit Zeichnungen römischer und griechischer Tempel, Rüstungen und Mün-
zen illustriert. Um das Gesicht zu wahren, behielt er mich eines Nachmittags da,

legte mir eine Liste mit vorformulierten Fragen vor und bat mich, die Antworten gleich nachzuschlagen und dann auf einen neuen Bogen Prüfungspapier zu schreiben. Ich bestand mit der erforderlichen Punktzahl.

Auf Empfehlung der beiden Zeichenlehrer wurde mir bei der Schulabschlußfeier mitgeteilt, daß ich ein Stipendium zum Architekturstudium an einer bedeutenden Universität erhalten würde. Jetzt waren meine Eltern wirklich entzückt und stolz auf mich. Ich hatte langsam Vernunft angenommen. Ich selbst war damit einverstanden, Architekt zu werden, mir schien, dabei könne ich die Kunst mit dem Respekt der Gesellschaft vor praktischeren Berufen verbinden. Ich dachte an all die schönen französischen, italienischen und griechischen Kathedralen und Bauwerke, die ich in Büchern so eingehend studiert und von denen ich genaue Zeichnungen gemacht hatte. In unserer Stadt bewunderte ich vor allem die klassische Front des Brooklyn Museum, den eleganten Turm von Stanford Whites Madison Square Garden und die kühne Bauweise des modernen Flatrion Building. Im Juni war die Schule zu Ende, und ich hatte den ganzen Sommer für mich, bevor ich mich im September am College immatrikulieren sollte. Zu Hause war alles ruhig — es herrschte Waffenstillstand in Erwartung der neuen Laufbahn, die ich einschlagen sollte. Aber Ferien und Freiheit bedeuteten für mich Zeichnen und Malen. An sonnigen Tagen packte ich den Farbkasten ein, nahm die Hochbahn bis zur Endstation und war im Nu am Stadtrand von Brooklyn — offenes Land, Scheunen, Pferde und Kühe weideten auf den Wiesen. In dieser Einsamkeit kam ich mir vor wie ein zweiter Thoreau, der alle gesellschaftlichen Fesseln und Pflichten abgeworfen hat und beim Malen hatte ich das Gefühl, meine Gedanken und Empfindungen, würden direkt durch meinen Arm auf die Leinwand fließen. Nachher aber mußte ich feststellen, daß meine Bilder doch nicht vermittelten, was ich wirklich empfunden hatte.

Den ganzen Sommer über malte ich, drinnen und draußen, schabte die wenigen Holztafeln und Leinwände wieder ab, um sie noch einmal zu verwenden und ging mit meinen Farben sehr sparsam um. Aber je näher der Tag meiner Immatrikulation rückte, desto größer wurden meine Bedenken und Zweifel. Schließlich verkündete ich zu Hause, ich würde das mir zuerkannte Stipendium nicht antreten und statt dessen arbeiten gehen — meinen Lebensunterhalt selbst verdienen. Es schien mir nicht ratsam, hinzuzufügen, daß ich in meiner Freizeit weiterhin malen wollte. Ich hatte genug von der Schule. Nach dem ersten Schock ungläubiger Verblüffung beruhigten sich meine Eltern. Schließlich nahm ich ihnen mit meiner Entscheidung ein Stück Verantwortung ab; es gab einen Esser weniger am Tisch.

Jetzt begann für mich die Zeit der Stellensuche. Bei meinen Fahrten mit der Hochbahn war mir aufgefallen, daß es auf jeder Station einen Zeitungskiosk mit einem Verkäufer gab. Ich bewarb mich, und schon bald, nachdem man mich kurz eingearbeitet hatte, wurde mir eine Station zugewiesen. Nach Ablauf einer

Woche holte ich mir meinen Lohn ab und kehrte nie mehr zu meinem Kiosk zurück. Die Firma stellte keine Nachforschungen an.

Ich schrieb auf eine Anzeige, in der ein Graveurlehrling gesucht wurde. Noch nie war mir in den Sinn gekommen, mich mit diesem Zweig der Kunst näher zu befassen, aber jetzt war meine Neugier geweckt. Um mich vorzustellen, mußte ich in ein Büro in einem alten schmuddeligen Gebäude unterhalb der Brooklyn Bridge auf der New Yorker Seite — unter dem Arm trug ich eine Mappe mit Arbeiten von mir, Freihandzeichnungen und technische Zeichnungen. Ein grauhaariger Mann mit schwarzen Händen, der eine Schürze trug, sah sie sich genau an und erklärte dann, das hätte zwar nicht direkt mit dem zu tun, was sie hier machten, offenbar sei ich jedoch begabt, und wenn ich lernwillig sei, so könne ich gleich anfangen. Von Bezahlung war nicht die Rede: ich hielt es für klüger, diesen Punkt dem Gerechtigkeitssinn meines zukünftigen Chefs zu überlassen. Er führte mich in eine nach Säure riechende Werkstatt, wo drei oder vier Arbeiter an Tischen saßen, auf denen sich etwas stapelte, das wie ein Haufen Regenschirm- oder Spazierstockgriffe aussah. Mir wurde ein leerer Stuhl neben einem der Arbeiter, der mich anlernen sollte, zugewiesen. Er nahm sich einen der Griffe, die mit einem kreideartigen Überzug vorbehandelt waren, und kratzte dann mit einer Radiernadel sehr flink einige Blumen und Blätter hinein. Er erklärte, dies sei ein silberner Griff, und nach dem Zeichnen werde er in ein Säurebad getaucht und dann gereinigt. Dann zeigte er mir einen glänzenden, hübsch gravierten Silbergriff — das fertige Erzeugnis.

Radiernadel und Säurebad, das bedeutete für mich Rembrandt, Goya, Whistler. Trotzdem, als ich an diesem Abend nach Hause ging, beschloß ich, mich darauf einzulassen; ich war mir sicher, daß ich diese Kunst meistern und Geld verdienen könnte — und das war zunächst einmal die Hauptsache.

Am Ende der Woche hatte ich es auf zwanzig Stück in der Stunde gebracht, fast alle verschieden, denn ich hielt mich nicht, wie die anderen, an ein bestimmtes Muster. Ich improvisierte immer wieder neue Entwürfe, Büschel von Kirschen oder Trauben, dazwischen zur Abwechslung hier und da eine Biene oder ein Schmetterling. Es war zwar wichtig, Geld zu verdienen, aber ich wollte mich doch nicht zum Automaten machen. Als wir uns am Samstagmittag im Büro unseren Lohn abholten, behielt mich der Chef zu einem kleinen Schwatz da. Ihm gefiel mein Fleiß, und er versprach, in ein paar Monaten wolle er mich auf Akkordbasis bezahlen. Anscheinend hatte ich die Lehrlingszeit schneller hinter mich gebracht als üblich. Und dann händigte er mir drei Dollar aus. In der nächsten Woche kam ich nicht wieder zur Arbeit.

Meinen nächsten Job fand ich in einem Anzeigenbüro am Union Square, 14. Straße. Der Chef war ein gut aussehender, dynamischer junger Mann, der ständig unterwegs war, um Abschlüsse zu tätigen, und einen Haufen Geld verdiente. Meine Arbeit bestand darin, das Layout und die Typographie von Anzeigen vorzubereiten, wobei ich die Stellen freiließ, die dann von den erfahreneren und besser bezahlten Künstlern mit Gesichtern und Figuren ausgefüllt wurden. Einer von diesen Leuten brachte es fertig, ohne vorherige Bleistiftskizze mit einer einzigen, gleichmäßigen Linie eine sinnliche, bezaubernde Gestalt aufs Papier zu bringen, indem er mit seiner Feder am Unterrand des Blattes ansetzte und sich dann langsam hocharbeitete. Ich bewunderte ihn und verabscheute ihn zugleich. Ständig war er halb betrunken, mit einer feuchten Zigarre im Mund und einem unerschöpflichen Repertoire an schmutzigen Witzen. Ich lauschte mit gemischten Gefühlen. Seit zwei oder drei Jahren machte mir die Sexualität zu schaffen. Vor der Pubertät hatte ich aus Neugier ein paar kleine Mädchen untersucht, und mit einem Buch oder einer Süßigkeit als Bestechungsgeschenk hatte ich es hin und wieder auch zu einem Doktorspiel mit Anfassen gebracht. Später hatte es dann einige vorübergehende Liebschaften gegeben, mit Knutschen und Schmusen, aber zufrieden machte mich das nicht. Ich hatte noch nie eine leibhaftige nackte Frau gesehen.

Über Abbildungen von griechischen Plastiken und Ingres' Aktbildern hatte ich gebrütet, hatte sie abgezeichnet — angeblich zu Übungszwecken, aber innerlich wußte ich sehr genau, was mich eigentlich interessierte — die Frauen. Jetzt, wo meine Abende frei waren, fiel mir ein, es sei vielleicht gar nicht so dumm, an einem Kursus für Aktzeichnen teilzunehmen. Ich meldete mich bei einem Institut oberhalb des Stadtzentrums an; aber zu meiner Überraschung sollte ich als Anfänger zunächst nach antiken Gipsabgüssen zeichnen. Als Aufgabe wies man uns eine Apollostatue zu — selbst in Gips blieb mir die Frau versagt. Mehrere Abende lang quälte ich mich ohne Begeisterung mit dieser Arbeit herum und als mein Interesse völlig dahin war, fing ich an, den Rand des Blattes mit flüchtigen Skizzen der übrigen Schüler zu versehen. Als der Zeichenlehrer zur Korrektur vorbeikam und sich vor meiner Zeichnung niederließ, schüttelte er den Kopf. Da sei kein Leben drin. Im stillen gab ich ihm recht. Sicher, wenn ich ein paar Jahre so weitermachen würde, könne ich noch besser werden und vielleicht eine Silbermedaille erringen, meinte er ziemlich sarkastisch. Aber die Zeichnungen an den Rändern, die ließen ein gewisses Interesse und eine gewisse Munterkeit erkennen. Warum ich das hier nicht sein lassen und auf eigene Faust weitermachen wolle; das tun, was mich interessiere? Ich folgte diesem weisen Rat und besuchte den Kursus nicht mehr. Bedauerlich war nur, daß ich die Gebühr für den Monat im voraus bezahlt hatte. Ich meldete mich bei einer anderen Abendschule, wo ich gleich in die Klasse für Aktzeichnen eintreten durfte.

Eine nackte Frau von gewaltigen Ausmaßen posierte auf einem Podest. An die zwanzig Schüler, die sich um das Modell gruppiert hatten, hantierten eifrig mit Holzkohle, Radiergummi und Lederläppchen. Mir wurde ein leerer Stuhl mit einem Tisch davor zugewiesen, auf den ich wie die anderen meine Zeichenmappe legte. Hin und wieder hielt ein Schüler ein Stück Zeichenkohle in die Höhe, um die Proportionen des Modells abzumessen, oder prüfte mit einem Senkblei die Pose. Es mußte eine ziemlich fortgeschrittene Klasse sein, denn die Zeichnungen waren sehr vergeistigt und elegant, aber ein Rätsel war es mir, woher sie ihre anatomischen Kenntnisse hatten. Obwohl ich schon über eine ganze Menge Erfahrung im Zeichnen verfügte, hatte ich mich an dieses Thema noch nie herangewagt. Schon sehr bald sollte ich dieses Geheimnis lüften. Ich fing an, die Umrisse der Pose in kräftigen schwarzen Strichen zu skizzieren, in einem Stil, der sich von allen anderen Zeichnungen vollkommen unterschied, und hatte nach einer Stunde das Gefühl, meine Zeichnung sei fertig. Die anderen hatten an den ihren tagelang gearbeitet. Ich prüfte meine Striche noch mal, veränderte und verbesserte hier und da etwas, bis meine Zeichnung schließlich ein totaler Kohledschungel war, in dem sich eine fremdartige, urtümliche Gestalt abzeichnete.

Der Zeichenlehrer galt als eine der größten lebenden Autoritäten für Anatomie, hatte Bücher über dieses Thema geschrieben und sie mit eigenen Zeichnungen illustriert. Als er zu mir kam und sich mit einer Zigarre im Mund vor meiner Arbeit niederließ, sagte er ein paar Augenblicke lang gar nichts. Dann ließ er die Zigarre in einen Mundwinkel rutschen und sprach: Was ist das? Ein Pferd? Im Inneren stimmte ich ihm leidenschaftlich zu. Er nahm ein Stück Kohle zur Hand und skizzierte neben meinen groben Andeutungen einen Kopf, dessen Rundung er mit Hilfe geometrischer Ebenen anschaulich machte. Mit dem Finger fuhr er auf dem Arm meiner Zeichnung hinab, hielt am Ellbogen inne und zeichnete die Einzelheiten der Sehnen und des Gelenks ein. In der gleichen Weise zeichnete er weiter unten das Kniegelenk und die Form der Kniescheibe, alles Dinge, die an dem Modell nicht sichtbar waren. Ich bewunderte seine Gewandtheit und begriff jetzt, wie die Schüler zu ihrem anatomischen Wissen gekommen waren. Mit ein paar Ratschlägen, ich solle mich erstmal »dahinter klemmen« und mich nicht als Künstler aufführen, solange ich nicht über einige Grundlagen verfügte, wandte er sich dem nächsten Schüler zu, lobte ihn ohne Vorbehalt und brachte an dessen sauberer Zeichnung keinerlei Korrekturen an.

Ich hatte einen Freund, der Musiker werden wollte, der aber, um seine Eltern zu beruhigen, Medizin studierte. Wir führten lange Gespräche, in denen wir Musik und Malerei in ihrem Wert miteinander verglichen, wobei er auf dem Vorrang seiner Kunst vor der meinen beharrte, weil sie mathematischer, logischer und abstrakter sei. Zum Teil stimmte ich ihm zu, aber ich hatte ja die Absicht, später auch abstrakt zu malen. Ich wußte zwar noch nicht wie, aber ich war mir sicher, daß es dahin kommen würde, wenn ich die Grundlagen meiner Kunst beherrschte, und zu diesen gehörte auch die Anatomie. Er müsse sich in seinen medizinischen Seminaren doch auch mit Anatomie befassen. Und wie wurde sie gelehrt?

Na ja, zum einen, so erzählte er, hätten sie einen Sezierraum, wo sie Leichen untersuchten, die ihnen aus dem Leichenschauhaus übersandt wurden. Ich mußte an Leonardo da Vinci denken, der die Körper hingerichteter Sträflinge oder nicht identifizierter Frauen gekauft hatte, und an seine umwälzenden Entdeckungen auf dem Gebiet der menschlichen Anatomie. Gewiß, auch ich hatte einmal im

18

Biologieunterricht einen Frosch seziert, aber das war Kinderkram. Ich fragte ihn, ob ich nicht einmal mit in diesen Sezierraum kommen könnte. Er hatte Zugang zu dem Raum, wenn die anderen Studenten gegangen waren, und konnte mich an einem Samstagnachmittag einmal dorthin mitnehmen. Als ich den Raum zum erstenmal betrat, hätte mich der Gestank vor allem der Desinfektionsmittel beinah umgeworfen. Mein Freund gab mir zu verstehen, daß man die Leichen fast eine Woche dabehielte, weil man sich auf einen regelmäßigen Nachschub nicht verlassen könne. Ein Dutzend Tische waren mit alten fleckigen Tüchern bedeckt, unter denen sich die Körper undeutlich abzeichneten. Mein Freund schlug eines der Tücher zurück, und es kam ein Mann zum Vorschein, bei dem der größte Teil der Haut entfernt war, die Muskeln waren freigelegt wie bei den künstlichen Modellen. Mir fiel auf, daß die Geschlechtsteile des Mannes fehlten. Im Scherz fragte ich meinen Freund, ob man sie aus Gründen der Schicklichkeit entfernt habe. Aber nein! Wenn eine frische Leiche eintraf, war das immer die erste Operation, die die Studenten durchführten, um das Organ einem anderen in die Manteltasche oder ins Pult zu schieben. Ich hatte ein Skizzenbuch mitgebracht und wollte eigentlich ein paar Studien machen, um sie später in der Aktklasse in richtige Zeichnungen umzusetzen und auf diese Weise den Anatomielehrer durch meinen Eifer zu überraschen und zu erfreuen. Aber es war nicht leicht, hier zu arbeiten, es gab keine Stühle, und wo auf den Tischen eine freie Stelle war, war es zu schmutzig. Ich ließ die Idee fallen und begnügte mich damit, zwei oder drei weitere Körper in Augenschein zu nehmen, darunter auch den einer Frau, die nicht interessanter war als das erste Modell in der Aktklasse. Immerhin gab es bestimmt viele Anatomielehrbücher; ich würde dort nachschauen. Das nächste Modell in der Aktklasse war ein Mann, dem nichts fehlte und dessen Gelenke und Muskeln deutlicher hervortraten. Eine Woche lang vergaß ich mein Interesse am anderen Geschlecht und widmete mich in höchst abstrakter Form dem Anatomiestudium. Meine Zeichnung hätte vielleicht einen Michelangelo interessiert, nicht aber meinen Lehrer. Nach ein paar ironischen Bemerkungen über meine Phantasie und ein paar Korrekturen schlug er mir vor, eine Woche auszusetzen und in den Museen die alten Meister zu studieren. Bei all meinen Besuchen in Gemäldegalerien hatten mich die älteren Malerschulen nie beeindruckt, immer hatte ich mir die wenigen impressionistischen Bilder herausgesucht, die sich dort eingeschlichen hatten.

Ich setzte eine Woche aus, aber nur um in die Klasse für Porträt- und Stillebenmalerei überzuwechseln. Der Lehrer war ein sehr bekannnter, erfolgreicher Maler, dessen Fischstilleben ihm pro Stück zweitausend Dollar einbrachten. Dieser Mann, eine imposante Erscheinung mit grauem Spitzbart, Schnurrbart und einem breiten schwarzen Band an seinem Zwicker, mit einer Art Orden am Rockaufschlag und einem hohen, von einem großen Smaragd geschmückten Stehkragen aus Satin, war bekannt für seine Abneigung gegen alles Nackte, sowohl im Unterricht wie auch auf Gemälden. Deshalb umhüllten die Schüler an den Tagen, wo er zugegen war, die Beine der Stühle sorgfältig mit Tüchern. Aber zumindest eine angenehme Eigenschaft hatte er; er ließ zu, daß wir ein Porträt oder ein Stilleben innerhalb einer einzigen Sitzung fertigstellten. Das war eine große Erleichterung gegenüber den anderen Klassen, wo man sich eine ganze Woche lang mit ein und demselben Thema herumschlagen mußte.

Als das Anzeigenbüro ganz unerwartet zumachte, verlor ich meine Stelle. Nach einigen Wochen planloser Suche fand ich eine Anstellung als Schriftzeichner und Layouter in einem großen technischen Verlag. Die Firma hatte sich auf Ingenieurwesen und Maschinenbau spezialisiert. Die Geschäftsräume lagen im zwölften Stock eines Hochhauses, alles brandneu, geschmackvoll in goldbrauner Eiche möbiliert und mit großen Fenstern, die auf den Hudson River hinausgingen. Mir wurde ein Schreibtisch ungefähr so groß wie ein Fußballfeld zugewiesen, auf dem alle Arbeitsgeräte bereitstanden. Neben mir saß ein junger Mann in meinem Alter, ordentlich gekleidet und sehr tüchtig bei der Arbeit, mit dem ich mich bald anfreundete. Er rauchte Zigarren, genau wie unser Chef und die meisten wichtigen Zeichner; alle anderen rauchten Pfeife. Auch ich hatte Pfeife geraucht, aber schon bald tat ich es meinem Kollegen nach und wechselte zur Zigarre über. Das war kein übertriebener Luxus, immerhin verdiente ich jetzt fast doppelt so viel wie vorher, und eine anständige Zigarre kostete fünf Cents. Manchmal blieben wir, mein neuer Freund und ich, nach der Arbeit in dem Stadtviertel, dem interessantesten von ganz New York, mit den Theatern, den Kinos und den großen Hotels. Wir aßen eine Kleinigkeit und sahen uns einen Film an. Eines Abends kamen wir an einem Theater vorbei, in dem eine Operette gespielt wurde, *The Chocolate Soldier* nach dem Stück von Bernard Shaw *Arms and the Man* (»Helden«). Die meisten Stücke von Shaw hatte ich gleich nach ihrem Erscheinen gelesen; ein Vetter von mir war literarisch sehr interessiert und hatte mir die Bücher geliehen, die mich damals tief beeindruckten. Wir kauften zwei billige Karten für die Galerie, aber die Plätze waren schlecht; die Bühne war kaum zu sehen. Ich sprach mit dem Platzanweiser und bot ihm etwas Geld an, falls er uns bessere Plätze verschaffen könnte. Das Theater war nicht voll besetzt, und so führte er uns zu einer leeren Loge in der Nähe der Bühne. Sitze gab es hier keine, wohl aber einen Diwan, offenbar reserviert für eine Zuschauerin, die leidend und eines Artzes bedürftig war. Ausgestreckt auf der Couch, für das Publikum unsichtbar, konnten wir dem Stück im größten Luxus folgen. Mein Freund äußerte sich nicht, ich aber war hingerissen. Ein andermal schlug ich die Metropolitan Opera vor, aber mein Freund entschuldigte sich. Er wollte an diesem Abend seine Freundin treffen, die er bald heiraten würde. Ich ging allein, stand für die Galerie an und stand auch während der ganzen Oper: *Tosca*. Es war sehr warm, meine Füße taten mir nach einiger Zeit weh, und mit Bedauern dachte ich an den *Chocolate Soldier* zurück. Deshalb habe ich später und noch bis heute irgendwelche Aufführungen immer zuerst danach ausgesucht, wie komfortabel die Bestuhlung war, die das Theater zu bieten hatte. Dann gab es auch das konkurrierende Manhattan Opera House, dessen unternehmungslustiger Direktor die modernen Werke vorstellte. Ich sah *Salome, Elektra, Ariadne und Blaubart* und den Tanz der Isadora Duncan. An den Samstagnachmittagen besuchte ich auch die Symphoniekonzerte in der Carnegie Hall; ich machte mir nicht viel aus Beethoven, Brahms und Mahler, war aber ganz hingerissen von Bach. Mein musikalischer Freund, den ich von Zeit zu Zeit traf, hielt Bach für gefühllos und übermäßig streng; vielleicht ergriff mich Bach so sehr wegen meiner exakten Ausbildung in technischen Fächern; er war mir geistesverwandt und regte mich zu größeren Anstrengungen in der Richtung an, die ich eingeschlagen hatte.

Über diesen neuen Zerstreuungen vernachlässigte ich die Malerei aber nicht. Tagsüber an meinem Schreibtisch mit der Aussicht auf den Fluß beobachtete ich, wie die Ozeandampfer von den Kaimauern ablegten, mit Kurs auf Frankreich, und ich fragte mich, ob ich jemals nach Paris, in dieses Mekka der Kunst kommen würde. Einmal blieb der Chef des Büros auf seinen Rundgängen direkt vor mir stehen und fragte mit sanfter Stimme, wovon ich denn da mit offenen Augen träume. Ich sagte, mir ginge es nicht gut. Ich sähe ziemlich blaß aus, meinte er, ich solle an den Wochenenden mal aufs Land fahren.

Meine Wochenenden widmete ich dem Malen und dem Herumschmökern in Kunstbüchern. Während der Mittagspause lief ich zu den Ausstellungen in den Kunstgalerien an der nahegelegenen Fifth Avenue. Eine von diesen Galerien hieß nach der Hausnummer »291«. Geleitet wurde sie von dem berühmten Alfred Stieglitz, der eine sezessionistische Photographengruppe gebildet hatte. Jedem, der ihm zuhören mochte, hielt er lange Vorträge über die moderne Kunst. Ich lauschte fasziniert, aber manchmal kam es mir ein bißchen langatmig vor. Bei der ersten Ausstellung, die ich bei ihm sah, waren Aquarelle von Cézanne* zu sehen. Ich bewunderte die sparsamen Farbtupfer und die weißen Flächen, die den Landschaften etwas Unfertiges, Abstraktes verliehen. Ganz anders als alle Aquarelle, die ich bisher gesehen hatte. Ich erinnere mich an andere Ausstellungen: primitive afrikanische Plastiken, Brancusis schimmernde Goldbronzen und seine glatten, einfachen Arbeiten in Holz und Marmor, Rodins allen Gesetzen der Anatomie spottende Aquarellskizzen von Akten, spontane Blätter, die mir ungemein gefielen und mich in meiner Abkehr von den akademischen Prinzipien bestärkten. Picassos tiefschwarze Kohlezeichnungen mit hier und da aufgeklebten Zeitungsfetzen schienen mir sehr kühn — allerdings ziemlich unverständlich. Es gab auch Ausstellungen amerikanischer Maler, Marsden Hartley, Arthur Dove, die eine Zeitlang in Europa gelebt hatten und den Geist der Moderne in sich aufgenommen hatten. Dennoch erschienen mir ihre Arbeiten sehr amerikanisch, ihnen fehlte jenes Geheimnisvolle, das ich in den importierten Arbeiten spürte. Im

* Ausstellung 1.—25. März 1911

Vergleich wirkten sie sehr direkt und witzig. Stieglitz vertrat einen entschiedenen Amerikanismus, und als er später in eine andere Galerie umzog, nannte er sie »An American Place« und zeigte hauptsächlich amerikanische Maler.

Ich wurde zu einem regelmäßigen Besucher und hörte ihm oft zu, und mit der Zeit vertiefte sich unsere Bekanntschaft. Er bat mich, eigene Arbeiten mitzubringen, und manchmal lud er mich zum Lunch ein, zusammen mit ein paar älteren Malern, die, wie ich vermutete, eigens zu diesem Zweck vorbeigekommen waren. Diese Einladungen von Stieglitz waren berühmt, denn er führte uns ins Holland House an der Fifth Avenue oder zu Mouquin's an der 6. Straße, damals eines der besten französischen Restaurants in New York. Ich fragte mich, was das kostete; immer unterschrieb er einen Scheck; nie habe ich ihn mit Geld in der Hand gesehen, was meinen Glauben an seine uneigennützigen Bestrebungen bestärkte. Um Geschäftemacherei ging es in der Galerie 291 nicht; alle Erlöse aus Verkäufen gingen vollständig an den Künstler. Gleichzeitig arbeitete Stieglitz unablässig auf photographischem Gebiet; sowohl durch die Herausgabe einer luxuriös aufgemachten Photozeitschrift als auch mit eigenen Arbeiten wollte er beweisen, daß Photographie Kunst sei. Von jedem, der zufällig in seiner Galerie auftauchte, machte er Porträts, wenn er in der Stimmung dazu war, oder wenn ihn jemand als Modell interessierte, sei es der farbige Aufzugführer, sei es einer der Maler, die bei ihm verkehrten. Soviel ich weiß, hat er nie ein Porträt gegen Bezahlung gemacht; einmal fragte ihn eine reiche Frau, was er für ein Porträt von ihr berechnen würde; eintausend Dollar, erwiderte er. Ich war überrascht, und meine hohe Meinung von ihm geriet ins Wanken. Die Frau meinte, sie wolle das erst mit ihrem Mann besprechen. Als sie ein oder zwei Tage später anrief und sagte, ihr Mann sei einverstanden, gab Stieglitz zurück, jetzt koste es eintausendfünfhundert Dollar.

Als ich ihn einmal besuchte — es war sonst niemand in der Galerie — , montierte er seine alte Kamera auf ein wackliges Stativ und sagte, ich solle mich davor stellen, dort an die Wand. Die Galerie war klein, aber durch die Wände in neutralem Grau und die mit Stoff bespannten Oberlichter ziemlich hell. Die Belichtungszeit sei ziemlich lang, meinte er, ich solle die ganze Zeit in die Kamera schauen; es würde nichts machen, wenn ich blinzelte, das würde man nicht sehen. Dann zog er von irgendwo einen mit durchsichtigem Gewebe bespannten Reifen hervor, nahm die Kappe von seinem Objektiv und begann, mit tänzerischen Bewegungen den Reifen über meinem Kopf zu schwenken, wobei er mich sehr genau betrachtete. Es dauerte etwa zehn Sekunden. Später habe ich erlebt, daß Photographen mit moderneren Apparaten, die mit einer hundertstel Sekunde photographierten, ähnliche Turnübungen vollführt haben, aber vor der Aufnahme. Bei Stieglitz war es gleichzeitig und synchron.

Wenngleich die Photographien von Stieglitz nichts Anekdotisches oder Sentimentales hatten, waren sie im Vergleich zu den Gemälden und Plastiken, die er ausstellte, sehr bildhaft. Immer wieder kam mir der Gedanke, nachdem die Photographie den modernen Maler von der Mühsal der wirklichkeitsgetreuen Darstellung befreit hatte, würde dieses Gebiet am Ende ausschließlich der Photographie vorbehalten sein, so daß sie sich nach und nach zu einer eigenständigen Kunstform entwickeln konnte; daher auch das Interesse von Stieglitz an beiden Ausdrucksmitteln. So gab es hier keinerlei Konflikt. Obwohl ich die Bemühungen von Stieglitz sehr schätzte und trotz des Interesses an der Photographie, das er bei mir geweckt hatte, blieb die Malerei meine vorrangige Leidenschaft. Aber ich hatte noch nichts gemacht, was ich mich vorzuzeigen getraute. Unter so vielen Zerstreuungen und Nebeninteressen kam mein Job etwas zu kurz: verlängerte Mittagspausen, fortgesetztes Träumen am Schreibtisch, die Eile, mit der ich um Punkt fünf Uhr das Büro verließ. Eines Tages teilte mir der Chef mit, aus ökonomischen Gründen müsse die Firma einige Leute entlassen, natürlich diejenigen, die noch nicht so lange angestellt waren. Ich nahm das zwar nicht so ganz wörtlich, aber innerlich begrüßte ich diese Entlassung. Ich hatte etwas Geld gespart und glaubte, bei Bedarf leicht wieder Arbeit finden zu können; bei meinen Fähigkeiten brauchte ich nur einmal ordentlich zuzupacken.

Ich wohnte immer noch bei meinen Eltern in Brooklyn; angesichts meiner finanziellen Beiträge zum Haushalt wurde mir die Ehre zuteil, daß ich mein Zimmer in ein richtiges Künstleratelier verwandeln durfte, mit Staffelei, allem Drum und Dran und ein paar Porträts in Öl an der Wand. Das Blumenmuster der Tapete störte mich zwar, aber ich tat nichts dagegen. Eines Tages würde ich ein eigenes Studio haben, mit einfachen grauen Wänden und einem Oberlicht, so wie die Galerie von Stieglitz, nur größer. Im Museum hatte ich einen jungen Mann, Joseph, kennengelernt, der dort alte Meister kopierte und durch den Verkauf der einen oder anderen Kopie etwas Geld verdiente. Mehr als alle anderen bewunderte Joseph den Maler Géricault. Durch bloßes Zusehen und aus den wenigen Erklärungen, die er mir gab, lernte ich eine ganze Menge über das Mischen von Ölfarben. Mein Wunsch zu malen, wurde stärker denn je, aber die Zeiten des Kopierens waren vorbei — ich wollte originelle Werke schaffen.

Aber ich brauchte wieder Arbeit und Geld. Als Zeichner ging ich zu einem Landkarten- und Atlantenverlag. Bald hatte ich die Arbeit im Griff und erregte Aufmerksamkeit nicht nur durch mein Geschick als Kartenzeichner, sondern auch durch meine Begabung zum Ausschmücken der Entwürfe mit ornamentalen Rändern und Schriftzügen. Nach einiger Zeit wurde ich von den eintönigen, mechanischen Arbeiten befreit und mit eher künstlerischen Aufgaben betraut. Die Abende waren frei, und ich suchte nach einer Beschäftigung, nach irgend etwas, das mit Malerei zu tun hatte.

Da hörte ich von einem Sozialzentrum, wo abends ein Aktkursus stattfand. Das Zentrum war in einem Sandsteinbau untergebracht und lag in einem Wohnbezirk. Ich trat ein und befand mich gleich in einem Raum, der wie ein Restaurant aussah. Überall saßen Leute und tranken Kaffee, den ihnen eine kleine, dunkelhaarige Frau in Zigeunerkleidern, die lange goldene Ohrringe trug, servierte. Ich setzte mich an einen der Tische, und sogleich kam sie zu mir. Als sie mir den bestellten Kaffee gebracht hatte, fragte ich sie nach der Aktklasse. Die sei oben im ersten Stock; ich könne jederzeit mitmachen, es gebe keine Gebühr, aber die Teilnehmer beteiligten sich an der Bezahlung des Modells. Ich stieg hinauf und betrat eine typische Zeichenklassse — das Aktmodell auf einem erhöhten Podest, umgeben von einer buntgemischten Gruppe aller Altersstufen, und alle waren eifrig bei der Arbeit, in verschiedenen Techniken: Bleistift, Kohle, Aquarellfarben und Öl. Anscheinend hatten es alle sehr eilig, mit ihren Studien fertig zu werden — ganz anders als der schwerfällige Trott in den Schulen, die ich bisher besucht hatte. Ich ließ mich neben einem bärtigen Mann nieder, der mit Holzkohle in einer Zeichnung herumfuhrwerkte, die keinerlei Ähnlichkeiten mit dem Modell aufwies. Auf der anderen Seite von mir saß ein Mädchen in einem Kleid, das offensichtlich aus einem Wollschal gemacht war: fieberhaft bedeckte sie ihr Blatt mit Pastellfarben.

Nach einiger Zeit sagte vorne eine Stimme: Pause! Das Modell gab seine Pose auf, nahm einen Stuhl und räkelte sich gähnend wie eine Katze. Auch ihr Gesicht glich dem einer Katze mit länglichen, grünen Augen. Eine großartige, üppige Blondine mit elfenbeinfarbener Haut; in jeder Bewegung, die sie machte, lag etwas Schmachtendes, Sinnliches. Ich hatte das Gefühl, ich könnte mich einfach damit begnügen, sie anzuschauen und überhaupt nichts zu arbeiten.

(Das Zentrum war von einigen Sympathisanten zum Gedenken an die Hinrichtung des spanischen Anarchisten Francisco Ferrer* gegründet worden und wurde von einem wohlhabenden New Yorker Schriftsteller finanziert. Neben dem Kunstkursus gab es Kurse in Literatur, Philosophie und eine Tagesschule für die Kinder von Mitgliedern, die ihre Nachkommen in einem progressiveren Klima aufziehen wollten, als es die öffentlichen Schulen boten. Die Teilnahme an den Kursen war frei: einige bekannte Schriftsteller und Maler betätigten sich ehrenamtlich als Lehrer; überhaupt war hier alles frei, sogar die Liebe. Die meisten gesellschaftlichen Konventionen betrachtete man mit Mißtrauen.)

Als sie das Podest wieder bestieg, nahm sie eine andere Pose an. Man mußte seine Zeichnung oder sogar die Farbskizze in zwanzig Minuten hinbekommen. Für mich, der ich zuvor lange Stunden über einer Zeichnung vertrödelt hatte, ohne recht zu wissen, was ich eigentlich wollte, war das eine umwälzende Erfahrung. Die Gedanken wirbelten mir im Kopf, als ich an diesem Abend nach Hause ging, ungeahnte Möglichkeiten taten sich vor mir auf, in der Kunst wie in der Liebe. Ungeduldig wartete ich am nächsten Tag auf den Büroschluß und machte mich

---

* Francisco Ferrer, 1859—1909, gründete die *Escuela moderna,* eine Unterrichtsmethode, die die fortschrittlichsten der heute gängigen Schulexperimente vorwegnahm. Zwischen 1901 und 1909 richtete er in Spanien über 100 Schulen ein. Auf den Druck der katholischen Kirche hin wurde er am 1. September 1909 in Barcelona verhaftet und nach einem Scheinprozeß einige Wochen später im Gefängnis Montjuich erschossen.

dann auf den Weg zum Ferrer Center, wo ich mir zunächst ein Sandwich und Kaffee bestellte und dann in die Kunstklasse hinaufrannte. Ich hatte die nötigen Zeichenutensilien mitgebracht und legte sie mir auf einem Stuhl zurecht. Es waren wieder die gleichen Teilnehmer da, aber anscheinend war für diesen Abend kein professionelles Modell verfügbar gewesen. Eine der Kursteilnehmerinnen erklärte sich bereit, Modell zu stehen, ging in ein anderes Zimmer und kam nackt wieder heraus. Sie war ziemlich dünn und knochig; ich fand es schade, daß sich die Hübsche neben mir nicht gemeldet hatte.

Wir machten uns ans Werk. Ich arbeitete mit raschen, freien Strichen; da ich meine Erfahrungen bisher in einer akademischen Umgebung gesammelt hatte, wirkte meine Zeichnung traditioneller als die Arbeiten der anderen. Während der zweiten Pose kam ein großer, vornehm aussehender Mann herein. Sein Gesicht war blaß und leicht pockennarbig, mit dünner Nase. Es war Robert Henri, der bekannte sezessionistische Maler, dessen Arbeiten ich in Galerien gesehen und mehr oder minder bewundert hatte wegen des kühnen, heftigen Strichs und der kräftigen Farbgebung: offensichtlich hatten ihn Franz Hals und Manet inspiriert. In Kunstkreisen und bei den Kritikern galt er als Aufrührer, genoß aber hohes Ansehen, wahrscheinlich wegen der Manifeste, die er in der unter seinem Namen von ihm geleiteten Schule vortrug. Er wanderte von Zeichnung zu Zeichnung, machte ein paar freundliche, ermutigende Bemerkungen, legte aber nie selbst Hand an und enthielt sich aller kritischen Einwände. Als er zu mir kam, legte er die Hand ans Kinn und schwieg einige Augenblicke. Dann sagte er, das sei die Art von Sachen, die die meisten Leute verstehen und schätzen; aber wir sollten versuchen, die eigene Individualität zu betonen, auch auf die Gefahr hin, mißverstanden zu werden. Er sprach noch weiter, ich bekam nicht alles mit, aber am Schluß klopfte er mir auf den Rücken und meinte, ich solle ihm das, was er gesagt habe, nicht übel nehmen: »Ich bin gegen alles, wofür die meisten Menschen sind und für alles, wogegen die meisten Menschen sind!« An anderen Abenden hielt er, ohne den Arbeiten der einzelnen Teilnehmer viel Aufmerksamkeit zu schenken, lange Vorträge, und seine grundsätzlicheren Gedanken schienen mir anregender als seine direkte Kritik. Einmal begleitete ihn eine große, hübsche, rothaarige Frau, von der gemunkelt wurde, sie sei seine Geliebte. Ich hätte sie gern als Akt gesehen, aber sie meldete sich nicht. Auch ein dreizehnjähriges Mädchen war gelegentlich da, um zu zeichnen. Eines Abends, als wir kein professionelles Modell hatten, wurde sie gebeten zu posieren, und ohne Zögern zog sie sich aus und bestieg das Podest. Ihre etwas untersetzte Figur mit den festen, voll entwickelten kleinen Brüsten erinnerte an einen der Akte von Renoir. In mir erregte sie keine abwegigen Gedanken; meine Skizzen sahen aus wie primitive Skulpturen.

Ein neuer Lehrer kam an diesem Abend herein, George Bellows, berühmt für seine brutalen Boxkampf-Gemälde und seine vielgelobten Gesellschaftsporträts. Auf seiner Runde nahm er sich meine Zeichnung und baute sie vor der Klasse auf. Dann hielt er einen langen Vortrag über Entschlußkraft und Imagination;

alle sahen und hörten aufmerksam hin, auch das Modell, das nackt zwischen uns stand. Was für eine Szene dachte ich; es hätte eines Manet bedurft, um sie zu malen.

Einige Zeit später sorgte dieses Mädchen im Zentrum für einiges Aufsehen. Sie war das älteste Kind in einer Tagesklasse für Kinder, die von einem glänzenden jungen Philosophiestudenten, Will Durant, geleitet wurde, der sich schließlich in seine Schülerin verliebte. Mit einer besonderen Ausnahmegenehmigung und der Zustimmung der Eltern heiratete er sie. Eine kritische Bemerkung über diese konventionelle Prozedur habe ich an dem liberalen Ferrer Center nie vernommen.

Nach und nach lernte ich einige Mitglieder besser kennen; wir tranken Kaffee und redeten miteinander. Einer meiner neuen Freunde war Loupov, ein Bildhauer, der außerdem auch malte und Gedichte schrieb und sich für gesellschaftliche Probleme interessierte. Auch in seinem privaten Umkreis lebten der freiheitliche Geist und das freie Gespäch. Eines Abends, als wir kein Modell hatten bekommen können, brachte er seine sieben Jahre alte Tochter mit, um zu posieren. Natürlich konnte man von ihr nicht verlangen, zwanzig Minuten in einer Pose zu verharren, sie durfte sich also ganz nach Belieben bewegen. Sie war sehr schön, mit großen blauen Augen und goldenem Haar; und obwohl sie nackt war, war jede ihrer Bewegungen natürlich und ungeziert. Es war eine neue Erfahrung, ein Modell in der Bewegung zu zeichnen und zu versuchen, sein Wesen festzuhalten. Nie wäre ich auf den Gedanken gekommen, daß dieses Kind Jahre später eine wichtige Rolle in meinem Leben spielen sollte. Gegen Ende der Sitzung trat eine Frau herein, die Mutter des kleinen Mädchens. Sie war Anfang zwanzig, und ihr Haar hatte die gleiche Farbe wie das des Mädchens; sie schien irgendwie angespannt. Sie half ihrer Tochter beim Anziehen und führte sie hinaus.

Mein Interesse konzentrierte sich jedoch auf Nancy, das Mädchen, das in der Klasse neben mir saß; immer häufiger begleitete ich sie nach Hause, es war ein paar Blocks entfernt. In einer hellen Nacht, nachdem es stark geschneit hatte, schlug ich vor, durch den nahegelegenen Park zu gehen. Ganz verlassen lag er da; ich legte den Arm um ihre Hüfte und zog sie an mich. Sie versuchte sich loszumachen, aber ich hielt sie fest, und wir rangen miteinander; wir fielen zu Boden, aber ohne uns loszulassen, kugelten umher und lachten. Nachdem wir wieder auf den Beinen waren, klopfte ich ihr den Schnee ab und gab ihr schließlich doch noch einen Kuß auf das kalte Gesicht. Kokett abwehrend blickte sie mich an und fragte, warum ich das täte. Von da an begann ich mein Interesse an Nancy zu verlieren; ich kam zu dem Schluß, daß sie durch und durch kalt war.

Aber eines Abends machte ich einen direkteren Annäherungsversuch: fragte sie rundheraus, ob sie meine Geliebte werden wolle. Sie war kein Kind mehr, bewegte sich in liberalen Kreisen und wußte von den Liebschaften ihrer Schwester und ihrer Freundinnen. Ganz ruhig entgegnete sie mir, sie würde ja gern, sie könne mich gut leiden, aber sie sei krank, in Behandlung bei einem Arzt, irgend etwas mit ihrer Regel sei nicht in Ordnung. Außerdem habe sie noch nie ein Verhältnis mit einem Mann gehabt. Auch ich war noch nie mit einer Frau ins Bett gegangen. Aber das behielt ich für mich.

An den Sonntagen hatte ich nichts zu tun, also malte ich, manchmal im Park oder ein Stilleben zu Hause, aber am liebsten wollte ich einen Akt malen. An den Abenden jedoch im Zentrum, ging das nicht so recht. Bisweilen traf ich Joseph, den großen Géricault-Bewunderer, und schlug ihm vor, selbst eine Aktklasse aufzumachen, die Sonntag morgens in meinem Zimmer stattfinden könnte. Es wäre allzu anrüchig gewesen, wenn ich mir in das Haus meiner Eltern ein Aktmodell ganz für mich allein geholt hätte; außerdem hätte ich das nicht bezahlen können, aber wenn wir uns zu dritt oder viert zusammentaten und das Geld für ein Modell gemeinsam aufbrächten, gäbe es keinerlei Schwierigkeiten. Der Kopist kannte zwei Jungs, die ebenfalls malten, und wollte sie mitbringen, um die Sache zu besprechen. Wir verabredeten uns, und er stellte mich den beiden Anwärtern vor. Der eine war ein bleichsüchtiger junger Mann, der an einer Akademie studiert hatte und sich im Zeichnen hübscher Gesichter und Gestalten vervollkommnen wollte; er hoffte auf eine erfolgreiche Laufbahn als Gebrauchsgraphiker. Der andere war ein untersetzter, dunkelhäutiger Italiener, der mit einem Skizzenblock und einem kleinen Aquarellkasten unter dem Arm die Straßen und Parks durchstreifte. Er hatte einige Arbeiten mitgebracht und zeigte sie mir, farbenfreudige kleine Studien, deren Motive nicht zu entziffern waren. Sie erinnerten mich an die Aquarelle von Cézanne, die ich in der Galerie von Stieglitz gesehen hatte. Aber er hatte keine Stelle und kein Geld. Ich erbot mich, seinen Anteil für das Modell zu übernehmen, ich würde mich freuen, wenn er mir dafür eine seiner Skizzen überließe. Joseph sagte mir später, er halte nicht viel von der Arbeit des Mannes, es sei nicht seriös. Blieb immer noch das Problem, ein Modell aufzutreiben.

Weil den anderen auf Anhieb niemand einfiel, erklärte ich mich bereit, mich darum zu kümmern. Es ergab sich, daß wir in der darauffolgenden Woche die üppige Blondine wieder im Ferrer Center hatten. Am Ende der Sitzung fragte ich sie, ob sie am Sonntag bei mir zu Hause Modell stehen wolle, und unterrichtete sie über die Zusammensetzung meiner kleinen Gruppe. Sie war einverstanden, nannte ihren Preis und meinte noch, es sei praktisch für sie, denn sie wohne auch in Brooklyn. Ich konnte es kaum erwarten, bis am Sonntag, wie verabredet, alle zu mir kamen.

Ich hatte die Familie zwar von dem neuen Vorhaben unterrichtet, aber ich hatte nicht gesagt, daß das Modell nackt posieren würde. Mein Zimmer hatte zwei Türen, eine ging direkt ins Treppenhaus, die andere führte ins Innere der Wohnung. Als jeder einen Platz gefunden hatte und das Modell anfing, sich auszuziehen, drehte ich die Schlüssel in beiden Türen um. Sie nahm eine Pose ein, ich schlug eine zweite vor und noch eine dritte, nur um sie in Bewegung zu sehen; sie war mir viel näher als jemals im Kunstzentrum und hundertmal begehrenswerter. Joseph hatte auf einer klappbaren Staffelei eine große Leinwand aufgebaut und bereitete sehr fachmännisch seine Palette vor; der angehende Werbegraphiker begann auf einem Aquarellblock mit seinen Skizzen, den Farbkasten neben sich; der Italiener saß bloß da, schaute und tat gar nichts, und ich fing einfach mit Kohle und Papier an, um in Schwung zu kommen. Später wollte ich malen. Aber nach zehn Minuten hörte ich auf. Meine Gefühle hatten mich völlig entnervt; die Zeichnerei führte zu nichts; ich konnte mich nicht konzentrieren.

Nach einiger Zeit bat mich der Werbegraphiker um ein Glas Wasser für seine Farben. Ich schloß die Tür zur Wohnung auf und ging in die Küche. Die Familie saß da und sah mir mit neugierigem Schweigen entgegen. Als ich zurückkam, schloß ich die Tür sehr hörbar wieder ab, für den Fall, daß jemand auf den Gedanken verfallen sollte, hereinzukommen. Von Zeit zu Zeit legten wir eine Pause ein, rauchten und sprachen miteinander. So gingen die zwei Stunden vorüber, auf die wir uns geeinigt hatten; ich hatte mehrere Anläufe gemacht, aber nichts zustande gebracht. Genauso der Italiener, er hatte es nicht mal probiert. Die anderen waren mit ihrer Arbeit ziemlich weit gekommen; die Hintergründe konnten auch ohne Modell angelegt werden. Sie zog sich an, ich bezahlte sie und bot ihr an, sie nach Hause zu begleiten; Joseph warf mir einen vielsagenden Blick zu. Wir verließen das Haus durch die Tür, die nach draußen führte, und nahmen die Straßenbahn bis zu ihrer Wohnung, die ein paar Blocks von der Haltestelle entfernt lag. Ich erzählte ihr von dem Eindruck, den sie auf mich gemacht hatte, wie schön sie sei und daß sie mich ungeheuer inspiriert hätte; aber zu malen, wenn sie vor mir sitze, daran sei gar nicht zu denken. Ich würde aus der Erinnerung oder der Phantasie malen, wenn ich allein sei. Als wir an ihre Haustür kamen, lächelte sie und verabschiedete sich, zitterte dann ein wenig und meinte, es werde kalt, sie brauche einen neuen Mantel, hätte in dem und dem Geschäft einen sehr schönen für fünfzig Dollar gesehen. Ich schwieg verlegen; wenn ich das Geld gehabt hätte, ich hätte es ihr auf der Stelle gegeben oder noch besser: ich hätte den Mantel gekauft und ihn ihr zu Füßen gelegt.

Als ich nach Hause kam, fragte mich Mutter, warum ich die Türen abgeschlossen hätte. Aufgebracht entgegnete ich, wir hätten ungestört bleiben wollen; sie antwortete mit einer Bemerkung über die Geheimniskrämerei von Künstlern; da platzte ich mit der Wahrheit heraus. Sie rang nach Atem — der Gedanke, daß der eigene Sohn ihr Haus so entehren konnte, eine fremde nackte Frau mitzubringen. Ich wandte ein, es seien nur eine Frau und vier Männer dagewesen und glaubte ohne Zweifel, ich könne sie damit in ihrem beschränkten, aufgebrachten Moralempfinden besänftigen. Ich traf jedoch keine Anstalten zur Fortsetzung unserer sonntäglichen Sitzungen, unterrichtete meine Kollegen davon, daß die Sache wegen meiner Eltern geplatzt sei. Wofür sie Verständnis hatten.

In meiner Freizeit arbeitete ich weiter allein zu Hause und nahm dabei Dorothy, eine jüngere Schwester, als Porträtmodell. Sie war eine wirkliche Schönheit, mit kohlrabenschwarzem Haar, weißer Haut und großen, dunklen Augen. Als sie mir einmal in einem Morgenrock Modell saß, bat ich sie, ihn über die Schultern hinabzulassen, damit ich ihren Busen mitmalen könne. Wenn ihr übriger Körper so hübsch sei wie ihr Gesicht, so würde das ein famoses Bild werden. Sie weigerte sich, obwohl ihr meine Komplimente schmeichelten.

Meine Fahrten zur Ferrer-Schule setzte ich fort, besuchte aber die Aktklasse jetzt nicht mehr so häufig. Immer gab es neue Gesichter zu sehen, Leute, die aus Neugier oder aus Sympathie für die anarchistischen Ideen vorbeikamen. Ich lernte neue Schriftsteller und Maler kennen; wir saßen im Café und diskutierten. Manchmal setzte sich Marie, die Zigeunerin, die hier bediente, zu uns; sie kannte jeden und stellte mich den Neuankömmlingen als jungen talentierten Maler vor. Eines Abends kam ein kleiner Mann mit schmalem Gesicht und grauen Augen herein und setzte sich zu mir an den Tisch. Marie machte uns miteinander bekannt. Er hieß Halpert, war Maler und gerade aus Paris zurückgekehrt, wo er bei Matisse studiert hatte. Er war einige Jahre älter als ich und redete in gönnerhaftem Ton, wie ein Mann von Welt. Aufmerksam lauschte ich den Berichten von seinen Heldentaten in Paris und von den Arbeiten, die er für eine Ausstellung mit zurückgebracht hatte. Er male nicht wie Matisse, sei sehr viel stärker beeindruckt von einem Maler, dessen Namen ich noch nie gehört hatte: Marquet. Er sei froh, daß er wieder in den Staaten sei, vermisse nur die kleine Französin, die er zurückgelassen habe. Ob ich in New York ein paar nette Mädchen kennen würde? Nein, erwiderte ich ohne Zögern, nur ein paar professionelle Modelle, die er kennenlernen könne, wenn er einen Stock höher die Aktklasse aufsuchte. Er sah mich an, als hätte ich etwas Unanständiges gesagt; Schulen und professionelle Modelle habe er hinter sich, außerdem male er nur Landschaften und Stilleben. Dennoch, wir freundeten uns an, und einmal fragte er mich etwas von oben herab nach meinen Arbeiten.

Ich lud ihn auf einen Sonntagnachmittag zu mir ein, ich würde mich über seine Ratschläge und seine Kritik freuen. Er kam; ich stellte ihn meiner Familie vor und zeigte ihm dann einige Arbeiten von mir. Er machte ein paar ermutigende Bemerkungen, meinte aber, ich solle mich von allen Schulrichtungen und akademischen Einflüssen frei machen, wenn ich ein bedeutender Maler werden wolle. Meine Schwester brachte uns Tee und Gebäck; sie hatte etwas Rouge aufgelegt und die Lippen geschminkt und wirkte älter, als sie war. Halpert ließ sie nicht mehr aus den Augen. In der Woche darauf, als ich ihm wieder begegnete, übergab er mir einen Umschlag und bat mich, ihn meiner Schwester zu geben. Abends auf dem Nachhauseweg riß ich ihn auf und las den kurzen Brief, in dem er sie um ein Rendezvous bat. Er schrieb ihr, wie schön sie sei und daß er sie gerne malen wolle. Ich vernichtete den Brief. Meiner Schwester sagte ich nichts. Als ich ihn das nächste Mal traf, fragte er mich, ob es eine Antwort auf seinen Brief gebe. Ich gab vor, ich hätte sie verloren oder irgendwo verlegt. Ein paar Tage später bekam sie mit der Post einen Brief von ihm. Offensichtlich erwähnte er darin den ersten Brief, denn sie fragte mich danach; ich führte die gleiche Ausrede an und setzte mürrisch hinzu, ich sei schließlich kein Briefträger. Auch von anderer Seite gab es Einwände. Mutter bekam Wind von der Sache und wurde energisch; sie werde ihre Tochter nicht mit Künstlern herumlaufen lassen; einer in der Familie sei genug.

Ich stimmte ihr von Herzen zu, aber aus anderen Gründen. Seit Tagen war zu Hause dicke Luft; ich hätte mich gern aus dem Staub gemacht. Halpert fragte nach meiner Schwester, er habe sich wirklich in sie verliebt, seine Absichten seien ehrenhaft, er wolle sich niederlassen und heiraten. Ich sagte, sie sei erst sechzehn, auch wenn sie älter aussehe, und dürfe noch nicht ausgehen. Nachdem ich zu meiner heimlichen Befriedigung die Dinge so arrangiert hatte, war ich nun darauf bedacht, meine Schwester mit kleinen Geschenken und durch vermehrte Zuwendung zu besänftigen. Auf einen erwachsenen Mann, zumal einen Künstler, anziehend zu wirken, das hatte sie erbeben lassen und obwohl ich nicht hoffte, ihn ersetzen zu können, hatte ich sie auf diese Weise noch ein Weilchen für mich allein. Ich war der Hund im Heuhaufen, der den Ochsen daran hindert, das Heu zu fressen, das er sich doch selbst nicht einverleiben kann.

Aber ich war entschlossen, von zu Hause wegzugehen, und schon bald bot sich eine Gelegenheit. Ein paar Wochen später teilte mir Loupov mit, er habe an der 35. Straße ein Atelier gemietet, wo er tagsüber arbeite, ich könne jederzeit kommen und ebenfalls dort arbeiten. Ich dankte ihm und tauchte am nächsten Samstagnachmittag bei ihm auf. Es war ein kleines Zimmer mit Oberlicht im obersten Stock eines Hauses, dessen möblierte Zimmer vor allem an Theaterleute vermietet wurden. Auf einem kleinen Tischchen modellierte Loupov etwas aus Ton. An einer Wand stand eine schmale Couch, und in einer Ecke gab es einen Spülstein. Eine klapprige Staffelei und ein paar Stühle vervollständigten das Mobiliar. Vom Modellieren war der Boden feucht und schmutzig. Ich fragte Loupov, ob er hier auch wohne. Nein, das sei nur zum Arbeiten, meinte er, weil er die Wohnung, in der er mit einer Freundin lebte, dazu nicht benutzen konnte. Ob das nicht seine Frau gewesen sei, fragte ich ihn, die eines Abends ins Center gekommen sei, um das kleine Mädchen zu holen, das uns Modell gestanden hatte? Sie seien geschieden, antwortete er, aber ich müsse sie kennenlernen; sie sei Französin und sehr intelligent, sehr interessant. Ich sagte nichts, aber in meinem Kopf arbeitete es. Wenn er abends gar nicht hier war, könnte ich dann nicht herkommen und hier übernachten? Ich schlug ihm das vor und bot an, wir könnten uns die Miete teilen. Er war sofort einverstanden, gab mir einen Schlüssel und am nächsten Abend zog ich ein, mit einem kleinen Koffer, den ich mitgebracht hatte. Meinen Leuten hatte ich gesagt, sie sollten sich keine Sorgen machen, ein Freund habe mich für ein paar Tage eingeladen. Jeden Tag brachte ich ein paar Habseligkeiten mehr mit, auch meinen Farbkasten, bis schließlich alles beisammen war, was ich zum Schlafen und Arbeiten brauchte. Es war nicht sehr komfortabel, aber ich fühlte mich ungeheuer befreit. Loupov traf ich nur Samstag nachmittags oder im Center. Aber auf Spuren seiner Arbeit stieß man überall in dem Zimmer, und es wurde immer schmutziger. Ich selbst arbeitete sehr wenig, denn Loupov beanspruchte mit seinen Arbeiten allen verfügbaren Platz: Plastiken, Zeichnungen, Ölgemälde; ich hatte keine Lust, abends hier zu arbeiten, und setzte meine Besuche in der Ferrer-Schule fort.

Eines Abends sagte mir Halpert, er wolle am nächsten Sonntag eine Künstlerkolonie drüben auf der Jersey-Seite besuchen, ob ich Lust hätte, mitzukommen? Ich bejahte, und wir verabredeten uns für früh nachmittags an der Fähre. Am Samstag nach der Arbeit kam ich früher als sonst in mein Zimmer hinaus. Als ich die Tür öffnete, lag Loupov rücklings auf der Couch, und über ihm, ebenfalls auf dem Rücken, lag eine junge Frau. Ich wollte mich zurückziehen, aber er sagte, ich solle bleiben. Beide lachten; er erklärte mir, daß sei ein Plan für eine Plastik, sie hätten gerade die Pose geprobt. Nachdem er uns bekannt gemacht hatte, blieb ich ein bißchen und kehrte dann nach Hause zurück, wo ich in dieser Nacht schlief. Ich spürte, ich brauchte einen Platz ganz für mich allein, um glücklich zu sein und Konflikten aus dem Weg zu gehen.

Am nächsten Tag traf ich Halpert, wie wir es abgemacht hatten. Wir setzten mit der Fähre auf die Seite von New Jersey über und nahmen eine Straßenbahn bis zur Höhe der Palisades. Wir waren auf dem offenen Land, kein Haus weit und breit. Etwa eine halbe Meile marschierten wir an einer Straße entlang und kamen an ein Wäldchen. Wir schlugen einen schmalen Weg ein, dem wir noch einmal zehn Minuten lang folgten, inmitten vollkommener Stille, die hin und wieder nur von Vogelgezwitscher unterbrochen wurde, bis wir auf einen offenen Abhang hinaustraten, von dem aus wir ein Tal überblicken konnten. Im Vordergrund standen verstreut ein paar einfache, malerische Häuschen, dazwischen Obstbäume. Rechts zwischen höheren Bäumen sah man solider gebaute ländliche Steinhäuser. Es entsprach genau meiner Vorstellung von einer Künstlerkolonie.

Ich fragte, wer in den Holzhäusern zwischen den Obstbäumen wohnte. Es hieß, ein alter polnischer Schmied hätte sie eigenhändig errichtet und vermietete sie im Sommer an Maler. Das interessierte mich, und ich schlug vor, dem Polen einen Besuch abzustatten. Er bewohnte das größte Haus, ein zweistöckiges Gebäude. Eine kleine alte Frau fütterte die Hühner, und auf unser Bitten rief sie den alten Mann, der auch sogleich aus dem Haus kam. Er war hochgewachsen und kräftig, mit einem einwöchigen Stoppelbart und herabhängendem Schnauzbart. Die Hütten seien den Sommer über alle vermietet, außer einer, vier Zimmer und Küche — gut für eine Familie mit Kindern. Halpert war interessiert, er suche einen Platz, wo er im Sommer arbeiten könnte, könne aber nur gelegentlich hinauskommen. Er willigte dennoch ein, sich die Miete mit mir zu teilen, und meinte, er kenne einen Schriftsteller, der vielleicht ebenfalls ein Zimmer zum Arbeiten nehmen und sich an der Miete beteiligen würde. Wir zahlten die Miete für einen Monat (zwölf Dollar) und konnten einziehen, wann es uns paßte. Als ich an diesem Tag nach Haus fuhr, schwirrte mir der Kopf vor Projekten. Ich würde ganz dort hinziehen, würde endgültig von zu Hause weggehen, würde auch die Stadt verlassen, ausgenommen die Fahrten zu meinem Büro, wo ich meinen Unterhalt verdiente. Es war Frühling — die Tage wurden länger — ich würde es so einrichten können, daß ich nach der Arbeit noch zwei Stunden zum Malen hatte.

Ein anderes wichtiges Ereignis in diesem Jahr, 1913, das einen Neuanfang in meiner Arbeit bezeichnen sollte, war die Armory Show, eine Ausstellung moderner Malerei im New Yorker Zeughaus, dem Armory. Alle extremen europäischen Richtungen waren vertreten, dabei wurde die Ausstellung von zwei amerikanischen Malern veranstaltet. Abgesehen davon, daß ich im Jahr zuvor ein paar Arbeiten im Ferrer Center ausgestellt hatte, hatte ich nichts zustandegebracht, was für diese Ausstellung in Frage gekommen wäre, aber sie machte mir Mut, mich an größere Formate heranzuwagen. Bei der Einteilung meines neuen Lebens ging ich ganz methodisch vor. Zuerst schaffte ich meine Sachen aus dem Zimmer in der 35. Straße. Loupov, dem ich von meiner neuen Bleibe erzählte, fand die Idee gut und versprach, mich zu besuchen. Etwas komplizierter war es mit meinen Eltern, aber sie ließen sich durch meine Marotten immer weniger aus der Fassung bringen; und als ich versprach, zwei oder drei Abende in der Woche zu Hause zu verbringen, und hinzufügte, sie könnten mich auch besuchen kommen — es sei wunderschön draußen auf dem Land —, gaben sie nach. Mutter machte mir ein paar Bettücher und eine Decke zurecht und vergoß ein paar Tränen, als würde ich auswandern. Das Häuschen war möbliert — das heißt, es enthielt einige Bettgestelle mit Matratzen, ein paar Stühle und einen Tisch.

Am nächsten Samstagnachmittag zog ich allein los und hatte bis zum Montagmorgen Zeit, mich einzurichten. Läden gab es dort nicht, das nächste Dorf war ungefähr eine Meile entfernt. Mein Hausherr versorgte mich mit Milch, Brot und Eiern, die ich mir auf einem kleinen Petroleumkocher braten konnte. Seine Frau bot mir an, ein Hühnchen zu schlachten und für mich zu backen, natürlich alles zu seinem Preis. Kaltes, klares Wasser kam aus einem Brunnen in der Nähe. Dieses Wasser und der zehn Minuten lange Weg durch den Wald waren für mich die Symbole meiner Flucht aus dem Schmutz der Großstadt. Und dabei war sie so nah — ich war glücklich; wie schon früher, bei meinen Fahrten in die Randbezirke von Brooklyn mußte ich an Thoreau denken, und ich hoffte, mich eines Tages von den Zwängen der Zivilisation befreien zu können. Halpert tauchte an diesem Wochenende nicht auf, ich war dankbar dafür; ich genoß meine Einsamkeit. Bei Einbruch der Nacht zündete ich eine Öllampe an und machte mein Bett zurecht. Bevor ich mich hinlegte, trat ich noch einmal in die mondlose Sternennacht hinaus; ein paar schwache Lichter erleuchteten einige Fenster in der Nähe; ab und zu bellte ein Hund oder eine Eule schrie im Wald. Ich schlief tief und wurde in der Frühe vom Krähen eines Hahns geweckt. Sonst war alles ganz still. Ich öffnete die Tür und ließ die ersten Sonnenstrahlen herein, dazu auch eine schwarze Katze, goß mir ein Glas Milch ein und gab auch der Katze eine Unter-

2　Man Ray, *Selbstporträt Ridgefield 1919*

tasse voll. Dann machte ich einen Spaziergang, um die Gegend zu erkunden. Im Laufe der Woche hatte ich ein paar Aquarelle gemacht und sie an die Wand geheftet, der Raum wirkte dadurch meiner Ansicht nach ein bißchen wohnlicher. In dem Zimmer, das ich mir ausgesucht hatte, ging das Fenster nach Norden hinaus, wie es für ein Maleratelier am besten ist; Halpert konnte sich von den anderen drei eines aussuchen, Osten, Westen und Süden. Es kam mir gar nicht in den Sinn, ihm die erste Wahl zu lassen. Farben und Leinwände schleppend, traf er am nächsten Wochenende ein, begleitet von einem hochgeschossenen, rotblonden Mann mit Brille, den er mir als den Dichter vorstellte, der vielleicht eines der Zimmer nehmen werde. Halpert wählte das Zimmer mit dem zweiten Bett, machte aber den Vorschlag, mein Zimmer, weil es das größte sei, als gemeinsames Atelier zu benutzen. Bereitwillig ging ich darauf ein; wir schafften meine Sachen in eines der übrigen leerstehenden Zimmer. Dann schlug er vor, ich solle meine Aquarelle von der Wand nehmen; das Atelier solle neutral bleiben. Und schließlich schnürte er eines seiner Pakete auf und stellte eine glasierte schwarze Vase auf den Tisch, die in einem Stilleben vorkommen sollte, das er plante.

Der Dichter war von allem sehr angetan und erklärte sich bereit, den dritten Raum zu nehmen; auch er würde nur an den Wochenenden hinauskommen, da er die Woche über in der Stadt viel zu tun hatte. Nach einer Weile verließ er uns, er wolle am nächsten Samstag wiederkommen und ein Feldbett und die nötigsten Dinge mitbringen. Wir sahen zu, daß wir uns häuslich einrichteten. Halpert sagte, er könne kochen; später, wenn wir ein paar Vorräte hätten, würde er ein französisches Essen machen. Für heute begnügten wir uns mit Eiern, Brot und Kaffee. Aufwendiger zu kochen, daran hatte ich noch gar nicht gedacht; die Woche über machte ich auf dem Heimweg von der Arbeit in einem Selbstbedienungsrestaurant halt und aß dort ein Sandwich oder eine warme Mahlzeit. Und wenn ich morgens zur Arbeit fuhr, frühstückte ich ebenfalls in der Stadt.

Am Sonntag wachten wir früh auf, es war ein schöner Junimorgen; nach dem Kaffee bauten wir unsere Staffeleien im Freien auf und arbeiteten bis Mittag. Jetzt sah es wirklich wie eine Künstlerkolonie aus. Die Frau des Polen kam und fragte, ob wir irgend etwas bräuchten; ich bat sie, das Hühnchen für uns zu braten, was ihr vorzüglich gelang. Dazu brachte sie uns eine Schale mit frischen reifen Erdbeeren und ein bißchen Sahne. Danach tranken wir wieder Kaffee, und für mich war dieses Mahl vollkommen; Halpert bedauerte, daß wir keinen Wein hatten, der in Frankreich als unentbehrlich gelte; er habe sich so daran gewöhnt.

Schwitzend und außer Atem tauchte am nächsten Samstag der Dichter auf, seine Habseligkeiten in einem Koffer und das Feldbett auf der Schulter. Von der Straßenbahnhaltestelle hatte er alles bis hierher geschleppt. Quer über seinen Rücken hing eine Mandoline. Er schrieb nicht nur, sondern betätigte sich auch als Musiker und Schachspieler. Jetzt erfuhr ich seinen Namen: Kreymborg. Vom Vermieter holten wir uns einen alten Küchentisch und einen Stuhl; Kreymborg breitete ein paar Bücher und Papiere aus. Mir gefiel das sehr. Vielleicht wurde hieraus noch mehr als eine bloße Malerkolonie: Ridgefield, New Jersey — unsere Kolonie lag auf dem Gebiet dieses Ortes — konnte ein fortschrittliches kulturelles Zentrum für alle Künste werden. Wir stellten unsere Stühle nach draußen in die Sonne, redeten, rauchten und lernten einander kennen. Übrigens, er habe Halpert in der Stadt getroffen — der werde an diesem Wochenende nicht kommen. Ich empfand zwar nicht gerade Erleichterung, aber bedauern konnte ich diese Mitteilung auch nicht.

Am nächsten Morgen nach einem leichten Frühstück ging Kreymborg in sein Zimmer und ich in meines, bevor ich mit dem Malen anfing. Mein Bett war mit einer Art Flickenteppich bedeckt, den ich als Wandbehang für mein Zimmer in Brooklyn hergestellt hatte. Er bestand aus rechteckigen schwarzen und graubraunen Stoffstücken. Jetzt lag die Katze darauf, friedlich schlafend. Welch vollkommene Harmonie der Farben, dachte ich — das würde ein famoses Stilleben werden. Ich ging ins Atelier, um meine Malutensilien zu holen; da fiel mein Blick auf die schwarze Vase, die Halpert mitgebracht hatte. Ich nahm sie mit zu mir hinüber und stellte sie auf das Bett neben die schlafende Katze. Es war eine Symphonie in Schwarz; so sollte das Bild auch heißen. Ich arbeitete den ganzen Tag daran, mit schwungvollen, einfachen Pinselstrichen, so wie Halpert malte, aber mit größeren, schärfer umrissenen Formen. Wenn er meinte, ich wolle ihn nachahmen oder sei von ihm beeinflußt, so konnte er sich eigentlich nur geschmeichelt fühlen. Was mich anging, so hatte ich mir wegen irgendwelcher Einflüsse nie den Kopf zerbrochen — sie waren zu zahlreich — jeder neue Maler, den ich entdeckte, wurde für mich zu einer Quelle der Inspiration und zu einem Ansporn. Gäbe es keine Vorläufer, so hätte ich die Malerei nicht fortführen können. Genug, daß ich mir meine Einflüsse selbst aussuchte — meine Meister.

Als Halpert in der nächsten Woche auftauchte und mein Bild sah, machte er ein finsteres Gesicht. Er erkannte die Vase wieder, die er für sein geplantes Stilleben mitgebracht hatte, und betrachtete mein Werk als eine Art Plagiat. Ich entschuldigte mich, aus diesem Blickwinkel hätte ich das nie betrachtet, aber schließlich habe er die Vase genausowenig selbst hergestellt wie die Landschaft, vor der wir ein paar Wochen vorher beide gemalt hatten. Besänftigt hat ihn das, glaube ich, nicht, jedenfalls führte er sein Stilleben nie aus. Er arbeitete überhaupt sehr wenig; für ihn waren seine Ausflüge hierher anscheinend mehr eine Entspannung von den wichtigeren Arbeiten, die er in der Stadt im Hinblick auf seine geplante Ausstellung zu erledigen hatte.

Am nächsten Tag bekamen wir Besuch: ein halbes Dutzend Mitglieder des Ferrer Center tauchte auf, darunter auch Loupov und seine Frau, von der er, wie er gesagt hatte, geschieden war. Er stellte mich ihr vor — sie hieß Donna —, und ich schlug ihr vor, mit mir einen kleinen Spaziergang zu machen; wir ließen die anderen, die sich vor dem Haus niedergelassen hatten, zurück. Sie war sehr schön, mit ihrem goldenen Haar und den grauen Augen, und wieder hatte sie diesen nachdenklich angespannten Gesichtsausdruck, der mir schon an dem Abend im

Center aufgefallen war, als sie das Kind abholte. Sie sprach perfekt Englisch, mit einem bezaubernden französischen Akzent. Zunächst unterhielten wir uns über dieses und jenes, aber dann begann sie, von sich selbst zu erzählen. Ja, sie sei von Loupov geschieden, aber sie verkehrten weiterhin freundschaftlich miteinander und kümmerten sich abwechselnd um das Kind. Für sie, Donna, sei es schwierig. Sie lebte im Haus eines Ehepaars, und der Mann stellte ihr nach, wenn sie allein waren, die Frau hatte Verdacht geschöpft und war eifersüchtig, obgleich beide sehr liberal eingestellt waren und in allen Dingen Freiheit predigten. Sie war der Stadt und der Menschen um sie herum überdrüssig; gern würde sie wegziehen. Es klang ungeheuer traurig; ich war tief bewegt und fragte mich, ob ich ihr helfen könne. Ich sagte, auch ich sei auf der Flucht vor der Großstadt hierhergekommen, um hier in Frieden zu leben und zu arbeiten. Hören Sie, sagte ich, ich habe das Haus die Woche über für mich allein. Ich könne ihr mein Zimmer überlassen und in einem der anderen Zimmer schlafen. Sie ergriff meine Hand und dankte mir. Ob denn aber auch die anderen einverstanden seien? Ich erklärte ihr, sie kämen für ein, zwei Tage heraus, aber nicht regelmäßig; es sei mein Haus, die anderen seien im Grunde meine Gäste. Sie willigte ein, und wann sie kommen solle? Heute, sagte ich etwas beklommen. Wir umarmten uns heftig und küßten uns. Sie sagte, es komme ihr so vor, als seien wir alte Freunde; Loupov habe ihr von mir erzählt: ich sei intelligent und interessant. Als wir zurückkehrten, saßen die anderen noch immer in der Sonne des Spätnachmittags vor dem Haus. Neugierig sahen sie uns entgegen; Halpert machte irgendeinen Witz.

Loupov teilte uns mit, sie hätten die Möglichkeit erörtert, hier eine freiheitliche Kolonie zu gründen. Er habe schon immer eine Kunstzeitschrift herausbringen wollen. Neben dem Schreiben und dem Malen könnten wir auch selbst drucken. Er hatte schon mit einem jungen Drucker in der Stadt gesprochen, der anbot, bei der Produktion zu helfen. Der Drucker besaß sogar eine Presse, die hierher transportiert und in unserer Hütte aufgebaut werden konnte. Die Idee fand bei allen Zustimmung. Ich sah mich schon als graphischen Leiter. Loupov wollte sich um das Organisatorische kümmern und ein paar Schriftsteller zur Beteiligung einladen, die bekannt genug waren, um unserem Projekt zusätzliches Ansehen zu verschaffen.
Als er und die anderen Anstalten zum Aufbruch machten, erklärte Donna, sie werde als unser Gast ein paar Tage hierbleiben. Halpert machte große Augen, aber die anderen nahmen es ganz selbstverständlich auf. Als sie fort waren, wurde Halpert richtig munter und sagte etwas auf Französisch zu Donna. Dann kündigte er an, er werde ein Abendessen für uns zubereiten, er habe ein paar Vorräte und eine Flasche Wein mitgebracht. Donna bot ihre Hilfe an, aber er lehnte ab und meinte, sie sei unser Gast und es sei ein Vergnügen, ihr zu Diensten zu stehen. Von Zeit zu Zeit sagte er ihr etwas auf Französisch, worauf sie ziemlich kurz antwortete. Das Essen verlief sehr fröhlich; teils durch das mit Französisch

durchsetzte Gespräch, teils durch die Flasche Wein kam es mir vor, als sei ich in Paris.

Als es Zeit wurde, schlafen zu gehen, geriet ich in Unruhe. Mein Bett war breiter als die anderen; sollte ich Kreymborg oder Halpert bitten, es mit mir zu teilen, so daß einer von ihnen sein Bett Donna überlassen konnte? Spaßeshalber machte Halpert den Vorschlag, er und Donna könnten mein Bett nehmen und ich seines. Ich überredete ihn, sein Bett freizugeben und mit mir Vorlieb zu nehmen.

Am nächsten Morgen war die Atmosphäre ziemlich abgekühlt; die beiden Männer ließen mich spüren, daß ich in ihre Rechte eingegriffen hatte, schließlich waren sie älter als ich. Sie machten sich früh auf den Weg; ich wollte erst später zur Arbeit in die Stadt fahren. Donna und ich machten einen Spaziergang, sprachen miteinander, umarmten uns gelegentlich und wurden vertrauter. Wir waren sehr glücklich; die Zukunft hielt grenzenlose Möglichkeiten bereit. Pläne für Bilder gingen mir durch den Kopf; wenn das Mann-Frau-Problem gelöst war, so kam es mir vor, würde ich klarer erkennen, welche Richtung meine Arbeit nehmen sollte. Jetzt aber durfte ich meine Möglichkeiten zum Geldverdienen nicht vernachlässigen. Zusammen fuhren wir in die Stadt, ich in mein Büro, Donna dorthin, wo sie bisher gewohnt hatte, um einen Koffer mit ihren Sachen zu holen. Nach der Arbeit trafen wir uns wieder, aßen in einem Restaurant und nahmen die Fähre zum Ufer von Jersey. Auf der kurzen Fahrt saßen wir da und hielten uns bei den Händen. Die Zeit hörte auf zu existieren, erweiterte sich zu einem ewigen Honigmond. Auf dem letzten Wegstück durch den Wald zum Haus war ich ganz erfüllt von den Gedanken, daß ich das volle Leben erlangt hatte.

RIDGEFIELD, N.J.

Donna und ich hatten die ganze Woche für uns allein, bis die anderen wieder
kamen, aber diese Aussicht machte mir keine Sorge.

Den ganzen Tag über zu arbeiten und Donna allein auf dem Land zurückzulas-
sen, das machte mir Kummer; gewiß würde sie sich langweilen. Aber sie beruhigte mich; sie liebte die Einsamkeit und fand um das Haus herum eine Menge zu
tun, außerdem schrieb sie: freie Lyrik und Prosa. Also noch jemand, der Beiträge
für unsere Zeitschrift liefern konnte. Auf dem Heimweg machte ich bei den
Märkten in der Innenstadt halt, um etwas zu essen zu kaufen und manchmal eine
Flasche Rotwein, den sie gern trank. Sie kochte gut und rasch und brachte köstli-
che Salate zustande. Ein wenig Käse und Kaffee rundeten die Mahlzeit ab, und
dann saßen wir draußen in der Dämmerung, ich mit der Pfeife.

An einem Abend dieser Woche zog sich Donna schon früh zurück — sie fühlte
sich nicht wohl. Als ich später mit einer Öllampe in unser Zimmer trat, schlief
sie tief und fest. Ihr Kopf auf dem Kissen ergab eine interessante Komposition;
ich beschloß, Donna so zu malen. Ich holte eine kleine Leinwand, den Farbkasten und bereitete meine Palette vor. Das Licht war schwach, aber ich kannte
meine Farben und konnte sie den Umständen anpassen. Nach einer Stunde war
das Bild fertig, und ich beugte mich über sie, um sie zu küssen. Unbewußt
schläng sie ihre Arme um mich. Ich ging zu Bett.

Am nächsten Morgen fiel mir als erstes wieder das Bild ein. Es war eine Überraschung: das Gesicht strahlte in schönem Zitronengelb. Beim Licht der Öllampe
hatte ich die Tube mit Gelb für Weiß gehalten. Aber ich beschloß, es so zu lassen; es sah so beabsichtigt aus wie die stilisierte Zeichnung. Donna erschien das
Gemälde sehr originell. Andere Leute, die es später sahen, lobten mich ebenfalls
und meinten, es müsse ausgestellt werden. Ermutigt trug ich es zu Stieglitz, den
ich weiterhin ab und zu besuchte. Auch ihm gefiel das Bild. Leider kaufte er keine Kunst, schickte mich aber zu einem bekannten Verleger, der Sammler sei. Als
ich den Namen Stieglitz erwähnte, wurde ich sogleich empfangen und zeigte
mein kleines Werk; ohne viel Aufhebens schrieb der Verleger einen Scheck über

hundertfünfzig Dollar aus. So hatte das Bild zu einer zweiten Überraschung geführt. Vierzig Jahre später kam die dritte: das Gemälde tauchte in der Sammlung des Whitney Museum auf.

Im Laufe der Woche rief mich Loupov im Büro an, um mir zu sagen, daß die Druckmaschine am Samstagnachmittag auf dem Bahnhof von Ridgefield eintreffen werde. Ich solle im Ort einen Fuhrmann anheuern, der sie zum Haus schaffen könne. Er, Loupov, werde zusammen mit dem Drucker kommen, um sie aufzubauen, er habe noch zwei Schriftsteller eingeladen, um die Zukunft der geplanten Zeitschrift zu besprechen.

Alle trafen wie verabredet ein: Halpert, Kreymborg, dann Loupov und der Drucker, und schließlich zwei neue Gesichter, Max Eastman, der Herausgeber der liberalen Zeitschrift *The Masses,* und William Carlos Williams, ein Dichter, der in einem nahgelegenen Ort als Arzt praktizierte.

Der Fuhrmann aus dem Ort kam tatsächlich in seinem Einspänner den Berg hinaufgeholpert. Er schimpfte ein bißchen über das Gewicht der Presse: mehrere hundert Pfund; aber ich besänftigte ihn mit einem Bier und versprach, einen Zuschlag zu zahlen. Aus Holzbohlen errichteten wir eine Rampe von dem Fuhrwerk zum Boden, und beim Entladen faßten alle mit an. Die Presse glitt hinab,

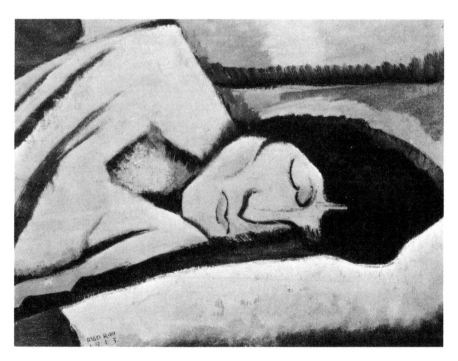

3   Man Ray: »Donna (Adon Lacroix) schlafend«, Gemälde 1913. Whitney Museum of American Art, New York

und wir rollten sie in das gemeinsame Atelier. Eine nähere Prüfung ergab jedoch, daß sie beim Transport beschädigt worden und nicht zu gebrauchen war. Kreymborg riet mir, bei der Eisenbahn Schadenersatz anzumelden. Das tat ich, und nach einiger Zeit bekam ich als Entschädigung einen Scheck. Die Zeitschriftenidee ließen wir nicht fallen, aber da die meisten von uns gegen Ende des Sommers in der Stadt sein würden, wurde beschlossen, sie dort bei einem gewöhnlichen Drucker herauszubringen. Kreymborg machte den Vorschlag, hierfür den Scheck zu verwenden, den ich erhalten hatte. Aber da ich in Ridgefield bleiben wollte, entschied ich, ihn zu verwahren, um, wie ursprünglich geplant, hier am Ort selbst etwas damit zu veröffentlichen. Die anderen könnten sich daran beteiligen, wenn sie wollten. Dieser Vorschlag stieß nicht gerade auf Begeisterung. Schließlich aber fand Kreymborg anderswo Unterstützung für eine literarische Zeitschrift, die in New York erscheinen und *Others* heißen sollte. Ich habe nie herausgefunden, ob dieser Titel die Abwendung von mir ausdrücken sollte oder ob die Autoren neue Dichter waren.

Halpert und Kreymborg kamen weiterhin an den Wochenenden hinaus, aber die Atmosphäre wurde immer gespannter. Ihr Groll über meine Hartnäckigkeit und meinen Erfolg bei Donna drückte sich in allerlei Kleinigkeiten aus. Sie verhielten sich mehr wie Gäste, überließen uns alles Kochen und Abwaschen und deuteten sogar an, wir hätten mehr als den uns zustehenden Teil des Hauses belegt. Wir waren unglücklich; ich suchte nach einer Lösung und hoffte gleichzeitig, die beiden würden ein für allemal ausziehen. Aber sie hatten bis Ende September gezahlt, und das hieß, sie wollten dableiben.

Ende August wurde eines der kleineren Häuser auf dem Grundstück frei, und ich mietete es. Der Vermieter machte sauber, sorgte für einen neuen Anstrich in hellen, einfachen Farben, ohne Tapete oder irgendwelches andere Beiwerk, und wir zogen ein. Es war ein nettes kleines Haus mit Giebeldach, Schlafzimmer, Wohnzimmer und Küche. Eine einfache Treppe führte in ein kleines Dachzimmer. Die Miete betrug zehn Dollar im Monat. Außer den Betten und einer Öllampe, die wir aus dem anderen Haus mitgebracht hatten, gab es keine Möbel. Der alte Pole, der früher als Schmied gearbeitet hatte, erwies sich als Alleskönner; aus ein paar Brettern zimmerte er einen Tisch und zwei Bänke. Ich kaufte einen Petroleumkocher; wir stellten ihn auf Obstkisten, die gleichzeitig als Vitrinenschränke dienten. Donna kleidete sie geschmackvoll mit bedrucktem Kattun aus. In der Küche gab es einen Wandschrank mit Glasfenstern, ziegelrot gestrichen, der, mit Geschirr gefüllt, sehr hübsch aussah. Kühlschränke gab es noch nicht, und ein Eiskasten kam nicht in Frage, weil es in diesem Ort keine Eisauslieferung gab. Aber vor dem Haus war ein Brunnen, ein idealer Ort, um dort Butter und Milch in einem Kübel, den wir an einer Schnur ins Wasser hinabließen, aufzubewahren. Das Wasser war kalt, sauber und reichlich vorhanden. Vor dem Schlafzimmerfenster, mit Blick nach Westen auf den Berghang, baute uns der Vermieter aus ein paar Brettern eine Veranda mit einem Wellblechdach und jungen Baumstämmen als Stützpfosten. Als Schutz gegen die Mücken bespannte ich sie mit Gaze. Das ganze Tal lag vor uns, mit blauen Bergen in der Ferne — eine ständige Quelle der Inspiration für die Landschaftsmalerei. Der Hang gegenüber war wie gesprenkelt mit verstreuten einfachen Häusern in verschiedenen Farbtönen. Von dem Dorf Ridgefield fertigte ich mehrere Studien an. Bis zum Postamt, wo wir uns unsere Briefe abholten, war es ungefähr eine Meile zu laufen.

Ende September waren wir allein, die anderen waren fort, und aus der Nachbarschaft kannten wir niemanden. Ab und zu wurde die Stille von den streitenden Stimmen des Polen und seiner Frau unterbrochen, wenn sie betrunken waren. Wir lebten am Ende der Welt. Eines Sonntagnachmittags im Oktober saßen wir in der Wärme des dunstigen Spätsommertages draußen, als eine kleine Gruppe von Menschen zu uns hinabkam. Es waren Loupov und eine junge Frau, gefolgt von einem rothaarigen jungen Mann, in dem ich Manuel Komroff erkannte, den ich in der Aktklasse am Ferrer Center kennengelernt hatte. Er war in Begleitung einer vornehm aussehenden Frau. Er stellte sie vor — eine erfolgreiche englische Aquarellmalerin; auch das Mädchen kannten wir vom Center; sie hatte an einem Abend mal für uns Modell gestanden. Allen war beim Gehen sehr heiß geworden, sie schwitzten. Das Mädchen fragte, ob sie hier duschen könne.

Ich lachte und schlug ihr vor, hinter das Haus zu gehen, dort könne ich sie mit ein paar Eimern Wasser aus dem Brunnen begießen. Ohne Zögern nahm sie mich beim Wort und lief um das Haus herum, alle anderen hinterher. Ich schleppte zwei Eimer Wasser aus dem Brunnen herbei; als ich hinkam, stand sie nackt unter einem Apfelbaum, mit erhobenem Haupt, das lange Haar frei nach hinten fallend, wie eine Johanna von Orleans, die den Engeln lauscht. Was für ein Bild für einen Maler mit Sinn fürs Symbolische, dachte ich. Oder Eva im Garten Eden, auf Adam wartend. Und Adam kam; in hohem Bogen schüttete ich ihr einen Eimer Wasser entgegen. Vor Schreck über das kalte Brunnenwasser schrie sie auf. Wir anderen blickten uns entsetzt an. Wenn nun die Nachbarn sie hören und plötzlich auftauchen würden? Sie schüttelte sich, klapperte mit den Zähnen, winkte aber heftig nach dem zweiten Eimer. Diesmal trat ich zu ihr und goß ihr den Inhalt des Eimers vorsichtig über die Schulter, weil ich ihr Haar nicht naß machen wollte. Donna war hineingegangen, um ein Handtuch zu holen. Ich nahm es ihr aus der Hand und fing an, das Mädchen abzutrocknen. Langsam und gründlich rieb ich sie ab, wobei ich die intimen Stellen ausließ, obgleich der Wunsch, sie zu berühren, sehr stark war, und reichte ihr dann das Handtuch für den Rest.

Loupov und Donna blieben draußen und sprachen miteinander, während wir ins Haus gingen — das Mädchen, Komroff und die Engländerin. Dort zeigte ich ihnen ein paar meiner Arbeiten. Die Frau war eine konservative Porträtmalerin, aber an meinen Sachen war sie doch interessiert und kaufte zwei kleine Aquarelle für zwanzig Dollar. Komroff fragte, ob auf dem Grundstück hier noch ein Häuschen zu vermieten sei; ich vermutete, daß das Haus, aus dem wir vor kurzem ausgezogen waren, jetzt frei war, und verwies ihn an den Besitzer. Zusammen mit seiner Freundin ging er hin, und als er nach kurzer Zeit zurückkam, verkündete er, er werde unser Nachbar; es werde angenehm sein, in dieser bezaubernden, aber einsamen Gegend ein paar verwandte Seelen in der Nähe zu haben. Nachdem alle gegangen waren, erzählte mir Donna, nach ihrer Scheidung von Loupov sei ihr ganzer gemeinsamer Hausrat eingelagert worden; Loupov sei einverstanden, daß sie davon nehme, was sie zur Einrichtung unseres Hauses brauchte. Ein paar Tage später fuhr sie in die Stadt, und schon bald traf ein Pferdefuhrwerk mit den Habseligkeiten ein. Zuerst war ich dagegen, Dinge um uns zu haben, die mit ihrem früheren Leben verbunden waren — vor allem hatte ich ihr eingeschärft, keine Betten mitzubringen, auch wenn sie besser waren als unsere jetzigen. Neben einem massiven Tisch und einigen Stühlen waren da zwei Koffer. Der eine enthielt französisches Steingutgeschirr und eine wundervolle alte Messingkanne, ganz in der Art wie Brancusis goldene Vögel, die vor kurzem in der Galerie von Stieglitz ausgestellt gewesen waren. Im Geiste merkte ich mir diesen Krug schon für ein künftiges Stilleben vor. Der andere Koffer war voller Bücher, in gelbes Papier eingebundene, unscheinbar aussehende Bände auf Französisch. Behutsam nahm Donna einen nach dem anderen heraus, manchmal innehaltend, um zu blättern, ein paar Zeilen für sich zu lesen und sie dann wörtlich ins Englische zu übersetzen — ein Gedicht von Mallarmé, dann eins von Rimbaud und dann einen Abschnitt aus den *Chants de Maldoror*, alles Werke, aus denen zehn Jahre später die Pariser Surrealisten ihr Parolen beziehen sollten. Auch Apollinaire war vorhanden, dessen *Calligrammes* die gesamte Typographie durcheinanderwirbelten, und der sich so für die jungen Kubisten einsetzte. Und Baudelaire mit seinen Oden an die Geliebte und den Poe-Übersetzungen, die das Genie dieses Dichters den Franzosen vermittelten.

Eine innere Unruhe hatte mich erfaßt — eine Unruhe, die ausging von einem Keim, der auf fruchtbaren Boden gefallen war und bald aufbrechen sollte. Ich war voller Ideen für Bilder; ich mußte mehr Zeit für mich finden. Es gab zuviel, was mich ablenkte: die Arbeit in der Stadt, Holzhacken und -einlagern für den nahenden Winter, für warme Kleidung sorgen.

Mit meiner Firma traf ich eine Abmachung, die es mir erlaubte, nur an drei Tagen der Woche in die Stadt zu kommen. Mein Einkommen verringerte sich dadurch zwar, nicht aber meine Nützlichkeit für den Verlag. Statt die halbe Zeit im Büro herumzusitzen und zu träumen, brachte ich so viel zustande wie vorher in einer ganzen Woche — ich konnte sehr rasch arbeiten — und erfüllte alle Anforderungen, die an mich gestellt wurden. Durch den gelegentlichen Verkauf eines kleinen Bildes hoffte ich den Unterschied wettmachen zu können. Donna war nicht so zuversichtlich, aber neben dem Malen hatte ich noch andere Projekte im Kopf. Sie hatte einiges geschrieben — ein paar kurze Prosastücke und Gedichte —, und ich schlug ihr vor, wir könnten gemeinsam ein Buch machen, eine luxuriöse Mappe, in limitierter Auflage, mit meinen Zeichnungen und ihren Texten, die ich mit meiner kalligraphischen Ausbildung von Hand schreiben wollte. Mittels eines Verfahrens, das der Lithographie ähnelte und mit dem ich vertraut war, ließe sich das ganze dann auf feinem Papier vervielfältigen. Mit dem Versicherungsgeld, das ich von der kaputten Druckpresse aufbewahrt hatte, könnten wir die Kosten bestreiten. Nur zwanzig Exemplare sollten gedruckt werden, jedes sollte zehn Dollar kosten.

Zwar kamen mir Donnas Texte in englischer Sprache manchmal etwas unbeholfen vor, aber sie waren aufrichtig und unverdorben, wie die Bilder naiver Maler; ich kalligraphierte sie so, wie sie waren. Warum, so dachte ich, sollte man beim Schreiben nicht ebenso naiv sein können wie beim Malen? Hatte nicht Stieglitz einige der ersten Texte von Gertrude Stein veröffentlicht, von denen sie behauptete, sie seien aus dem gleichen Geist geschrieben, aus dem einige moderne Maler malten? Donna schrieb auch Sachen in französisch, die ich nicht verstand. Einmal begann sie, mir Unterricht zu erteilen — als Vorbereitung auf den Tag, an dem wir nach Paris aufbrechen könnten. Aber schockiert über meine Aussprache und meinen Mangel an Talent, gab sie es bald wieder auf.

Der Winter 1913—14 verstrich ohne bedeutende äußere Ereignisse; im Inneren unseres kleines Hauses aber herrschte rege Tägigkeit. Ich begann mit einer Reihe großer Ölbilder, Kompositionen aus kubistisch anmutenden Figuren, aber mit lebhaften Farben, ganz anders als die fast monochromen Gemälde der Kubisten, die ich in der internationalen Ausstellung im Armory, dem New Yorker Zeughaus, gesehen hatte.

Eines Tages bekam ich einen Brief von Kreymborg. Er bat mich, ihn in der Stadt aufzusuchen. Ich solle ein kleines Bild mitbringen, er werde mich einem Freund vorstellen, der an den jüngeren Malern interessiert sei. Dieser Freund war ein Gelegenheitsdichter, Hartpence mit Namen, der nach einer Stellung für sich Ausschau hielt, am liebsten in einer Kunstgalerie. Er führte uns in eine altmodische Bierkneipe an der 42. Straße, Ecke 9. Avenue. Der Besitzer, ein großer, rundsichtiger Mann, stand hinter der Theke; diesem Mr. Daniel wurde ich vorgestellt; wir bestellten Bier, und Hartpence schlug vor, die Sandwiches des Hauses zu essen.

Drei gewaltige Kümmelbrötchen, belegt mit Schinken und Schweizer Käse, wurden uns vorgesetzt. Sie schmeckten köstlich. Von Hartpence beraten, kaufte Daniel Bilder; er bat mich, vorzuzeigen, was ich mitgebracht hatte. Daniel hielt das Bild auf Armeslänge von sich und betrachtete es mit zusammengekniffenen Augen, sah sich dann die Oberflächenstruktur aus der Nähe an, schüttelte mit Kennermiene den Kopf und fragte, wieviel ich dafür haben wolle. Ich überließ das ihm — er gab mir zwanzig Dollar. Nachher erzählte mir Hartpence, er versuche Daniel dazu zu bringen, eine Kunstgalerie zu eröffnen, die er, Hartpence, dann leiten wollte; wenn es ihm gelinge, würde er eine Ausstellung für mich organisieren, sobald ich genügend Bilder hätte. Ich war dankbar und lud ihn zu einem Besuch bei uns in Ridgefield ein. Er versprach zu kommen, wenn der Frühling anbrach. Meine Zukunftsaussichten waren wirklich nicht schlecht.

Aber der Winter war hart. Wir heizten mit Holz; unser Vermieter lieh mir eine zweihändige Säge, mit der wir im nahen Wald einen Baum umlegten. Der Wald war zwar Privatbesitz, aber unbewacht. Die Bewegung tat uns gut. Ein paarmal waren wir eingeschneit; wenn ich morgens die Tür aufmachte, stand ich vor einer zwei Meter hohen Schneewehe. Aber ich machte mir nicht die Mühe, sie zu beseitigen, nahm bloß einen Kessel voll Schnee für warmes Wasser. Meistens hatten wir für zwei oder drei Tage genug zu essen im Haus; es war lustig, von der übrigen Welt abgeschnitten zu sein.

Dann kam der Frühling, und es war ein Vergnügen, durch den feuchten, grünenden Wald zum Haus zu wandern, eine Tasche mit Vorräten aus der Stadt in der Hand und voller Ungeduld, an die Staffelei zu kommen. Als ich einmal an einem warmen Spätnachmittag nach Hause kam, wusch sich Donna gerade draußen über einem Bottich die Haare; es war ein bezaubernder Anblick, und sofort machte ich ein Aquarell. Als es dann wärmer wurde, kamen wieder häufiger Leute hinaus, meistens am Sonntag.

Wir kannten immer noch keinen einzigen Einheimischen, während die anscheinend alles über uns wußten. Eine gewisse Feindseligkeit lag in der Luft. Natürlich, wir waren Künstler, Bohémiens, lebten wahrscheinlich in Sünde. Im Postamt weigerte sich der Beamte, Donna die Post für mich auszuhändigen; ihre eigene bekam sie unter ihrem Mädchennamen, Lacour. Ich ging hin, um mich zu beschweren, führte an, das sei ihr Schriftstellername, und wurde gebeten, unsere Heiratsurkunde vorzuweisen. Selbst einige von den Freigesinnten, die zu uns hinauskamen, behandelten uns, als sei das Abenteuer zwischen mir und Donna bald zu Ende und sie wieder frei. Einer, ein junger Dichter, fragte sie, ob sie in die Stadt kommen und mit ihm zusammenleben wolle.

Loupov kam mit Donnas Tochter hinaus und ließ sie ein paar Tage bei uns. Sie besuchte den Hudson aufwärts eine Schule, die von der Schwester Isadora Duncans geleitet wurde. Esther war unter den Tanzschülerinnen die jüngste; sie hatte die Grazie und Gelassenheit einer vollendeten Balletteuse. Ich war sehr froh über ihre Anwesenheit, sie gab unserem Heim etwas Häusliches, schien seine Dauerhaftigkeit zu bekräftigen. Ich bot an, für ihre Erziehung alles zu tun, was mir möglich war; es würde angenehm sein, eine fertige Tochter in der Familie zu haben. Kunstwerke zur Welt zu bringen war schon mühselig genug. Um den Mutmaßungen unserer Freunde und der Mißbilligung der anderen ein Ende zu machen, einigten wir uns darauf, zu heiraten.

Im Dorf besorgte ich eine Heiratserlaubnis, und am nächsten Sonntag, an dem wir Besucher hatten, baten wir sie, als Trauzeugen mit ins Dorf zu kommen. Wir tranken auf den festlichen Anlaß und machten uns in fröhlicher Laune auf den

Weg. Es war warm und wir trugen keine Mäntel; die Kragenknöpfe unserer Hemden waren offen, und auch die Frauen hatten legere Landkleider angezogen. Auf halbem Wege begegneten wir einer Prozession, die von einem bärtigen Mann angeführt wurde, der seine dicke Frau mit dem Arm stützte. Wir blieben stehen, ich stellte mich vor und fügte hinzu, er sei wohl der Rabbi der Gemeinde. Er bejahte und meinte dann, sie kehrten gerade von einem Begräbnis heim. Ob er uns trauen könne, fragte ich. Seine Frau stieß ihn heftig in die Seite, und ein paar von den anderen warfen uns finstere Blicke zu, als wollten wir uns über sie lustig machen. Er aber erwiderte gelassen, hier im Freien schicke sich das nicht, außerdem seien sie ziemlich erschöpft; er könne mir jedoch seine Adresse aufschreiben, und wir könnten dann im Laufe der Woche zu ihm kommen. Ich dankte ihm, leider seien die Trauzeugen nur heute da. Hierauf setzten wir unseren Weg ins Dorf fort.

Der Friedensrichter war den Sonntag über nicht zu Hause; man verwies uns an den Pfarrer des Ortes. An seine Konfession kann ich mich gar nicht erinnern; er sagte uns, eine Ziviltrauung könne er nicht vornehmen, nur eine nach den üblichen kirchlichen Riten. Wir erklärten uns einverstanden und heirateten mit Bibel und allem, was dazugehört. Einen Ring liehen wir von einem der Trauzeugen. In der Woche darauf besuchte uns der Pfarrer und fragte, ob wir Mitglieder seiner Gemeinde werden wollten. Ich dankte ihm, ich wolle es mir überlegen, aber im Augenblick hätten wir zuviel zu tun. Um meinen guten Willen zu zeigen, schenkte ich ihm ein Aquarell, das er dankend entgegennahm.

Jetzt, da alle unmittelbaren Probleme gelöst waren, teilten wir uns unsere Zeit nach einem richtigen Plan ein. Drei Tage in der Stadt, um für ein regelmäßiges Einkommen zu sorgen, die übrige Woche zu Hause: Malen, Lesen, Lieben, Plänemachen für die Zukunft — in Frankreich, wie wir hofften. Besucher kamen an den Sonntagen, um den regelmäßigen Ablauf unseres Lebens zu unterbrechen, was uns manchmal sehr recht war; aber manchmal waren wir auch erleichtert, wenn sie wieder gegangen waren. Hartpence und seine Freundin kamen häufig. Sie waren beide alles andere als Stubenhocker und liebten das Land; aber was sie mir besonders lieb machte, war das Interesse und die Begeisterung, die sie für meine Bilder zeigten. Sie war ein großes, gut aussehendes Mädchen voller Lebhaftigkeit, ganz anders als er, der ziemlich bläßlich war und ein Magenleiden hatte. Eines Sonntagnachmittags kam, angeführt von Hartpence und Helen, eine neue Gruppe zu uns hinunter. Außer unseren Freunden noch drei Paare; sie waren auf der Suche nach einem Ort, wo sie fernab der Stadt wohnen konnten. Ein großer, vornehm aussehender Mann, an dessen Namen ich mich nicht erinnere, der angeblich schrieb, in Wirklichkeit aber hauptsächlich trank, wie ich später herausfand. Rose, seine Frau, war eine aparte Erscheinung, sie beschäftigte sich mit Schreiben. Dann ein Dichter, Orrick Johns, und seine Frau, die Malerin Peggy Bacon; er hatte bei einem Unfall ein Bein verloren. Robert Carlton Brown, ein Dichter und Schriftsteller, der sich der damals entstehenden imagistischen Schule angeschlossen hatte. Später erfand er eine neue Lesetechnik: auf Bändern, die unter einem Vergrößerungsglas abgespult wurden. Er nannte es »The Readies«. Berühmt wurde er auch durch seinen Fortsetzungsroman, der in mehreren Zeitungen erschien: *What Happened to Mary*. Eine bestimmte Zeile aus einem seiner Gedichte habe ich nie vergessen, sie handelte von einer dicken Frau, die sich aufführte, als sei jedes Gramm tausend Dollar wert. Mit einem kleinen Kapital hatte Bob Brown in ein paar Wochen an der Wall Street einen großen Spekulationserfolg erzielt. Er kaufte eines der größeren Steinhäuser in der Gemeinde, dessen Besitzer gestorben war; John überredete den alten Polen, aus seinem Haus in ein kleineres Gebäude umzuziehen; er und Peggy bezogen dann dieses Haus, um dort zu schreiben und zu malen. Und Rose und ihr Mann fanden im Wald ein romantisches, mit Rinde gedecktes Häuschen, dessen Giebel mit krummen Zweigen und Wurzeln verziert waren. Es lag auf dem Grundstück eines der massiveren Steinhäuser, war aber zwischen den Bäumen und Farnkräutern fast unsichtbar. Sobald er eingezogen war, gab Brown eine große Einweihungsparty auf dem Dach seines Hauses, das er in eine Terrasse umgewandelt hatte. Ungefähr hundert Leute kamen; bis in den frühen Morgen wurde getanzt und getrunken, und ein paar Schlägereien gab es auch. Bob schien sich mit Rose besonders gut zu verstehen, aber deren Ehemann war betrunken und zu schwach, um irgendwelche Einwände zu erheben.

Mir war nichts weiter aufgefallen, aber Donna sagte mir später, mehrere Gäste hätten ihr Anträge gemacht. Sie schien sich darüber zu ärgern, daß ich keinerlei Eifersucht zeigte, und meinte, ich hätte mich zu viel mit Bobs Frau abgegeben — sie habe mich beobachtet. Ich entgegnete kurz angebunden: nichts Unrechtes sei geschehen, wir seien immer noch zusammen, und darauf komme es an. Trotzdem schmollte sie ein paar Tage und ließ die eine oder andere Bemerkung über Promiskuität und Treue fallen — sie habe genug von freiheitlichen Vorstellungen. Ich erklärte ihr, wie sehr ich an ihr hänge, wie glücklich ich mit ihr sei, wieviel sie mir bedeute, und vor allem, welche Inspirationsquelle sie für mich sei; keine andere Frau könne es in irgendeiner Hinsicht mit ihr aufnehmen. Wir vertrugen uns wieder und beschlossen, uns so weit wie möglich von unseren Nachbarn fernzuhalten.

Nachdem Hartpence Daniel dazu überredet hatte, sein Bierlokal zu verkaufen und eine Kunstgalerie zu eröffnen, hatte Hartpence mir dringend geraten, ich solle mich anstrengen, damit genügend Bilder für eine Ausstellung vorhanden seien, wenn es so weit war. Ich hatte meine Anstrengungen verdoppelt und bis Juli etwa ein Dutzend vorzeigbare Arbeiten zustande gebracht. Es waren mittlere Formate, aber jetzt begann ich ein größeres Bild, neunzig mal ein Meter achtzig, auf einer besonders grundierten Leinwand, das wie ein Fresko wirken sollte und zunächst dafür vorgesehen war, eine leere Wand in unserem Wohnzimmer auszufüllen. Ich hatte etwas über Uccello gelesen; die Reproduktionen von seinen

Schlachtenbildern hatten mich durch ihre Kraft beeindruckt, wenngleich ich in ihnen nicht die Lösung perspektivischer Probleme erkennen konnte, die ihnen als Verdienst angerechnet wurde. Es hieß, Uccello habe seine Frau in der Nacht geweckt, um ihr seine Offenbarungen kundzutun. Später hatte Leonardo da Vinci die Perspektive auf eine mehr wissenschaftliche Grundlage gestellt und sogar erklärt, die Perspektive sei die Grundlage aller Kunst. Auch mich hatten bei meinen früheren Architekturstudien Probleme der Perspektive fasziniert, ich hatte mich gründlich mit ihnen beschäftigt, was mir in meinem Verlag sehr zugute kam, wo mitunter eine Abbildung eines nicht realisierten Bauvorhabens hergestellt werden mußte. In meiner Malerei aber vergaß ich nie, daß ich auf einer zweidimensionalen Fläche arbeitete, die ich um einer neuen Wirklichkeit willen nicht oder so wenig wie möglich antasten wollte, genauso wie ich alle Versuche im Bereich der akademischen Anatomie aufgegeben hatte.

In unserer Zeit, so hatte ich mir überlegt, waren diese Dinge sehr gut bei der Photographie aufgehoben, die die Malerei befreit hatte. Vor dem Hintergrund solcher Gedanken machte mein großes Bild Fortschritte. Elementare menschliche Gestalten, abwechselnd in Blau und Rot, und graue Pferde, auch sie stark vereinfacht, so wie das Trojanische Pferd ausgesehen haben muß, bestimmten die Komposition. Aber immer hielt ich an der Vorstellung von einem Fresko fest; die Ölfarben als solche wirkten dunkler, schwerer, als es dem Thema angemessen war. Die Bilder der Serie, an der ich in diesem Jahr arbeitete, wiesen noch eine gewisse Tiefe und Räumlichkeit auf, aber als ich sie abgeschlossen hatte, faßte ich den Entschluß, nun stärker zweidimensional zu arbeiten und die Flächigkeit der Leinwand zu respektieren.

Im August brach in Europa der Krieg aus. Uns wurde klar, daß wir unsere Auslandspläne verschieben mußten — vielleicht für ein Jahr oder so. Ich vollendete mein großes Ölbild; Donna meinte, es sei prophetisch, ich solle es »Krieg« nennen. Ich fügte in einer Ecke einfach die römischen Zahlen hinzu: MCMXIV. In der Stadt waren die Auswirkungen des Krieges deutlicher spürbar. Mit ihren Schlacht- und Greuelberichten hatten die Zeitungen eine große Zeit; an der Wall Street schnellten die Kurse in die Höhe; Spekulanten machten an einem Tag ganze Vermögen. Wenn ich in der Stadt war, wanderte ich in der Mittagspause durch die Straßen in der Nähe der Börse — überall gestikulierende Angestellte, die Männern in den offenen Fenstern der Büros etwas zuriefen und Anweisungen, zu kaufen oder zu verkaufen, übermittelten. Es war wie ein großes Fest, alle Vorteile des Krieges und nichts von all dem Elend, das er mit sich brachte. Als ich am Abend durch den stillen Wald nach Hause ging, war ich niedergeschlagen und gleichzeitig froh darüber, daß wir noch nicht nach Europa hatten reisen können. Es muß doch möglich sein, dachte ich, das Unheil zu vermeiden, das sich die Menschen selbst zufügen. Genügte es nicht, den langwierigen Kampf gegen Natur und Krankheit zu führen? Donna schrieb ein Gedicht mit pazifistischer Tendenz, das ich, illustriert mit einer Zeichnung meines großen Bildes, in die geplante Mappe aufnahm. Sie schrieb auch andere Gedichte, stille, lyrische Stücke, die sich mit Natur und Liebe beschäftigten, die ich ebenfalls aufnahm und mit Zeichnungen ausschmückte. Ende des Jahres war die Mappe fertig und wurde auf dem besten Papier, das ich auftreiben konnte, gedruckt; gebunden haben wir die zwanzig Exemplare selbst.

Der Herbst kam mit seinen Rot- und Goldtönen; wieder hatten wir einen herrlichen »Indian Summer«. Hartpence schlug vor, eine mehrtägige Wanderung in die Wildnis am oberen Lauf des Hudson zu machen. Er kannte die Gegend und half uns bei den Vorbereitungen. Rose und ihr Mann liebten die freie Natur und fragten, ob sie mitkommen dürften. Wir waren drei Paare, jeder hatte eine zusammengerollte Decke auf der Schulter und einen Rucksack mit Proviant. Wir schlugen den Weg zur Straßenbahn ein, die uns zu der Anlegestelle bringen sollte, wo das Schiff nach Bear Mountain abfuhr. Von dort aus wollten wir dann in die Berge hinein. Hartpence und Helen führten die Prozession an, ich folgte mit Rose, die meinen Arm ergriffen hatte, und Donna und Roses Mann bildeten die Nachhut. Wir waren noch keine hundert Meter gelaufen, da rief mir Donna etwas zu, und als ich mich umdrehte, machte auch sie kehrt und ging allein in Richtung auf das Haus zurück. Ich ließ die anderen stehen, die anhielten, um auf uns zu warten, und eilte ihr nach, in der Annahme, sie habe irgend etwas vergessen. Im Haus erklärte mir Donna, sie habe beschlossen nicht mitzugehen; Rose sei eine Frau, die auf Ärger aus sei, und ich würde mich viel zu viel mit ihr abgeben. Ich könne ja allein mit den anderen gehen, sie jedoch werde in die Stadt zurückkehren und mir die Freiheit lassen, wenn ich Abenteuer erleben wollte. Das kam zu plötzlich und zu heftig; ich wußte nicht, was ich in dieser Situation tun sollte. Ich rief die anderen zurück und erklärte es ihnen, so gut ich konnte, während Donna im Schlafzimmer schmollte. Sie hatte ihren Rucksack abgenommen und war schon dabei, Kleider in eine Reisetasche zu packen. Helen und Rose gingen hinein, um mit ihr zu reden. Hartpence kicherte und meinte, das sei ein Ausbruch von romanischem Temperament, das sei nicht ernst; dann versicherten wir alle Donna, daß unsere Absichten ehrenhaft seien, daß unsere Beziehungen zueinander absolut nicht angetastet werden sollten. Aber eine gewisse Freundschaftlichkeit müsse da sein, wenn wir mehrere Tage gemeinsam in der Wildnis verbringen wollten. Am Ende gab Donna nach; wir brachen wieder auf, und diesmal ging ich neben ihr.
Als das Schiff bei Bear Mountain anlegte, zogen wir los und bahnten uns zu Fuß unseren Weg durch dichten Wald hinauf in die Ramapo Hills. Die Gegend hieß Harriman Park, ein ziemlich unfruchtbares Land, hier und da ein verlassenes Farmhaus und keinerlei Anzeichen von Leben. Hartpence sagte, es gebe hier Mokassin- und Klapperschlangen. Er hatte Mittel zum Ausätzen und etwas Whisky mitgenommen, falls etwas passieren sollte. Wir zitterten bei jedem Rascheln

im Gebüsch. Einmal lag eine lange, schwarze Schlange quer über unserem Pfad, aber sie war harmlos und verschwand.

Bei Sonnenuntergang stießen wir auf eine anheimelnde, kleine Lichtung mit einem Bach in der Nähe; wir machten halt und luden unser Gepäck ab. Hartpence sammelte ein paar Zweige und trockene Äste, aus denen er fachmännisch ein Feuer errichtete, und schickte mich mit einem Kessel zum Wasserholen an den Bach. Als ich mich vorbeugte, hörte ich in der Nähe ein Klappern; ich richtete mich wieder auf und schlug den Kessel laut klirrend gegen einen Stein; danach war kein Geräusch mehr zu hören. Nach der Mahlzeit — Bohnen und Mais aus der Büchse, die wir mit schwarzem Kaffee hinunterspülten — sammelten wir Kiefernzweige als Bettunterlage, wickelten uns in die Decken und schliefen fest bis Sonnenaufgang. Der Boden war mit Tau bedeckt und unsere Decken waren klamm; wir breiteten sie in der Sonne auf dem Boden aus und machten uns Frühstück. Rose und Helen gingen zum Bach hinunter und nahmen ein Bad; Donna folgte ihnen ein paar Minuten später. Wir beobachteten, wie sich die nackten Gestalten zwischen den Zweigen bewegten; mir fielen die Bilder Cézannes ein, und im Geiste notierte ich mir für die künftige Arbeit die Beschäftigung mit Figuren in natürlicher Umgebung.

Nach dem Frühstück aus Eiern und Schinken sammelten wir unsere Sachen ein; als ich meine Decke aufhob, glitt eine Schlange darunter weg. Ich sagte Hartpence, das sei jetzt schon das zweite Mal, daß ich diesen Reptilien begegnet sei; er lachte und gab zurück, sie hätten eine Vorliebe für bestimmte Körpergerüche. Donna runzelte die Stirn, als hätte ihr diese Bemerkung gegolten; sie hatte keinen Sinn für amerikanischen Humor. Unsere Vorräte waren fast aufgebraucht; Hartpence verkündete, zehn Meilen weiter liege eine kleine Stadt, die wir bis Mittag erreichen könnten, wenn wir uns ein bißchen beeilten. Die Sonne stieg höher, und es wurde immer wärmer. Wir gerieten ins Schwitzen und machten deshalb oft halt. Hartpence mußte sich verrechnet haben, denn um drei Uhr nachmittags waren wir noch immer in unwegsamem Gelände ohne irgendwelche Anzeichen von Besiedelung. Nachdem wir uns noch ein oder zwei Stunden weiter durchgeschlagen hatten, erblickten wir eine dünne Rauchsäule, die aus einem Wäldchen aufstieg.

Wir gingen darauf zu und gelangten schließlich zu einem Lager auf einer Lichtung: zwei Zelte und ein großes Automobil. Ein Mann und eine Frau saßen bequem in Feldstühlen an einem Tisch, auf dem Gläser standen, während ein anderer Mann mit Chauffeurmütze sich um das Feuer in einem kleinen Kocher kümmerte. Nachdem wir uns vorgestellt hatten, boten sie uns Drinks an und luden uns ein, zum Abendessen zu bleiben. Unser Gastgeber war ein Geschäftsmann aus Long Island, der sich zur Ruhe gesetzt hatte und hier Ferien machte. Sie suchten zwar die Einsamkeit, waren über unverhoffte Begegnungen aber doch sehr erfreut und vermittelten uns das Gefühl, höchst willkommen zu sein. Das Essen war üppig. Brathühnchen, Gemüse und Obst und zum Abschluß Kaffee, Zigar-

ren und Kognak. Sogar eine Schachtel Pralinen wurde uns mit auf den Weg gegeben. Die Einladung, in der Nähe zu kampieren und am nächsten Morgen mit zu
frühstücken, lehnten wir ab, wir seien unterwegs zur nächsten Stadt. So legten
wir noch eine kurze Strecke zurück, bis wir an eine Stelle kamen, wo wir unser
Lager aufschlagen konnten. Am nächsten Morgen erreichten wir nach kurzer
Wanderung die Stadt, deckten uns mit Vorräten ein — Eier, Schinken und ein
paar Konserven — und setzten unseren Weg fort, um in der offenen Landschaft
zu frühstücken. Nachdem wir ein paar Eier aufgeschlagen hatten, die sich alle als
faul erwiesen, benutzten wir die anderen als Wurfgeschosse und zielten damit auf
einen Baumstamm. Wir begnügten uns mit Schinken und Kaffee und waren bald
wieder unterwegs. Einmal stießen wir auf einen verlassenen Obstgarten. Der Boden war übersät mit roten Äpfeln, die wir nur so verschlangen, auch die Ruck-
säcke stopften wir uns voll. Mehr aßen wir nicht, während wir den Tag über gemächlich weitertrotteten.
Gegen Abend trafen wir wieder auf ein Zeltlager, das sich aber vom ersten erheblich unterschied. Ein großes Zelt, in dessen Nähe ein paar Pferde angebunden waren. Ein kleiner Japaner war dabei, an einem Klapptisch ein Essen vorzubereiten.
Zwei Männer in Khakihemden und Kniehosen traten heraus. Es waren Landver-
messer der Regierung, die diese Gegend bearbeiteten; sie empfingen uns mit Begeisterung und waren vor allem den Frauen gegenüber äußerst zuvorkommend.
Besonders Rose brachte ihren ganzen Charme ins Spiel; sie luden uns ins Zelt
ein, um etwas zu trinken. Neben den beiden Feldbetten war das Innere vollge-
räumt mit allerlei Apparaten und Vorräten. Ganz hinten stand ein Dutzend Kä-
sten Whisky — Schlangenserum nannten sie es —, und wir bekamen eine kräfti-
ge Injektion. Dann wurden die Tische zum Abendessen nach draußen geräumt,
und wieder wurden wir mit einer vorzüglichen Mahlzeit versorgt, die mit Pêche
Melba endete. Der japanische Koch und Diener hatte sich aus diesem Anlaß ein
weißes Jackett angezogen. Wir dankten unseren Gastgebern, die uns drängten,
in der Nähe zu kampieren, und setzten unseren Marsch fort, solange es noch hell
war. Nach kurzer Zeit gelangten wir zu einer, wie es schien, verlassenen Scheune: das Innere war angefüllt mit Heuballen. Eine Leiter führte zu einem Dachboden hinauf, der mit frischem Heu bedeckt war und den wir uns sogleich als
Schlafplatz auserkoren. Da hörten wir Schritte, und eine Stimme rief nach uns.
Es war ein Farmer, der uns anmaulte, wir sollten da rausgehen. Hartpence sprach
mit ihm und versprach, wir würden den Platz so verlassen, wie wir ihn vorgefun-
den hatten. Aber der Farmer hatte Angst vor Feuer, er wolle nicht, daß seine
Scheune abbrenne. Was dann mit uns geschehe, sei ihm wohl völlig egal, warf
ich ein. Um ihn zu beruhigen, versprachen wir, nicht zu rauchen und alle
Streichhölzer draußen zu lassen. Okay, sagte er und ging weg. Es gab immer
noch eine Menge netter Leute in der Welt, dachte ich. Mit Donna in dem süß
duftenden Heu zu schlafen war ein neues, köstliches Erlebnis, aber am nächsten
Morgen bekamen wir von den anderen Vorwürfe zu hören, wir hätten sie mit

eigenartigen Geräuschen am Schlafen gehindert. Donna entgegnete, die Geräusche von ihnen seien jedenfalls weniger ästhetisch gewesen. Alle lachten über ihre schlagfertige Antwort. Unser Frühstück bestand aus dem Rest Schinken, Äpfeln und Kaffee. Noch einmal zehn Meilen weiter lag eine Stadt mit einem Bahnhof, von wo aus wir mit dem Zug nach Hause fahren konnten. Wir alle waren der Ansicht, daß wir sehr viel Glück gehabt hatten und geradezu verwöhnt worden waren; in Zukunft würden wir dieses Glück vielleicht nicht haben; das Proviantproblem sei immer da, und vielleicht würde das Wetter auch schlechter werden. Die Nächte wurden kälter; unsere Decken waren nicht warm genug; kurzum, wir beschlossen heimzukehren. Nachdem wir vier oder fünf Stunden gegangen waren, erreichten wir die Bahnstation, kauften in einem Laden des Ortes etwas zu essen und warteten auf den Zug, der in ein paar Stunden kommen sollte. Hartpence und ich machten einen Sparziergang in ein nahegelegenes Gehölz und besprachen unsere künstlerischen Projekte für die Zukunft. Ich sagte ihm, angeregt durch unseren Ausflug wolle ich einige Phantasielandschaften malen — ich wolle nicht länger nach der Natur malen. Ich war zu dem Schluß gekommen, daß es für die wirklich kreative Arbeit hinderlich sein kann, wenn man vor dem Motiv sitzt. Er stimmte grundsätzlich zu, meinte aber, der Mensch könne sich von der Natur nicht lösen, auf lange Sicht müßten wir zur Natur zurückkehren, der Mensch selbst sei ein Stück Natur. Langsam gingen wir den schmalen Pfad entlang über morsche Äste und Dornengestrüpp, als ich plötzlich einen heftigen Schmerz im Fußknöchel spürte. Ich stieß einen Schrei aus, denn ich glaubte, eine Schlange habe mich gebissen. Hartpence befahl, ich solle mich hinlegen, nahm sein Taschenmesser und das Whiskyfläschchen aus der Gesäßtasche und zog mir Schuh und Strumpf aus. Ich solle mich nicht bewegen, sagte er, er werde einen Schnitt machen und das Blut aussaugen. Als er jedoch die Wunde untersuchte, stellte er fest, daß ich mich an einem Dorn gestochen hatte, goß einfach etwas Alkohol darüber und erklärte, bei einem Schlangenbiß würden die Fangzähne eine andere Wunde hinterlassen. Ich fühlte mich ein bißchen beschämt und bat ihn, den Zwischenfall vor den anderen nicht zu erwähnen.

Das wichtigste, was ich von unserer Wanderung mitnahm, war dieses Gespräch mit Hartpence. Nach den Phantasielandschaften, die ich, angeregt durch diesen Ausflug, malen wollte, würde ich aufhören, in der Natur nach Inspiration zu suchen; mehr noch, ich würde mich stärker künstlichen, vom Menschen gemachten Inspirationsquellen zuwenden. Da ich ein Stück Natur war — selbst Natur war —, würde ich bei jedem Motiv, das ich mir aussuchte, in allen Phantasien und Widersprüchen, die ich hervorbrachte, so vorgehen wie die Natur selbst in ihren unendlich vielfältigen, unvorhersehbaren Manifestationen. Ich konnte mir nicht vorstellen, wie diese Zukunft aussehen würde, aber ich war überzeugt, das werde sich genau wie das Werk der Natur von selbst ergeben. Der Drang zum Leben und zur Tätigkeit, so überlegte ich, würde sich seinen Weg schon bahnen. Noch kampferprobt vom letzten Jahr her, sahen Donna und ich dem nahenden

Winter mit Gelassenheit entgegen. Wir machten es uns so bequem wie möglich und teilten unsere Zeit ganz planmäßig und genau ein. Als unsere Mappe mit den Zeichnungen und Gedichten fertig war, trug ich ein Exemplar nach dem anderen in die Stadt, und es gelang mir, sie bei Freunden loszuwerden und auf diese Weise unsere Einkünfte aufzubessern. Gegen Ende des Jahres hatte ich meine Serie romantisch-expressionistischer Bilder von Figuren in einer Waldumgebung abgeschlossen, dazu auch ein paar Landschaften, die von unserer Wanderung und der Gegend, in der wir lebten, inspiriert waren.

Zu Beginn des nächsten Jahres dann veränderte ich meinen Stil vollkommen, reduzierte die menschlichen Gestalten auf flache, zergliederte Formen. Ich malte einige Stilleben in matten, gedämpften Farben, wobei ich mit Bedacht solche Motive auswählte, die aus sich heraus kein ästhetisches Interesse besaßen. Alle Vorstellungen von Komposition, mit denen ich mich aufgrund meiner früheren Ausbildung bisher beschäftigt hatte, gab ich auf, an ihre Stelle trat eine Idee von Zusammenhalt, Einheit und Dynamik, wie beim Heranwachsen einer Pflanze. Dies alles erspürte ich mehr, als daß ich es analytisch durchdachte, aber als Rechtfertigung für die neue Richtung genügte es; der emotionale Impuls war so stark wie eh und je.

Donna und den Besuchern, die die neuen Arbeiten in Augenschein nahmen, fiel dazu nicht viel ein; sie hatten meine mehr romantische Phase sehr gelobt; ein paar andere, auch Hartpence, glaubten, ich mache eine geistige Umbruchphase durch, verursacht durch die ausländischen Maler, die ich im Jahr zuvor in der großen Armory Show gesehen hatte. Natürlich kam niemand auf die Idee, daß sich auch diese Ausländer gegenseitig beeinflußten. Wenn es so etwas wie Einflüsse gab — und es mußte sie geben, wenn man die Traditionslinien der Kunst fortsetzen wollte — dann ergriff ich zumindest die Initiative und wählte mir die Quellen, die mich beeinflußten, selbst aus, meine Vorlieben. Es war mir ein Trost, als im Frühling ein bekannter Maler bei mir anklopfte und mich zur Teilnahme an einer Ausstellung moderner amerikanischer Kunst einlud, die er für eine der elegantesten und konservativsten Galerien an der Fifth Avenue organisierte. Ich schickte mein großes Ölbild mit den Menschen und Pferden, *MCMXIV,* und dazu eines meiner neuen Stilleben. Man brauchte nur zu produzieren; irgendwo ergab sich immer eine Nachfrage.

Die Ausstellung löste innerhalb der Kunstkritik einige Unruhe aus; auf amerikanische Maler, bei denen europäische Einflüsse erkennbar wurden, waren die Kritiker nicht gut zu sprechen; mir hingegen erschien die Ausstellung ausgesprochen amerikanisch: sie hatte Frische, hier und da auch Witz und machte den ernsthaften Versuch, den öltriefenden Erzeugnissen, von denen die Galerien damals voll waren, neues Leben einzuflößen. Außerdem kamen die Einflüsse gar nicht nur aus dem Ausland; schon Stieglitz hatte neue Horizonte eröffnet, und damit die Schlafwandler aufgestört.

Schließlich verkaufte Daniel sein Lokal und eröffnete eine luxuriöse Galerie an der Fifth Avenue, 47. Straße, damals die vornehmste Gegend von ganz New York. Es war beschlossene Sache — meine Ausstellung würde im Herbst hängen. Frühling und Sommer verstrichen rasch. Für die bevorstehende Ausstellung legte ich noch letzte Hand an meine Bilder und beschloß vor allem, etwas für die Abbildung meiner Arbeiten in Katalogen und in der Presse vorzubereiten. Die wenigen Reproduktionen, die Berufsphotographen von den Bildern gemacht hatten, waren unbefriedigend. Farbe in Schwarzweiß umzusetzen, erfordert nicht nur technisches Geschick, sondern auch ein Verständnis für die abgelichteten Werke. Niemand, so dachte ich mir, war für diese Arbeit besser geeignet als der Maler selbst. Die Verachtung, die andere Maler der Photographie entgegenbrachten, hatte ich nie geteilt; es ging hier gar nicht um Konkurrenz, die beiden Medien hatten vielmehr unterschiedliche Wege eingeschlagen. Diese Ansicht bestätigte sich, als ich gestandene Photographen kennenlernte, die auch als Maler arbeiteten und mit beiden Ausdrucksmitteln gleichzeitig umgingen, ohne daß das eine dem anderen ins Gehege kam. Ich bewunderte und beneidete diese Leute. Einige Maler gaben offen zu, die Kamera schüchtere sie einfach ein, und deshalb hatten sie nie eine in die Hand genommen; es schien, als seien dazu ein verteufeltes Geschick und erhebliche wissenschaftliche Kenntnisse vonnöten. Auch mich schüchterte die Kamera ein, aber wie immer, wenn irgend etwas außerhalb meiner Reichweite lag, kam ich nicht eher zur Ruhe, als bis ich den Entschluß gefaßt hatte, mir diese Sache zu eigen zu machen. Hatten nicht schon da Vinci und Dürer mit allerlei optischen Apparaturen herumgespielt, um sich ihre Arbeit zu erleichtern? Wahrscheinlich hätten sie sich auch ohne Bedenken der Kamera bedient, um sich die Stunden mühseligen Zeichnens zu ersparen. In meinem Fall waren die Werke schon vorhanden; es ging nicht darum, die Kamera innerhalb des Schaffensprozesses einzusetzen, sie war nur ein Mittel, um das Ergebnis festzuhalten. Ich kaufte mir eine Kamera, einen Satz Filter, die, wie man mir sagte, notwendig seien, um Farben in Schwarz und Weiß zu übersetzen, und die passenden Fotoplatten. Gemäß den Anleitungen, die dem Material beilagen, brachte ich meine Platten zum Entwickeln und Abziehen in die Stadt. Überraschenderweise waren die Ergebnisse sehr befriedigend. Es war viel einfacher, als ich es mir vorgestellt hatte. Später wollte ich mir selbst eine Dunkelkammer einrichten und die Geheimnisse des Entwickelns ergründen. Ich hatte genügend Abzüge, um mehrere Alben mit Reproduktionen meiner Bilder zusammenzustellen, die ich Daniel, Hartpence, Stieglitz und anderen, die daran interessiert waren, vorlegen wollte. All dies brachte mich eine Zeitlang von der Malerei ab, aber ich hatte für die kommende Ausstellung genug beisammen. Außerdem brauchte ich nach zweijähriger Konzentration aufs Malen eine Ruhepause — oder vielmehr eine Abwechslung.

In diesem Sommer gab es auch andere Zerstreuungen, Besuche und Kontakte zu einigen unserer literarischen Nachbarn. Bob Brown war von seiner Frau verlassen worden, auch Rose war ihrem trinkenden, unproduktiven Gatten davongelaufen. Bobs Mutter, eine stattliche, lebhafte Dame, die ihm früher beim Schreiben zur Hand gegangen war, reiste an und blieb bei ihm. Sie verlieh unserer Siedlung eine gewisse Seriosität. Unsere nächsten Nachbarn, der Dichter Orrick Johns und Peggy Bacon, kamen abends öfter zu uns, wir sprachen über Dichtung oder lauschten seinen neuesten Gedichten. Eines Nachts, wir waren schon zu Bett gegangen, brach ein heftiges Gewitter los, mit unaufhörlichem Blitzen. Donna hatte furchtbare Angst vor Blitzen; ich stand auf, um das Schlafzimmerfenster, das auf die Veranda hinausging, zu schließen, aber die grellen Blitze und das Krachen des Donners ließen uns nicht zur Ruhe kommen. Bei jedem Aufleuchten trat die Landschaft taghell hervor, aber ganz eigentümlich beleuchtet, wie von hellem Mondlicht. Ernsthaft überlegte ich, ob ich nicht die Kamera ans Fenster stellen sollte, um einen der Blitze eine Photographie machen zu lassen. Einfach aus Neugier, nicht, weil ich mich als regelrechter Photograph betätigen wollte. Vielleicht konnte ich das Bild später als Anregung für ein Gemälde verwenden. Dieses Werk würde dann natürlich vollkommen anders sein. Aber ich lag behaglich eingerollt in meinem Bett, und bei dem monotonen Trommeln des Regens auf dem Dach nickte ich wieder ein, als mich Donna plötzlich wachrüttelte: von der Tür her kam ein beständiges Klopfen. Ich stand auf, zündete die Laterne an und ging zur Tür. Ich schob den Riegel beiseite und öffnete sie ein paar Zentimeter. Zuerst sah ich in der Dunkelheit gar nichts, doch dann beleuchtete ein Blitz eine vollkommen phantastische Szenerie, die sich auf meiner Netzhaut wie auf einem photographischen Film einprägte. Da stand splitternackt ein einbeiniger Mann, dem das Wasser am ganzen Körper herunterlief, auf einem Fuß schwankend, um sein Gleichgewicht zu halten. Es war Johns, der Dichter. Ich öffnete die Tür ein Stück weiter und hielt die Lampe zwischen uns hoch, um besser sehen zu können. Er fragte, ob er hereinkommen könne. Mit zwei oder drei Hüpfern, wie ein Vogel, war er drinnen: ich schob ihm einen Stuhl hin. Er hatte getrunken, das merkte ich, und er fragte, ob ich etwas zu trinken habe. Nein, hatte ich nicht; er redete eine Weile, ich antwortete kurz; Leuten, die betrunken waren, hatte ich nichts zu sagen; selbst wenn er nüchtern war, hatte er nie das geringste Interesse an meinen Bildern gezeigt; mein Interesse für andere mußte irgendwie erwidert werden, und das war bei Schriftstellern selten genug der Fall, was ich ihnen weniger leicht verzieh als irgendwelchen verbohrten Spießbürgern. Niedergeschlagen ging er schließlich weg; ich sah ihm nach, wie er über den Weg zu seinem Haus hüpfte; ich fürchtete, er könne hinfallen, aber trotz seines Zustands erwies er sich als erstaunlich behend. Vielleicht half ihm der sanfte, kühle Juliregen dabei, sein Gleichgewicht zu bewahren. Ich bedauerte nur, daß ich ihn nicht hatte photographieren können.

Mir kam eine Idee: hinter dem Haus konnte ich mit einem Faßreifen, an dem ich einen Vorhang befestigte, eine nach oben offene Kabine herstellen; wenn es im Sommer regnete, konnten wir dort duschen. Unsere sonstige Badeeinrichtung war nämlich ziemlich primitiv: eine große Wanne, warmes Wasser vom Petroleumofen und ein rauher Schwamm. Wenn Donna im Winter nahe am Ofen in der Wanne stehend badete, sah sie aus, als sei sie einer Zeichnung von Dégas oder Toulouse-Lautrec entsprungen. Die echt französische Tradition. Ich fertigte ein paar Skizzen in der gleichen Manier an. Ich dachte auch daran, einige Photos zu machen, um sie später als Vorlagen zu verwenden, aber das schien mir zu umständlich. Ich konnte so rasch zeichnen und das Ergebnis war sofort da, ohne daß erst mit viel Aufwand ein Photo entwickelt werden mußte.

Auch weiterhin kamen Besucher zu uns: eines Sonntagnachmittags waren es zwei Männer — ein junger Franzose und ein etwas älterer Amerikaner. Der eine war Marcel Duchamp, der Maler, dessen *Akt, eine Treppe herabsteigend* 1913 bei der Armory Show solches Aufsehen erregt hatte. Der zweite war ein Sammler moderner Kunst, Walter Arensberg. Duchamp sprach kein Englisch, und mein Französisch war nicht vorhanden. Donna dolmetschte für mich, führte aber die meiste Zeit über ein rasches Zwiegespräch mit ihm. Ich kramte zwei alte Tennisschläger und einen Ball heraus, und dann spielten wir uns vor dem Haus den Ball zu, ohne Netz. Früher hatte ich auf richtigen Plätzen gespielt und zählte jetzt, um Konversation zu treiben, die Schläge: fünfzehn, dreißig, vierzig, Spiel, worauf er jedesmal mit demselben Wort antwortete: *yes*.
Im November schickte ich dreißig Bilder ungerahmt an die neue Galerie von Daniel, die sich vor allem jungen amerikanischen Malern widmen wollte. Es war zu spät, um noch Bilderrahmen zu bestellen, außerdem scheute Daniel die Kosten, es sei denn, ich würde mich mit einer Einfassung aus einfachen Holzleisten zufrieden geben. Aber ich hatte mir schon etwas als Ersatz ausgedacht; ich hatte etwas gegen Rahmen. Zuerst hängten wir die Bilder so, wie sie später gezeigt werden sollten, und nagelten um die Bilder herum Holzleisten an die Wand, die genau so breit waren wie die Keilrahmen. Dann nahmen wir die Bilder weg und bespannten die Wände mit Baumwollgaze, die wir auf der Innenseite der Leisten befestigten. Nun wurden die Bilder wieder an ihre ursprünglichen Plätze gehängt. Sie waren jetzt bündig mit der neuen Wand, und man hatte den Eindruck, als seien sie auf Dauer in der Galerie untergebracht. Fast sah es so aus, als seien sie direkt auf die Wand gemalt. Für den Katalog gab ich ihnen allgemein gehaltene Titel wie *Studies in Two Dimensions*, *Inventions* und *Interpretations*.
Die Reaktionen der Kunstkritiker auf meine erste Einzelausstellung waren bis auf ein oder zwei Ausnahmen ablehnend oder direkt feindselig. Einer von ihnen hatte Hartpence gegenüber erklärt, er müsse sich an die Richtlinien seiner Zeitung halten, die erhebliche Einnahmen aus den Anzeigen der konservativeren Kunstgalerien bezog — da wir in dieser Zeitung nicht annonciert hatten, war es klar, was das bedeutete. Ein anderer Kritiker, der einen langen, gönnerhaft positiven und mit allerlei humorigen Bemerkungen durchsetzten Artikel geschrieben

hatte und den ich später kennenlernte, gab mir den Rat, Kritiken nicht zu lesen, sondern einfach danach zu gehen, wie lang sie sind. Ein Besucher bat um eine Photographie, die später in einem Buch über die aktuelle Kunstgeschichte erschien. Ich weiß nicht mehr, wie der Verfasser hieß, aber in seinen Ausführungen zu meinem Werk schrieb er, er kenne den Namen des Malers nicht, er interessiere sich auch nicht dafür, jedoch nach dem Bild selbst zu urteilen, müsse der Maler ein Kretin sein, ein Drogensüchtiger. Daniel, beziehungsweise Hartpence, schienen diese Angriffe nichts auszumachen; er hatte sie erwartet und versprach, zu mir zu halten, gleichgültig, wie meine Arbeiten aufgenommen würden.

Es wurde nichts verkauft; nach Beendigung der Ausstellung wurden die Bilder abgehängt und zum Rücktransport bereitgestellt. Es sah so aus, als müsse ich noch ein weiteres Jahr lang schuften und knapsen. Ungefähr hundert Meter von unserem Haus entfernt lag an der Straße ein kleines Café, das einem Schweden gehörte und wo wir manchmal auf ein Bier einkehrten oder um zu telephonieren. Ein paar Tage nach dem Ende der Ausstellung — es war vormittags, und ich hantierte im Haus herum — kam plötzlich der Besitzer des Cafés angerannt, um mich ans Telephon zu holen, es sei dringend. Daniel war am Apparat — ein Sammler aus Chicago sei in der Stadt, der berühmte Arthur J. Eddy. Er war über siebzig, ein bedeutender Firmenanwalt, hochgewachsen und weißhaarig, mit Rennställen in Kalifornien und Florida, obendrein amerikanischer Fechtmeister — er hatte sich schon von Whistler porträtieren lassen. Er hatte den ersten Renoir ins Land geholt und hatte Bücher über die Kubisten und die Nachimpressionisten geschrieben. Und er hatte auch das erste Fahrrad in Chicago gefahren. Auf seine Weise auch ein Pionier.

Der berühmte Sammler hatte meine Bilder, die mit dem Gesicht zur Wand standen, umgedreht, ein halbes Dutzend ausgewählt und dafür zweitausend Dollar geboten. Ich sagte, ich würde sofort kommen. Ich erzählte es Donna, und sie meinte, ich solle mehr verlangen — Daniel würde wahrscheinlich das Doppelte bekommen. Ich machte ihr klar, daß das unsere Rettung sei — wir könnten in die Stadt ziehen und uns einen dritten Winter auf dem Land ersparen. Hatten wir das Landleben nicht satt? Und doch, als ich in die Galerie kam, sagte ich Daniel, Eddy solle mehr zahlen, schließlich habe er, Daniel, die Preise der Bilder auf fünfhundert und sechshundert Dollar festgelegt — Daniels Kommission abgerechnet, würde für mich nicht viel übrig bleiben. Daniel meinte, bald sei ich ein gemachter Mann, ich solle jetzt nicht ans Geld denken — er selbst wolle auf seine Kommission verzichten, das sei alles zu wichtig für die Zukunft. Innerlich war ich sehr aufgeregt und erklärte mich ohne weitere Einwände einverstanden. So viel Geld hatte ich noch nie besessen, und die Aussicht auf ein Atelier in der Stadt mit der Möglichkeit, mehr Zeit für das Malen zu haben und neue Wege einschlagen zu können, erfüllten mich mit Freude. Ich eilte zurück zu Donna und erklärte ihr, wir würden sofort in die Stadt ziehen. Holzhacken und Schneeschmelzen würden mir hinfort erspart bleiben — wir würden uns neu ein-

4   *Marcel Duchamp, 1916*

kleiden und eine Zeitlang auswärts essen gehen. Donna versuchte ihre Erregung zu verbergen — sie wollte mich immer gegen Leute schützen, die mich womöglich ausnutzten, ich war ihr zu leichtfertig. Ich liebte sie dafür — es war ein Zeichen ihrer Zuneigung zu mir.

WIEDER IN NEW YORK

Ich fand ein richtiges Maleratelier an der Lexington Avenue, gegenüber der Grand Central Station — im fünften Stock eines alten Backsteinhauses. Es besaß ein Oberlicht und vorher hatte es ein bekannter Maler namens Glackens gemietet. Es gab warmes Wasser, eine Dampfheizung und eine Badewanne. An der Lexington Avenue wurde gerade die Untergrundbahn gebaut, und der Lärm der Betonmischer und Bohrhämmer riß nicht ab. Für mich war das Musik und sogar eine Quelle der Inspiration, wollte ich mich doch von der Natur abkehren und den Erzeugnissen des Menschen zuwenden. Nachdem die dringendsten Dinge erledigt waren und wir uns bequem eingerichtet hatten, kaufte ich rollenweise Leinwand und einen großen Farbenvorrat. Wir aßen in Restaurants und gingen ins Kino. Gegen Ende des Monats bekamen wir eine Einladung zum Abendessen von A.J. Eddy, der wieder in die Stadt gekommen war.

Bei Mouquin's gab es ein vorzügliches Dinner mit Sekt; Eddy erprobte seine Französischkenntnisse an Donna, und wir hatten viel zu lachen. Nach Kaffee und Kognak stiegen wir in mein Atelier hinauf, um ein paar Bilder anzusehen, die bei Daniel nicht ausgestellt gewesen waren. Ich machte den Fehler, Eddy zuerst einige Skizzen für künftige Projekte vorzulegen — eine völlige Abkehr von meiner romantisch-expressionistisch-kubistischen Phase. Die Motive waren jetzt pseudomechanistische, weitgehend erfundene Formen, die an geometrische, aber weder logisch noch wissenschaftlich konstruierte Apparaturen erinnerten. Die beabsichtigte Kälte und Präzision der Ausführung schien in Eddy eine ebensolche Kälte hervorzurufen. Ich versuchte zu erklären, daß ich in der neuen Umgebung einer geschäftigen, in ständigem Wandel befindlichen Großstadt unweigerlich meine Einflüsse und meine Technik abändern müsse. Er fragte, ob ich noch etwas von den Arbeiten hätte, die ich auf dem Land gemacht hatte. Ich entgegnete, auf einigen Bildern meiner Ausstellung, die er nicht gekauft hatte, deute sich die neue Richtung, die ich einschlagen wolle, schon an, holte dann aber doch ein paar Landschaften hervor, die ich nach unserer mehrtägigen Wanderung gemacht hatte. Er lebte auf: hier solle ich weitermachen; dies sei es, was ihn an den Arbeiten, die er gekauft hatte, fasziniert habe; er fragte nach dem Preis für die beiden

Bilder. Ich nannte irgendeinen astronomischen Betrag, denn ich wußte, daß ich von ihm in Zukunft keine Unterstützung mehr zu erwarten hatte; vielleicht würde er sogar herumlaufen und meine neuen Arbeiten schlecht machen — und ich wußte, daß ich zu dem früheren Stil nie mehr zurückkehren würde. Er nahm die Landschaften nicht.

Nach ein paar Monaten verlor unsere neue Umgebung den Reiz des Ungewohnten, und die Nachteile machten sich immer stärker bemerkbar. Donna klagte über das viele Treppensteigen bis in den fünften Stock und über die Kochnische, die auf einem angrenzenden Dach an das Atelier bloß angebaut und im Winter schwer zu heizen war; sie hatte keinen Heizkörper. Das Poltern der Fuhrwerke und Baumaschinen auf der zeitweilig mit Holzbohlen überdeckten Straße den ganzen Tag und die ganze Nacht lang zehrte an unseren Nerven. Wir fingen an, uns nach einer anderen Wohnung umzusehen. Meinen Drei-Tage-Job behielt ich und malte in der übrigen Zeit.

Das Atelier war klein und diente uns auch als Wohnzimmer. Ich hatte ein großes Bild angefangen, das ich mit Seilen und Rollen betakelte, um es zu dem Oberlicht hinaufziehen zu können, wenn ich nicht daran arbeitete. Das Motiv war eine Seiltänzerin, die ich in einer Varietévorstellung gesehen hatte. Zuerst skizzierte ich verschiedene Haltungen von Akrobatenfiguren, jede auf einem anderen Blatt Buntpapier, in der Absicht, Bewegung nicht nur durch die Zeichnung, sondern auch durch den Übergang von einer Farbe zur anderen anzudeuten. Ich schnitt diese Formen aus und ordnete sie in verschiedenen Abfolgen, ehe ich mit dem eigentlichen Bild begann. Nachdem ich die Komposition mehrmals geändert hatte, wurde ich immer unzufriedener. Es wirkte zu dekorativ und hätte als Theatervorhang dienen können. Da fielen mir die Buntpapierreste ins Auge, die zu Boden gefallen waren. Sie bildeten ein abstraktes Muster, das man, wenn man nach einem dargestellten Motiv suchte, je nachdem, wohin die eigene Phantasie zielte, als die Schatten der Tänzerin oder als Architekturmotiv deuten konnte. Ich spielte mit diesen Papierstücken herum und sah plötzlich vor mir, wie das fertige Bild aussehen mußte. Ich warf die ursprünglichen Formen der Tänzerin weg und machte mich über die Leinwand her, wobei ich große Flächen in ungebrochenen Farben anlegte, deren Form den Stücken entsprach, die bei den ursprünglichen Entwürfen der Tänzerin abgefallen waren. Um farbliche Harmonie bemühte ich mich gar nicht; da stand Rot gegen Blau, Purpur gegen Gelb, Grün gegen Orange, mit der allergrößten Kontrastwirkung. Die Farbe wurde sorgfältig, aber großzügig aufgetragen — ich brauchte meinen ganzen Farbenvorrat auf. Als es fertig war, setzte ich den Bildtitel an die Unterkante: *The Rope Dancer Accompanies Herself with Her Shadows* (»Die Seiltänzerin begleitet sich mit den eigenen Schatten«). Die Befriedigung und die Zuversicht, die mir dieses Bild eingab, übertrafen alles, was ich bisher erlebt hatte, dabei war es für all unsere Besucher, soweit sie es sahen, ganz unverständlich. Aber solange wir noch in diesem Atelier wohnten, war das Bild ohnehin für die meisten unsichtbar, weil es oben unter dem Ober-

5 Man Ray: »The Rope Dancer Accompanies Herself with Her Shadows«, Gemälde 1916.
   The Museum of Modern Art, New York

licht hing. Doch schon andere neuere Arbeiten von mir waren für viele Leute
unverständlich gewesen — unsichtbar selbst dann, wenn man sie ihnen direkt
vor die Augen hielt. Ich erwartete schon gar nichts anderes mehr und erblickte
darin sogar eine gewisse Bestätigung, daß ich auf der richtigen Spur war. Was anderen mysteriös erschien, war für mich nur geheimnisvoll.
Bei dem Stichwort mysteriös fällt mir ein, wie mich eines Tages ein vornehmer
junger Mann mit sorgfältig gekämmtem, blondem Bart in meinem Atelier besuchte. Willard Huntington Wright war sein Name, ein höchst intellektueller
Kunstkritiker. Bekannter wurde er später unter dem Namen S.S. Van Dine, als
Verfasser von *mystery novels*, von Kriminalromanen. Er organisierte eine Ausstellung, in deren Mittelpunkt sein Bruder McDonald-Wright und Morgan Rus-
sel stehen sollten, zwei amerikanische Maler, die vor dem Krieg in Paris eine
neue Kunstrichtung ins Leben gerufen hatten — sie bezeichneten sich als Synchromisten. Ich wurde eingeladen als Gast an der Ausstellung teilzunehmen, und
schickte ein großes Ölbild hin, eines der letzten, die ich auf dem Land gemalt
hatte. Es war stark stilisiert, in meiner neuen flächigen Art und wurde von einer
schwarzen Gestalt beherrscht, die sowohl ein Mann als auch eine Frau sein konnte. Die Eröffnung war gut besucht, die Bilder der Synchromisten waren sehr
groß und hatten die besten Plätze bekommen, während man mein Bild in eine
abgelegene Ecke gehängt hatte. Mich ärgerte das etwas — einen Gast sollte man

eigentlich zuvorkommender behandeln, so dachte ich. Stieglitz war auch da, er stand vor meinem Bild. Als ich zu ihm trat, war er voll des Lobes und meinte, er habe die hermaphroditische Bedeutung des Werkes erfaßt. Er lachte in sich hinein, mir war es eine Freude und ein Trost zugleich.

Bevor der nächste Winter anbrach, fand ich eine gemütliche Wohnung an der 26. Straße in der Nähe des Broadway. Die Decken waren niedrig, aber die Grundfläche der Wohnung war größer, und sie lag nur zwei Treppen hoch; die Fenster gingen auf einen alten Friedhof hinaus, und dahinter lag der Madison Square. Obgleich wir im Herzen des Textil- und Bekleidungsviertels wohnten und die Straßen um die Mittagszeit von Arbeitern und Arbeiterinnen wimmelten, hatte die Gegend doch etwas Provinzielles. Abends war es hier so still und einsam wie auf dem Land. Wir konnten zur Fifth Avenue hinübergehen und im Keller der Buchhandlung Brentano in Kunstbüchern und Zeitschriften schmökern. Im französischen Viertel, Richtung 7. Avenue, gab es kleine französische Restaurants, wo man ein ganzes Menü mit Wein für sechzig Cents bekam. Ich begann eine Serie wissenschaftlich anmutender Abstraktionen, aber ehe ich sie auf die Leinwand übertrug, zeichnete ich die Figuren auf Buntpapier, wobei ich in der Abfolge von Primär- und Sekundärfarben eine bestimmte Ordnung einhielt. Dann schnitt ich sie aus und klebte sie auf weißen Karton. Das Ergebnis war recht zufriedenstellend, und ich hatte gar nicht den Wunsch, es gleich in ein Ölbild umzusetzen. So wie sie waren, wollte ich sie auf meiner nächsten Ausstellung zeigen, schrieb einen langen, hochgestochenen Begleittext dazu und gab den einzelnen Kompositionen phantasievolle Titel, wie *The Meeting* (»Die Begegnung«), *Legend, Decanter* (»Karaffe«), *Shadows* (»Schatten«), *Orchestra, Concrete Mixer* (»Betonmischer«), *Dragon-fly* (»Libelle«), *Mime* (»Possenreißer«), und *Long Distance* (»Entfernung«). Die Serie insgesamt nannte ich *Revolving Doors* (»Drehtüren«), denn ich montierte die einzelnen Blätter an einen Ständer und befestigte sie so, daß man sie weiterdrehen und nacheinander betrachten konnte. Es war erholsam, eine Zeitlang nicht zu malen; ich stellte einige andere Kompositionen aus ganzen Zeitungsseiten her, schnitt Ovale und Rechtecke aus verschiedenartigen Papieren aus und legte alles einfach unter Glas. Diese Arbeiten wirkten zwar nicht so vollendet und imposant wie Ölgemälde, aber sie schienen mir nicht minder wichtig. Zuweilen stattete ich auch Duchamp einen Besuch ab, dessen Erdgeschoßwohnung aussah, als sei er gerade ausgezogen und habe nur ein paar unnütze Abfälle zurückgelassen. Absolut nichts deutete auf ein Maleratelier hin. Mit seinem Englisch machte er rasche Fortschritte, so daß wir unsere Gedanken austauschen konnten. Ohne Zweifel rührte seine Sprachgewandtheit daher, daß er ein paar Schüler genommen hatte, denen er Französisch beibrachte; ich bin überzeugt, daß er dabei mehr Englisch lernte als sie Französisch. Er hatte zwar den Entschluß gefaßt, nicht mehr zu malen, aber deswegen war er doch nicht faul. Er befaßte sich intensiv mit Schach, arbeitete gleichzeitig aber an der Konstruk-

6   Marcel Duchamp: »Rotative plaque de verre (optique de précision)«, Objekt 1920

tion eines seltsamen Apparats aus schmalen Glasplatten, auf die er Spiralsegmen-
te gezeichnet hatte und die er an einer in Kugellagern rotierenden Achse befestigte, die ihrerseits mit einem Motor verbunden war. Wenn diese Platten in Bewegung gesetzt wurden und sich drehten — das war die Idee —, sollten sie, von vorne gesehen, die vollständige Spirale sichtbar werden lassen. An dem Tag, an dem
der Apparat für einen ersten Probelauf fertig war, brachte ich meine Kamera mit,
um den Vorgang festzuhalten. Ich baute die Kamera dort auf, wo eigentlich der
Betrachter stehen sollte; Duchamp schaltete den Motor ein. Das Ding begann

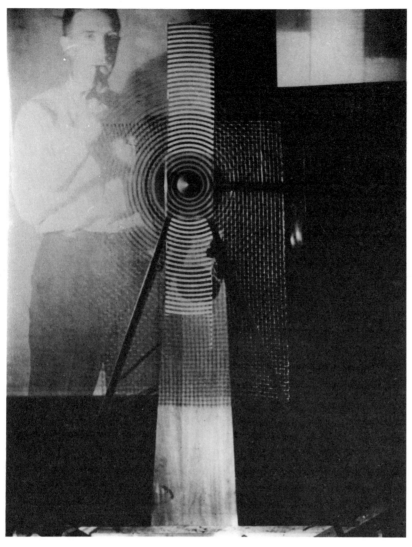

7   Marcel Duchamp vor seinem Objekt „Rotative plaque de verre", 1920

sich zu drehen, und ich machte die Aufnahme. Aber aufgrund der Zentrifugal-
kraft wurden die Platten immer schneller, und er schaltete rasch wieder ab. Jetzt
wollte er den Effekt selbst beobachten, nahm den Platz ein, wo vorher die Kamera gestanden hatte, und bat mich, hinter den Apparat zu treten und den Motor
anzustellen. Wieder begann sich die Maschine langsam zu drehen, rotierte aber
immer schneller und schneller, wie ein Flugzeugpropeller. Dann gab es ein Auf-
jaulen, der Transmissionsriemen sprang vom Motor oder von der Achse ab, und
geriet wie ein Lasso zwischen die Glasplatten. Dann ein Krachen wie bei einer

Explosion, und in allen Richtungen flogen die Glassplitter umher. Ich spürte, wie etwas meinen Kopf traf, aber ich wurde nur gestreift, und mein Haar dämpfte den Aufprall. Ganz bleich sprang Duchamp zu mir nach hinten und fragte, ob ich verletzt sei. Aber mir tat es nur um die Maschine leid, an der er monatelang gearbeitet hatte. Er bestellte neue Platten, und mit der Geduld und Hartnäckigkeit einer Spinne, die ihr Netz erneuert, baute und malte Duchamp seinen Apparat von neuem. Zwar verstanden nur wenige seine rätselhafte Persönlichkeit und vor allem seine malerische Enthaltsamkeit, aber wegen seines Charmes und seiner unkomplizierten Art war er bei allen, die mit ihm in Berührung kamen, sehr beliebt, vor allem bei Frauen. Walter Arensberg, der Dichter und Sammler, war ihm treu ergeben. Duchamp brachte ihn eines Tages mit in mein Atelier; er kaufte eine meiner neuen Kompositionen aus verschiedenen Papieren, die in Form eines Porträts, aber ohne Gesichtszüge, angeordnet waren.

Arensberg lud uns auf einen Abend in sein Haus ein, das mit seiner Sammlung moderner Kunst vollgestopft war. Die Gesellschaft war bunt gemischt; Picabia aus Frankreich, mehrere Frauen und Duchamp, der friedlich in einer Ecke saß und mit einem Neurologen Schach spielte. George Bellows, der Maler, wanderte mit verächtlicher, herablassender Miene umher, in dieser Umgebung offensichtlich fehl am Platze. Er nahm sich einen Apfel aus einer Schale, und nachdem er ihn gegessen hatte, warf er das Kerngehäuse mit dem Geschick eines Baseballspielers quer durch den Raum in den Kamin. Als der Neurologe seine Partie mit Duchamp beendet hatte, wanderte auch er herum, um sich die Braques und die Brancusis anzusehen, und hielt dann aus dem Stegreif einen kleinen Vortrag über moderne Kunst. Für jeden von uns Malern hatte er eine bestimmte Kategorie: die Runden, die Viereckigen und die Dreieckigen, je nachdem, welche Formen in unseren Werken vorherrschten. Donna meinte später, es sei ein alberner Abend gewesen — an solchen Zusammenkünften wolle sie nicht mehr teilnehmen. Ich dagegen hatte mich gut amüsiert — es war sehr abwechslungsreich gewesen; eine derart zusammengewürfelte Gesellschaft traf man selten. Außerdem war darüber gesprochen worden, einen unabhängigen Salon für Maler zu gründen, ohne Jury, was es bis dahin in New York nie gegeben hatte.

Dieser Plan nahm bald Gestalt an — Duchamp war im Organisationskomitee und die Ausstellungsräume der Grand Central Station wurden zu diesem Anlaß gemietet. Für einen Betrag von zwei Dollar konnte jeder hängen, was er wollte. Die Wände waren voll — dies entsprach wirklich dem demokratischen Geist Amerikas. Duchamp hatte keine Gemälde auszustellen, er reichte vielmehr ein Pissoirbecken aus Porzellan ein, das mit Richard Mutt signiert war und vom übrigen Komitee sofort zensiert wurde. Duchamp trat zurück — es war ein Verstoß gegen den Grundsatz der Jurylosigkeit. Stieglitz gab seinem Protest Ausdruck, indem er ein schönes Photo des Beckens anfertigte. Es waren auch einige Vorträge geplant, darunter einer von Arthur Cravan, einem angeblichen Neffen von Oscar Wilde, der sich durch einen, wie es hieß, abgekarteten Kampf mit dem

8 *Man Ray: »Selbstporträt«, Assemblage*
   1916

schwarzen Boxchampion Jack Johnson in Spanien einen Namen gemacht hatte. Cravan, der, einen Koffer mit sich schleppend, eine halbe Stunde zu spät kam, war betrunken und entschuldigte sich stammelnd beim Publikum, um dann den Koffer zu öffnen und seine schmutzige Wäsche auszuleeren. Zwei Saalordner sprangen auf und packten Cravan, aber ein paar Maler kamen dazwischen und befreiten ihn — er tue doch nichts Unrechtes. Entrüstete Damen, die auf der Suche nach Kultur hergekommen waren, brachen vorzeitig auf. Kunst war eine ernste Sache, nichts für dumme Witze. Bei der Eröffnung begegnete ich Stieglitz wieder vor meinem Bild, *The Rope Dancer*; er hielt es für sehr bedeutend — es vibriere, es blende geradezu den Betrachter. Einige Maler, deren Arbeiten in der Nähe hingen, waren mit der Anordnung unzufrieden — mein Bild ließ die ihren fade und unwichtig erscheinen; das sei Reklamerummel, meinten sie.

Nach Weihnachten hatte ich meine zweite Ausstellung bei Daniel. Es waren nur neun oder zehn Sachen zu sehen, alles reine Erfindungen. Vor allem über ein Bild, es hatte den Titel *Self-Portrait*, wurde viel gewitzelt. Auf einem Hintergrund in Schwarz und Aluminiumfarbe hatte ich zwei Klingelglocken und einen richtigen Drücker angebracht. Dann hatte ich meine Hand einfach auf die Palette gelegt und mitten auf dem Bild als Signatur abgedrückt. Alle, die versuchsweise den Knopf drückten, waren enttäuscht, daß es nicht klingelte. Ein anderes Bild war nur an einer Ecke aufgehängt. Unweigerlich versuchten die Besucher es in die Horizontale zu bringen, nur um es dann doch wieder in die Schräge zurückfallen zu lassen. Man nannte mich einen Spaßvogel, aber es lag durchaus nicht in meiner Absicht, bloß witzig zu sein. Ich wollte einfach, daß der Betrachter im Schaffensprozeß eine aktive Rolle übernahm. Beunruhigt war vor allem Daniel: ich galt als einer der jungen, vielversprechenden Maler — zwei, drei Sammler hatten sich für meine früheren Arbeiten interessiert, hatten auch gekauft — warum ich nicht in dieser Richtung weitermachen könne — schließlich sei er Geschäftsmann, und die Kosten für die Unterhaltung der Galerie seien enorm. Ich würde so tun, als käme es auf nichts an — ob ich es nicht nötig hätte, etwas zu verkaufen? Nur das Eintreten von Hartpence für mich verhinderte, daß er mich hinauswarf. Natürlich brauchte ich Geld, das Leben in der Stadt war teurer als auf dem Lande, und alles, was ich mit dem Malen verdient hatte, war ausgegeben. Meine einzige Einnahmequelle war der Teilzeitjob, den ich weiterhin hatte. Um mir Mut zu machen, erbot sich Daniel, jeden Monat ein Bild zu kaufen — von den älteren, soweit sie noch vorhanden waren. Ich hatte ihm nicht gesagt, daß ich eine Reihe von ihnen vernichtet hatte.

Aber ich konnte nicht zurück; ich war dabei, mich selbst zu finden, Begeisterung erfüllt mich bei jeder neuen Wendung meiner Phantasie, und mein Eigensinn half mir, neue Vorstöße ins Unbekannte zu planen. Auch Donna war beunruhigt; unsere Miete verschlang einen großen Brocken meines Einkommens, und wir beschlossen, uns nach einem billigeren Viertel umzusehen. Greenwich Village bot sich an, es war zum Paradies der Künstler geworden, vor allem der notleidenden Künstler. Wir waren selten in die Innenstadt gegangen, uns lag nicht viel an der Bohème-Atmosphäre, aber es gab dort viele Wohnungen. Eines Tages war Donna losgezogen, um sich eine annoncierte Wohnung anzusehen und kam wütend zurück — der Eigentümer hatte sie beleidigt, er vermiete nicht an unverheiratete Paare. Donnas Kleider waren zwar nicht gerade bohèmehaft, aber auch nicht mausgrau und konservativ, und das hatte ihn vielleicht aufgebracht. Schließlich mietete ich eine kleine Wohnung an der 8. Straße zwischen 5. und 6. Avenue. Sie gehörte einer freundlichen Italienerin, deren Schneiderei sich im Erdgeschoß des Hauses befand. Die Miete war niedrig — noch hatte dieser Stadtteil nicht die Invasion der Immobilienmakler erlebt, die dann später im Gefolge der Künstler kamen und die Sandsteinhäuser in moderne Wohnungen aufteilten, für Mieter, die Atmosphäre suchten und zahlen konnten. Wir machten uns die Wohnung selbst zurecht, strichen Möbel, und stellten aus in Tee gefärbter Rohseide Couchüberzüge und Vorhänge her, die dem ganzen ein warmes, heimeliges Aussehen gaben, kurzum, es war gemütlicher als in den anderen Wohnungen, die wir in der Stadt gehabt hatten. Aber es war kein Platz zum Malen da; jedenfalls zögerte ich, die Zimmer mit meinem Malkram in Unordnung zu bringen. Die Staffelei stand, ewig mit dem gleichen Bild dekoriert, in der Ecke. Dann aber ergab sich eine Lösung — unsere Vermieterin bot mir für ein paar Dollar zusätzlich eine leere Mansarde an, hier konnte ich mich ausbreiten. Ich plante etwas Neues, wobei ich die Staffelei, Pinsel und die anderen traditionellen Malerutensilien gar nicht brauchte. Die Anregung kam aus meinem Büro, wo ich

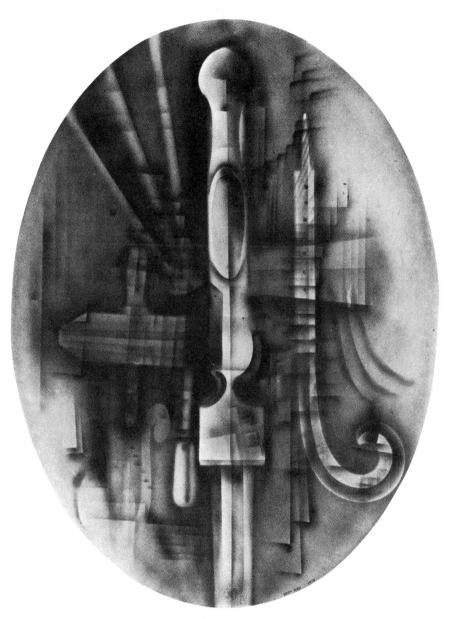

9 Man Ray: Aerographie — Spritzbild, ohne Titel, 1919. Privatsammlung

einen Spritzapparat mit Kompressor und sonstigem Zubehör installiert hatte, der das Anlegen großer Farbflächen erleichterte. Mit dem Apparat ging das sehr viel rascher und gleichmäßiger als mit der Hand. Wo genaue Umrisse eingefaßt werden sollten, schnitt man vorher Schablonen aus, um die Flächen abzudecken, die nicht besprüht werden sollten. In der kommerziellen Kunst wurde diese Technik häufig angewendet. Ich machte mich mit dem Spritzapparat vertraut und fragte mich schließlich, ob ich ihn nicht auch für meine eigene Malerei gebrauchen konnte. Nach Feierabend blieb ich im Büro, um nach eigenen Skizzen ein paar Studien zu machen, und kam erst spät zum Abendessen nach Hause, sehr zum Verdruß von Donna. Schließlich stellte ich einen gemieteten Druckluftbehälter in meiner Mansarde auf und nahm die Spritzpistolen mit nach Hause. Ich war jetzt aber genauso unsichtbar, als wäre ich im Büro geblieben; den größten Teil meiner freien Zeit hielt ich mich in der Mansarde auf. Ich arbeitete mit Gouache-farben auf getöntem und weißem Karton — die Ergebnisse waren erstaunlich, sie hatten eine photographische Qualität, obwohl die Motive gar nicht bildhaft waren*. Genauer gesagt: ich fing mit einem bestimmten Motiv an, etwas, das ich gesehen hatte — Akte, ein Interieur, ein spanisches Ballett oder auch ein paar zu-fällig herumliegende Dinge, die ich als Schablonen verwendete —, aber das End-resultat war immer eine eher abstrakte Struktur. Es war aufregend, ein Bild zu malen und dabei den Malgrund kaum zu berühren — gewissermaßen ein rein zerebraler Akt.

Ich hatte ein schlechtes Gewissen, daß ich Donna so viel allein ließ; nachdem sich die erste Begeisterung über die Arbeit mit der Spritzpistole gelegt hatte und eini-ge Bilder entstanden waren, entspannte ich mich, wurde wieder umgänglicher und versuchte, meine Nachlässigkeit wiedergutzumachen. Ein Freund oder auch mehrere kamen hin und wieder zu Besuch, viele hatte ich ja nicht. Aber Du-champ, der Maler Stella und der Komponist Varèse waren immer da. Sie brach-ten eine europäische Atmosphäre mit, in der Donna ihr Französisch anwenden konnte. Ab und an kamen ein paar andere Franzosen zum Lunch, es wurden fröhliche, lebhafte Gespräche geführt, bei denen ich mir wie ein Fremder vor-kam. Donna übersetzte mir nachträglich die Pointen der Unterhaltung, die mei-stens von rabelais'scher Deftigkeit waren. Immer mehr fühlte ich mich wie ein Außenseiter. Wenn wir für uns waren, brachte ich ihr Schachspielen bei. Sie lern-te es sehr schnell, aber wir gaben es bald wieder auf, weil jede Partie im Streit endete. Sie haßte es, zu verlieren. Mir sind später noch andere Spieler begegnet, die sich ähnlich verhielten.

Eines Tages machten wir mit dem Geld, das ich von Daniel für ein Bild bekom-men hatte, einen Einkaufsbummel. Ich war der Ansicht, daß wir unser Äußeres etwas mehr pflegen und zunächst einmal Wintermäntel anschaffen sollten. In ei-nem großen Kaufhaus erstand ich einen ganz wunderbaren Mantel, dann gingen wir in die Damenabteilung. Donna probierte einige Mäntel, aber keiner schien ihr zu gefallen. Sie zog wieder ihren alten Mantel an und wir kehrten heim. Als sie den Mantel zu Hause auszog, befand sich darunter ein neuer. Ich machte ihr heftige Vorwürfe, nicht wegen der moralischen Frage, aber angenommen, sie wä-

---

* In der Man Ray-Literatur werden diese Spritzbilder als »Aerographien« bezeichnet.

10 *Marcel Duchamp und Joseph Stella in Man Rays New Yorker Atelier, 1920*

re erwischt worden; gleichgültig, wieviel man dabei sparen konnte, es war das Risiko nicht wert. Sie lachte mich aus und meinte, ich sei ein armseliger, ängstlicher Wicht. Nachdem wir unsere Garderobe noch weiter erneuert hatten, beschloß ich, mir zur Vervollständigung meiner Erscheinung einen Spazierstock zuzulegen. Bei einem Gebrauchtwarenhändler erstand ich schließlich einen; er war mit einem silbernen Ring versehen und ich trug ihn elegant in der Armbeuge. Eines Samstagnachmittags besuchten wir ein Konzert in der Carnegie Hall. Ich saß an einem Gang, und als es langsam voller wurde, kam ein Bekannter vorbei, der nach seinem Platz suchte. Ich langte mit dem Stock nach ihm und bekam ihn am Arm zu fassen. Da löste sich das Teil oberhalb des Silberrings, und es kamen zwanzig Zentimeter Stahl zum Vorschein. Entsetzt hakte ich den Stock wieder aus und schob das Oberteil zurück; niemand hatte etwas bemerkt. Es war ein Stockdegen mit einer wunderbaren Toledaner Klinge. Ich ließ ihn zu Hause und gab den Gedanken auf, Spazierstöcke herumzutragen. Eines Tages hatte mich in einem Schaufenster ein Leopardenfell fasziniert, und ich hatte es Donna mitgebracht. Zunächst zögerte sie, ob sie so etwas tragen könne; ich führte an, die Kunst der Primitiven und Wilden beeinflusse die modernen Künstler in allen Ländern; wenn sie das trüge, würde sie ursprünglicher wirken, frei von den albernen Moden des Tages. Wie mir ein solches Argument in den Sinn kommen konnte, begreife ich heute nicht mehr, ausgerechnet mir, der ich beschlossen hatte, alle Einflüsse primitiver Motive aus meinem Werk zu verbannen. Vielleicht assoziierte ich den Pelzkragen unbewußt mit ihrem zuweilen urtümlichen und sogar wilden Wesen. Mir zuliebe trug sie ihn eine Zeitlang und machte dann ein Kissen daraus.

Die wenigen Bekannten, die ich hatte, kamen jetzt seltener zu uns, wahrscheinlich langweilte sie die Atmosphäre bei uns. Ein paar neue Leute lernte ich bei gelegentlichen Besuchen in einigen Cafés unseres Viertels kennen; eines befand sich unter den Räumen von Marshalls Schachclub an der 4. Straße. Ich trat dem Club bei und ging einmal in der Woche hin, um mein Spiel zu verbessern. Es gab dort nette Mädchen, die einem den Kaffee brachten; das Lokal war eine Mischung aus besserer Gesellschaft und ernsthaften Spielern. Einer meiner ersten Gegner war ein junger Mann von unverkennbar preußischer Erscheinung: Schmisse im Gesicht, mit Monokel im Auge und ständig eine witzelnde, zynische Haltung an den Tag legend. Er schlug die Hacken zusammen, wenn wir uns begrüßten, und auch dann, wenn er sich verabschiedete. Im Schach schlug er mich ohne Schwierigkeit und gnadenlos, verschmähte es jedoch nicht, mir Vorgaben einzuräumen und mich auf meine Fehler hinzuweisen. Ständig war er auf heimliche Liebschaften mit Frauen aus, aber ich habe ihn nie zusammen mit einer Frau gesehen. Er sagte, durch eine lange, gründliche Enthaltsamkeit für das nächste Abenteuer präpariert, habe er für Frauen nur eine Verwendung. Ich lud ihn zu uns ein; er schlug die Hacken zusammen, exerzierte eine steife Verbeugung aus der Hüfte heraus, um Donna die Hand zu küssen, und sprach sie auf Französisch mit einem starken deutschen Akzent an. Ich zeigte ihm etwas von meinen Arbeiten — ebensogut hätte ich ihm weiße Leinwände vorführen können. Und als ich versuchte, ihm einige meiner Ideen auseinanderzusetzen, machte er sich daran, sie mit kalter Logik zu zerrupfen. Das einzige, was ihm an mir gefiel, war anscheinend Donna, wohinter sich aber seine Verwunderung darüber verbarg, daß sie sich einen solchen Schwachkopf als Mann ausgesucht hatte. Später erzählte sie mir, er sei tagsüber, als ich bei der Arbeit war, einmal zu ihr hinaufgekommen, habe ihr den Hof gemacht und versucht, sie zu verführen. Aber sie war treu — das war die eine bürgerliche Tugend, an der sie festhielt — ob ich nicht auch so empfände? Ich beruhigte sie und riet ihr, ihn nicht mehr hereinzulassen; ich würde ihn auch nicht mehr mitbringen. Im Schachclub, oder genauer, eine Treppe tiefer, im Café, sah ich ihn mit Mädchen flirten — das Schachspiel war ihm anscheinend zu leicht. Später hörte ich, er habe sich erschossen. Ich habe viel über ihn nachgedacht: dieser Mann muß in großen Schwierigkeiten gewesen sein, aber er war zu stolz, um das zuzugeben oder nach Hilfe Ausschau zu halten. Ich erinnere mich noch, daß ich ihm einmal einen Dollar lieh — und bei einer anderen Gelegenheit fünfzig Cents für ein Taxi.

Meine dritte Ausstellung bei Daniel wurde im November eröffnet. Mit den zehn ruhigen Spritzbildern unter Glas machte sie einen sehr nüchternen Eindruck. Daniel zuliebe hatte ich ein paar ältere Ölbilder, die bisher noch nicht ausgestellt worden waren, hinzugenommen. Ängstlich sah er mir zu, wie ich mitten in der Galerie den Ständer aufbaute, die Halterung für die zehn Buntpapiercollagen von *Revolving Doors* . Er bat mich um ein paar Erläuterungen zu all diesen hypermodernen Erzeugnissen, damit er sie den Kritikern und etwaigen Sammlern erklären könne. Hartpence, der meine Arbeiten ohne Vorbehalt akzeptierte, riet mir, ich solle keine technischen Einzelheiten erwähnen, solle den Betrachter seine eigenen Schlüsse ziehen lassen, solle mich in allgemeinen, abstrakten Begriffen äußern, damit es rätselhaft klinge. Rätsel — das war das Schlüsselwort, das meinen Gedanken und meinem Gefühl genau entsprach — Rätsel liebte jeder; aber wollte man nicht auch die Lösung erfahren? Ich jedenfalls fing immer mit der Lösung an.

Die Reaktion auf meine Arbeiten zeigte sich schon bald. Die Kritiker stimmten ein großes Gezeter an: ich würde mit den maschinellen Mitteln der Werbegraphik arbeiten. Ich hätte die Kunst vulgarisiert und entwürdig. Hartpence meinte, ich solle mich nicht darüber aufregen; andere, bedeutendere Leute hätten vor mir ähnliche Angriffe auszuhalten gehabt. Daniel war völlig perplex, er drohte, den Kunsthandel aufzugeben, als hinge alles ganz allein von mir ab. Er wiederholte seine Mahnungen, fragte mich wieder, ob ich überhaupt daran interessiert sei, etwas zu verkaufen. Ich wies ihn darauf hin, daß er ein Dutzend anderer Maler in seinem Stall hatte, die bei all ihren avantgardistischen Ansprüchen jedenfalls linientreu waren und ihren Pflichten nachkamen; lassen Sie mich das schwarze Schaf in der Herde sein, sagte ich ihm — zumindest werde ich ihm öffentliche Aufmerksamkeit bringen. Er entgegnete, auch mit seinen konservativsten Malern gingen die Geschäfte so gut nicht. Ein Grund mehr, antwortete ich, mich zu tolerieren, wo ich doch als Aktivposten gar nicht so viel schlechter war. Und im Scherz fügte ich hinzu, wenn er so genau wisse, was sich gut verkaufe, dann hätte ich einen Vorschlag für ihn: er solle die Bilder malen und ich würde sie verkaufen. Wäre nicht Hartpence gewesen, Daniel hätte mich ganz gewiß von der Liste seiner Maler gestrichen, aber Hartpence war tatsächlich der spiritus rector der Galerie und Daniel bloß der Geldmann. Ich erzählte Stieglitz von meinen Schwierigkeiten; er lächelte und meinte, ich hätte gleich zu ihm kommen sollen — was ich von einem Kneipenwirt denn anderes erwarte?

Unterdessen hatte die Firma, bei der ich arbeitete, einen großen Aufschwung erlebt. Man hatte zusätzliche Zeichner eingestellt, um die eingehenden Aufträge bewältigen zu können; unter meiner Verantwortung arbeitete jetzt ein halbes Dutzend Zeichner, wobei ich die Arbeit verteilte und bei Karten und Atlanten künstlerisch letzte Hand anlegte. Eine Stechuhr wurde installiert, die alle Angestellten morgens, wenn sie kamen, und abends, wenn sie gingen, pflichtgemäß betätigten — alle, außer mir, der ich irgendwann am späteren Vormittag eintrudelte und wieder ging, wenn ich mich vergewissert hatte, daß die anderen bis zum nächsten Tag, oder wann immer ich wiederzukommen gedachte, genug zu tun hatten. Mit meinen Beiträgen war ich nie im Verzug, und ich kümmerte mich nie um die Uhr. Eines Tages rief mich mein Chef zu sich in sein Privatbüro; ich sei für die anderen ein schlechtes Beispiel, meinte er; er bot mir eine Vollzeitstelle an und höheren Lohn und bat mich, die Stechuhr zu betätigen. Ich sagte, ich könne die Stelle nicht annehmen, weil ich zu Hause noch andere Dinge zu tun hätte. Ich wußte genau, daß er mich nicht hinauswerfen würde, ich war unentbehrlich. Warum er mich nicht einfach als selbständigen Berater behandeln könne, dem es, wie ihm selbst, freisteht, zu kommen und zu gehen. Ich würde mich sogar auf die Stechuhr einlassen, wenn er es ebenfalls täte. Das klang zu absurd. Natürlich, eine Einkommenserhöhung würde ich begrüßen, sagte ich und schlug vor, er möge sie sogleich veranlassen. An diesem Punkt endete unsere Unterredung, aber meine Stelle behielt ich. Zum Jahresende jedoch fand jeder Angestellte eine zusätzliche Prämie in seiner Lohntüte, nur ich nicht. Ich wartete den passenden Moment ab; ich dachte daran, mir eine andere Stelle zu suchen oder eine Arbeit zu finden, die ich zu Hause in meiner Mansarde erledigen konnte. Dann wäre ich sehr viel freier.

Donna und ich gingen zum Dinner oft in ein gemütliches italienisches Restaurant in einem Keller an der 3. Straße. Eines abends saßen zwei spanisch aussehende junge Männer in unserer Nähe, und wir kamen miteinander ins Gespräch. Der jüngere stellte sich als Luis Delmonte vor, er sei vor kurzem von der Farm seines Onkels auf Kuba hierhergekommen. Er arbeitete als Büroangestellter bei einer Firma. Nach dem Essen verabschiedeten wir uns mit Händeschütteln und faßten ein Wiedersehen ins Auge. An diesem Abend war Donna wie in Gedanken verloren und sehr einsilbig. Ich brach am nächsten Morgen früh auf, weil ich nachmittags früh heimkommen wollte, um in meiner Mansarde eine angefangene Arbeit zu Ende zu bringen. Als ich zurückkam, lag Donna auf der Couch und las ein Buch. Die Wohnung war makellos, sie hatte einen gründlichen Hausputz gemacht, als würden irgendwelche besonderen Leute zu Besuch kommen. Aber soweit ich wußte, hatten wir keine Verabredung; dieser Abend gehörte uns. Aber für das Abendessen schien nichts vorbereitet; auch die Küche war geputzt und gründlich aufgeräumt. Dann fiel mir auf, daß sie sich sorgfältig angezogen und zurechtgemacht hatte. Fragend blickte ich sie an. Dann sprach sie. Beim Abschied gestern im Restaurant habe ihr Luis einen Zettel zugesteckt, er würde sie gern irgendwo — sie sagte nicht, wo — treffen und mit ihr zu Abend essen. Dann schwieg sie. Auch ich sagte eine Zeitlang nichts; das hatte es bisher nie gegeben, immer waren wir zusammen gewesen, außer in ein, zwei Nächten, die ich bei meinen Eltern in Brooklyn verbracht hatte. Ich wußte nicht, wie ich mit dieser Situation fertig werden sollte. Sollte ich die Tür abschließen und ihr eine wüste Szene machen? Ihr ihre eigenen Treueschwüre vorhalten? Ich entschloß mich, sie gehen zu lassen, ohne weitere Vorwürfe. Ich kannte sie und wußte, Widerstand würde zu nichts führen, würde alles nur noch schlimmer machen und bestenfalls in Schweigen und tückischem Streit enden. Vielleicht würde sie meine gespielte Gleichgültigkeit durcheinanderbringen; mir fiel der abschließende Rat aus dem Buch eines Schachmeisters ein, das ich gelesen hatte: meisterhafte Tatenlosigkeit praktizieren.

Ich ging hinauf in die Mansarde, kramte dort ein bißchen herum, konnte mich aber nicht auf meine Arbeit konzentrieren. Als ich wieder hinunterkam, war Donna gegangen. Um elf war sie noch nicht wieder zurück, ich ging aus. Nachdem ich eine Stunde lang ziellos umhergelaufen war, kam ich zum Schachclub und versuchte, mich abzulenken, indem ich zunächst einer im Gang befindlichen Partie zusah und dann mit einem Clubmitglied selbst eine Partie anfing. Nach einer halben Stunde gab ich auf, meine Stellung war hoffnungslos. Ein anderes Mitglied lud mich zu einer Partie ein; ich wußte, es war einer der Schachmeister, ein hochgewachsener, imposanter Russe, der vor kurzem aus seinem Land geflohen war, das sich jetzt in der Hand der Bolschewiken befand. Im Club war es an diesem Abend ziemlich leer, nur zwei oder drei Tische waren besetzt. Ich dankte ihm, wandte aber ein, daß es für ihn vielleicht langweilig werden würde. Das sei egal, sagte er, er werde mir jede gewünschte Vorgabe machen. Ich lehnte höflich ab, Vorgaben veränderten den Charakter des Spiels, aber es sei für mich eine Ehre, mit ihm zu spielen; ich wolle lieber gegen einen Meister verlieren, als gegen einen schwächeren Spieler gewinnen. Er stellte fest, das sei die richtige Einstellung, beharrte aber doch auf einer Vorgabe: er wolle mich vor dem neununddreißigsten Zug matt setzen. Es war verlockend, ich setzte mich, und wir spielten. Mit dem zwölften Zug setzte er mich nach fünfzehn Minuten matt. Ich dankte ihm für seine Geduld und die Lektion, die er mir erteilt hatte, und wollte gerade aufstehen, als er mich mit einem Wink aufforderte, sitzen zu bleiben. Er brachte die Figuren in eine mehrere Züge zurückliegende Stellung, wozu ich nie imstande gewesen wäre. Er erkannte eine Endspielvariante und fing nun an, für beide Seiten zu ziehen; dabei gab er mir zu verstehen, die Züge, die er für mich mache, seien die besten oder stärksten, aber seine Figuren fesselten mich bis zum schließlichen Schachmatt. Ich kam mir lächerlich vor, und tatsächlich bezeichnete er diese Variante als Scherzmatt. Aber er war immer noch nicht fertig; noch einmal brachte er die Figuren in eine frühere Stellung und begann, seine wichtigsten Figuren zu opfern, darunter auch seine Dame, aber wieder setzte er meinen König matt. Er bezeichnete dies als Draufgängermatt. So führte er noch einige Varianten mehr aus, wobei er mich völlig zu vergessen schien und nur noch in seinem eigenen Ideenreichtum schwelgte. Dann lud er mich zu einer neuen Partie unter den gleichen Bedingungen ein: er müsse mich vor dem neununddreißigsten Zug matt setzen. Wir spielten. Ich konnte machen, was ich wollte, unaufhaltsam ließ er seine Bauern in mein Territorium vordringen, bis ein Bauer schließlich die letzte Reihe erreicht hatte, in eine Dame umgewandelt wurde und mich wieder matt setzte. Das sei nun das tragische Matt, meinte er. In der Stimmung, in der ich mich jetzt befand, war tragisch das richtige Wort. Tragisches Matt, ganz genau, ich selbst war ja schachmatt, oder vielleicht Donna? War unsere Beziehung ermattet? Mein Schachmeister schaute auf die Uhr; es war drei Uhr morgens. Ich erhob mich, dankte ihm und nannte meinen Namen. Soldatenkow, gab er zurück. Von ihm sollte ich später noch mehr sehen und hören.

Ich öffnete mir selbst die Wohnungstür; Donna war nicht zurückgekommen. Ich legte mich hin. Erst nach Stunden schlief ich ein. Es war schon heller Tag, als mich das Geräusch eines Schlüssels im Türschloß weckte; Donna kam herein, sie sah genauso aus, wie sie gegangen war, sorgfältig gekleidet und zurechtgemacht; ihr Mund war verkniffen. Es war zehn Uhr, und sie machte sich daran, das Frühstück zu bereiten, so als sei nichts geschehen. Schweigend saßen wir einander gegenüber; ich wartete darauf, daß sie etwas sagte. Dann fing sie an, Luis zu beschreiben: er habe die Ranch seines Onkels auf Kuba verlassen, um sich in New York festzusetzen; er sei noch ein Junge, aber auch ein Mann, habe Verständnis für Frauen. Jedes Wort war für mich ein Schlag ins Gesicht. Sie sprach weiter: sie liebe uns beide, aus unterschiedlichen Gründen, an unserer Beziehung würde sich nichts verändern, aber sie brauche mehr Unabhängigkeit. Ich traute meinen Ohren nicht, es schien so gar nicht zu ihr zu passen, wo sie doch jahrelang die Monogamie gepredigt hatte und schon eifersüchtig wurde, wenn ich eine andere Frau bloß ansah oder Interesse für einen anderen Mann zeigte, der ein Werk geschaffen hatte. Ich sagte ihr das alles und fügte hinzu, ich würde sie beim Wort nehmen, alles, was sie mir früher gesagt habe, gelte auch für sie. Sie müsse sich ganz schnell darüber klar werden, was sie eigentlich wolle, und sich für einen von uns beiden entscheiden. Wenn nicht, würde ich die erforderlichen Schritte in die Wege leiten.

Sie hörte ruhig zu und fragte dann, wieviel Zeit ich ihr für die Entscheidung lassen wolle. Sofort müsse sie sich entscheiden, antwortete ich und redete ihr zu, sie möge an die sechs Jahre denken, die wir glücklich zusammen gelebt hätten — das könne doch immer so weitergehen — sie sei für mich eine Quelle der Inspiration und der Zufriedenheit gewesen, die wahrscheinlich keine andere Frau ersetzen könnte — sie setze eine erprobte Beziehung für eine ungewisse Zukunft aufs Spiel und so weiter. Sie weinte, umarmte mich und sagte, ich hätte sie vernachlässigt, hätte ihr so selten gesagt, daß ich sie liebe, sie wisse nicht, was über sie gekommen sei, aber sie brauche sichtbare Zuneigung. Ich küßte sie, und wir beendeten unser Frühstück. Ich blieb an diesem Tag zu Hause, ging für eine Stunde in die Mansarde hinauf, kam mit einer Skizze für eine neue Arbeit herunter und zeigte sie ihr. In einem kleinen französischen Restaurant aßen wir zu Abend und tranken dazu eine Flasche Wein. Donna war an diesem Abend sehr zärtlich; ich war überzeugt, daß sie ihre Entscheidung getroffen hatte, und fragte mich doch gleichzeitig, was sie mir zu beweisen versuchte. Es war ein nichtswürdiger Gedanke, ich schob ihn beiseite.

Am nächsten Tag ging ich ins Büro, und als ich zurückkehrte, war Donna wieder zum Ausgehen bereit. Sie war ziemlich nervös: Luis sei in der Mittagszeit gekommen und habe ihr eine Szene gemacht. Er müsse sie heute abend sehen, er werde vor nichts haltmachen, wenn sie nicht käme. Wenn es nicht anders ginge, wolle er mich töten. Ich lachte nur, das würde zu nichts führen und ganz sicher nicht zu Donna. Er werde ins Gefängnis kommen und wahrscheinlich hingerichtet werden. Aber das brachte mich auf eine Idee: ich konnte *ihn* töten und würde wahrscheinlich ungestraft davonkommen. Worauf Donna spöttisch meinte, dazu hätte ich gar nicht den Mumm. Ich gab bitter zurück, sie sei das Risiko nicht wert. Sie ging; ich machte nicht den Versuch, sie zu halten.

Ich begab mich in den Pepper Pot, das Café unter dem Schachclub, um etwas zu essen. Duchamp war da, und ich setzte mich zu ihm, bis der Club öffnete. Ein großes, schwarzhaariges Mädchen spielte Klavier. Nach kurzer Zeit kam sie herüber und setzte sich zu uns. Immerzu blickte sie Duchamp an, und mir wurde klar, daß sie unsterblich in ihn verliebt war. Er stellte mir Hazel vor. Sie kam aus Boston, aber sie hatte ihre Familie verlassen, um in Greenwich Village etwas zu erleben, und schlug sich mit Klavierspielen durch. Duchamp blieb zurückhaltend und stand bald vom Tisch auf. Er und ich gingen hinauf in den Club. Wir setzten uns an einen Tisch, wo ein Mitglied, das offenbar auf ihn wartete, die Figuren schon aufgestellt hatte. Ich schaute der Partie einige Zeit zu, dann erschien Hazel. Sie trat zu mir und fragte, ob ich eine Partie spielen wolle. Wir setzten uns an einen Tisch und spielten ein Weilchen, ohne etwas zu sagen. Dann fragte sie mich, ob ich Duchamp gut kennen würde; er sei ein so eigenartiger Mann, sei auf ihre Annäherungsversuche zunächst eingegangen, sei sehr freundlich gewesen, aber dann wieder sei er lange Zeit so gleichgültig. Ich antwortete, er sei für viele Leute ein Rätsel, das hänge sicher mit seinem tiefen Interesse für Fragen der Kunst zusammen; außerdem beherrsche er unsere Sprache noch nicht ganz.

Aber sie spreche sehr gut französisch, meinte sie. Dazu daß Menschen zueinanderfinden, sei mehr nötig als eine gemeinsame Sprache, entfuhr es mir, aber ich ließ mich nicht weiter auf dieses Thema ein. Sie war zu jung und unerfahren, um das zu verstehen, dachte ich.

Duchamp und ich verließen den Club gegen ein Uhr in der Frühe; ich begleitete ihn zur Untergrundbahn, mir graute davor, in eine verlassene Wohnung zurückzukehren. Er erzählte, er sei jetzt in eine Wohnung der 66. Straße gezogen und arbeite hauptsächlich nachts, wenn alles ruhig sei und niemand ihn störe. Aber zuerst wolle er einen Happen essen, ob ich nicht mitkommen wolle? Wir gingen in ein Schnellrestaurant, das durchgehend geöffnet hatte. Ich trank Kaffee und erzählte ihm von meinen häuslichen Umwälzungen. Während er sein Rührei mit Apfelmus verspeiste, sagte er kaum etwas — sein Gesichtsausdruck veränderte sich nicht, und er gab mir keinerlei Ratschläge. Aber er lud mich ein, mit zu ihm zu kommen.

Es war ein Geschäftshaus voller kleiner Betriebe; Druckereien, Reifenvulkaniseure und ein paar undefinierbare Läden. Wir stiegen die Treppe zu seinem Stockwerk hinauf, wanderten durch verwinkelte Flure, bis er vor seiner Tür haltmachte und öffnete. Dahinter sah es genauso verwahrlost aus wie in seiner ersten Wohnung; nichts deutete auf ein Maleratelier hin. Der Raum war ziemlich groß; es gab Dampfheizkörper, und es war sehr warm. Mitten im Raum stand eine nackte Badewanne, von der die Rohre einfach über den Boden bis zu einem Spülstein an der Wand liefen. Überall auf dem Fußboden lagen zerknüllte Zeitungen und Gerümpel herum. Von der Decke hingen mehrere Bilder herab; sie stammten von seinem Bruder, dem damals noch unbekannten Jacques Villon, er hatte sie mit herübergebracht. Einige andere Bilder lehnten an der Wand, darunter eine Studie Duchamps von seiner Schwester Suzanne, die ebenfalls Malerin war. Auf einer kleinen Staffelei stand ein Gebilde aus Glas und Metall von einem Freund, Jean Crotti, der Suzanne später heiratete und auf diese Weise ebenfalls in diese Künstlerfamilie aufgenommen wurde.

In der gegenüberliegenden Ecke standen zwei Böcke, auf denen eine große, schwere Glasplatte lag, die mit verwickelten, in dünnem Bleidraht ausgelegten Figuren bedeckt war. Es war Duchamps Hauptwerk: *La marieé mise à nue par ses célibataires même*. Eine nackte Glühbirne, die von der Decke herabhing, war die einzige Lichtquelle. An den Wänden hingen mehrere sehr präzise Zeichnungen voller Symbole und Hinweise: Studien zu dem großen Glas. Duchamp zündete seine Pfeife an und setzte sich vor das Glas. An einer Stelle gab es eine unregelmäßige, verspiegelte Fläche, die man jetzt von hinten sah und in die einige sehr zarte Ovale eingeritzt waren. Mit einer Rasierklinge machte er sich daran, das überflüssige Silber wegzukratzen. Es war eine mühselige Arbeit; nach einer Weile hielt er inne, legte die Hand über die Augen und seufzte: wenn er doch nur einen Chinesen für diese Schinderei finden könnte. Ich nahm an, er meine einen Kuli. Er tat mir leid; gern hätte ich ihm geholfen: Vielleicht gebe es ein photographisches

Verfahren, mit dem sich die Sache beschleunigen ließe. Ja, ja, sagte er, in Zukunft werde die Photographie vielleicht noch die ganze Kunst überflüssig machen. Ich war der gleichen Ansicht, aber möglicherweise aus anderen Gründen. Heutzutage waren die Maler bestrebt, freier zu malen, während meine Anstrengungen in den letzten Jahren darauf gerichtet waren, mich von der Malerei und ihren ästhetischen Bedeutungen überhaupt zu befreien. Duchamp gelang das auf seine Weise auch, er deutete sogar an, mit dem Malen ganz aufhören zu wollen, sobald das Glas fertig sei — falls es überhaupt je fertig würde. Er arbeitete daran schon seit Monaten — seit Jahren. Es war noch unsichtbar — sein Werk — es war rein zerebral und doch materiell; es sei soviel wert wie tausend Arbeiten von anderen, lasse sich aber nicht ökonomisch auswerten und gereiche auch seinem Schöpfer nicht zu höherem Ansehen, wie es bei den anderen der Fall sei.

Ich war sehr beeindruckt, sogar gerührt. Bevor ich ihn verließ, bot ich an, meine Kamera mitzubringen und das Glas, so wie es auf den Böcken lag, zu photographieren; herzlich und fest schüttelte er mir die Hand.

Ich ging in die verlassene Wohnung zurück, schlief ein paar Stunden und stand früh auf. Es war Samstag; ich ging an diesem Tag immer ins Büro, um aufzuräumen und meinen Lohn abzuholen. Um zwölf machten alle Schluß, und das Wochenende begann. Der Chef hatte eine neue Angel dabei und machte sich auf den Weg zu seinem Wochenendhaus. Ich sagte, ich müsse noch ein paar Kleinigkeiten erledigen und würde dann abschließen. Als ich allein war, setzte ich mich an seinen Schreibtisch und schrieb ihm auf Firmenpapier einen Brief. Aus persönlichen Gründen, so schrieb ich, wolle ich für immer weggehen, er solle sich keine Hoffnung auf meine Rückkehr machen und nicht versuchen, Verbindung zu mir aufzunehmen. Ich ließ das Blatt offen auf seiner Schreibunterlage liegen, legte meinen Firmenschlüssel darauf und ging hinaus. Als ich an der Stechuhr vorüberkam, steckte ich eine weiße Karte zwischen die anderen und zog dann die Tür hinter mir zu. Ich schlenderte den Broadway zur 8. Straße hinauf. Es war ein langer Weg, ich hatte reichlich Zeit, meinen nächsten Schritt zu überdenken. Zu Hause angekommen, machte ich im ersten Stock bei der Vermieterin halt. Durch die Glasscheibe sah ich sie am Fenster sitzen und nähen. Ich trat ein und sagte ihr, die Mansarde werde mir zu klein. Ich hätte etwas Wichtiges vor und benötige ein größeres Quartier. Ihr gehöre doch auch das Nachbarhaus — ob sie nicht noch etwas zu vermieten habe? Na ja, sagte sie, nicht direkt, höchstens einen Keller hinten heraus, den sie als Abstellraum benutzte. Aber sie könne ihn ausräumen, er sei geräumig und habe einen großen Kamin. Sie nannte einen geringen Betrag, ich zahlte einen Monat im voraus und bat sie, den Keller in den nächsten Tagen fertig zu machen.

Dann stieg ich in meine Wohnung hinauf. Donna und Luis waren da. Außerdem auch Esther, sie war jetzt vierzehn und sehr schön. Samstags kam sie meistens von ihrer Schule hierher und verbrachte den Tag bei uns. Sie streckte mir ihr Gesicht zu einem Kuß entgegen; Luis streckte mir seine Hand entgegen, aber das

ignorierte ich. Er brach bald auf, Donna begleitete ihn zur Tür. Als sie zurückkam, meinte sie, es sei schade, daß ich nicht zum Lunch habe kommen können;
aber sie könne mir noch etwas machen, wenn ich wolle. Ich habe schon gegessen,
sagte ich und schlug einen Spaziergang durchs Village vor. Esther liebte es, durch
die malerischen Straßen zu schlendern oder in eines der Kinos zu gehen. Donna
war müde und meinte, ich solle allein mit Esther losgehen. Esther war sehr gesprächig, erzählte mir den ganzen Schultratsch, von den anderen Mädchen und
vom Tanzunterricht — die älteste war in den Ballettlehrer verliebt. Die Schule
liege sehr schön am Hudson River, die Umgebung sei hübsch, man könne lange
Spaziergänge machen, aber manchmal sei es doch langweilig. Lieber würde sie in
der Stadt zur Schule gehen, um nicht immer dieselben Menschen zu sehen. Vater
habe versprochen, sie bald von dort wegzuholen. Er werde sie später zum
Abendessen in meiner Wohnung abholen. Seine Freundin möge sie nicht besonders, sie entwerfe Kleider und sei sehr reich. Sie habe eine sechzehnjährige Tochter, die zu ihr, Esther, nicht besonders nett sei. In einem kleinen italienischen
Laden kauften wir ein Eis, und dann brachte ich sie in die Wohnung zurück.
Später kam dann ihr Vater; wir unterhielten uns ein bißchen. Er war Bildhauer,
hatte aber noch keine Aufträge erwischt. Wie es mit meiner Malerei stehe? So
lala, antwortete ich, aber ich sei ja nicht darauf angewiesen — ich hätte ja noch
meine Stelle als Rückhalt. Er meinte, ich könne froh sein, daß ich nebenher noch
etwas tun könne. Er habe einige Projekte und hoffe, eines Tages einen Volltreffer
zu landen. Bald darauf ging er zusammen mit Esther weg, und ich blieb mit Donna allein. Sie habe Luis zum Lunch eingeladen, damit er mich kennenlernen und
wir die ganze Sache in Ruhe und vernünftig besprechen könnten. Ich sah sie einen Moment lang an und sagte dann, das sei gar nicht nötig, alles sei geregelt,
ich hätte alles bestens organisiert, um weiteren Diskussionen aus dem Weg zu
gehen. Da sie sich nicht habe entscheiden können oder vielmehr anders entschieden habe, würde ich ausziehen und ihr die Wohnung überlassen. Aber wohin ich
denn gehen wolle, fragte sie. Nach nebenan, erwiderte ich, jedenfalls für die
nächste Zeit. Ich hätte eine zweite Wohnung gemietet. Das übersteige doch unsere Möglichkeiten, wandte sie ein. Auch dafür sei gesorgt, sagte ich, ich hätte nämlich meinen Job hingeschmissen; wenn sie sich keine Zukunftssorgen mache,
würde ich das auch nicht tun. Von jetzt an sei ich frei, weder an einen bestimmten Chef noch an eine bestimmte Frau gebunden. Ich würde mir ein schönes Leben machen und von niemandem mehr abhängig sein. Sie glaubte mir nicht,
meinte, ich würde ihr etwas verbergen, ob ich eine Geliebte hätte, die mich aus-
hielte. Ich fühlte mich geschmeichelt. Dann bat ich, bis Montag dableiben zu dürfen. Mit einem unnatürlichen Ton in der Stimme sagte sie ja.
Den größen Teil des Sonntags brachte ich in der Mansarde zu, beendete ein Projekt und packte dann meine Sachen für den Umzug. Als ich am Nachmittag in
die Wohnung hinunterkam, war Donna nicht da. Ich sammelte noch ein paar
persönliche Gegenstände ein und packte sie, zusammen mit einigen Dingen für

meinen neuen Haushalt, in einen Koffer. Außerdem einige Bilder, auch das auf der Staffelei. Ich trug alles hinauf in die Mansarde. Danach machte ich einen kleinen Spaziergang um den Washington Square und landete schließlich im Pepper Pot. Hazel kam herüber, setzte sich zu mir und schüttete ihr Herz aus. Sie müsse mit jemandem sprechen, ich sei Duchamps Freund, zu mir habe sie Vertrauen. Ich sagte ihr, sie solle sich nicht aufregen, solle ihm nicht nachlaufen, sondern den Dingen ihren natürlichen Lauf lassen. Sie meinte, ich sei vielleicht noch nie verliebt gewesen. Ich überlegte: vielleicht war mir die Liebe allzu mühelos zugefallen, genau wie Duchamp; für mich war sie etwas Selbstverständliches, ich war vewöhnt. Bald kam auch Duchamp; wir stiegen hinauf in den Club. Später ging ich mit ihm ins Schnellrestaurant.

Während wir aßen, berichtete er: er hatte eine Frau kennengelernt, die zeitgenössische Kunst sammelte und den Plan hatte, ein Museum für moderne Kunst zu gründen. Da sie das Vorhaben finanzierte, würde sie die Schatzmeisterin sein und hatte ihn gebeten, den Ehrenvorsitz zu übernehmen. Mich habe er als stellvertretenden Vorsitzenden vorgeschlagen. Ich war ganz aufgeregt. Die Zukunft schien hell — meine Opfer würden belohnt werden. Voller Freude nahm ich seinen Vorschlag an. Er fragte nach meiner Situation zu Hause; ich erzählte ihm, was ich getan hatte, und gab ihm meine neue Adresse. Er nickte zustimmend und fügte hinzu, er werde ein Treffen mit der Initiatorin des neuen Projekts arrangieren. Ich kehrte in die Wohnung zurück; Donna war nicht da. Ohne meine Bilder sah es noch leerer aus — wie die Wohnung eines Fremden.

Am nächsten Morgen stand ich früh auf und ging hinunter zur Hauseigentümerin, die schon jemanden in den Keller geschickt hatte, um dort auszuräumen und die Sachen vorübergehend im Flur abzustellen. Ich suchte mir einiges heraus, was ich glaubte, noch gebrauchen zu können — ein paar Stühle, einen Tisch, ein Bettgestell mit Matratze. Ich behielt auch ein paar alte Schneiderpuppen auf Ständern — sie boten in der neuen Unterkunft eine Art Ersatz für menschliche Gesellschaft. Ich behielt auch ein altes Schild, das an der Wand hing: *Für länger als dreißig Tage nicht abgeholte Waren übernehmen wir keine Haftung.* Ich wollte den Wortlaut später verändern, etwa in: *Wir als länger nicht abgeholte Waren übernehmen für dreißig Tage keine Haftung.* Ich tat es dann aber doch nie, sondern gab mich damit zufrieden, mir die Verwandlung vorzustellen.

Jetzt mußten noch die Sachen aus der Mansarde herübergeschafft werden; ich führte den Helfer in das Nachbarhaus. Wir hatten schon angefangen, das Zeug hinunterzutragen, als Donna unten auf dem Treppenabsatz erschien. Sie bat mich hereinzukommen und beschwerte sich darüber, daß ich die Bilder mitgenommen hatte. Ich sagte, es liege mir nichts daran, daß meine Bilder in der Wohnung von Luis hingen. Es sei ihre Wohnung, erwiderte sie — ich hätte sie ihr gegeben, mit allem, was darin sei. Dieses Luder! dachte ich — meine Arbeit schätzt sie immer noch, es steckt doch noch ein Fünkchen Beständigkeit in ihr. Ich fühlte mich geschmeichelt, irgendwie besänftigt. Auf dem Rückweg vom Kel-

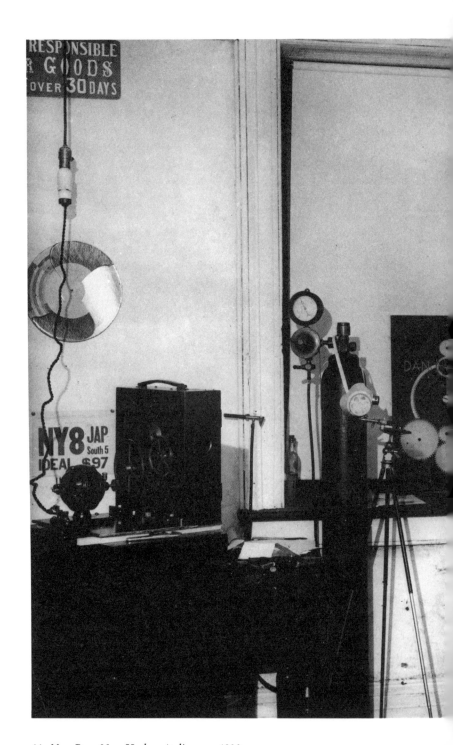

11 Man Rays New Yorker Atelier, ca. 1920.

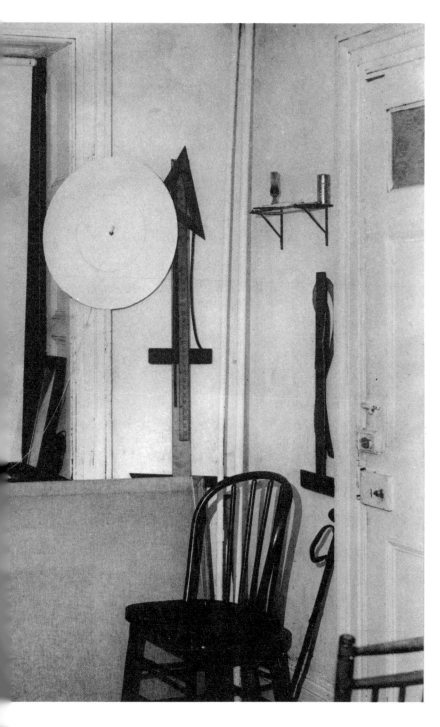

'n der Mitte das Objekt „Danger — Dancer", li. oben das Schild des Änderungsateliers

ler hoch in die Mansarde brachte ich ihr das Bild zurück, das auf der Staffelei gestanden hatte. Sie betrachtete es und meinte, es sei unter ihrem Einfluß gemalt; etwas so Gutes würde ich wahrscheinlich nie mehr schaffen. Ich lächelte, antwortete nicht und fragte dann, ob sie mir ein paar Bettücher und ein Kissen überlassen könne.

Nachdem ich mich in meinem neuen Quartier eingerichtet hatte, stellte sich als nächstes das Problem, eine Einnahmequelle aufzutun. Vom Malen zu leben kam nicht in Frage. Daniel wurde immer zurückhaltender. Ich besaß eine Kamera und hatte inzwischen einige Erfahrung mit der Reproduktion von Gemälden. Aber es waren meine eigenen gewesen, der Gedanke, die Werke anderer zu photographieren, war mir zuwider, es war unter meiner künstlerischen Würde. Ich hatte mehrere Versuche mit Porträtaufnahmen gemacht, Donna und Esther waren meine Modelle gewesen, und mit den Ergebnissen war ich recht zufrieden. Das war die Lösung: ich würde jeden, der vorbeikam, photographieren und dann eine Mappe mit Musteraufnahmen zusammenstellen. Da ich mit meiner Malerei inzwischen an einen Punkt gelangt war, wo es mir nicht in den Sinn gekommen wäre, je wieder ein Porträt zu malen, konnte es auch keinen Konflikt zwischen Malerei und Photographie geben. Vielleicht war diese strikte Thementrennung für meine Malerei sogar nützlich.
Eines Morgens — es war mitten in der Woche — klopfte es an der Tür. Donna war es, sie wolle mit mir reden. Zuerst sah sie sich um — nach der Tür, wo mein Mantel an einem Nagel hing, nach dem ungemachten Bett, als suche sie nach Anzeichen für die Anwesenheit einer Frau. Dann sprach sie. Sie mache sich Sorgen wegen Esther, die wie üblich am nächsten Samstag kommen würde. Esther dürfe nicht merken, daß sich etwas verändert habe; ob ich zum Lunch kommen und mich so verhalten wolle wie immer, ohne etwas zu sagen, das die Stimmung verderben könnte. Ich fragte, ob Luis auch dort sein werde. Natürlich, antwortete sie und setzte hinzu, Esther sei jetzt ein so schönes Mädchen, sie werde langsam zur Frau, besitze einen klaren Verstand, begreife alles, ich solle sie wie eine Erwachsene behandeln. Aha, dachte ich, mit allen Mitteln will Donna mich in der Familie halten; nun gut, ich würde mitspielen. Am Samstag beim Lunch war ich sehr ausgelassen und erzählte ihnen von meiner neuen Arbeit — ich sei jetzt Photograph, hätte zwar noch nicht viel vorzuzeigen, wolle aber ein Album mit Porträtaufnahmen von Freunden herstellen. Ich solle doch ein Porträt von Luis machen, meinte Donna, er sehe so gut aus. Ja, erwiderte ich, aber zuerst wolle ich eine Serie mit Frauen machen, vielleicht würde ich mich sogar auf Frauen spezialisieren. Der Markt sei größer; die Photographie interessiere mich als Mittel, für meinen Unterhalt zu sorgen, fügte ich hinzu. Nach dem Lunch machten Esther und ich einen Spaziergang und ließen die anderen in der Wohnung zurück. Als wir auf der Straße waren, lud ich sie ein, sich mein neues Atelier anzusehen. Mit der Kamera auf dem Stativ, den Instrumenten für die Spritzmalerei auf dem

Tisch und den Druckluftbehältern in einer Ecke sah es sehr professionell aus. An einer Wand hing die Decke aus dunkel getönten Stoffresten, die ich aus Ridgefield mit zurückgenommen hatte — sie sah aus wie eine Tapisserie.

Esther bemerkte an der Wand ein Bild, das vorher in der Wohnung gehangen hatte. Ihr sei aufgefallen, daß es oben fehlt, meinte sie. Ich sagte, ich hätte es nur vorübergehend ausgeliehen, bis ich einen Ersatz dafür gefunden hatte. Dann machte ich ihr den Vorschlag, mir für mein erstes ernsthaftes Porträt Modell zu stehen. Ich stellte sie vor die Kamera und machte mich an die Vorbereitungen. Ihr Blick fiel auf die Couch. Das sehe nicht ordentlich aus, ein weißes Kissen solle ich nicht offen liegen lassen — ob ich denn hier manchmal schlafen würde? Manchmal, antwortete ich, wenn ich bis spät in die Nach arbeitete und ihre Mutter nicht stören wolle. Sie sah mich an und fragte einfach, ob wir Streit hätten. Ich sagte ihr, sie sei jetzt ein großes Mädchen und könne vieles verstehen; Donna und ich kämen im Augenblick nicht so gut miteinander aus und hätten beschlossen, uns nicht mehr so häufig zu sehen. Und Luis? fragte sie. Ach, bloß ein Freund, der samstags zum Lunch kommt. Dann bat ich sie, still zu sitzen — trat zu ihr, um eine Locke ihres goldenen Haars richtig zu legen, und streichelte sie spielerisch unter dem Kinn: sie solle ihre schönen, großen Augen zeigen. Sie wurden größer denn je. Ich machte ein paar Aufnahmen, dann gingen wir wieder hinaus. Nach einem kurzen Spaziergang um den Platz brachte ich sie zurück zum Haus; Vater würde heute früher als sonst vorbeikommen — sie wollten zu Abend essen und ins Theater. Nein, mit hochkommen wolle ich nicht mehr, ich hätte eine Verabredung mit jemandem, der sich für meine Bilder interessiere — sehr wichtig. Sie blickte mich fragend an. Ob ich unglücklich sei? Ich zog sie in die Eingangshalle, legte meine Arme um sie und sagte, ich wisse nicht recht, wie ich mich fühlte, sie sei zu jung gewesen, um zu begreifen, was geschah, als sich ihr Vater und ihre Mutter trennten, aber so etwas passiere immer wieder, innerhalb eines ganzen Lebens sei es nicht wirklich wichtig; ich hoffte nur, daß ich in ihr immer eine Freundin haben würde, was auch geschehe. Meine Stimme muß ziemlich bewegt geklungen haben — sie umarmte mich und gab mir einen Kuß, dann rannte sie die Treppe hinauf und rief mir noch zu, sie werde mit ihrer Mutter sprechen. Ich rief ihr nach, sie solle es nicht tun.

Duchamp hatte micht gebeten, am nächsten Montag in die Wohnung der Gründerin des neuen Museums zu kommen, um das Projekt zu besprechen. Ein Hausmädchen geleitete mich in ein Zimmer, das mit Büchern und Bildern, vor allem Expressionisten, geradezu tapeziert war. Hier und da stand eine Plastik auf einem Sockel. Bald traf auch Duchamp ein, und kurz danach betrat die Gastgeberin den Raum: Katherine S. Dreier. Sie war groß und blond und hatte etwas Gebieterisches an sich. Duchamp stellte mich vor, und sie kündigte an, es werde gleich Tee serviert. Ich fühlte nach der Pfeife in meiner Tasche, entschied mich dann aber, nicht zu rauchen. Das Zimmer erstrahlte in Makellosigkeit, nirgendwo eine Spur von einem Aschenbecher.

Miss Dreier eröffnete die Sitzung mit der Erklärung, zunächst müsse das neue Unternehmen einen Namen bekommen. Es kamen ein paar Vorschläge, dann fiel mir etwas ein — in einer französischen Zeitschrift war ich auf einen Ausdruck gestoßen, der mich fasziniert hatte: *Société Anonyme.* Ich glaubte, das bedeute anonyme Gesellschaft. Duchamp lachte und erklärte, der Begriff beziehe sich auf Wirtschaftsunternehmen mit beschränkter Haftung, er sei gleichbedeutend mit dem amerikanischen *incorporated.* Er setzte aber hinzu, für ein modernes Museum sei der Name ausgezeichnet. Ich war ihm dankbar, denn einen Augenblick lang hatte es so ausgesehen, als wolle Miss Dreier etwas einwenden. Einstimmig wurde der Name angenommen.

Der Teewagen wurde hereingeschoben, und mit der ganzen Förmlichkeit eines englischen Haushalts bekamen wir den Tee gereicht. Miss Dreier erklärte, sie habe eine geräumige Etage in einem Haus nahe der Fifth Avenue aufgetan; Duchamp und ich sollten sie ausstatten, also dafür sorgen, daß sie wie eine Kunstgalerie aussehe. Es würden Rundschreiben gedruckt, um Leute zu gewinnen, die zu einem festen Beitrag Mitglied werden und das Vorhaben auf diese Weise unterstützen sollten. Wir alle mußten uns bemühen, Förderer zu gewinnen. Eine meiner Aufgaben als stellvertretender Vorsitzender sei die Öffentlichkeitsarbeit. Ich fragte mich, wie ich das machen sollte, und sagte dann, ich könne Photos für die Presse und für Kataloge herstellen.

Ach so, ein Photograph sei ich also, sagte sie. Ich erklärte ihr, ich sei Maler und benutze die Photographie, um Reproduktionen meiner Bilder herzustellen. Hervorragend, antwortete sie, wir werden Postkarten von den ausgestellten Werken herstellen, das wird die Einnahmen erhöhen. Na gut, dachte ich, hier bietet sich die Gelegenheit, ein bißchen Geld zu verdienen. Natürlich erwartete sie, daß ich meine Dienste kostenlos zur Verfügung stellte — als Beitrag zum Wohle des Museums. Ich erklärte mich einverstanden, fügte aber hinzu, die eigentliche Herstellung von Postkartenabzügen in größeren Mengen müsse von einem kommerziellen Labor übernommen werden. Ein Nebengedanke von mir war dabei, daß ich etwas für mich selbst abzweigen konnte — wenigstens um meine Materialkosten zu decken. Sie sah das ein und schlug gleich vor, ich solle auch ihr Zimmer photographieren und die wichtigsten Werke ihrer Sammlung.

Ich kam noch einmal auf die Frage der Förderer zurück und stellte ungeniert fest, als Anreiz für den Beitritt würden sie wahrscheinlich gewisse Privilegien erwarten. Gereizt entgegnete sie, der Beitritt zu unserer Gruppe sei an sich schon ein Privileg — wenn ich nicht auch so denken würde, dann sei ich für das mir anvertraute Amt nicht geeignet. Natürlich, so fügte sie hinzu, werde es Vorträge bekannter Maler und Schriftsteller geben, illustrierte Kataloge, vielleicht auch Musikkonzerte, für Mitglieder alles kostenlos. Nachdem wir übereingekommen waren, uns am nächsten Tag in den neuen Räumen zu treffen und über die notwendigen Veränderungen zu entscheiden, verabschiedeten wir uns. Wir machten auch einen Termin aus, an dem ich die Kamera mitbringen wollte, um ihr Zim-

12 »*Elevage de poussière — Staubzucht*«, 1921

mer und die wichtigen Werke zu photographieren. Als wir wieder auf der Straße
waren, sagte ich nicht viel, aber ich hatte das Gefühl, wäre Duchamp nicht gewesen, dann hätte Miss Dreier mich nie und nimmer als Mitarbeiter akzeptiert.
Wir gingen in die Innenstadt zum Schachclub, aßen jedoch vorher noch einen
Happen im Pepper Pot. Montags war kaum jemand im Club, und wir brachen
früh wieder auf. Ich schlug Duchamp vor, meine Kamera, die ich noch nie irgendwohin mitgenommen hatte, zu holen und sein Glas zu photographieren,
wie ich es bei meinem ersten Besuch versprochen hatte. Als Vorbereitung auf
meine Arbeit für Miss Dreier würde das eine gute Übung sein. Wie ich schon
bemerkt hatte, hing über seiner Arbeit nur eine einzelne nackte Glühbirne, aber
aus Erfahrung wußte ich, daß das bei der Ablichtung unbewegter Gegenstände
keine Schwierigkeiten machte; wenn ich die Kamera auf ihrem Stativ fixierte und
lange genug belichtete, würde das Ergebnis zufriedenstellend sein. Als ich das
Werk beim Einstellen der Kamera näher betrachtete, erschien es mir wie eine
fremdartige Landschaft aus der Vogelperspektive. Es war bedeckt von Staub und
Fetzchen von Stoff und Watte, mit denen die fertigen Partien gesäubert worden
waren und die die rätselhafte Wirkung nocht verstärkten. Diese Rätselhaftigkeit,

so dachte ich, ist die eigentliche Domäne Duchamps. Später gab er dem Photo den Titel *Elevage de poussière* — »Staubzucht«. Ich öffnete den Verschluß, und da die Belichtungszeit sehr lang war, gingen wir hinaus, um etwas zu essen. Nach einer Stunde kehrten wir zurück, und ich beendete die Belichtung. Ich eilte zurück in meinen Keller und entwickelte die Platte — das Entwickeln machte ich immer nachts, ich hatte ja keine Dunkelkammer. Das Negativ war vollkommen — ich war zuversichtlich, daß ich auch künftige Aufträge mit Erfolg ausführen konnte.

Ich war ziemlich spät zu Bett gegangen und schlief noch, als ich am nächsten Morgen von einem Klopfen an der Tür geweckt wurde. Ich zog mir meinen alten Bademantel über und öffnete; es war Donna. Immer noch müde, legte ich mich wieder ins Bett, sie setzte sich auf die Kante. Was ich Esther erzählt hatte, wollte sie wissen. Wie eine Erwachsene habe Esther sie zur Rede gestellt, habe ihr gesagt, sie solle mehr Rücksicht auf mich nehmen und mir keinen Kummer machen. Ihre eigenen Worte aufgreifend, sagte ich zu Donna, Esther sei jetzt eine junge Frau — hier zuckte sie zusammen, als sei das eine Anspielung auf ihr eigenes Alter —, Esther verfüge über einen klaren Verstand, man brauche ihr nichts vorzumachen. Donna warf sich auf das Bett und umarmte mich weinend; sie liebe mich doch, warum ich die Situation nicht akzeptieren könne — ich könne mein eigenes Leben führen, wie ich es gewollt hatte — sie würde sich nicht einmischen — sie wolle tun, was sie könne, um mir Esthers Zuneigung zu erhalten. Die Berührung von Donnas Körper weckte in mir die alten Gelüste, und ich nahm sie, rücksichtslos. Sie entspannte sich und lächelte mich aus tränenfeuchten Augen an. Sie strahlte. Nachdem sie aufgestanden war und sich wieder zurecht gemacht hatte, sagte sie, sie brauche etwas Geld, um im Laufe des Tages eine Rechnung zu bezahlen; das Gehalt von Luis sei im Augenblick nicht sonderlich großzügig bemessen, er erwarte einen größeren Betrag von seinem Onkel. Ich gab ihr ein paar Scheine, und sie ging. Ich war immer noch müde, und während ich wieder einschlief, dachte ich: wenn hier jemandem Hörner aufgesetzt werden sollen, dann Luis, und außerdem hatte ich eine Frau, die es für Geld tat. Ich schlief bis Mittag und verließ dann mein Atelier. Draußen im Gang lag allerlei Gerümpel herum, obenauf ein kaputter Lampenschirm. Behutsam löste ich das Papier ab, brachte es zurück in mein Zimmer und hängte es an einem Ende auf. Es bildete eine hübsche Spirale. Das sollte eines meiner Ausstellungsstücke in dem neuen Museum werden — mein Beitrag als Bildhauer. Ich betrachtete eine der Kleiderpuppen in der Ecke, entfernte im Geiste den mit Stoff überzogenen Torso — der Ständer selbst würde als Aufhänger dienen. Auch mein letztes Gemälde würde ich einreichen — eine Spritzkomposition mit Zahnrädern, die von den Drehungen einer spanischen Tänzerin inspiriert war, die ich in einer Operette gesehen hatte. Die Buchstaben des Titels waren ein Teil der Komposition: es konnte sowohl *Dancer* (»Tänzerin«) als auch *Danger* (»Gefahr«) heißen. Nachmittags trafen wir — Miss Dreier, Duchamp und ich — uns in den neuen

Räumen. Duchamp machte den Vorschlag, die Wände mit glänzender weißer Öl-leinwand zu bespannen; ich schlug blaue Tageslichtglühbirnen vor, um die Far-ben der Bilder nicht zu beeinträchtigen. All das wurde sehr rasch ausgeführt; ge-gen Ende des Monats waren die Räume fertig, und man konnte darangehen, die Bilder aufzuhängen. Entgegen meinem Vorsatz, keine Arbeiten anderer Maler zu reproduzieren, war ich ständig mit Photoarbeiten für das Museum und für Miss Dreier privat beschäftigt. Immer noch war es mein Ziel, Porträtphotograph zu werden; ich mußte Modelle finden, herumlaufen, Leute kennenlernen. Wenn ich nachts keine Filme entwickelte und nicht den Club besuchte, streifte ich im Vil-lage herum und nahm die anderen Nachtcafés in Augenschein. In einem ging es besonders fröhlich zu, mit Musik und Tanz.

Dort lernte ich eine junge Frau mit Bubikopf und einer jungenhaften Figur ken-nen; sie sagte, sie sei Bildhauerin. Ich erzählte ihr, daß ich gerade als Photograph anfinge und auf der Suche nach geeigneten Modellen sei — ob es ihr etwas ausma-chen würde, mir Modell zu stehen? Sie sah mich an, und rasch fügte ich hinzu, es sei nur für ein Porträt — einen Kopf. Sie war einverstanden, und wir verabre-deten uns für den nächsten Tag. Ob ich tanze, fragte sie. Ich hatte nie getanzt, Tanzen hatte ich immer für etwas mir völlig Unerreichbares gehalten. Sie er-bot sich, es mir beizubringen. Und sie schaffte es, leicht sogar. Es sei nichts dabei. Gefühl für Rhythmus hätte ich, meinte sie, und mehr brauche man nicht. Ich war begeistert — all die Künste, die mir vorher unzugänglich schienen, lagen jetzt in meiner Reichweite: Photographie, Tanz, alles war möglich.

13 Berenice Abbott, 1922

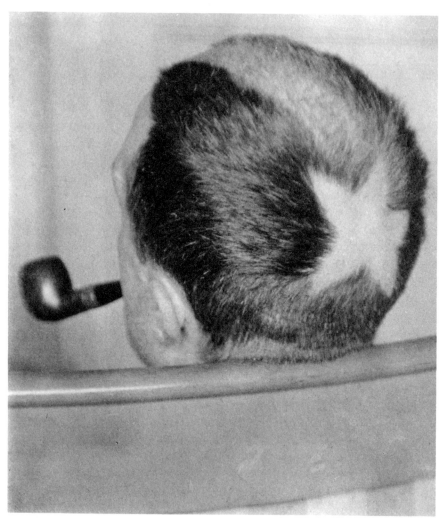

14 Marcel Duchamp mit Tonsur, 1919

Sie kam wie verabredet, und ich machte mehrere Studien von ihrem Kopf. Ihr
Name war Berenice Abbot. Später, als ich eine Anzahl von Porträts vorzuzeigen
hatte, trug ich sie zu Stieglitz, um seine Meinung zu hören; das von Berenice ge-
fiel ihm besonders, und er gab mir den Rat, es bei einer demnächst stattfindenden
Photoausstellung einzureichen. Er war in der Jury, und mein Bild bekam einen
Preis.
Ich lernte eine Reihe von Leuten kennen, die mir Modell saßen, hauptsächlich
Schriftsteller und Maler. Geld verlangte ich nie und gab meine Abzüge großzügig
weg. Selbstverständlich fertigte ich einige Studien von Duchamp an. Edgar Varèse,
der moderne Komponist, saß mir Modell. Er sah gut aus und war bei den

Frauen sehr beliebt. Der italienische Maler Joseph Stella hatte sich ebenfalls unserer *Société Anonyme* angeschlossen und sich bei Miss Dreier beliebt gemacht. Er sorgte dafür, daß ich seine Bilder für die bald beginnende Ausstellung photographierte, und wollte außerdem ein Porträt von sich haben. Er war sehr dick. Einige meiner Porträts mögen ja wie Karikaturen ausgesehen haben, aber in seinem Fall war das, was herauskam, ein vollkommenes Ebenbild. Er war überaus eitel, hielt sich für einen Don Juan und tat so, als sei er ständig in irgendwelche Affären verwickelt. Eines Tages besuchte ich ihn, er öffnete die Tür ein paar Zentimeter und entschuldigte sich — er sei nicht allein. Später erfuhr ich, daß er mit einer Witwe und deren sieben Kindern zusammenlebte; niemand hatte sie je zu Gesicht bekommen.

Eines Morgens, nach einer durchtanzten und durchzechten Nacht (das Trinken gehörte auch in die Reihe meiner neuen Errungenschaften während der Prohibitionszeit) schlief ich sehr lange; ein lautes Klopfen an der Tür weckte mich. Es war Donna — sie habe mich länger als eine Woche nicht gesehen und müsse mit mir reden. Ich machte nicht auf, sagte bloß, ich sei müde. Wütend polterte sie gegen die Tür und schrie, sie wisse genau, daß ich eine Frau bei mir hätte, und wenn ich nicht aufmachte, würde sie die Tür aufbrechen. Das war durchaus möglich, denn die Türschlösser in diesen alten Häusern waren ziemlich schwach. Ich stand hinter meiner Tür, als ich plötzlich von heftigen Krämpfen befallen wurde — ich mußte unbedingt zur Toilette draußen auf dem Flur. Ich sagte ihr, sie solle in ihre Wohnung zurückgehen, ich würde in ein paar Minuten nachkommen. Sie ging, und ich rannte hinaus, um mich zu erleichtern. Dann zog ich mich schnell an. Ich zitterte vor Wut. Das ist das Ende, sagte ich mir — im Rasierspiegel erblickte ich ein verzerrtes Gesicht mit zerzausten Haaren — gerade recht so, dachte ich — rannte, drei Stufen gleichzeitig nehmend, zu ihr hinauf und warf mich, ohne anzuklopfen, mit der Schulter gegen die Tür. Sie flog auf; Donna saß auf der Couch. Mit heiserer Stimme fragte ich, was sie wolle, aber bevor sie noch antworten konnte, schnallte ich meinen Gürtel ab und begann sie zu schlagen. Stöhnend fiel sie zu Boden; ich schlug weiter auf ihren Rücken ein, mehrmals, dann hielt ich inne und sagte ihr, sie solle Luis erklären, woher sie die Striemen habe. Ich würde ihn erwarten, wenn er weitere Erklärungen wolle. Ich zitterte immer noch, als ich unten ankam, nahm meinen Stockdegen, der in einer Ecke stand, zog die Klinge heraus und starrte grimmig auf die Spitze. Ja, dies konnte das Ende sein, dachte ich. Luis zeigte sich nicht; wieder verging eine Woche, in der ich von den beiden nichts hörte.

Dann tauchte Donna eines Morgens auf, sehr zerknirscht — sie sprach sanft, ohne unsere gewalttätige Szene zu erwähnen — ob ich am Samstag nicht zum Lunch kommen wolle, Esther zuliebe. Ich stellte Bedingungen: keine Heuchelei, Esther wisse Bescheid; ich wolle offen als Freund und Gast empfangen werden — für den Fall, daß ich bei Esther, die in mir immer noch einen zweiten Vater sah, Fortschritte machen sollte, fügte ich bedeutungsvoll hinzu. Anderenfalls würde ich weggehen, das hätte ich längst tun sollen, verschwinden. Donna runzelte die Stirn, versprach zu gehorchen, und fügte hinzu, jahrelange Gewohnheiten könne man nicht an einem Tag wegwischen. Mir kam der Gedanke, ihr eine sofortige Scheidung vorzuschlagen, aber ich verwarf das wieder, das würde sich von selbst regeln, eine bloße Formalität. Die Stimmung beim Samstagslunch war gedrückt, es wurde kaum gesprochen; ich ging kurz mit Esther hinaus. Ich nahm sie mit in den Keller, um ihr die Abzüge von ihrem Bild zu zeigen. Sie war fasziniert, mehr noch von dem technischen Verfahren als von den Ergebnissen, und äußerte den Wunsch, nach der Schule auch so etwas zu machen. Ich nahm sie in den Arm, streichelte ihr über das Haar und setzte ihr einen leichten Kuß auf die Stirn: ihr Platz müsse stets vor der Kamera sein, sagte ich, nicht dahinter, sie sei zu schön, um sich in eine Dunkelkammer zu verkriechen. Aber wenn ich jemals ein erfolgreicher Photograph werden sollte, setzte ich hinzu, dann könne sie mit mir zusammenarbeiten, ich würde es ihr beibringen, aber sie müsse versprechen, mir auch Modell zu stehen — als mein Lieblingsmodell, fügte ich hinzu. Sie lächelte — wenn sie je mein Modell sein würde, dann wolle sie mein einziges sein. Und dann unvermittelt: ihr gefalle das Verhalten ihrer Mutter überhaupt nicht. Dieses Mädchen war wirklich nicht auf den Kopf gefallen.

Als ich am Morgen des Eröffnungstages in die Galerie der *Société Anonyme* kam, waren Miss Dreier und Duchamp schon da. Wir hatten uns zu einer letzten Prüfung verabredet, und Miss Dreier war fassungslos: alles schien an Ort und Stelle zu sein, nur eines nicht. Ob ich den Lampenschirm nicht mitgebracht hätte, fragte sie und zeigte in eine Ecke. Dort stand der Halter, aber die Papierspirale war nicht da. Natürlich hatte ich sie mitgebracht. Mir war das unverständlich. Was sollen wir machen, es ist im Katalog aufgeführt, meinte sie. Der Hausmeister wurde herbeigeholt; er hatte die Galerie kurz zuvor gereinigt. Ach ja, die Papierverpackung für den Ständer, ja, die habe er zusammengeknüllt und mit dem übrigen Abfall weggeschafft. Ich beruhigte Miss Dreier, vor der Ausstellungseröffnung am Nachmittag würde ich für Ersatz sorgen. Ich ging zu einem Klempner, zeichnete auf einem Stück Blech eine Form vor, die er dann für mich ausschnitt. Irgendwo trieb ich eine Dose schnell trocknender mattweißer Farbe und einen Pinsel auf und trug alles zurück in die Galerie. Ich bog das Blech in eine Spiralform, hängte es an den Halter und strich es weiß an. Es sah genauso aus wie die ursprüngliche Papierspirale und war nach ein paar Stunden trocken. Voller Zufriedenheit betrachtete ich mein untergeschobenes Werk, besonders freute mich daran, daß es allen weiteren Zerstörungsversuchen widerstehen würde. Später haben Besucher auch andere Apparate von mir zerstört, nicht immer aus Ahnungslosigkeit oder Unachtsamkeit, sondern auch absichtlich, aus Protest. Aber es ist mir gelungen, sie unzerstörbar zu machen, nämlich dadurch, daß ich sehr leicht Duplikate von ihnen herstellen konnte.
Zu meiner Befriedigung kaufte Miss Dreier meinen Lampenschirm für ihre

15 *Man Ray: »Lampenschirm —
Lampshade«, Objekt 1919*

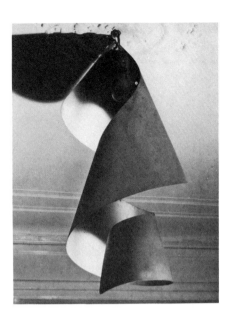

Sammlung, und obwohl ich seit der Auflösung ihrer Sammlung nach ihrem Tod nichts mehr davon gehört habe, habe ich ihn inzwischen für andere Ausstellungen ein dutzendmal nachgebaut. Ich habe da keinerlei Bedenken — ein bedeutendes Buch oder eine wichtige Partitur wird auch nicht dadurch zerstört, daß man sie verbrennt. Nur ein Sammler, der ein solches Objekt aus Spekulationsgründen kauft, würde zögern, es in seine Sammlung aufzunehmen.

Das neue Museum fand großen Anklang; Miss Dreier entwickelte ihre Projekte weiter, zunächst einige Vorträge über Kunst von ausgesuchten Malern. Auch ich gehörte zu den auserwählten Rednern. Noch nie hatte ich vor einem Publikum gesprochen und sah dieser Prüfung mit höchst unguten Gefühlen entgegen. Tagelang grübelte ich darüber, wie ich mein Thema anpacken sollte, konnte mich nicht entschließen, womit ich anfangen wollte, und machte gar nicht erst den Versuch, ein paar Notizen als Gedankenstütze zu Papier zu bringen. An dem festgesetzten Abend fuhr ich mit dem Bus zur Galerie; unterwegs begann sich in meinem Kopf eine vage Idee abzuzeichnen. Die Galerie war voller Menschen, Miss Dreier stellte mich vor, und nun stand ich vor diesem vielköpfigen Untier, das bereit schien, mich zu verschlingen. Schließlich richtete ich meine ganze Aufmerksamkeit auf eine Person vor mir, wie in einem Zwiegespräch, und begann, indem ich mich zunächst höflich bei den Veranstaltern für die hohe Ehre bedankte, vor einer so erlauchten Versammlung sprechen zu dürfen. Mein Vortrag, so sagte ich, werde sehr kurz sein, denn ich sei es gewohnt, mich in Farben und nicht in Wörtern auszudrücken. Dann erzählte ich eine Geschichte: Gestern kam ich in die Galerie, um ein bestimmtes Gemälde zu photographieren, und baute meine Kamera davor auf. Die umhergehenden Besucher waren sorgfältig darauf bedacht, nicht zwischen meinen Apparat und das Bild zu treten, auf das er gerichtet war. Bis auf einen, der meine Anwesenheit nicht bemerkt hatte, einige Male vor der Kamera vorüberging und sogar kurze Zeit vor dem Bild verweilte, das ich gerade ablichtete. Ich sagte nichts, weil ich wußte, daß bei der langen Belichtungszeit alles, was sich bewegte, später auf dem Negativ nicht zu sehen sein würde. Als ich aber abends die Platte entwickelte, war nichts darauf — die Aufnahme war mißlungen. Vielleicht hatte ich die Belichtungszeit nicht richtig berechnet, vielleicht auch hatte die betreffende Person zu lange vor der Kamera innegehalten. Ich hängte die Platte zusammen mit den anderen zum Trocknen auf. Am nächsten Morgen sah ich mir das Negativ noch einmal genauer an — doch, es war etwas darauf — es schien gänzlich bedeckt mit einer zierlichen Handschrift. Ich stellte einen Abzug her und las den Text; es war ein Essay über moderne Kunst. Ich konnte mir das nur so erklären, daß der Besucher, der vor der Kamera verweilt hatte, seine Gedanken auf das empfindliche Negativ übertragen hatte — eine Art von Telepathie. Und jetzt wolle ich meinen Zuhörern die wesentlichen Gedanken dieses Essays mitteilen... Das Publikum lauschte mir gebannt, als würde ich eine Kriminalgeschichte erzählen.

Ich erinnere mich nicht mehr an die Einzelheiten, aber ich ließ eine Tirade gegen Händler, Sammler und Kritiker vom Stapel, verteidigte die Integrität des Künstlers, stellte die Beweggründe jener in Frage, die zu gefallen suchten und die Dinge durcheinanderbrachten; dann brach ich ziemlich unvermittelt mit einer Verurteilung von Ausstellungen im allgemeinen ab, wobei ich offen ließ, ob ich den Essay zitierte oder meine eigene Meinung kundtat. Das Publikum brach in Beifall aus, und ich war zufrieden; zumindest hatte ich sie nicht gelangweilt.

Miss Dreier erhob sich majestätisch, trat zu mir auf das Podium, bedankte sich bei mir und verkündete dem Publikum, sie werde jetzt ernsthaft über die Kunst sprechen. Verstohlen schlich ich mich auf einen Platz.

Durch die Erträge aus meinen Photoarbeiten und den Verkauf an Miss Dreier war mein Geldbeutel vorübergehend etwas besser gefüllt, und ich suchte nach Zerstreuung — im Village und indem ich Leute in mein Atelier einlud, letzteres vor allem, um Modelle für meine Porträtaufnahmen zu gewinnen. Eines Tages kamen zwei hübsche junge Schriftstellerinnen zu mir, Mina Loy und Djuna Barnes, die eine in einem selbstentworfenen hellbraunen Kleid, die andere ganz in Schwarz, mit Schleier. Als Modelle waren sie umwerfend — ich photographierte sie zusammen, und der Kontrast ergab ein gutes Bild. Eine andere junge Frau, die von Zeit zu Zeit kam, war Elsa Schiaparelli, die ich ebenfalls photographierte, aber nicht mit solchem Erfolg. Sie hatte etwas Exotisches, war Italienerin und mit einem berühmten Astronomen verwandt. Sie fühlte sich unglücklich, hatte sich von ihrem Ehemann getrennt und suchte nach einer Tätigkeit für sich. Mit Strickarbeiten, die sich vom Üblichen unterschieden, ging sie bald darauf nach

16 *Mina Loy, 1918*　　　　　　　17 *Djuna Barnes*

Frankreich und wurde dort eine bekannte Modeschöpferin. Zu meiner großen Freude konnte ich Jahre später in Paris ein Porträt von ihr machen, es wurde ein Riesenerfolg.

Ihr früherer Gatte kam oft in den Pepper Pot, wo es immer ein paar nette Mädchen gab. Eines Abends war es sehr voll, das Publikum war bunt gemischt. Soldatenkow, der Schachmeister, saß mit seiner jungen, schönen amerikanischen Frau an einem Tisch. Plötzlich gab es einen Tumult, Geschirr zerschellte am Boden, ein Tisch stürzte um; Soldatenkow hatte Elsas früheren Mann bei der Gurgel gepackt und drückte ihn an eine Wand: der hatte im Vorbeigehen irgend etwas Freches zu der Frau des Russen gesagt.

Als wir Spieler uns dann in den Club vertagten, stellte mich Soldatenkow ihr vor. Später lud ich sie beide zu mir ein, um sie zu photographieren. Wir machten einen Termin aus; sie kamen und standen mir Modell. Bei mir stand ein Schachtisch, auf dem einer der ersten von mir entworfenen Sätze unorthodoxer Schachfiguren aufgebaut war, einfache, geometrische Körper. Der Meister erkundigte sich, ob das Schachfiguren sein sollten, und als ich nickte, schlug er sogleich eine Partie vor. Er benötigte zehn Minuten, um mich zu schlagen. Es hatte mir Spaß gemacht, und ich fragte ihn, ob er meinen Entwurf nicht praktisch finde, ob er glaube, daß so etwas von den Spielern angenommen würde. Er entgegnete, auf die Figuren komme es nicht an, er könne auch mit Knöpfen spielen und sogar ohne Figuren. Dann schlug er vor, er werde sich mit dem Rücken zum Brett setzen, ich solle ihm meine Züge ansagen, und er werde mir die seinen dann nennen. Ich nahm die Herausforderung nicht an und gelangte zu dem Schluß, daß Schachspieler keinerlei Sinn für Formen hatten, soweit sie nicht selbst Künstler waren.

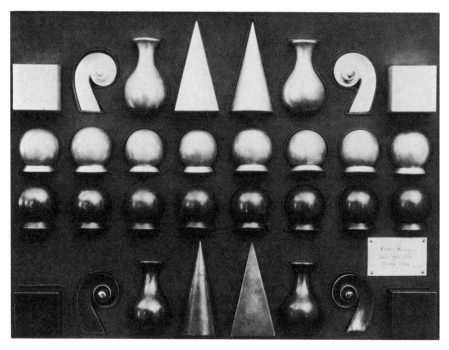

18 Man Ray: Schachfiguren, 1920

Meine Photographien gefielen ihm aber, und er gab eine große Bestellung auf.
Bei all diesen Ablenkungen fand ich wenig Zeit zum Malen, ich war auch nicht
recht in der Stimmung dazu, empfand kein unmittelbares Bedürfnis. Da kam Duchamp mit neuen Projekten zu mir; er war auf die Idee gekommen, einen dreidi-
mensionalen Film zu drehen. Miss Dreier hatte ihm eine Filmkamera geschenkt,
eine zweite hatte er billig erworben — seine Idee war nun, beide über ein Getriebe und eine gemeinsame Achse so miteinander zu verbinden, daß man einen ste-
reoskopischen Film von einer Kugel machen konnte, die mit einer Spirale bemalt
war. In meinem Haus wohnte auch ein junger, arbeitsloser Mechaniker. Er trank
und war ständig im Streit mit Eileen, seiner Frau, einer kessen kleinen Irin mit
rotem Haar. Wir bezahlten ihn in kleinen Raten, und schließlich schaffte er es,
die beiden Kameras miteinander zu koppeln. Dann verschwand er und ließ seine
Frau allein. Duchamp faßte den Entschluß, den Film selbst zu entwickeln; ich
half ihm dabei. Zunächst besorgten wir uns zwei flache Mülleimerdeckel als
Tanks; ein rundes Sperrholzbrett wurde passend zugeschnitten und dann mit Pa-
raffin wasserfest gemacht. Duchamp zeichnete von der Mitte strahlenförmig ausgehende Linien darauf, und schlug dann entlang dieser Linien vierhundert Nägel
in das Brett, um den Film daraufzuspulen. Nachdem wir fünfzehn Meter Film
gedreht hatten, warteten wir auf den Einbruch der Dunkelheit. Im Dunkeln gelang es uns, den Film auf das Nagellabyrinth zu spulen. In eine der Schalen hatte

ich schon den Entwickler geschüttet, in die andere das Fixierbad. Wir tauchten das Brett in die erste, paßten die Entwicklungszeit ab und brachten es dann in den Fixiertank. Nach etwa zwanzig Minuten schalteten wir das Licht an. Der Film sah aus wie ein verquollener Klumpen Seetang. Er hatte sich gewölbt, war an vielen Stellen zusammengeklebt, und die meisten Stellen hatte der Entwickler gar nicht erreicht.

Ein leichtes Stöhnen kam vom Bett herüber. Eileen war bei uns, sie hatte starke Zahnschmerzen. Sie weigerte sich, aufzustehen; ich versprach ihr, ein Medikament mitzubringen; Duchamp und ich gingen etwas essen. Er war unerschütterlich; wenn wir ein paar Meter Film retten und damit sein Experiment zu Ende führen könnten, sei er zufrieden. Ich war niedergeschlagen — nach all der Anstrengung. Duchamp ging noch in den Schachclub, während ich mit einem Schmerzmittel für Eileen heimkehrte. Die ganze Nacht hindurch hielt sie mich wach; ich tat, was ich konnte, um sie zu trösten, stand ein paarmal auf, wickelte eine brennende Glühbirne in ein Handtuch, um ihre Backe zu wärmen, und hielt sie in den Armen; ihr Körper war wie der eines kleinen Mädchens, und manchmal wußte ich nicht mehr, ob ihr Stöhnen Wonne oder Schmerz ausdrückte. Am Morgen verließ sie mich.

Duchamp kam abends vorbei; tatsächlich gelang es uns, etwas von dem Film zu retten, zwei zusammenpassende Streifen, die bei näherer Prüfung mit Hilfe eines alten Stereoptikons die plastische Wirkung ergaben. Um das Experiment fortzusetzen, wäre Kapital erforderlich gewesen und außerdem ein paar andere Veränderungen, um eine öffentliche Vorführung überhaupt möglich zu machen; wir ließen das Projekt fallen.

Duchamp stand im Briefwechsel mit einer jungen Gruppe von Dichtern und Malern in Paris, den Dadaisten, die ihn um Beiträge für ihre Veröffentlichungen baten. Warum nicht auch eine New Yorker Dada-Zeitschrift herausbringen? Wir machten uns an die Arbeit. Abgesehen vom Umschlag, den er selbst entwarf, überließ Duchamp die Gestaltung des übrigen Heftes und die Auswahl des Inhalts ganz mir. Tristan Tzara, einer der Begründer des Dadaismus, schickte uns eine fingierte Autorisierung aus Paris, die wir übersetzten. Wahllos suchte ich das Material zusammen — ein Gedicht des Malers Marsden Hartley, eine Zeichnung des Zeitungskarikaturisten Goldberg, ein paar banale Slogans, Stieglitz gab uns die Photographie eines Frauenbeins in einem zu engen Schuh; ich nahm ein paar mehrdeutige Photos aus meinen eigenen Beständen dazu. Das meiste blieb unsigniert, um unsere Verachtung für Urheberschaft und Verdienst auszudrücken. Genauso chaotisch lief der Vertrieb, und die Zeitschrift fand sehr wenig Interesse. Es gab nur eine Nummer. Es war vergebliche Mühe, ebensogut hätten wir in einer Wüste Lilien züchten können.

Eines Abends — es war während der Prohibitionszeit — machten wir nach dem Schachclub noch eine späte Runde durch mehrere Cafés; den Alkohol brachten wir selbst mit. Gegen Morgen stellte sich Duchamp mitten auf die Fifth Avenue und winkte mit der Flasche nach einem Taxi. Kein einziges hielt an; ich nahm ihn mit in meine Wohnung, und wir schliefen ein. Am nächsten Morgen wurde ich durch ein Klopfen an der Tür geweckt. Duchamp schlief tief und fest, sein Kopf war von einem Bettuch bedeckt, nur ein weißes Handgelenk war über der Decke sichtbar. Ich öffnete, es war ein Bildhauer, der zu mir gekommen war, weil er einige Photos von seinen Arbeiten haben wollte. Sein Blick fiel auf das Bett, und sofort entschuldigte er sich für die Störung. Ich sagte ihm, er solle später noch einmal vorbeikommen. Mit verlegener Miene entfernte er sich.

Als Duchamp aufgestanden war, gingen wir zum Lunch. Er werde bald nach Paris reisen, teilte er mir mit, und ich versprach, ich wolle alles daran setzen, bald nachzukommen, in ein paar Monaten vielleicht. Vielleicht könne ich bis dahin genug Geld für die Überfahrt zusammenkratzen. Wie, wußte ich nicht — die Photographie war nach wie vor eine dürftige Einnahmequelle, die meisten Abzüge verschenkte ich einfach. Ab und an bat mich ein Maler oder ein Bildhauer, seine Arbeiten zu photographieren, woran ich absolut kein Interesse hatte.

Und Daniel zeigte ebensolches Desinteresse an meiner Malerei. Pläne für weitere Ausstellungen gab es nicht; im übrigen hatte ich auch gar nichts Neues vorzuzeigen.

Von Donna sah ich jetzt sehr wenig; Esther hatten sie weiter weg, auf eine andere Schule geschickt, sie wohnte dort und kam nur einmal im Monat. Es wäre nicht schlecht, so dachte ich, wenn ich mich für einige Zeit aus der Stadt absetzen könnte. Ein befreundetes Ehepaar hatte ein Sommerhaus in Provincetown gekauft, und an den Wochenenden fuhren sie hin, um es in Schuß zu bringen. Sie luden mich ein, einmal mitzufahren. Provincetown entwickelte sich damals gerade zu einer beliebten Künstlerkolonie. Überall standen die Staffeleien der Landschaftsmaler herum. Man machte mich mit Bob Chanler aus der Millionärsfamilie bekannt. Er malte Gesellschaftsporträts und aufwendige Bilder, die zehntausend Dollar brachten. Es gab in seinem Haus reichlich Whisky, und ein Schachtisch war auch da. Wir spielten ein paar Partien, er schlug mich. Einer der Gäste, die bekannte Verfasserin von *Rain*, Clem Randolph, erklärte mir nachher, wie froh sie sei, daß ich verloren hätte. Bob wäre sonst den ganzen Tag über unerträglich gewesen. Der Künstlerkolonien überdrüssig, fuhr ich am nächsten Tag zurück.

Ich unternahm andere Wochenendausflüge, aber sie machten mich unruhiger als je zuvor; ich mußte weiter weg — nach Paris.

Eines Tages besuchte ich Stieglitz, schilderte ihm meine Lage und bat ihn um einen Rat. Er erzählte, tags zuvor habe ihn ein Gemäldesammler aufgesucht, ein Kohlebaron aus Toledo, Ohio, der sich zur Ruhe gesetzt hatte. Er hatte schon einige Arbeiten von mir bei Daniel gekauft und sprach in hohen Tönen über mich. Mr. Howald sei gerade dabei, sich eine Wohnung in der Stadt einzurichten; warum ich ihn nicht aufsuchte und ihn um einen Vorschuß bat? Stieglitz gab mir seine Adresse. Am gleichen Abend schrieb ich einen Brief an Mr. Howald und bot ihm an, er könne sich eines oder mehrere Bilder von mir aussuchen, wenn er mir die Fahrt nach Paris finanzieren würde. Wenige Tage später erhielt ich eine Antwort, in der er mich zum Lunch einlud. Mr. Howald war ein reizender älterer Herr mit weißem Schnurrbart, eine sehr vornehme Erscheinung und nicht sonderlich gesprächig. Ich bestritt den größten Teil der Unterhaltung; gegen Ende der Mahlzeit wiederholte ich meine Bitte. Wieviel ich brauche, fragte er. Ich hatte keine Ahnung, überließ das ganz ihm. Er schrieb einen Scheck aus und überreicht ihn mir, er belief sich auf fünfhundert Dollar. Im nächsten Jahr plane er, in Paris zu sein, er hoffe, daß ich bis dahin einige gute Sachen gemacht hätte, er werde dann seine Wahl treffen. Ich dankte ihm: er müsse nicht unbedingt so lange warten, könne auch zu Daniel gehen und sich aus dem, was ich dort ließ, etwas heraussuchen, einige der älteren Sachen, ähnlich denen, die er schon gekauft hatte und die ihm gefielen. Wenn in diesem Vorschlag eine gewisse Ironie lag, dann hat er sie ganz sicher nicht bemerkt; ich wollte ihn eben nicht enttäuschen, denn ich war mir sicher, daß meine künftigen Arbeiten ihm immer weniger zusagen würden. (Als er im Jahr darauf nach Paris kam, war seine Enttäuschung größer, als ich mir vorgestellt hatte — damals hatte ich mich als Photograph fest etabliert und meinte, es würde ihm gefallen, wenn ich ein Porträt von ihm anfertigte. Er aber erklärte, ein Maler solle sich ans Malen halten. Außerdem sei ich lange genug in Paris gewesen, ich solle bald heimkehren; Emigranten mochte er nicht. Ich zeigte ihm eine Reihe von Gemälden, die ich in Paris gemacht hatte, denn ich hatte das Malen nicht aufgegeben; er machte indessen keinerlei Anstalten, etwas auszuwählen.)

An diesem Abend machte ich eine Runde durch meine Lieblingslokale im Village und feierte mein glückliches Schicksal; später lag ich noch lange wach und plante meine Abreise. Am nächsten Morgen löste ich eine Schiffskarte für einen Dampfer, der in drei Tagen abgehen sollte. Einen Paß hatte ich mir schon vor einem Monat besorgt, um mich selbst davon zu überzeugen, daß ich fortgehen würde. Während der nächsten beiden Tage suchte ich aus, was ich mitnehmen wollte. Ich vernichtete einige Gemälde, von denen ich nicht viel hielt, was mir später leid tat; aber es blieben mir immer noch etwa dreißig Stücke, die für eine Ausstellung in Paris geeignet waren, falls sich die Gelegenheit bot. Ich besorgte mir einen alten Schrankkoffer und eine große Packkiste, um meine Sachen zu verstauen. Das war mein ganzes Gepäck. Meine Kleider trug ich am Leib, und etwas Wäsche hatte ich in einem Handköfferchen.

Am letzten Abend wurde wieder gefeiert. In einem Café kam ich mit einem jungen Paar zusammen; beide spielten in einem Stück der neu gegründeten Provincetown Players an der MacDougal Street. Sie war eine Schwester von Edna St. Vincent Millay. Wir tanzten. Dabei erzählte ich ihr von meinem Glück; sie war sehr neidisch und wäre gern mitgekommen. Andere hatten sich unserer Gesellschaft angeschlossen, ein halbes Dutzend Personen. Wir machten die Nacht durch, und schließlich schaffte man mich ziemlich beschwipst nach Hause, damit ich meine Sachen holen konnte. Eine Stunde vor der Abfahrt brachten mich meine Freunde ans Schiff. In der Koje schlief ich sofort ein und wachte erst am Abend wieder auf, als wir schon auf hoher See waren. Am nächsten Morgen war das Meer stürmisch, viele Passagiere waren seekrank, aber ich fühlte mich sehr wohl und spazierte mehrmals um das verlassene Deck, beim Rollen des Schiffes ständig um mein Gleichgewicht kämpfend. Mir kam es so vor, als tanzte ich immer noch.

PARIS

Der Dampfer legte am 14. Juli 1921, am französischen Nationalfeiertag, in Le
Havre an. Nach einer zwei- oder dreistündigen Bahnfahrt durch die Normandie
mit ihren grünen Feldern und den wenigen Landarbeitern, wo weit und breit keine Reklametafeln zu sehen waren, außer den verblaßten, nicht zu entziffernden,
mit der Landschaft verschmelzenden Schildern an manchen Scheunen, fuhren
wir im Pariser Gare Saint-Lazare ein. Das Gedränge der Gepäckträger, Zollbeamten und Reisenden war wie ein Vorgeschmack auf das dreitägige Fest. Alle waren
darauf aus, die Formalitäten möglichst rasch hinter sich zu bringen; mit meiner
Handtasche wurde ich im Nu abgefertigt; es hieß, ich solle in ein paar Tagen wiederkommen, um den Schrankkoffer und die Bilderkiste beim Zoll abzuholen.
Duchamp war zum Bahnhof gekommen — ich hatte ihm meine Ankunftszeit
gekabelt. In einer ruhigen Wohngegend in Passy hatte er mir ein Zimmer reserviert, aus dem Tristan Tzara, der Gründer der Dada-Bewegung, der den Sommer
über verreiste, gerade ausgezogen war. An dem Hotel war ein Schild angebracht,
Hotel Meublé, was für mich, in meiner Unkenntnis des Französischen, sehr vornehm klang. Als ich jedoch die glatten, gebohnerten Treppen hinaufstieg, schlug
mir ein scharfer Geruch von Urin und Desinfektionsmitteln entgegen. Wenn
mich in den nächsten Tagen jemand nach meiner Adresse fragte, setzte ich immer
hinzu *Hotel Meublé,* bis mir auffiel, daß andere Hotels das gleiche Schild hatten
— es bedeutete einfach möbliertes Hotel.
Am späten Nachmittag führte mich Duchamp in ein Café in der Gegend der
Boulevards, wo sich die jungen Schriftsteller der Dada-Bewegung regelmäßig vor
dem Abendessen trafen. In einem abgelegenen Winkel saßen ein halbes Dutzend
Männer und eine junge Frau um einen Tisch. Nach der allgemeinen Vorstellung
versuchten wir, ins Gespräch zu kommen. Jacques Rigaut, der ein paar Worte
Englisch sprach, übersetzte die Fragen und Antworten. Die Unterhaltung blieb
ziemlich oberflächlich, aber ich fühlte mich bei diesen Fremden wohl, die mich
als einen der ihren zu akzeptieren schienen — zweifellos wegen meiner bekannten Sympathien für ihre Sache und weil sie schon von meinen Aktivitäten in
New York gehört hatten. André Breton, der ein paar Jahre später den Surrealis-

19 Man Ray kurz nach seiner Ankunft in Paris, Juli 1921

20 *Die Pariser Dada-Gruppe, ca. 1922. Von li.: Paul Chadourne, Tristan Tzara (mit Pistole), Philippe Soupault, Serge Charchoune, Man Ray (der nachträglich ein Photo von sich auf die Freifläche des Kartons klebte, den Paul Eluard zu diesem Zweck bei der Aufnahme in der Hand hielt), Paul Eluard, Jacques Rigaut, Mick Soupault, Georges Ribemont-Dessaignes*

mus ins Leben rufen sollte, schien schon damals die Führung innerhalb der Gruppe zu haben und reckte seinen imposanten Kopf achtungheischend in die Höhe. Der Schriftsteller und Dichter Louis Aragon legte ebenfalls eine ausgeprägte Selbstsicherheit und eine gewisse Arroganz an den Tag. Paul Eluard, der Dichter, wirkte mit seiner hohen Stirn wie die jüngere Version eines Baudelaire-Porträts, das ich in einem Buch gesehen hatte. Seine noch recht junge Frau Gala, die zehn Jahre später Salvador Dalí heiraten sollte, sprach etwas Englisch, wozu ich sie auch ermunterte, um ein bißchen Konversation zu treiben. Der junge Medizinstudent Fraenkel hatte mit seinen schräg stehenden Augen und den hohen Backenknochen etwas ausgeglichen Asiatisches an sich. Philippe Soupault, der Dichter, sah mit seinen zwinkernden Augen und dem Lockenhaar wie ein durchtriebener, zu jedem Streich aufgelegter Schuljunge aus. Rigaut sah am besten aus und war von allen am besten gekleidet — er entsprach genau meiner Vorstellung von einem französischen Dandy, wenngleich um seine Lippen eine gewisse Verbitterung lag. In den folgenden Jahren wurden wir gute Freunde und machten

viele Unternehmungen gemeinsam, bis ich eines Tages erfuhr, daß er Selbstmord
begangen hatte. Er hinterließ keine Erklärung.

Merkwürdigerweise gehörten der Gruppe, als ich sie kennenlernte, keine Maler
an. Francis Picabia hatte eine Zeitlang in lockerer Verbindung mit ihr gestanden,
hatte sich dann aber gelöst und lag zur Zeit meiner Ankunft im Streit mit den
Schriftstellern.

Gemeinsam verließen wir das Café und gingen zum Abendessen in ein kleines
indisches Restaurant in der Nähe. Meine Freunde aßen die Curry- und Reisge-
richte mit einer gewissen Geringschätzung, so als ginge nichts über die französische Küche, bestellten zum Ausgleich dafür aber unzählige Flaschen Rotwein
und wurden sehr ausgelassen und gesprächig. Die anderen Gäste tranken Wasser
und waren schweigsam.

Nachdem wir das Restaurant verlassen hatten, lenkten wir unsere Schritte in
Richtung Montmartre. Die Straßen waren voller Menschen, und der Klang von
Trompeten und Akkordeons erfüllte die Luft; an der nächsten, mit bunten Lam-
pions geschmückten Ecke tanzten Paare um einen kleinen, mit den Farben der
Trikolore dekorierten Musikpavillon. Plötzlich rannte Soupault auf einen Later-
nenpfahl zu, umklammerte ihn und kletterte hinauf. Von seinem Hochsitz aus
hielt er uns einen bombastischen Vortrag, anscheinend in dadaistischer Poesie.
Er stieg herab, und wir gingen weiter. Aber bald schon verließ er uns erneut und
stürmte in einen offenen Hauseingang. Vor der Tür des Concierge blieb er stehen
und klopfte heftig. Nach einem Gespräch von einer Minute kam er langsam wieder heraus, kopfschüttelnd. Ein paar Türen weiter wiederholte er seine Aktion,
mit dem gleichen Resultat. Mir war das alles völlig schleierhaft. Rigaut erklärte
mir, Soupault habe sich erkundigt, ob dort ein gewisser Soupault wohne, und ha-

be eine verneinende Antwort erhalten. Schließlich kamen wir zu den Boulevards von Montmartre, in deren Mitte, soweit das Auge reichte, ein riesiger, lärmender Rummelplatz aufgebaut war. Aufwendige Karussels, kleine Eisenbahnen, Dampfschaukeln, Miniaturautos, die einander anstießen, Süßigkeitenstände und Schaubuden überboten einander in der allgemeinen Kakophonie. Meine Freunde stürzten von einer Attraktion zur nächsten, wie die Kinder, amüsierten sich köstlich und fischten schließlich mit Angelruten, an deren Enden Ringe befestigt waren, nach Weinflaschen und billigem Sekt. Ich sah zu, verblüfft darüber, wie verspielt diese Leute sein konnten, die sich sonst so ernst nahmen; wie sie alle Würde fahren ließen, sie, die einen umwälzenden Einfluß auf die Kunst und das Denken der neuen Generation hatten. Einmal wagte ich mich mit den Eluards auf die Überschlagsschaukel; wir wurden heftig durcheinandergeschüttelt, und mir schoß der Gedanke durch den Kopf, daß sie hier, in der Sphäre intensivster Sinneseindrücke, vielleicht nach einer physischen Erweiterung ihrer Existenz suchten. Als ich spät abends, von den Ereignissen des Tages erschöpft, in mein Hotelzimmer zurückkam, schwirrte mir der Kopf. Ich hatte das Gefühl, ich sei in eine andere Welt katapultiert worden. Als erstes wollte ich die Sprache erlernen. Nach den Feiertagen ging ich zum Zollamt, um meine Bilder freizubekommen. Zuerst wurde die große Kiste geöffnet. Sie enthielt ein halbes Dutzend Ölbilder — kubistisch, meinte der Inspektor mit Kennermiene und ließ sie passieren. Aber da war noch ein eigenartiges Ding — ein langer schmaler Kasten unter Glas, der verschiedene Materialien enthielt, Draht, farbige Holzstreifchen, ein Zinkwaschbrett, und unten stand ein Titel: *Catherine Barometer*. Es sah wie eine wissenschaftliche Apparatur aus. Man rief einen Dolmetscher hinzu, und ich erklärte, als Künstler würde ich diesen Apparat bei der Kombination von Farben zu Hilfe nehmen — ich wollte mich nicht darauf einlassen, hier auseinanderzusetzen, was ein dadaistisches Objekt sei. Es durfte passieren. Wir kamen zu meinem Schrankkoffer, sehr schwer. Zwei Männer wuchteten ihn auf die Rampe, aber ich konnte den Schlüssel nicht finden. Einer der Gepäckträger ging los und kam nach einer Viertelstunde mit einem großen Schlüsselbund zurück. Keiner paßte. Ich sagte, sie sollten die Schlösser aufbrechen. Der Koffer enthielt meine Spritzgemälde, alle unter Glas, und verschiedene andere Objekte. Die Bilder konnten passieren, nachdem ich dem Inspektor versichert hatte, es sei in keiner Weise beabsichtigt, sie zu vervielfältigen oder kommerziell auszuwerten. Jetzt nahm er ein oben verschlossenes Glas in die Hand, gefüllt mit Stahlkugeln in Öl. Auf einem Etikett stand: *New York 1920*. Dies, so erklärte ich dem Dolmetscher, sei als Ausschmückung für das Atelier gedacht, das ich mir in Paris einzurichten gedachte. Manchmal hätten Künstler nichts zu essen, und das hier werde mir die Illusion verschaffen, es sei immer etwas im Hause. Von einem anderen Objekt aus krummen Holz- und Korkstücken sagte ich, es sei ein primitives Götzenbild, ein indianischer Fetisch. *Far West,* meinte der Dolmetscher voller Stolz auf sein Englisch. Mit einem Wink gab der Inspekteur die Sachen frei. Ich besorgte mir ein offenes Taxi, irgendwie wurden die Sachen darin verstaut, ich setzte mich neben den Fahrer, und los ging es, zum Hotel. Die ganze Fahrt über hielt er mir einen Monolog, von dem ich nur hier und da ein Wort verstand, zum Beispiel »Amerikaner«, worauf ich mit einem Einsilber antwortete: *oui*. Wie ein Cowboy auf einem Wildpferd fegte er durch die Straßen, an den Kreuzungen laut hupend und die Fußgänger anschreiend; ich zitterte um all das Glas im Fond des Wagens. Aber wir kamen wohlbehalten an, und mit Hilfe des Hotelportiers schaffte ich die Sachen in mein Zimmer.

Für die ersten Wochen hatte ich keine Pläne, wanderte ziellos durch die Pariser Straßen und machte mich mit dem Bus- und Metrosystem vertraut. Die Stadt faszinierte mich; noch die schmutzigsten Viertel wirkten malerisch. Ich suchte nach einer Erklärung: lag es daran, daß es keine Holzhäuser gab? Und dann die Bäume — jede große Straße wurde von Bäumen gesäumt, die unten von einem eisernen Gitter umgeben waren. Kein Bauwerk hatte mehr als acht Stockwerke, und das oberste bestand aus Mansarden. Wer sich durch die New Yorker Gebäude verkleinert fühlte, kam sich hier größer, wichtiger vor. Ich nahm mir vor, die Museen zu besuchen, um die Originale der Bilder zu betrachten, die ich während meiner Schulzeit so ausgiebig in Büchern studiert hatte. Aber zunächst wollte ich mich vor allem im Freien bewegen. Für das andere blieb immer noch genügend Zeit.

Während der kommenden Jahre war ich jedoch so sehr mit meiner Arbeit und den Aktivitäten der Dadaisten und Surrealisten beschäftigt, daß es an Zeit und Interesse für die Museen einfach fehlte; erst zehn Jahre später geriet ich wie zufällig an einem freien Nachmittag in den Louvre. Eine Stunde lang eilte ich durch die Säle, hier und da halt machend vor den Gemälden von Ingres, Manet und Uccello, die früher meine Lieblingsbilder gewesen waren. Ich empfand vor diesen Werken nicht, was ich vielleicht zehn Jahre früher empfunden hätte, aber ich war beeindruckt von ihrer Kraft und Selbstsicherheit, die sich in den Reproduktionen nicht mitteilten. Ich spürte, daß auch ich in meinen wichtigeren Werken etwas von dieser inneren Sicherheit erreicht hatte, und fragte mich, was wohl diese Maler von ihnen halten würden. Würden sie so schockiert sein, wie ihre Zeitgenossen angesichts ihrer eigenen Werke schockiert waren? Vermutlich ja, denn ich hatte festgestellt, daß bestimmte zeitgenössische Werke von Leuten, die in der Tradition verwurzelt waren, als persönliche Beleidigung aufgefaßt wurden.

Bei der Eingewöhnung in die neue Umgebung war mir Duchamp als Führer und Ratgeber sehr behilflich. Ich fragte ihn, ob er es für ratsam hielt, an einer Schule Französischunterricht zu nehmen; er hielt das für eine gute Idee, meinte aber, wenn ich mir eine französische Freundin anschaffen würde, ginge das Lernen wahrscheinlich sehr viel schneller. Er erteilte mir ein paar nützliche Lektionen, hauptsächlich in der Aussprache, was sehr viel wichtiger war als die Grammatik. Das wirkte Wunder. Vorher hatte ich mich nicht einmal verständlich machen können, wenn ich einen Kaffee oder eine Schockolade bestellen wollte, weil ich

22 *Philippe Soupault, 1921*

die französischen Wörter wie im Englischen auf der ersten Silbe betonte; im Französischen liegt der Ton jedoch immer auf der letzten Silbe, und man wird sogar dann noch verstanden, wenn man nur diese letzte Silbe artikuliert.

Eines Tages lud mich Francis Picabia zum Mittagessen in seine Wohnung ein. Bei einer seiner Reisen nach New York hatte ich ihn flüchtig kennengelernt, aber immer war die Sprachbarriere im Weg gewesen. Um diese Zeit lag er mit den Dadaisten im Streit und gab eine eigene Zeitschrift heraus, *391,* eine Fortsetzung von Stieglitz' Zeitschrift *291,* an der Picabia in New York mitgearbeitet hatte.

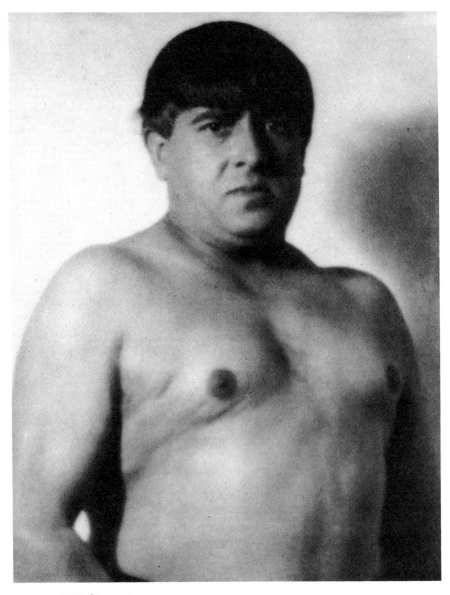

23 *Francis Picabia, 1923*

Er war von kleiner Statur und trug Schuhe mit hohen Absätzen. Seine Schriften ebenso wie seine Bilder zeugten von großem Charme und hoher Intelligenz. In seinem Salon stand eine große Leinwand, übersät mit Sprüchen und Namenszügen von Besuchern. Auf dem Boden standen mehrere Farbtöpfe, und er lud mich ein, ebenfalls zu unterschreiben. Später hing die Leinwand jahrelang in einem berühmten Nachtclub, im »Bœuf sur le Toit«, wo vor allem Schriftsteller, Musiker,

Maler und Angehörige höherer Kreise verkehrten. Ich erbot mich, die Leinwand zu photographieren, woraufhin er mich beauftragte, auch andere seiner Bilder zu photographieren. Meine Mittel wurden knapp, und ich mußte mich immer stärker auf das Photographieren stützen. Nach Picabia gaben mir auch andere Maler zu arbeiten, aber nur sporadisch.

Duchamp wollte bald in die Staaten zurückkehren; er wohnte in einer kleinen Wohnung, die ihm eine Freundin, die verreist war, geliehen hatte; Duchamp schlug vor, ich solle ein unbenutztes Zimmer darin übernehmen, er werde mit seiner Freundin sprechen. Ich behielt jedoch mein Hotelzimmer bis zu seiner Abreise und der Ankunft der Freundin.

Eines Tages kamen Breton, Eluard und Aragon, um sich meine Bilder anzusehen; Soupault hatte den Plan, eine Galerie aufzumachen, ich könne die erste Ausstellung haben.

Die etwa dreißig Arbeiten wurden aus meinem Hotelzimmer in die Galerie transportiert — sie lag in der Nähe des Invalidendoms, wo der Marmorsarkophag Napoleons zu besichtigen ist, ich allerdings bin nie dort gewesen. (Nach Photos zu urteilen, ist sein Sarg an beiden Enden symmetrisch; ich wollte immer mal vorbeigehen und den Aufseher fragen, welches das Kopfende sei. Die Dadaisten wollte ich als Touristen mitbringen, in der Hoffnung, einige Verwirrung zu stiften und eine Untersuchung zu veranlassen. Es wäre eine schöne Dada-Aktion gewesen.) Meine Freunde bereiteten die Ausstellung auf ihre eigene Weise vor. Ein Katalog mit der Überschrift *Gute Neuigkeiten* wurde gedruckt. Darin war zunächst eine kurze biographische Notiz zu lesen, in der es hieß, mein Geburtsort sei unbekannt, und nach einer Karriere als Kohlenhändler, mehrfacher Millionär und Präsident des Kaugummikartells sei ich der Einladung der Dadaisten gefolgt, meine neuesten Ölbilder auszustellen. Es folgten eine Reihe kürzerer, von den Mitgliedern unterzeichneter Texte, in denen meine Verdienste auf typisch dadaistische Manier hervorgehoben wurden. Tristan Tzara schloß diese Würdigungen mit folgenden Worten ab: »New York schickt uns einen seiner Liebesfinger (das war der Titel eines meiner Bilder: *Love Fingers*), der schon bald die empfindlichen Stellen der französischen Maler kitzeln wird. Hoffen wir, daß diese Kitzelung einmal mehr auf die seit langem allseits bekannte Wunde hindeuten wird, die die unerschütterliche Schlafsucht der Kunst bezeichnet. Die Bilder von Man Ray sind gemacht aus Basilikum, Muskat, einer Prise Pfeffer sowie Petersilie in Gestalt hartgesonnener Zweige.«

Offensichtlich bot meine Ausstellung der Gruppe Gelegenheit und Vorwand, ihre Opposition gegen die etablierte Ordnung zu demonstrieren und denen, die der Gruppe abtrünnig geworden waren, hinterrücks eins auszuwischen. Obwohl im Streit mit den Dadaisten, erschien zur Ausstellungseröffnung als einer der ersten Picabia, der in einem großen offenen Delage vorfuhr. Es war ein kalter Dezembertag, und er war in Pullover und Wollschals gehüllt, aber ohne Hut. Wie er mir da mit spanischer Grandezza die Hand schüttelte, ohne die anderen zu be-

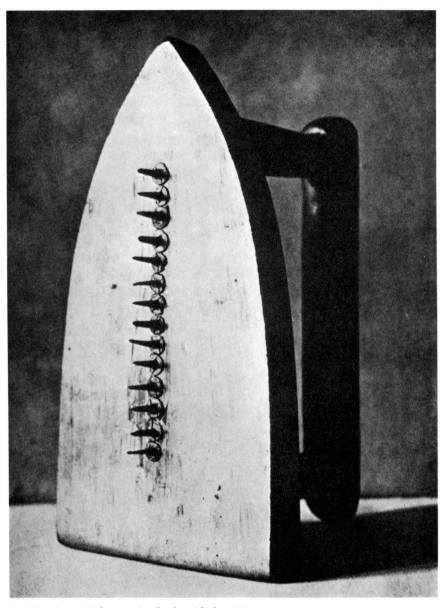

24 *Man Ray: »Cadeau — Geschenk«, Objekt 1921*

achten, verlieh er der Eröffnung eine gewisse Würde. Die Galerie begann sich zu
füllen — ich war überrascht über die Zahl der Besucher und schöpfte Hoffnung.
Die Preise der Arbeiten waren niedrig angesetzt; wenn ich gut verkaufte, würde
mir das einen Neuanfang ermöglichen; ich wollte eine Reihe neuer Arbeiten beginnen, die noch ungewöhnlicher waren als alles, was ich bisher gemacht hatte.

25 *Erik Satie, 1924*

Vieles von dem, was gesprochen wurde, entging mir, aber es gab ein großes Händeschütteln und zahlreiche Komplimente.

Voller Eifer kam ein seltsamer kleiner Herr Mitte fünfzig auf mich zu und zog
mich vor eines meiner Bilder. Seltsam deshalb, weil er in der Ansammlung junger
Männer irgendwie fehl am Platze schien. Mit seinem weißen Bärtchen, seinem
altmodischen Kneifer, der schwarzen Melone, dem schwarzen Überzieher und
dem Regenschirm sah er aus wie der Inhaber eines Bestattungsunternehmens
oder wie der Angestellte eines alteingesessenen Bankhauses. Von den Vorbereitungen für die Eröffnung war ich erschöpft, die Galerie war nicht geheizt, ich
fröstelte und sagte zu ihm auf Englisch, mir sei kalt. Er antwortete ebenfalls auf
Englisch, nahm mich am Arm und führte mich aus der Galerie in ein Eckcafé,
wo er zwei Grogs bestellte. Er stellte sich vor: Eric Satie, und fiel dann wieder
ins Französisch zurück. Als ich ihm sagte, ich verstünde kein Französisch, meinte er mit einem Augenzwinkern, das sei unwichtig. Wir tranken noch einige
Grogs; nach und nach wurde mir warm, und ich fühlte mich etwas benommen.
Nachdem wir das Café verlassen hatten, kamen wir an einem Geschäft vorbei,
vor dem verschiedene Haushaltsartikel ausgebreitet waren. Ich griff mir ein Bügeleisen heraus, eines von der Sorte, die man auf dem Kohleofen erhitzt, und bat
Satie, mit in den Laden zu kommen, wo ich mit seiner Hilfe außerdem eine
Schachtel Nägel und eine Tube Klebstoff erstand. Wieder zurück in der Galerie,
klebte ich eine Reihe Nägel auf die glatte Seite des Bügeleisens, gab ihm den Titel
Das Geschenk und fügte es der Ausstellung hinzu. Es war mein erstes französi-

sches Dada-Objekt, ähnlich den Assemblagen, die ich in New York gemacht hatte. Ich wollte es eigentlich unter meinen Freunden verlosen, aber im Laufe des Nachmittags verschwand es. Ich hegte den starken Verdacht, daß Soupault der Losentscheidung vorgegriffen hatte. Die Ausstellung dauerte zwei Wochen, es wurde jedoch nichts verkauft. Nervosität überkam mich, aber ich beruhigte mich bei dem Gedanken, daß schon vor mir berühmte Maler lange Jahre um ihre Anerkennung gekämpft hatten. Außerdem blieb mir immer noch die Photographie.

Als nächstes gab ich mein Hotelzimmer auf und zog in das Zimmer, das Duchamp mir angeboten hatte. Picabia gab mir den Auftrag, Bilder von ihm zu photographieren, die damals von der Kunstwelt nicht sonderlich ernst genommen wurden, während ich sie für sehr wichtig hielt und mich auf diese Weise, um der guten Sache willen, mit meiner subalternen Arbeit abfand. Er stellte mich einer Reihe von Leuten vor, wodurch sich die Zahl meiner Aufträge erhöhte, und schickte mich auch zu einem Händler für moderne Kunst, bei dem ich meine Collagenserie *Revolving Doors* zurückließ. Es kam jedoch dabei nichts heraus; nach einem Monat holte ich sie wieder ab und faßte den Entschluß, mich, soweit es um die eigenen Bilder ging, nicht mehr um die Kunstszene zu bemühen. Immer mehr Händler und Maler kamen wegen Reproduktionen von Bildern zu mir, die ich gewissenhaft und mechanisch ausführte. Zum Entwickeln und um die Abzüge herzustellen, benutzte ich nachts das Badezimmer.

Duchamp arbeitete an einer Serie schwarzweißer Spiralen, von denen er einen durch verschiedene Anagramme ergänzten Film machen wollte. Sonntags fuhren wir in einen Vorort zu seinem Bruder Jacques Villon und aßen dort zu Mittag; nachher bauten wir dann im Garten die alte Filmkamera auf und filmten die Spiralen, die wir an dem hochgestellten Rad eines Fahrrads befestigten und in langsame Drehungen versetzten. Er nannte den Film *Anémic Cinéma*, auch das ein hübsches Anagramm. Manchmal spielten wir Schach, oder Villon zeigte uns seine Bilder. Er war schon über vierzig, hatte noch nichts verkauft und bestritt seinen Lebensunterhalt mit der Anfertigung von Farbstichen der Werke anderer, erfolgreicher Maler. Mir schien, daß wir etwas gemeinsam hatten.

Mein Französisch verbesserte sich langsam, es beschränkte sich jedoch auf das Notwendigste und war von einem grauenhaften Akzent geprägt. Bisher war ich nur mit Franzosen in Kontakt gekommen; englisch sprechende Leute hatte ich nicht kennengelernt. Eines Tages erfuhr ich, daß es in Paris ein Viertel gab, wo sich die Emigranten aller Länder in den Cafés versammelten — Montparnasse. Eines Abends, als es nichts zu tun gab, fuhr ich mit der Metro hin und fand mich tatsächlich in einer kosmopolitischen Welt wieder. Man hörte alle möglichen Sprachen, auch ein Französisch, das ebenso schauerlich war wie mein eigenes. Ich schlenderte von einem Café zum anderen und stellte fest, daß sich die verschiedenen Gruppen ziemlich voneinander absonderten — ein Café wurde fast ausschließlich von Franzosen frequentiert, ein anderes von einer Mischung verschiedener Nationalitäten, ein drittes von Amerikanern und Engländern, die an der Bar standen und den größten Lärm machten. Ich gab den beiden ersten den Vorzug, wo die Gäste an Tischen saßen und zuweilen die Plätze wechselten, um sich zu anderen Freunden zu gesellen. Im großen und ganzen gefiel mir diese Lebendigkeit, und ich faßte den Entschluß, in dieses Viertel zu ziehen, weg aus den gesetzteren Stadtteilen, die ich bisher kannte.

Duchamp ging in die Staaten zurück, seine Freundin übernahm die Wohnung wieder; ich zog aus und nahm mir ein Hotelzimmer in Montparnasse. Ich machte es mir zur Gewohnheit, in den Cafés herumzusitzen, wo sich leicht neue Bekanntschaften knüpfen ließen. Oft kamen die Dadaisten auf einen Besuch in mein Hotelzimmer, trotz ihrer Abneigung gegen dieses Viertel, dem man das Künstler- und Bohèmehafte nach ihrer Meinung allzusehr anmerkte. Tristan Tzara kam nach Paris zurück und bezog ein Zimmer in meinem Hotel. Wir wurden gute Freunde. Innerhalb der Avantgardegruppe gab es immer wieder Rivalitäten und Meinungsverschiedenheiten, aber irgendwie war ich nie davon betroffen, verstand mich mit allen gut, verabredete mich mit allen und war nie genötigt, Partei zu ergreifen. Meine neutrale Position war für alle von unschätzbarem Wert; aufgrund meiner Arbeit als Photograph und Zeichner wurde ich zum offiziellen Chronisten der Ereignisse und Personen. Picabia stellte mich dem Dichter Jean Cocteau vor; Cocteau kannte jeden in Paris und wurde von vielen abgöttisch verehrt, wenngleich ihn die Dadaisten verachteten.

Telephonisch traf ich eine Verabredung mit ihm und wurde am nächsten Morgen empfangen. Er war frisch rasiert und gepudert und trug einen seidenen Morgenrock. Irgendwie wirkte er aristokratisch und war sehr zuvorkommend. Er möge die Amerikaner, sagte er, vor allem wegen ihrer Jazzmusik. Das Zimmer war voll von allem möglichen Krimskrams, Photographien und Zeichnungen; ich sah mich um und erkannte die Signaturen vieler bekannter Leute. Plötzlich erfüllte Musik den Raum; er hatte auf dem Grammophon in der Ecke einen Charleston aufgelegt. Ich drehte mich um; lächelnd nahm er zwei Trommelstöcke und trommelte damit eine rhythmische Begleitung auf der Kante des Grammophons. Bevor ich mich verabschiedete, lud ich ihn ein, mir in seiner gewohnten Umgebung für ein Porträt Modell zu stehen. Wir machten einen Termin aus; die Photographien waren ein großer Erfolg, er verteilte sie unter seinen Freunden. Von da an brachte er immer wieder Leute oder schickte sie zu meinem Hotel, vor allem moderne Komponisten, aber auch einen jungen Schriftsteller, den er förderte, Raymond Radiguet, der bald darauf ein sehr erfolgreiches Buch schrieb, *Le diable au corps* (»Den Teufel im Leib«). Niemand bezahlte für die Abzüge, aber mein Archiv wurde immer eindrucksvoller, und ich gewann an Ansehen.

Bevor ich die Idee, etwas aus meiner Malerei zu machen, ganz aufgab, unternahm ich einen letzten Versuch, denn die Arbeiten, die ich mit herübergebracht hatte, waren immer noch da. In Kürze sollte der Salon des Indépendants eröffnen, ohne

26 Jean Cocteau, ca. 1924

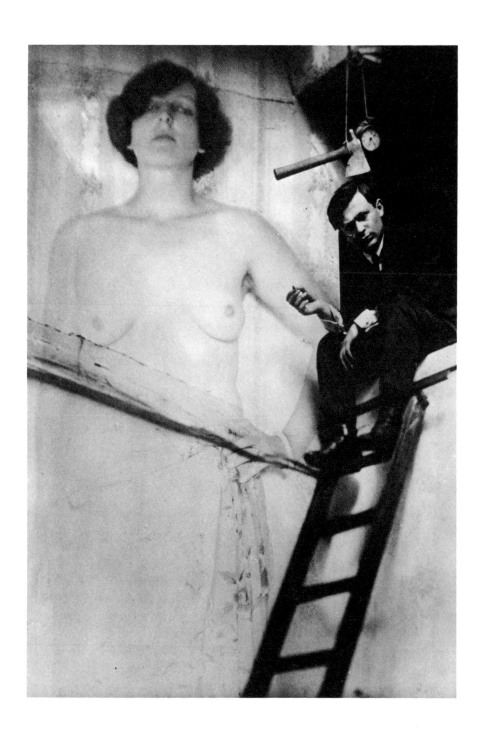

27 Tristan Tzara, 1921

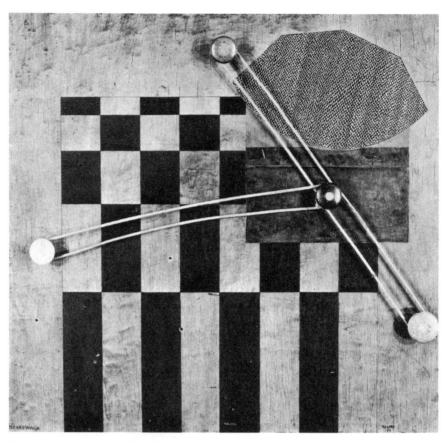

28 *Man Ray: »Boardwalk«, Objekt 1917*

Jury; jeder, der für seine Wandfläche eine bestimmte Gebühr bezahlte, konnte ausstellen. Ich schickte zwei Apparate hin, die ich auf meiner Einzelausstellung noch nicht gezeigt hatte: das *Catherine Barometer* und ein Tafelbild, ein Stilleben mit simulierten Holzstrukturen und echten Bindfäden und Knöpfen. Die Kritiker beachteten diese Arbeiten nicht; einige Besucher erklärten sie mit der üblichen Publizitätssucht der Dadaisten. Jahre später fanden beide Werke Eingang in Privatsammlungen und sind seither als dadaistische Pionierleistungen häufig ausgestellt und viel bewundert worden.

Das war mein letzter Versuch (für die nächsten Jahre), in der Kunstszene Fuß zu fassen. Allerdings nahm ich auch weiterhin an Ausstellungen teil, die meine avantgardistischen Freunde organisierten, und hatte auch Einzelausstellungen, die von ihnen veranstaltet wurden. Neben meiner Tätigkeit als Photograph brachte ich für diese Zwecke immer noch genügend Arbeiten zustande.

Meine ganze Aufmerksamkeit richtete ich jetzt darauf, mich als Berufsphotograph zu etablieren, ein Studio zu finden und es einzurichten, um effektiver arbeiten zu können. Ich wollte Geld verdienen — nicht länger auf eine Anerkennung warten, die sich vielleicht nie einstellen würde. Vielleicht konnte ich so reich werden, daß ich es nicht mehr nötig hatte, Bilder zu verkaufen — das wäre ideal, jeder, der meine Arbeiten schätzte oder sich für sie begeisterte, würde geschenkt bekommen, was er gerne haben wollte. Und gleich setzte ich diese Philosophie in die Tat um — ich fing an, meine Arbeiten an Leute zu verschenken, die ihr Bedauern darüber äußerten, daß sie das Geld nicht hatten, um sie zu kaufen.

Paul Poiret oder das Porträt, das nie zustande kam

Es war Picabias Frau Gabrielle, die meine Begegnung mit dem legendären Paul Poiret in seinem Pariser Modeatelier in die Wege leitete. Auch als Sammler der fortschrittlicheren Maler besaß er einen Namen, aber mein Ziel war es, ihn für meine Photographie zu interessieren. Ich hatte meine ersten Versuche mitgebracht, die Serie von Porträts meiner Freunde, ohne Retusche von kleineren Negativen vergrößert — damals eine ziemlich gewagte Technik, die jeder Berufsphotograph, der etwas auf sich hielt, mißbilligt hätte, die aber meinen Vorstellungen von Realismus durchaus entsprach. Ich hatte nicht die leiseste Ahnung, wie ich mich Poiret nützlich machen konnte; vielleicht konnte ich als erstes eine Porträtaufnahme von ihm machen.

Die Maison Poiret war ein vornehmes, altes, umgebautes Palais, das an einer ruhigen, von Bäumen gesäumten Straße nach hinten versetzt in einem Garten lag, den ein mächtiges Eisengitter mit einem großen Tor umgab. Ein Lieferanten- und Dienstboteneingang befand sich an der Rue St. Honoré, einer Geschäftsstraße mit vielen Kunstgalerien und Antiquitätenläden. Ich entschied mich für den Haupteingang, er erschien meiner Mission angemessener. Ein Pförtner in Livree, den ich nach Poiret fragte, wies mir den Weg ins Haus, und als ich den Kiesweg entlangging, fiel mir die eigenwillige Anlage des Gartens auf. Überall standen Stühle und Tischchen in leuchtenden Farben herum, und am hinteren Ende befand sich eine erhöhte Plattform. Darüber bauschte sich ein Baldachin in hellem Gelb, wie ein am Boden vertäutes Luftschiff. Ich hatte schon gehört, daß hier abends ein Café-Cabaret öffnete, in dem beliebte Sänger und Musiker ein elegantes Publikum unterhielten. Ich stieg ein paar Marmorstufen hinauf, trat in die Vorhalle und sah durch die Glastüren einen prachtvoll ausgestatteten Salon voller Spiegel und Brokatvorhänge, in dem Damen in aufwendigen Seiden- und Satinkleidern saßen und den Drehungen eines Mannequins folgten, dessen Beinbewegungen durch die Falten seines Kleides ein wenig behindert wurden. Mit meiner Mappe unter dem Arm betrat ich den Raum und wußte nicht, an wen ich mich wenden sollte. Mehrere Verkäuferinnen berieten die Kunden; als eine von ihnen vorüberging, fragte ich sie auf Englisch, wie ich zu Monsieur Poiret gelangen könne — ich sei mit ihm verabredet. In gebrochenem Englisch antwortete sie mir und wies mich in die obere Etage. Ich stieg die breite, mit schweren Teppichen ausgelegte Treppe hinauf und gelangte in einen großen Salon, der ebenso reich ausgestattet war wie der in der Etage darunter. An den Wänden hingen Arbeiten zeitgenössischer Maler, und auf einem Sockel in der Mitte stand ein wunderbarer, stilisierter, goldener Vogel von Brancusi. Diese veränderte Atmosphäre gab mir etwas von meiner Sicherheit zurück; das alles war meiner eigenen Welt näher.

Bald darauf öffnete sich eine Tür, und es trat ein förmlich gekleideter Mann in

Gehrock und gestreiften Hosen heraus, der einen Stoffballen trug. Wieder fragte ich nach M. Poiret; er deutete auf die Tür, und ich trat in ein Arbeitszimmer mit einem Tisch, auf dem lauter Seiden- und Brokatballen herumlagen, dahinter saß Poiret selbst. Eine imposante Erscheinung, sorgfältig gekleidet, in einem kanariengelben Jackett und mit orientalisch wirkendem Bart. Das runde Gesicht mit den ernsten Augen vermittelte den Eindruck eines Menschen, der nicht mit sich spaßen läßt und dem die besten Dinge des Lebens zur Gewohnheit geworden sind. Und doch hatte er etwas Ungezwungenes an sich, etwas durchaus Menschenfreundliches und Sinnenfrohes. Ein wenig verschüchtert näherte ich mich seinem Tisch, wobei ich mit dem Fuß in einer der auf dem Boden herumliegenden Stoffbahnen hängenblieb. Nachdem ich mich wieder befreit hatte, erklärte ich ihm, Madame Picabia habe mir gesagt, er sei an meinen Photographien interessiert. Er antwortete in flüssigem Englisch, was mich sehr erleichterte und mir meine Befangenheit nahm. Mir fiel ein, was für ein großartiges Porträt ich von ihm machen könnte — so, wie er da saß, umgeben vom Glanz seines Hauses. Ich wollte es ihm vorschlagen, aber zunächst mußte ich ihm meine Arbeiten zeigen und abwarten, wie er darauf reagierte. Ich reichte ihm die Mappe, die er, ab und zu über einem Photo verweilend, langsam durchblätterte. Er sagte, die Sachen gefielen ihm, was er für mich tun könne.

Statt meiner ursprünglichen Idee zu folgen und ihn zu bitten, mir Modell zu sitzen, hatte ich plötzlich eine Leere im Kopf; so sagte ich einfach, ich wisse es nicht. Ein Anflug von Ungeduld erschien auf seinem Gesicht; ob ich schon einmal Modeaufnahmen gemacht hätte. Diese Frage hatte ich befürchtet. Ich verneinte, fügte aber rasch hinzu, ich wolle es gerne versuchen, ein Problem sei nur, daß ich kein Atelier hätte. Mit großer Geste deutete er an, hier sei alles vorhanden: sein Haus, die Räumlichkeiten, die Kleider, die Mädchen — Photographen würden im allgemeinen an Ort und Stelle arbeiten, was ihm auch lieber sei. Ich gestand, daß ich nicht einmal über eine Dunkelkammer verfügte, um die Bilder fertig zu machen. Es befinde sich eine oben unter dem Dach, sagte er, sie werde von den Photographen benutzt, die hier für die Zeitschriften arbeiten. Er öffnete eine Schublade, nahm ein paar Schlüssel heraus und legte sie auf den Tisch. Einer war für die Dunkelkammer, einer für den Haupt- und einer für den Seiteneingang des Hauses; außerhalb der Geschäftsstunden könne ich arbeiten, wann es mir passe, in der Mittagspause zwischen zwölf und zwei und jederzeit nach sechs, auch nachts. Er würde gern ein paar originelle Bilder von seinen Mannequins und seinen Kleidern bekommen, etwas anderes als das, was die normalen Modephotographen ablieferten. Er wolle mit den Mannequins reden und ihnen einschärfen, daß es hier nicht bloß um das übliche Kleidervorführen gehe, sondern auch um Porträtarbeit, darum, daß die Bilder Individualität bekamen; gewiß seien sie daran interessiert und zur Zusammenarbeit bereit. Das rasche Verständnis und der gute Wille dieses Mannes entzückten mich, aber ich antwortete nicht gleich; etwas beunruhigte mich noch. Schließlich sagte ich ihm, ich besäße

keine Lampen, ohne die an grauen Tagen oder abends nichts zu machen sei. Poiret drückte einen Knopf auf seinem Schreibtisch, und bald erschien eine der Verkäuferinnen. Er machte mich mit ihr bekannt, meinte dann, sie solle mich den Mannequins vorstellen und mir in jeder Weise bei der Photoarbeit behilflich sein, und schließlich bat er sie, den Hausmeister zu schicken. Als der erschienen war, fragte mich Poiret, was ich an Lampen benötige. Zwei starke Glühbirnen in Reflektoren auf Ständern würden ausreichen, sagte ich. Die beiden besprachen etwas miteinander, dann sagte Poiret, ich könne in einer Woche mit der Arbeit anfangen; die Lampen stünden dann bereit. Ich dankte ihm, nahm meine Mappe und ging hinaus.

Es war Mittag; unten machten sich alle für die Mittagspause bereit. Das Mädchen, das ins Büro gekommen war, erwartete mich; sie führte mich in ein Hinterzimmer, wo sich mehrere Mannequins gerade zum Weggehen ankleideten. Lauter schöne Mädchen in allen Haarfarben von blond bis schwarz, die sich in ihren knappen Unterhemden, Strümpfen und Stöckelschuhen ganz unbekümmert bewegten. Meine Begleiterin stellte mich vor und erklärte kurz meine Aufgabe, während ich so tat, als würde ich nichts sehen. Die Mädchen waren kühl, fast abweisend. Bis auf eine Schwarzhaarige mit großen Augen, die ich auf Englisch ansprach — sie sah nicht so französisch aus wie die anderen. Ich sagte ihr, ich sei Amerikaner. Auch sie kam aus New York, studierte hier Gesang und verdien-

118

te sich ihren Unterhalt als Mannequin. Ich sagte, Poiret persönlich habe mich beauftragt, und daß es mich freuen würde, wenn sie mir einmal einen Teil ihrer Mittagspause schenken und für mich Modell stehen könnte. Sie war gleich einverstanden: hoffentlich würden die Bilder in einer Modezeitschrift erscheinen; für sie wäre das eine große Hilfe. Ich versicherte ihr, ich wolle mein Bestes tun, um sie zu veröffentlichen. Die anderen verstanden nicht, was wir sprachen, beachteten uns auch gar nicht. Ich war hocherfreut, einen Zugang zu dieser Welt voller neuer Möglichkeiten gefunden zu haben, und verließ mein Mannequin mit dem Versprechen, in ein paar Tagen wiederzukommen. Als ich durch das Haupttor trat, erkannte ich M. Poiret in einem großen weißen Kabriolett, das von einem Chauffeur in Livree gesteuert wurde. Er saß im Fond des Wagen, zu beiden Seiten neben sich zwei großartig aussehende Frauen, eine blond, die andere rothaarig. Auch ich dachte jetzt ans Mittagessen und fuhr mit dem Bus in mein Viertel zurück.

In der Woche darauf, eine Stunde vor Mittag, packte ich meine große, gebraucht gekaufte Kamera und das Dutzend Glasnegative in ihren Kasetten zusammen — die Ausrüstung, mit der ich auch die Gemäldereproduktionen gemacht hatte — und fuhr zu Poiret.

Es war kurz vor zwölf, und wieder rüstete alles zum Aufbruch in die Mittagspause. Ich suchte nach der Verkäuferin, die mir helfen sollte, und fragte sie, ob meine Lampen bereitstünden; ich sei gekommen, um zu arbeiten. Sie holte den Hausmeister, der nach kurzer Zeit einen zwei Meter hohen venezianischen Ständer aus Schmiedeeisen hereinschleppte, an dem oben ein improvisierter Blechreflektor mit einer großen Birne befestigt war. Mit einem Scheppern setzte er ihn mitten im Salon ab, ging hinaus und kam nach wenigen Minuten mit einem zweiten, ähnlichen Gebilde zurück. Voller Stolz strahlte er mich an, als hätte er alles selbst gebaut. Das Mädchen erkundigte sich, ob es so recht sei; ich sagte ihr, sie möge dem Hausmeister meinen Dank sagen — es sei ausgezeichnet. Ich ergriff einen der Ständer, um ihn dorthin zu stellen, wo ich ihn ungefähr brauchen würde, aber er war sehr schwer; der Hausmeister kam mir zu Hilfe. Dann steckte er das Kabel in die Steckdose, aber für eine so starke Birne war das Licht ziemlich schwach. Wie sich bei näherem Hinsehen zeigte, war der Reflektor so gebaut, daß er vollkommen wirkungslos blieb. Ich gab das dem Mädchen zu verstehen, und sie sagte es dem Mann. Mit einer Geste der Hand bat er mich um Geduld und stöpselte die andere Lampe ebenfalls ein. Ein kurzer Blitz, und beide Lampen erloschen; die Sicherung war durchgebrannt. Der Mann zog die Schultern hoch, um mir mit nach vorne gekehrten Handflächen seine Ratlosigkeit zu bedeuten, und sagte dann etwas zu dem Mädchen. Sie dolmetschte: der Stromkreis des Hauses könne zwei Lampen nicht verkraften, ich müsse mit einer vorliebnehmen. Daß Sicherungen durchbrannten, war mir schon oft passiert; also mußte ich mit längeren Belichtungszeiten arbeiten. Aber ich hatte eine Idee: wenn ich den Reflektor oben abmontierte, konnte ich einen der Ständer als Stütze für das Modell verwenden. Das Schmiedeeisen fügte sich sehr gut in die übrige Roko-koausstattung des Salons.

Und dann bat ich das Mädchen noch, mir, wenn möglich, ein blondes Manne-quin in einem hellen Kleid zu schicken; vielleicht ließe sich das mit einer kürze-ren Belichtungszeit photographieren. Inzwischen montierte ich meine Kamera auf das wacklige Stativ. Ich war mit allem fertig, als sie hereinkam. Sie schien nicht sonderlich erbaut davon, daß ich ihr ihre Mittagspause vermasselte. Als ich ihr jedoch durch meine Helferin zu verstehen gab, es dauere nur ein paar Minu-ten, entspannte sie sich und wurde zugänglicher. Die Sicherung war inzwischen ersetzt, so konnte ich jetzt die Lampe anschalten und das Modell neben den zwei-ten Ständer plazieren. Sie sah sehr adrett und elegant aus, ihr blondes Köpfchen bildete einen schönen Kontrast zu dem weiten, in komplizierte Falten gelegten Satinkleid, eine von Poirets damaligen Novitäten. Aus Angst, das Bild könnte zu dunkel geraten, belichtete ich so lange wie möglich, bevor sie ins Schwanken ge-riet. Ich änderte die Pose für eine zweite Aufnahme, bedankte mich dann bei dem Modell und gab ihr mit einer Geste zu verstehen, das sei alles; sie stürzte hinaus. Nun bat ich die Verkäuferin, das amerikanische Modell zu holen, und fügte hin-zu, sie könne dann Mittagspause machen, von nun an käme ich allein zurecht. Sie dankte mir und ging in den Ankleideraum. Wenig später kam das Mädchen heraus, in einem enganliegenden Kleid aus golddurchwirktem Brokat, das im Stil der damaligen Humpelröcke um die Fußknöchel gerafft war. Ich entschuldigte mich dafür, daß ich ihre Mittagspause in Anspruch nahm, aber lächelnd beruhig-te sie mich, sie habe diese französische Sitte nicht übernommen; ihr genüge für das Mittagessen eine Stunde. Außerdem lebe sie wegen ihrer Stimme diät. Ich wolle versuchen, mit ihr etwas sehr Originelles zu machen, erklärte ich und schlug vor, in den oberen Salon mit den Bildern und der Plastik zu gehen. Als ich nach meiner Kamera griff, erbot sie sich, mir beim Tragen zu helfen. Ich reichte ihr den Stapel Kassetten, die sie mit einem Arm an die Brust drückte, während sie mit der anderen Hand ihr Kleid hob, fast bis an die Knie. Es war ein bezaubernder Anblick, wie sie so die Treppe hinaufstieg. Ich bedauerte, daß ich mit meiner Ausrüstung keinen Schnappschuß davon machen konnte, und folgte ihr mit der Kamera. Der Raum oben war von Sonnenlicht durchflutet; zu-sätzliches Licht war gar nicht vonnöten. Ich bat sie, sich neben die Brancusi-Plastik zu stellen, von der goldene Lichtbündel ausgingen, die sich mit den Far-ben des Kleides vermischten. So sollte das Bild werden, ich wollte Kunst und Mo-de verbinden. Während ich die Kamera in Stellung brachte, fielen mir ein paar störende Kleinigkeiten auf, einige Knitter im Kleid, die nicht ausgebügelt worden waren; auch ihre Schuhe darunter sahen abgetragen und unförmig aus. Und dann hingen ihr ein paar Haarsträhnen unordentlich in den Nacken. Die Wirkung war insgesamt jedoch gut genug; indem ich ihre Pose bei dem vorhandenen Licht ganz genau festlegte, gelang es mir, diese kleinen Mängel abzuschwächen. Ich war sehr zufrieden mit mir, weil mir diese Details aufgefallen waren, und dachte, mit ein wenig Übung werde die Modephotographie keine Geheimnisse mehr für mich haben. Außerdem erwies sich mein Modell als sehr kooperativ; sie verdiente es, daß ich mein Bestes gab. Ich machte mehrere Aufnahmen; bei den guten Lichtverhältnissen konnte es an der Güte der Ergebnisse keinen Zweifel geben. Ich sah mich nach einem neuen Hintergrund um und bemerkte, daß die Tür zu Poirets Büro offenstand; der Fußboden war mit Tuchballen in leuchtenden Farben bedeckt. Mir kam eine Idee. Ich erklärte meinem Modell, Poiret erwarte etwas Besonderes von mir, etwas, das sich von den üblichen Modeaufnahmen unterschied. Auf das Durcheinander am Boden deutend, bat ich sie, sich einfach auf den Ballenstapel zu legen und sich ganz zu entspannen. Für mich hatte das einen durchaus praktischen Grund: im Büro war es dunkler, ich würde eine längere Belichtungszeit brauchen, und sie würde in dieser Position nicht so leicht wackeln. Mit amüsierter, aber etwas zweifelnder Miene sah sie mich an, ging dann hinein und ließ sich auf dem Stapel nieder, die Arme über den Kopf gehoben, den sie mir mit einem kokett abweisenden Ausdruck zuwendete. Es war hinreißend, göttlich (wie man in Modekreisen sagt). Alles war da, Kontur, Farbe, Zeichnung und vor allem Sex-Appeal, auf den es, wie ich instinktiv fühlte, Poiret besonders ankam. Nachdem ich die Kamera scharf eingestellt hatte, ging ich noch einmal zu ihr hinüber, um eine Falte am Kleid glattzustreichen, blieb mit dem Fuß in einer Stoffbahn hängen und fiel direkt auf das Mädchen. Sie machte keine jähe Bewegung; ich rollte mich schnell auf die Seite, stand auf und entschuldigte mich vielmals. Lächelnd sah sie mich an; vielleicht glaubt sie mir nicht, daß es ein Versehen war, dachte ich und ging zurück zur Kamera. In aller Ruhe nahm sie ihre Pose wieder ein, während ich mir hinter meinem Apparat zu schaffen machte und rasch und gewissenhaft einige Aufnahmen machte. Dann half ich ihr zuvorkommend beim Aufstehen. Ich bin sicher, sagte ich, das wird das beste Bild.

Ich bat sie, für eine weitere Aufnahme etwas anderes anzuziehen; sie kam in einem eleganten Maßkostüm zurück, mit einem kleinen Hut auf dem Kopf, der ihre Erscheinung völlig veränderte. Ich machte noch ein paar Aufnahmen an einem Fenster, durch das man die Bäume draußen sehen konnte, und sagte dann, das sei alles für heute. Bevor ich weitermachte, wollte ich die Ergebnisse prüfen. Ich dankte ihr und machte den Vorschlag, abends einmal zusammen essen zu gehen (sobald ich mein erstes Geld bekommen habe, fügte ich im Geiste hinzu). Sehr gerne, meinte sie, aber es sei schwierig, an fünf Abenden der Woche besuche sie eine Schule, um Französisch zu lernen. Auf jeden Fall, sagte ich, sei ich in ein paar Tagen mit den fertigen Bildern wieder da und würde dann gern noch ein paar Aufnahmen machen.

Am Abend, sobald es in meinem Hotelzimmer dunkel genug war, zog ich die Vorhänge zu, stellte meine beiden Wannen auf den Tisch und machte mich beim Licht einer Kerze in einer kleinen roten Laterne daran, die Platten zu entwickeln, eine nach der anderen. Was die Belichtung anging, waren sie nicht schlecht, nur die beiden Aufnahmen, für die sich das Modell hingelegt hatte, wurden nichts; in meiner Zerstreuung hatte ich vergessen, vor der Aufnahme den Schieber aus der Plattenkassette zu ziehen. Am nächsten Tag machte ich die Abzüge; sie wurden besser als ich erwartet hatte. Ich probte eine Zeitlang alle notwendigen Handgriffe mit der Kamera und den Photoplatten, damit mir solche dummen Fehler nicht mehr unterliefen, und ging dann wieder zu Poiret, um weitere Aufnahmen zu machen, so daß ich ihm später eine gute Auswahl vorlegen konnte. Inzwischen wollte ich Poiret bitten, mir Modell zu stehen — an seinem Schreibtisch, umgeben von mehreren Mannequins in seinen Kreationen. Aber M. Poiret war an diesem Tag gar nicht anwesend; er lag mit einer Magenverstimmung zu Bett. Von seinen Kochkünsten hatte ich schon gehört; er gab zu Hause große Diners, bei denen er selbst Schürze und Chefkochmütze anzog. Auch sein Weinkeller war berühmt. Wahrscheinlich hatte Poiret sich diesmal selbst übertroffen. Enttäuscht fragte ich meine hilfreiche Verkäuferin, ob ich ein paar Aufnahmen machen könne, da ich meine Sachen mitgebracht hatte. Sie holte mein Lieblingsmodell. Die Amerikanerin erschien in einem großartigen Stadtkleid, das ihre Figur wunderbar zur Geltung brachte. Ich schlug vor, hierfür nach draußen in den Cabaret-Garten zu gehen. Nach einigen Aufnahmen, einer neben einem Bronzehirsch an der Treppe und einer anderen zwischen den Tischen und Stühlen, sagte sie, sie habe in der Mittagspause einen dringenden Besuch zu machen und wolle gern bald aufbrechen. Mir war es recht, da meine Pläne durch das Nichterscheinen von Poiret ohnehin durcheinandergeraten waren; ich war auch gar nicht in der Stimmung zu arbeiten. Wie die ersten Bilder geworden seien, fragte sie. Sehr schön, antwortete ich, außer denen, für die sie sich hingelegt hatte, da habe mit der Kamera etwas nicht gestimmt. Vielleicht könnten wir sie ja eines Tages noch einmal machen, ich würde auch aufpassen, daß ich nicht wieder über sie fiele. Sie lachte und meinte, es sei ein Glück, daß die Kamera nicht in dem Augenblick geklickt habe, als ich stolperte und stürzte. Sie ging ins Haus, während ich meine Sachen zusammenpackte. Ich ging durch den Lieferanteneingang hinaus, wo die Bushaltestelle lag. Dort stand ein junger, elegant gekleideter Mann in einem braunen, an den Hüften eng anliegenden Anzug und rauchte eine Zigarette. Ich wartete an der Ecke auf den Bus. Da erschien die junge Amerikanerin, immer noch in dem Kleid, in dem sie Modell gestanden hatte, und nahm den Arm des jungen Mannes, er küßte sie auf die Wange. Sie bemerkte mich und lächelte mir mit einem Kopfnicken zu. Ihr Begleiter drehte sich noch einmal nach mir um — anscheinend hatte sie ihm gesagt, wer ich war. Mit meinem in schwarzes Tuch gewickelten Bündel kam ich mir vor wie ein Botenjunge. Ich spürte Eifersucht in mir aufsteigen, aber dann dachte ich, eines Tages wird auch meine Zeit kommen, dann würde sich auch auf meinen Armen ein Mädchen stützen. Abends entwickelte ich die letzten Platten, die ich belichtet hatte; in der Nacht darauf machte ich mich an die Abzüge. Meine gesamte Laborausrüstung bestand aus nichts weiter als den Schalen, den Chemikalienflaschen, einem Meßglas, einem Thermometer und einer Schachtel Photopapier. Zum Glück brauchte ich

30 *Rayographie*

von meinen großen Platten nur Kontaktabzüge zu machen. Beim Licht meiner
kleinen roten Laterne legte ich das Glasnegativ einfach auf ein Blatt lichtem-
pflindliches Papier auf dem Tisch, schaltete für ein paar Sekunden die von der
Decke herunterhängende Glühbirne an und entwickelte dann die Abzüge. Bei

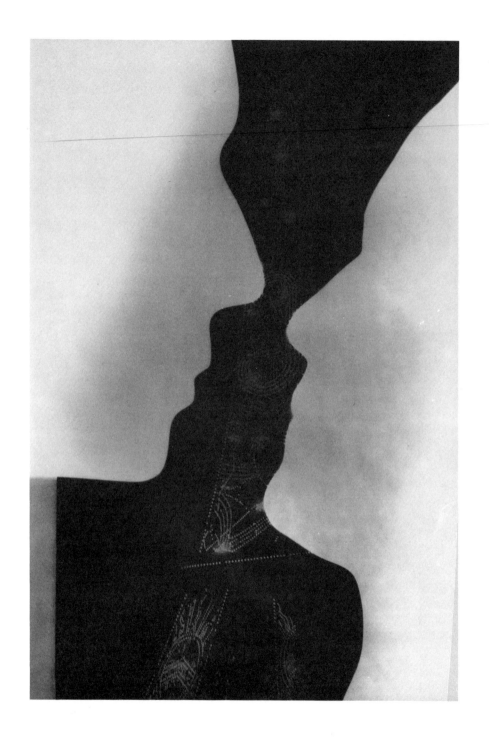

31 *Rayographie vor dem Hintergrund des beleuchteten Eiffelturms, 1931*

der Herstellung dieser Abzüge machte ich zufällig auch die Entdeckung des rayographischen Verfahrens oder der kameralosen Photographie. Ein unbelichtetes Blatt Photopapier war unter die belichteten Blätter und mit ihnen in die Entwicklerwanne geraten — ich machte immer zuerst einige Belichtungen und entwickelte sie dann später zusammen —, und nachdem ich einige Minuten vergeblich darauf gewartet hatte, daß ein Bild erschien, und schon die Papierverschwendung bedauerte, legte ich unwillkürlich einen kleinen Glastrichter, den Meßbecher und das Thermometer in die Schale auf das durchnäßte Papier. Ich schaltete das Licht ein, und da entstand vor meinen Augen ein Bild, nicht bloß eine einfache Silhouette wie bei einer konventionellen Photographie, sondern eine durch das mehr oder weniger mit dem Papier in Berührung gekommene Glas verzerrte und gebrochene Form, die sich vor einem schwarzen Hintergrund abhob, dem Teil, der dem Licht direkt ausgesetzt gewesen war. Mir fiel ein, wie ich als Junge Farnblätter in einen Kopierrahmen auf Probenpapier gelegt hatte, das ich dem Sonnenlicht aussetzte, und auf diese Weise ein weißes Negativ der Blätter erzielte. Die Idee war die gleiche, aber hier kam eine gewisse Dreidimensionalität, eine Abstufung der Tonwerte hinzu. Ich legte die ernstere Arbeit für Poiret beiseite und machte noch ein paar Abzüge, wobei ich mein wertvolles Papier ganz verbrauchte. Ich nahm, was mir gerade in die Hand fiel: meinen Hotelzimmerschlüssel, ein Taschentuch, ein paar Stifte, einen Pinsel, eine Kerze, ein Stück Bindfaden — man brauchte sie nicht in die Wanne zu legen, ich legte sie statt dessen auf das trockene Papier und belichtete dann wie bei den Negativen ein paar Sekunden lang. Aufgeregt und mit sehr viel Spaß machte ich noch einige Abzüge. Am nächsten Morgen sah ich mir die Ergebnisse genauer an und heftete einige Rayographien — wie ich sie nennen wollte — an die Wand. Gegen Mittag kam Tristan Tzara, um mich zum Essen abzuholen. Trotz der Sprachschwierigkeiten kamen wir gut miteinander aus — er sprach ein wenig Englisch —, und im übrigen war sein Umgang mit der Sprache auch für akademisch gebildete Kritiker ein vollständiges Rätsel. Sofort hatte er meine Abzüge an der Wand erspäht und geriet in Begeisterung; es seien vollkommene Dada-Schöpfungen, sagte er, und ähnlichen Versuchen weit überlegen — den flächigen Schwarzweißbildern z.B., die Christian Schad, ein früher Dadaist, vor einigen Jahren gemacht hatte. An diesem Abend kam Tzara zu mir; gemeinsam stellten wir einige Rayographien her: er verteilte Streichhölzer auf dem Papier, riß auch die Streichholzschachtel selbst auseinander und verwendete sie als Objekt oder brannte mit einer Zigarette Löcher in ein Stück Papier, während ich Kegel und Dreiecke und Drahtspiralen herstellte, die alle verblüffende Resultate erbrachten. Als er vorschlug, mit anderen Materialien weiterzumachen, ermunterte ich ihn nicht, denn ich war ein wenig eifersüchtig auf meine Entdeckung und mir lag nichts daran, mich von seinen Ideen beeinflussen zu lassen. Er muß das gespürt haben, denn er kam nicht mehr auf seinen Vorschlag, gemeinsam zu arbeiten, zurück, ohne daß deshalb seine Begeisterung nachgelassen hätte. Als ich noch im selben Jahr den Plan faßte, ein Album in limitierter Auflage mit einer Reihe von Abzügen herzustellen, das ich *Les champs délicieux* nannte, schrieb er ein sehr schönes Vorwort dazu.

Kurz nach diesen Abschweifungen ging ich mit meinen Modeaufnahmen zu Poiret. Ich legte zwei Rayographien dazu in der Annahme, ihn als Förderer der modernen Kunst könnten sie vielleicht interessieren, und außerdem würden sie mich über die Kategorie der bloßen Photographen hinausheben. Ich ging direkt hinauf zu seinem Büro und wollte gerade anklopfen, als ich drinnen laute Stimmen hörte und innehielt. Die Stimmen sprachen englisch; eine Frau erklärte Poiret, sie sei mit ihrem Kleid unzufrieden, es passe nicht und sei nicht einmal schick. Er schrie sie an: er wisse, was er zu tun und zu lassen habe, schließlich sei er Poiret, und wenn er einer Frau sage, sie solle ein Nachthemd anziehen und sich einen Nachttopf auf den Kopf setzen, dann habe sie das gefälligst zu tun. Die Frau kam heraus und streifte mich im Vorübergehen. Poiret sah mich und winkte mich herein. Manche Frauen wissen einfach nicht, was gut für sie ist, meinte er. Ich lächelte zustimmend. Er setzte sich an seinen Schreibtisch, schöpfte einen Augenblick Atem und fragte dann, was ich ihm mitgebracht hätte. Ich reichte ihm die Mappe, und kopfnickend sah er sich die Abzüge Stück für Stück an. Als er zu der Blondine in dem hellen Satinkleid gelangte, verweilte er ein wenig und meinte, das sei sehr elegant — vielleicht hätte ich das Zeug zu einem guten Modephotographen. Ich hätte ihm antworten können, das liege vielleicht daran, daß ich an dem Mädchen mehr interessiert sei als an den Kleidern, aber ich hielt den Mund. Dann sah er die beiden Rayographien und fragte, was das sei. Ich erklärte ihm, ich versuchte mit der Photographie etwas ähnliches wie die Maler, aber nicht mit Farbe, sondern mit Licht und Chemikalien und ohne die optische Hilfe der Kamera. Er verstand nicht recht. Ich schilderte ihm, wie ich in meiner Dunkelkammer darauf gestoßen war. Er nickte und gab mir die Mappe zurück. Das sei sehr interessant. Meine Sachen gefielen ihm. Ich könne jederzeit kommen und noch mehr Aufnahmen machen.

Ich fragte, ob er diese ersten Abzüge behalten wolle, und dann zögernd, ob er mir einen Vorschuß geben könne, um mehr Photomaterial einzukaufen. Überrascht sah er mich an: diese Aufnahmen seien für die Modezeitschriften, er bezahle nie für Photos, und Photographen betrachteten es als ein Privileg, in seinem Hause arbeiten zu dürfen; ich solle sie zu den Zeitschriften bringen. Stammelnd erklärte ich, ich hätte keine Kontakte, wisse nicht, wie ich diese Dinge anpacken müsse, und sei der Ansicht gewesen, das ganze sei ein persönlicher Auftrag von ihm. Wieder dieser Anflug von Ungeduld, der sich schon bei unserer ersten Unterredung gezeigt hatte. Aber dann zog er die beiden Rayographien heraus, meinte, neuartige Experimente gefielen ihm, er wolle mir diese beiden abkaufen, und zog einige Hundertfrancscheine aus der Tasche. Ich bedankte mich und sagte, er möge alle Bilder behalten, ich würde neue Abzüge herstellen und sie einer Modezeitschrift vorlegen. Mit dem Versprechen, bald mit einer neuen Bildserie anzufangen, verließ ich ihn, fast übermütig vor Freude. Noch nie hatte ich für meine kommerziellen Arbeiten so viel Geld bekommen. Poiret war ein Geschäftsmann, wie man ihn selten trifft: großzügig und phantasiereich. Wenn nichts anderes dazwischenkam, so würde ich als nächstes sein Porträt machen. Inzwischen hatte Tzara die Nachricht über meine neuen Sachen verbreitet, und es kamen immer mehr Leute, um sie sich anzusehen.

Der Herausgeber einer Literatur- und Kunstzeitschrift nahm einige Abzüge zur Veröffentlichung, Cocteau bat mich, ein Frontispiz für einen aufwendigen Gedichtband zu machen, den er bald herausbringen wollte; es mußte eine Rayographie sei. Eine Zeitlang vergaß ich Poiret, bis mich der Redakteur einer Modezeitschrift anrief, er habe bei Poiret meine Photos gesehen, ob ich nicht einmal zu ihm kommen wolle? An diesem Abend machte ich neue Abzüge von den Modephotos und besuchte am nächsten Tag den Redakteur. Er empfing mich sehr herzlich, nahm alle meine Aufnahmen, bot aber sehr wenig dafür. Für Poiret sei das kostenlose Werbung, und nur weil die Bilder so ausgefallen seien, zahle er mir mehr als üblich; ich sei ein hervorragender Künstler, meinte er.

Jetzt, da ich Kontakt zu einer Modezeitschrift hatte, wollte ich wieder zu Poiret, um weitere Aufnahmen zu machen, vor allem sein Porträt, um mich für seine Großzügigkeit zu revanchieren.

Aber während der nächsten Wochen hatte ich sehr viel zu tun und fand keine Zeit für ihn. Immer mehr Schriftsteller, Maler und Musiker kamen zu mir, um sich meine Rayographien anzusehen, sie brachten Bücher und Zeichnungen mit oder luden mich zu Konzerten mit moderner Musik ein. Ich fühlte mich geschmeichelt und machte nebenher Porträts von ihnen, die zu meinem Ansehen beitrugen. Selbstverständlich war von Bezahlung nie die Rede. Wie Gertrude Stein einmal zu mir sagte: wir alle sind Künstler und ständig blank.

Auch in anderer Hinsicht zeigte ich mich gefällig: eines Tages kam eine junge Frau zu mir und fragte, ob ich einige Aktaufnahmen von ihr machen könne. Sie arbeite berufsmäßig als Modell, es wäre für sie eine große Hilfe, wenn sie Photos von sich besäße, um sich nicht jedesmal ausziehen zu müssen, wenn sie sich einem neuen Maler vorstellte. Ich erklärte mich einverstanden, unter einer Bedingung: sie solle ein zweites Modell mitbringen, denn ich wollte für mich selbst einige Kompositionen machen, die etwas abwechslungsreicher waren als ein einzelner, statischer Akt. Ich dachte an die Gemälde von Botticelli und Ingres, deren Akte in Gruppen besonders wirkungsvoll waren, wie etwa auf Ingres' Bild *Das türkische Bad*. Das Mädchen wohnte mit einer Freundin zusammen, die zwar nicht als Modell arbeitete, die sich aber gewiß dazu überreden lassen würde, zusammen mit ihr zu posieren; das sei dann auch nicht so peinlich für die Freundin. Wir verabredeten einen Termin für die Sitzung, und tatsächlich konnten sich die beiden Aktmodelle viel unbefangener bewegen, als wenn sie allein gewesen wären; auf meinen Vorschlag hin nahmen sie sogar einige intimere Stellungen ein und umarmten einander, woraus sich einige ziemlich komplexe anatomische

Konstellationen ergaben. Mir gelang es, eine Reihe sehr delikater Abzüge herzustellen, fast ganz ohne Plastizität, die auf große Bewunderung stießen. Nur die beiden Mädchen waren enttäuscht, als ich ihnen ein paar Photos schenkte. Ihrer Ansicht nach waren sie unfertig — es fehlte die gewohnte photographische Genauigkeit.

Eines Tages, als ich einmal weniger zu tun hatte, rief ich Poiret an und sagte ihm, ich würde gern das Portrait von ihm in seinem Büro machen — er, umgeben von seinen Mannequins in den für ihn typischen Kreationen. Aber Poiret steckte mitten in den Vorbereitungen für die neue Kollektion, und wir mußten die Sitzung auf die Zeit nach der Präsentation verschieben, dann konnten wir auch die neuen Kleider photographieren. Ob ich denn auf einen Sprung vorbeikommen dürfe, fragte ich, um ihm etwas zu zeigen, das ihn vielleicht persönlich interessierte? Nach der Mittagspause gehe es, meinte er. Ich kannte seine vielseitigen künstlerischen Interessen und brachte ihm meine Aktaufnahmen; er bewunderte sie sehr und sagte, ein Akt ist immer in Mode, schade, daß die Frauen keine durchsichtigen Kleider tragen können. Jahre später fielen mir diese Worte wieder ein, als ich für irgendeine Zeitschrift durchsichtige Gewänder zu photographieren hatte; mir war eingeschärft worden, so viel Sex-Appeal wie möglich in die Bilder zu holen. Das tat ich auch, aber die Bilder wurden nie verwendet. Poiret lud mich zu einem Diner im kleineren Kreis bei sich zu Hause ein. Einige Maler waren da, eine bekannte Sängerin, die in seinem Cabaret auftrat, und zwei oder drei Komponisten. Er hatte seine weiße Kochmütze aufgesetzt und die Schürze vorgebunden und waltete in der Küche seines Amtes. Das wäre ein zweites Porträt, das ich von ihm machen müßte, ging es mir durch den Kopf, er als Verkörperung der traditionsreichen französischen Küche.

Inzwischen kamen auch andere Modeateliers und Modezeitschriften mit Aufträgen zu mir — ich hatte so viel zu tun wie noch nie. Poirets Stern schien langsam zu verblassen; in den Zeitschriften wurde er weniger beachtet, aber er machte weiterhin verzweifelte Anstrengungen, sein Prestige zu erhalten. Als 1926 in Paris die große Kunstgewerbeausstellung eröffnet wurde, bekam ich von den Zeitschriften den Auftrag, die Abteilung für Mode zu photographieren. Die Kleider wurden an langen, dünnen, hoch stilisierten Modepuppen gezeigt. Poiret bestritt einen wesentlichen Teil der Ausstellung, aber es sah schon eher wie eine Retrospektive aus. Die anderen Couturiers entwarfen schlichtere Kleider: die Frauen gingen immer mehr zu kurzgeschnittenen Frisuren, einfacheren Kostümen und weniger aufwendigen Stoffen über. Aber ich machte doch ein paar aufsehenerregende Aufnahmen von Poirets Kleiderpuppen, die in den Zeitschriften auch gebracht wurden. Mir schien, daß ich ihm ein wenig nützlich gewesen war. Bei der Eröffnung war er von Bewunderern so umlagert, daß ich nicht zu ihm gelangen konnte. Er hatte drei exklusiv ausgestattete Hausboote auf dem Fluß installiert: ein Theater, einen Nachtclub und ein modernes Heim, zu dem auch eine »Duft-

32 *Abendkleid von Lucien Lelong (die mit Samt ausgeschlagene Schubkarre wurde von Oscar Dominguez entworfen)*

orgel« gehörte. Mit seinen ebenso exzentrischen wie verschwenderischen Ideen ruinierte er sich — oder vielmehr seine Geldgeber.

Als höfliche Geste übersandte ich Poiret einige Aufnahmen von seiner Präsentation auf der großen Ausstellung, erhielt aber keine Antwort. Kurze Zeit später hieß es, er sei bankrott und seine Ateliers seien geschlossen. Doch schon bald folgte die Nachricht, er werde ein neues Geschäft an den Champs-Elysées eröffnen, der Fifth Avenue von Paris, die damals noch keine Hauptgeschäftsstraße war. Ich bekam eine Einladung zur Eröffnung, aber als ich die Boutique von außen sah, war ich enttäuscht und ging erst gar nicht hinein. Sie sah aus wie alle anderen, ohne jene ehrwürdige Gesetztheit, die das frühere Haus ausgezeichnet hatte. Es hielt sich nicht lange; Poiret verschwand.

Eines Tages kam ein Arzt, den ich kannte, zu mir und fragte, ob ich mit ihm und Poiret zu Mittag essen wolle. Er hatte Poiret wegen irgendeiner Krankheit behandelt. Der Mann sei sehr allein und unglücklich; mit einem anderen Künstler über die alten Zeiten zu plaudern, das würde ihn vielleicht aufmuntern. Ich nahm die Einladung an. Dr. D. berichtete, Poiret male jetzt und schreibe an seiner Autobiographie. Erinnerungen an seine Großzügigkeit stiegen in mir auf; er hatte mir damals geholfen, Fuß zu fassen, vielleicht konnte ich jetzt, da er es war, der Hilfe brauchte, etwas für ihn tun. Ich wollte endlich doch noch sein Porträt machen und es als Werbung für sein Buch veröffentlichen lassen. Wir trafen uns in einem bekannten Restaurant bei den Pariser Hallen, »Chez Monteuil«, wo all die großen Fleisch- und Grünzeughändler nach den morgendlichen Geschäften zu Mittag aßen.

Poirets Erscheinung erschütterte mich. Ohne seinen gepflegten Bart sah er abgehärmt aus, trug jetzt einen kleinen Schnurrbart wie jeder x-beliebige Franzose. Früher hatte er mich an die Märchen aus Tausendundeiner Nacht erinnert. Ich konnte mich nicht damit abfinden, daß er jetzt wie ein ganz normaler Franzose aussah. Das Essen war opulent — Austern, Huhn, Salat, Käseplatte, Obst, Kaffee, Kognak, dazu die vorzüglichen Weine. Unsere Unterhaltung war nicht gerade lebhaft. Poiret sagte, er tue jetzt das, was er schon immer habe tun wollen, Malen und Schreiben, etwas, das er allein tun könne, ohne sich auf die Inspiration und Hilfe anderer verlassen zu müssen. Sehr überzeugend klang das nicht. Was mich angehe, erklärte ich, so führe ich zur Zeit ein Doppelleben: das einsame, schöpferische Leben des Künstlers und das betriebsame gesellschaftliche Leben, zu dem mich meine Photographie zwinge. Eines Tages hoffte ich, einmal ganz nach meinen Bedürfnissen und Wünschen leben zu können. Aber ich würde der Vergangenheit nicht nachtrauern. Poiret meinte, auch er trauere der Vergangenheit nicht nach, aber jede gemeinsame Aktivität, jede Zusammenarbeit mit anderen müsse tragisch enden. Er war ein zutiefst enttäuschter Mann; er befand sich jetzt auf dem Rückzug, während ich einerseits meinen künstlerischen Neigungen nachgehen und gleichzeitig, zum Zweck der Selbsterhaltung, eine eher kollektive Tätigkeit ausüben konnte. Wieviele hatten sich ausschließlich ihrer Kunst gewidmet und waren tragisch geendet? Die Unterhaltung war ins Stocken geraten. Ich blickte Poiret an und fragte mich, wie ich ihn mit diesem Schnurrbart photographieren sollte. Seit ich angefangen hatte, Porträtaufnahmen zu machen, hatte ich eine Abneigung gegen Männer mit Schnurrbart entwickelt. In einem glatt rasierten Gesicht oder auch durch einen Bart hindurch vermochte ich stets den Charakter eines Menschen zu erkennen; aber dieses Anhängsel war wie eine Verkleidung, wie ein hochgeschlagener Kragen oder ein neuer Haarschnitt. Ich blickte von Poiret zu Dr. D. hinüber, der einen ganz ähnlichen Bart trug, wie ihn der andere früher gehabt hatte, nur daß er schwarz war und nicht rötlich grau.

Als wir uns trennten, lud uns Poiret ein, ihn in seinem Haus auf dem Land zu besuchen, eine Autostunde an der Seine entlang; kommen Sie am Sonntag zum Mittagessen, sagte er. Wir versprachen es. Als wir allein waren, sagte mir der Doktor, es stehe sehr schlimm um Poiret, aber wir hätten ihn aufgemuntert; anscheinend habe er mich sehr gern. Ich sagte, ich wolle gerne etwas für ihn tun, wolle meine Kamera mit zu ihm hinausnehmen, um ein Porträt von ihm am Schreibtisch oder an der Staffelei zu machen, und es dann veröffentlichen. Auch dem Doktor schlug ich vor, mir Modell zu stehen. Er war geschmeichelt; wir verabredeten uns für die Woche nach unserem Besuch bei Poiret.

Am Sonntagmorgen holte ich Dr. D. in meinem Wagen ab, und wir fuhren auf der kurvenreichen Straße entlang der Seine aus Paris hinaus. Es war ein schöner Tag mit weißen Wolkentupfern am blauen Himmel; Leute angelten im Fluß, machten Picknick oder spazierten gemächlich an den Ufern entlang, wie auf einem Gemälde von Henri Rousseau oder auf dem Bild *La Grande Jatte* von Georges Seurat. Wir gelangten in ein stilles, kleines Dorf; mein Freund dirigierte mich hindurch und dann einen ungepflasterten Weg entlang, an dessen Rand in regelmäßigen Abständen Schotterhaufen darauf warteten, auf der Straßendecke verteilt zu werden. Es war Poirets Privatstraße, und es stand zu befürchten, daß sie nie mehr fertig werde. Wir kamen zu einem kleinen, alleinstehenden Haus aus grauem Beton im Stil der neuen, von le Corbusier und Mallet Stevens entwickelten Architektur, die damals in Frankreich hier und da in Erscheinung trat.

Wir klingelten und ein kleines Mädchen öffnete uns die Tür. Poiret kam aus der Küche, er hatte eine grobe blaue Schürze umgebunden, wie sie die Kellner in der Normandie tragen. In der Hand hielt er einen großen Kochlöffel. Er machte uns mit seiner kleinen Tochter bekannt, die ein Tablett mit Portwein und Gläsern hereinbrachte. Dann entschuldigte er sich und kehrte in die Küche zurück. Ein verlockender Duft drang von dort herein, wir gingen ihm nach, um einen Blick in die Küche zu werfen. Poiret zog gerade eine große schwarze Kasserolle halb aus dem Ofen. Er hob den Deckel ab, und zwei wunderbar gebräunte Fasane kamen zum Vorschein. In anderen Töpfen auf dem Herd köchelten verschiedene Gemüse. Uns lief das Wasser im Munde zusammen; Dr. D. sagte zu Poiret, er verstehe sich ja gut darauf, anderen Appetit zu machen. Unterdessen deckte die Tochter den Tisch. Sie machte das sehr geschickt; anscheinend gab es keine andere Hilfe im Haus. Bald setzten wir uns zu Tisch; nach dem Hors d'oeuvre trug unser Gastgeber auf einer großen Platte einen der gebratenen Vögel herein und ging daran, ihn zu zerlegen. Er bat uns, den Burgunder einzuschenken, der auf dem Tisch stand. Er reichte für die ganze Mahlzeit nicht aus; eine zweite Flasche wurde geholt, der zweite Vogel ebenfalls, und während des ganzen Essens tranken wir. Mit erhobenem Glas zwinkerte Poiret zum Doktor hinüber und argwöhnte, das sei wohl nicht gut für ihn. Aber der Doktor hielt ihn nicht zurück. Die Unterhaltung wurde jetzt lebhafter, blieb aber wegen des Mädchens immer sehr gesittet. Selten war ich so gesprächig gewesen, erzählte von meinen Modellen, den Schriftstellern und Malern, die ich kennengelernt hatte, und brachte alle zum Lachen — nicht durch meine Geschichten, sondern durch meinen unbekümmerten Umgang mit der französischen Sprache, in der ich große Fortschritte gemacht zu haben glaubte.

Nach dem Kaffee und einem sehr guten Armagnac, meinem Lieblingsweinbrand, schlug Poiret vor, einen Spaziergang zu machen und sein unvollendetes Projekt zu besichtigen. Wir erreichten den Gipfel einer Anhöhe, von wo aus wir die ganze Umgebung und den Fluß überschauen konnten, der sich durch Wälder und kleine Dörfer schlängelte. Die Anhöhe selbst bildete ein nach einer Senke leicht abfallendes Plateau, in dessen Mitte das langgestreckte Skelett eines Betonbaus lag, mit klaffenden Öffnungen für Fenster und Türen in den nicht überdachten Wänden. Dieser Bau war in den Tagen von Poirets Wohlstand begonnen worden. Es sollte sein Landsitz werden, mit zahlreichen Gästezimmern, einem Swimming Pool inmitten eines Innenhofes und mit Gärten voller exotischer Pflanzen. An den Wochenenden wollte er Maler, Schriftsteller und Musiker und als zusätzliche Zierde auch seine Mannequins einladen. Aber als er in finanzielle Schwierigkeiten geriet und sich vergeblich um die Erhaltung seines Ansehens bemühte, mußte er das Vorhaben aufgeben und bezog das kleine, für den Verwalter vorgesehene Haus, das schon fertig war.

Während wir dort standen, bedeckte sich der Himmel, die Sonne verschwand, und die unfertige graue Masse, an der nichts mehr auf einen modernen Bau hindeutete, sah aus wie eine Ruine aus vorgeschichtlicher Zeit. Meine Kamera war im Auto, aber während ich noch überlegte, ob ich ein paar Aufnahmen machen sollte, fing es an zu regnen. Wir kehrten zum Haus zurück. Es war inzwischen zu dunkel, um drinnen zu photographieren; wieder mußte ich den Plan aufgeben, Aufnahmen von Poiret zu machen. Er holte ein paar eigene Gemälde hervor, die wir mit höflichen, schmeichelhaften Bemerkungen bedachten. Mir erschienen sie nicht sonderlich aufregend oder interessant, aber für ihn müssen sie eine große Befriedigung gewesen sein, was ja wohl für die meisten Maler gilt. Ich habe die Maler, die ihre eigene Arbeit verwerfen oder unzufrieden damit sind, nie verstanden. Ihre Aufrichtigkeit erschien mir zweifelhaft. Für mich ist ein Bild ein wahrheitsgetreues Dokument der Erlebnisse bei seiner Herstellung und sollte nicht kritisiert werden.

Nach einer Stunde ließ der Regen nach, aber es wurde zusehends dunkler. Wir verabschiedeten uns, um noch vor Einbruch der Dunkelheit zurück zu sein. Poiret sagte, wir sollten wiederkommen, er habe selten Gäste, und seit er seine gesellschaftlichen Beziehungen abgebrochen habe, sei er empfindlicher, reizbarer geworden und sei der meisten Menschen schneller überdrüssig. Auf der Rückfahrt bedauerte Dr. D., daß ich keine Bilder gemacht hatte, vor allem von Poiret, es hätte ihn innerlich gestärkt.

Ich setzte meinen Freund bei seiner Wohnung ab und erinnerte ihn an unsere Verabredung; er versprach, ins Atelier zu kommen. Als er eintrat, hatte ich schon einige Vorbereitungen für die Sitzung getroffen. In einer Ecke meines Studios stand eine alte gotische Truhe. Ich zog sie hervor und rückte sie unter die Lampen. Ich besaß ein Sortiment von Samt-, Satin- und Brokatstoffen, die ich zuweilen als Hintergrund verwendete. Die drapierte ich jetzt um die Truhe herum. Ich bat den Doktor, eine weiße Baumwolljacke, eine Art Kittel, den ich in der Dunkelkammer benutzte, anzuziehen. Dann holte ich eine dieser Schneiderpuppen aus Stoff und Draht auf einem Eisenständer, wie sie von Näherinnen benutzt werden, hervor; schon mehrfach hatte ich sie auf Photographien und auch auf Gemälden verwendet, sie verlieh den Kompositionen etwas Rätselhaftes. Eine Zeitlang hatte sie neben der Tür gestanden, und es hatte mich immer amüsiert, wenn ein Besucher beim Eintreten vor ihr zusammenfuhr, als sei sie ein lebendiges Wesen. Dr. D. sah mir bei meinen Vorbereitungen neugierig zu und fragte, ob ich etwas Surrealistisches vorhabe. Ja, sagte ich, bei ihm könne ich mir diese Freiheit nehmen, er sei ja selbst ein wenig Surrealist, da er doch einige der Versammlungen besucht hatte und die Mitglieder der Gruppe in seiner Eigenschaft als Arzt behandelte. Ich fügte hinzu, auch sein Bart habe mich auf eine Idee gebracht, es werde ein exotisches Bild. Auf einem Stuhl hinter der Truhe wie hinter einem Tisch oder einem Schreibtisch sitzend, wirkte er wie ein großer Modeschöpfer im weißen Arbeitskittel in den Ateliers eines namhaften Hauses. Sein Bart erinnerte an Poiret in dessen guten Tagen. Ich photographierte eine Reihe von Posen, bis ich etwas von Poirets Ausdruck und Ausstrahlung erfaßt zu haben glaubte. Danach entließ ich mein Modell mit der Bitte, er möge in ein paar Tagen vorbeikommen, um sich die Ergebnisse anzusehen.

Die Bilder erwiesen sich als durchaus nicht surrealistisch; vielmehr zeigten sie einen von sich selbst überzeugten Couturier, umgeben von den Attributen seines Handwerks. Für jemanden, der ihn nicht allzugut kannte, hätte es Poiret sein können. Ich zeigte Dr. D. die vollständigen Abzüge nicht, für ihn machte ich nur Vergrößerungen des Kopfes, gediegen-konventionelle Photographien. Er war von den Ergebnissen höchst angetan und geschmeichelt und meinte, jetzt habe er endlich ein Vorbild, an dem er sich orientieren könne; ich hätte ihm das Aussehen einer gewichtigen medizinischen Autorität oder eines bedeutenden Wissenschaftlers verliehen. Der Bart war hilfreich, entgegnete ich scherzend. Aber was denn mit der surrealistischen Szenerie sei, fragte er. Ich gab eine ausweichende Antwort, die Bilder seien nicht so geworden, wie ich es erwartet hätte, zu dokumentarisch, ohne jede geheimnisvolle Atmosphäre. Ich wolle jedoch noch daran arbeiten, es werde einige Zeit dauern und bedürfe gewisser optischer Modifikationen, um die gewünschten Ergebnisse zu erzielen. Das war ihm zu geheimnisvoll, er ließ das Thema fallen.

Diese Sitzung nahm mir etwas von meinem schlechten Gewissen, daß ich Poiret nie photographiert hatte. Ich überlegte sogar ernsthaft, ob ich ihm zum Spaß eines der Photos schenken sollte. Vielleicht würde er begreifen, was mir vorschwebte, und gestatten, daß ich es als ein Porträt von ihm aus besseren Zeiten veröffentlichte. Den Humor für einen solchen Schwindel hatte er jedenfalls.

Aber ich sah Poiret nie wieder. Wir besuchten ihn nicht mehr in seinem Haus auf dem Lande. Ich erfuhr schließlich, daß er in einem kleinen Zimmer an den Champs-Elysées wohnte, völlig verarmt.

Über all den anderen Beschäftigungen und wegen meiner häufigen Abwesenheit von Paris vergaß ich ihn; die Photos von Dr. D. wanderten wie viele andere Dokumente meines vielbeschäftigten, abwechslungsreichen Daseins ins Archiv.

33 Selbstporträt als „Modephotograph", 1936

Eines Tages brachten die Zeitungen die Nachricht von Poirets Tod. Ein dramatischer Fall; man hatte ihn in seinem Zimmer auf dem Bett gefunden, umgeben von Stoffen für Damenkleider, Gemälden und Manuskripten. Die Wände waren mit allerlei Namen vollgekritzelt, dazu Verwünschungen — es waren die Namen von Leuten, die ihn, wie er schrieb, ausgenutzt, beraubt und ruiniert hatten.
Ich ging mein Archiv durch, suchte die Aufnahmen von Dr. D. heraus und wählte eine, die meiner Vorstellung von Poiret in den ersten Jahren unserer Bekanntschaft am nächsten kam. Mit einer kurzen Notiz und einem fingierten Datum schickte ich sie an die Redaktion einer Illustrierten. In der nächsten Nummer erschien sie mit einem Artikel über sein Leben und seine Leistungen.
Dr. D. kam mit der Zeitschrift zu mir und wollte eine Erklärung. Ich erzählte ihm die ganze Geschichte und bat ihn, sie für sich zu behalten. Was macht es schon, sagte ich, niemand würde klüger dadurch; außerdem war ich Poiret noch etwas schuldig, und ich hatte diesen Weg gewählt, um meine Schuld abzutragen, wenn auch ein bißchen spät.
Dr. D. war bereit, die Sache für sich zu behalten. Das Bild habe sich als doppelt nützlich erwiesen, da auch er auf diese Weise ein Porträt bekommen habe. Es sei ein genialer Einfall von mir gewesen, meinte er am Ende.
Eines Abends wollte ich mit zwei bezaubernden jungen Frauen essen gehen und fragte ihn, ob er sich uns anschließen wolle. Dann seien wir vollzählig. Im Laufe des fröhlichen Abends wurde es einem der Mädchen schlecht; irgend etwas sei ihr nicht bekommen, meinte sie. Wir brachten sie in die Praxis des Doktors. Das Mädchen verliebte sich in ihn — und in seinen Bart, wie sie mir später gestand. So hatte sich auch der Bart als doppelt nützlich erwiesen. Und der Doktor hütete das Geheimnis des Porträts, das nie zustande gekommen war.

Die wahre Geschichte der Kiki vom Montparnasse

Eines Tages saß ich in einem Café und schwatzte mit Marie Wassilieff, einer Malerin, die sich mit der Fabrikation von Lederpüppchen, Karikaturen irgendwelcher Berühmtheiten, durchschlug. Sie gehörte zu den Institutionen des Viertels, war mit sämtlichen Malern befreundet, und ihr Kosakentanz brachte Leben in unsere improvisierten Atelierfeste. Uns gegenüber saßen zwei junge Frauen, Mädchen unter zwanzig, wie ich glaubte, die mit viel Make-up und der damals in Mode gekommenen, bis tief in die Stirn hinabreichenden Ponyfrisur versucht hatten, sich älter zu machen, als sie waren. Der Hübscheren von beiden hingen Löckchen in die Wangen, in einer Manier, die an die Freundinnen der Pariser Unterweltgrößen erinnerte. Sie winkte Marie zu, die mir erzählte, das sei Kiki, das Lieblingsmodell der Maler.

Bald erschien der Kellner, um unsere Bestellung entgegenzunehmen. Er wandte sich dann dem Tisch der Mädchen zu, weigerte sich aber, sie zu bedienen: sie trügen keine Hüte. Es entbrannte ein heftiges Wortgefecht. Kiki schrie einige Worte in Argot, die ich nicht verstand, die aber ziemlich beleidigend gewesen sein müssen, und setzte dann hinzu, ein Café sei schließlich keine Kirche, und im übrigen kämen die amerikanischen Weiber auch alle ohne Hut. Der Kellner ging weg, und es erschien der Geschäftsführer, um ihr gut zuzureden. Sie sei Französin, sagte er, und ihr Äußeres könne den falschen Eindruck erwecken, sie sei eine Prostituierte. Wütend blickte Kiki um sich, als suche sie nach etwas, das sie dem Mann an den Kopf werfen konnte. Sie stand auf und rief, alle Welt kenne sie, nie wieder werde sie einen Fuß in dieses Lokal setzen und sie wolle dafür sorgen, daß es boykottiert werde. Dann kletterte sie auf den Stuhl, von dort auf den Tisch und sprang mit der Anmut einer Gazelle hinunter auf den Boden. Marie lud sie und ihre Freundin ein, sich zu uns zu setzen; ich rief den Kellner und bestellte für die Mädchen mit Nachdruck in der Stimme etwas zu trinken. Er entschuldigte sich — er habe nicht gewußt, daß wir befreundet seien, er sei jedoch angewiesen, Frauen ohne Begleitung nicht zu bedienen. Kikis Zorn verrauchte so schnell wie er aufgeflackert war, und sie fing an, von ihren jüngsten Erlebnissen als Aktmodell zu berichten. Drei Tage lang hatte sie Utrillo Modell gestanden. In den Pausen trank er Rotwein, war schließlich ziemlich beschwipst und bot auch ihr ein Glas an, aber sobald sie versuchte, einen Blick auf das entstehende Bild zu werfen, schob er sie beiseite. Sie könne es sich ansehen, wenn es fertig sei. Und als sie schließlich um die Staffelei herumkommen durfte, sah sie, daß er eine Landschaft gemalt hatte. Gestern hatte sie ihren Freund Soutine besucht, und weil sie wußte, daß er kaum etwas zu essen und auch kein Geld hatte, brachte sie ein Brot und einen Hering mit. Beim Eintreten schlug ihr ein widerwärtiger Geruch entgegen: auf dem Tisch lagen faulendes Gemüse und eine Rinderseite — ein Stilleben, an dem er mehrere Tage lang gearbeitet hatte.

34 Kiki de Montparnasse (Alice Prin), 1922

Oft sah ich Soutine vor einem Café herumschlendern, bis er an einem Tisch einen Bekannten erspäht hatte, der ihm eine Tasse Kaffee bezahlen konnte. Eines Tages im Sommer war der Sammler Albert C. Barnes aus Philadelphia in der Stadt; es war ihm gelungen, der Obhut seines Kunsthändlers und Beraters zu entkommen, der jede Einmischung von außen mit Argwohn betrachtete. Barnes begegnete Zborowski, einem Mittelsmann zwischen Künstlern und Sammlern, der selbst ziemlich arm war und keine eigene Galerie besaß. Von Zeit zu Zeit half er einigen Malern mit ein paar Franc für ein Gemälde aus, vor allem Modigliani und Soutine. Zborowski führte Barnes in das Atelier von Soutine, mit dem Ergebnis, daß Barnes dessen gesamte Produktion aufkaufte. Die Taschen voller Geld eilte Soutine hinunter ins Café, trank sich einen Rausch an, bestieg dann ein Taxi und befahl dem Chauffeur, ihn nach Südfrankreich zu fahren. Einen Monat lang blieb er weg.

Nachdem wir eine Zeitlang so getratscht hatten, zogen wir in ein nahegelegenes Bistro, in dem viele Maler verkehrten, und bestellten ein üppiges Essen — üppig vor allem wegen der Weinmenge, die wir dabei konsumierten. Es ging auf meine Rechnung — ein seltenes Vorkommnis für die Mädchen, die sich plötzlich auf einer Stufe mit den anderen Glücklichen sahen, die hier speisten. Sie waren laut, lachten und neckten einander mit gutgemeinten Beschimpfungen und Zweideutigkeiten. Nach dem Essen machte ich den Vorschlag, ins Kino zu gehen, alle waren einverstanden. Das sei mal eine angenehme Abwechslung nach all den Cafés; Nachtclubs gab es damals in Montparnasse nicht. Marie und Kiki hakten sich bei mir ein und nannten mich ihren reichen amerikanischen Freund — ob ich sie nicht mit nach Amerika nehmen könne? Im Kino saß ich neben Kiki, die sich, wie die anderen, von dem Film vollkommen gefangennehmen ließ. Ich dagegen sah kaum nach der Leinwand und tastete im Dunkeln nach Kikis Hand. Die ganze Vorstellung über hielten wir uns bei den Händen gefaßt. Auf dem Rückweg erklärte ich ihr, ich sei Maler, aber ich könne nicht direkt nach einem Modell arbeiten — es lenke mich zu stark ab, ganz besonders sie würde mich gewiß verrückt machen, sie sei so schön. Ich war schon ziemlich durcheinander. Sie lachte und sagte, daran sei sie gewöhnt — alle Maler machten ihr Anträge. Ich erklärte ihr weiter, mein Verfahren unterscheide sich von dem der anderen — ich würde sie gern photographieren, das sei das Werk eines Augenblicks, und dann würde ich die Resultate genau studieren und allein in aller Ruhe nach ihnen arbeiten. Nein, meinte sie, für Photographen stehe sie nicht Modell, die seien noch schlimmer als die Maler — der, für den sie vor kurzem posiert hatte, hatte es noch eiliger als seine Kamera; sie liebe Gefühl und Poesie. An diesem Punkt erbarmte sich Marie meines bruchstückhaften Französisch und verbürgte sich für meine Rechtschaffenheit und Aufrichtigkeit, wobei sie mir einen unmißverständlichen, komplizenhaften Blick zuwarf.

Kiki zögerte immer noch, sie wolle nicht, daß überall Photos von ihr herumlägen. Aber sie arbeite doch als Aktmodell, beharrte ich, die Bilder seien ständig auf Ausstellungen zu sehen, manchmal mit ihrem Namen als Titel. Das schon, entgegnete sie, aber ein Maler könne die Erscheinung der Dinge abwandeln, ein Photo dagegen sei zu wirklichkeitsgetreu. Meine nicht, gab ich zurück, ich photographiere so, wie ich male, verwandele das Modell, wie es ein Maler tut, könne es so veredeln oder umformen wie ein Maler auch. Umformen? — und dann fügte sie hinzu, da gäbe es etwas, einen Schönheitsfehler, den sie nicht sichtbar werden lassen wolle. Ich sah sie an — das vollkommene Oval ihres Gesichts mit den großen Augen, der lange Hals, die hohe, feste Brust, die schlanke Taille, die schmalen Hüften und die wohlgeformten Beine unter dem kurzen Rock — ich konnte keinen Fehler erkennen. Ich war erstaunt. Ich konnte mir nichts vorstellen, was einen chirurgischen Eingriff erfordert hätte, und nichts, was ein geschickter Künstler nicht hätte korrigieren können. Ich beteuerte, ich und meine Kamera würden jeden Mangel übersehen — nur ihre Schönheit werde festgehalten, mein Apparat sei mir gehorsam; wenn nötig, würde ich während der Aktion die Augen zumachen. Ja, sagte Marie, Man Ray ist ein Zauberer. Kiki willigte ein, wir machten einen Tag aus, und sie kam in mein Hotelzimmer.

Seit meiner Schulzeit habe ich einen nackten Körper nie mit dem neutralen Auge eines Malers angeschaut — falls ich es überhaupt jemals getan habe. Ich war nervös und aufgeregt und fragte mich, ob ich einen kühlen Kopf bewahren könnte. Kiki entkleidete sich hinter einem Wandschirm, der das Waschbecken in der Ecke verdeckte, und dann trat sie hervor, züchtig eine Hand vor sich haltend, genau wie die Gestalt auf Ingres' Gemälde *La source*. Ihr Körper hätte jeden akademischen Maler inspiriert. Ich betrachtete sie von Kopf bis Fuß und konnte immer noch keinen Schönheitsfehler entdecken. Sie lächelte verlegen wie ein kleines Mädchen und sagte, sie habe keine Schamhaare. Ich erwiderte, das sei ausgezeichnet, dann würde die Zensur keine Schwierigkeiten machen. Sie habe schon alles mögliche versucht, meinte sie mit ernster Miene, Pomaden, Massage, nichts funktionierte. Ich ließ sie einige Posen einnehmen, konzentrierte mich aber vor allem auf ihren Kopf; dann gab ich auf — es war genau wie früher in den Aktklassen; ich war nicht bei der Sache, andere Gedanken drängten heran. Ich bat sie, sich wieder anzuziehen, dann gingen wir hinunter ins Café.

Sie fing an von sich zu erzählen. In einer burgundischen Kleinstadt geboren und von ihrer Großmutter inmitten einer Schar anderer Kinder aufgezogen, war sie mit fünfzehn Jahren nach Paris gekommen, wo ihre Mutter lebte. Aber sie hatte sich allein durchschlagen müssen, bis sie schließlich auf dem Montparnasse gelandet und Modell geworden war. Ein Maler hatte sie zu sich genommen, aber er hatte Paris vor kurzem verlassen und schrieb ihr nun ständig, sie solle ihm folgen. Aber sie konnte nicht weggehen; sie liebte das Viertel und die Freunde hier, die so nett zu ihr waren. Eines Tages würde sie aufs Land zurückkehren, in Ruhe leben und Schweine züchten. Aber jetzt wolle sie sich vergnügen. So einfach war das. Mit einem anderen Mädchen teilte sie ein Hotelzimmer, mußte aber wegbleiben, wenn der Liebhaber ihrer Freundin vorbeikam. Das war manchmal etwas unbequem. Ich schöpfte Mut und Hoffnung und sagte ihr, sie könne jederzeit zu mir kommen — ich hätte niemanden —, sie könne sogar ihre Sachen bringen und bei mir wohnen. Ich sei zwar nicht der reiche Amerikaner, den sie sich vorgestellt habe, aber alles, was ich besäße, würde ich mit ihr teilen. Sie dankte mir, wollte darüber nachdenken und mir bald Bescheid sagen. Für den nächsten Tag verabredeten wir uns zu einer zweiten Sitzung. Nach dem Abendessen sagte ich ihr, daß ich noch arbeiten müsse, und ging ins Hotel zurück, um meine Platten zu entwickeln. Ich war gespannt auf die Ergebnisse der ersten Sitzung. Am nächsten Morgen machte ich im Kopierrahmen mit Tageslicht einige Abzüge auf Probenpapier. Ich war zufrieden — die Bilder sahen tatsächlich aus wie Studien zu einem Gemälde, bei flüchtigem Hinsehen hätte man sie sogar für Reproduktionen akademischer Gemälde halten können. Aufgrund meiner Erfahrung und meiner optischen Experimente war ich imstande, eine solche Wirkung zu erzielen. (Einer der Hauptvorwürfe, die mir die Anhänger der reinen Photographie später machten, lautete, ich hätte die Malerei mit der Photographie vermischt. Wie wahr, entgegnete ich, schließlich bin ich Maler; es war doch völlig normal, daß eines das andere beeinflußte. Hatte man die Spritzbilder, die vor meiner Beschäftigung mit der Photographie entstanden waren, nicht irrtümlich für besonders raffinierte Photographien gehalten? In echt dadaistischem Geist hatte ich die Phase der Verwirrung, den kompletten Konfusionszyklus einmal abgeschritten. Ich weiß, Wissenschaftler werden über diesen Ausdruck lächeln und vermuten, ich meine doch wohl einen Konfusionskreis; ich weiß auch, daß meinen Lesern die Alliteration gewollt erscheinen wird, wo ich doch immer bemüht war, Alliterationen zu vermeiden.)

Ich zeigte Kiki die Abzüge, als sie kam; sie war gebührend beeindruckt, wahrscheinlich mehr davon, daß ich Wort gehalten und keine ordinären Photos gemacht hatte, als von der Qualität der Aufnahmen selbst. Sie zog sich dann aus, während ich, die Kamera vor mir, auf der Bettkante saß. Als sie hinter dem Wandschirm hervortrat, lud ich sie mit einer Geste ein, sich neben mich zu setzen. Ich umarmte sie, und sie umarmte mich; unsere Lippen berührten sich, wir sanken zurück. An diesem Tag machten wir keine Aufnahmen; wir blieben den ganzen Nachmittag im Bett. Sie sagte, sie liebe mich; sie wolle zu mir kommen und bei mir wohnen. Am nächsten Tag zog sie mit ihren wenigen Habseligkeiten ein. So begann eine Liaison, die sechs Jahre dauerte, genausolang wie meine erste Ehe.

Zwar hatte ich wegen meiner Aufträge häufig außerhalb zu tun, aber immer wieder kamen auch Leute zu mir; deshalb richteten wir es so ein, daß Kiki an den Nachmittagen möglichst nicht in der Wohnung war; vor dem Abendessen trafen wir uns in einem Café, außer wenn ich eine »geschäftliche« Einladung zum Essen hatte, oder wenn eine Versammlung der Dadaisten und später der Surrealisten stattfand. Diese Trennungen beunruhigten sie ein bißchen, aber mir ging es genauso — was trieb sie in der Zeit, wenn ich nicht da war? Mir erschien das jedoch

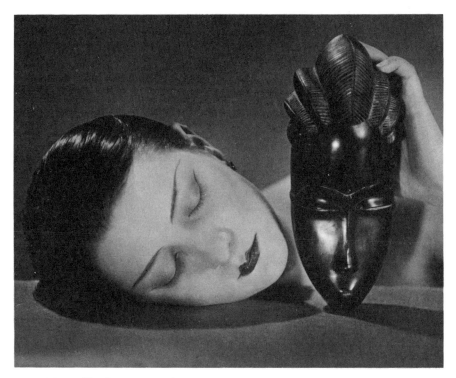

35 »Noire et blanche«, 1926

als ein gutes Zeichen; es bewies, daß wir immer noch ineinander verliebt waren. Ich gab ihr Geld für Einkäufe, das sie dazu benutzte, sich sehr farbenfroh herauszuputzen. Wir aßen jeden Tag gut und reichlich, woran sie, die vorher von Brot und Tee gelebt hatte, nicht gewöhnt war; sie nahm zu, was sie aber nicht störte, und war entzückt, als sich nach und nach einige Schamhaare zeigten. Eines Abends auf einer fröhlichen Party bei Foujita mimte sie Napoleon; mit quer aufgesetztem Hut hob sie ihr Kleid bis zu den Hüften und steckte eine Hand in den Busen. Ihre weißen Schenkel (Schlüpfer trug sie nicht) waren eine vollkommene Nachbildung der weißen Kniehosen des Kaisers. Alle brachen in schallendes Gelächter aus und klatschten Beifall.

Als ich ein eigenes Atelier in der Rue Campagne-Première am Montparnasse bezog, richtete ich es so ein, daß ich Besucher empfangen und auch die wachsende Arbeit bewältigen konnte. Das Badezimmer wurde in eine Dunkelkammer und die Galerie, zu der eine Treppe hinaufführte, in ein Schlafzimmer verwandelt, wo sich Kiki still verhalten mußte, wenn ich Besuch hatte und sie nicht ausgegangen war. Ich beschloß, ein Einweihungsfest zu geben, und lud alle Bekannten aus dem Viertel und die wichtigeren Leute aus anderen Teilen der Stadt ein. Auch die meisten Dadaisten kamen; jeder Gast brachte eine Flasche mit. Tzara fand einen Eimer und leerte dahinein ein Dutzend verschiedener Alkoholika. Gegen zwei Uhr morgens erreichte das Fest unter einem Höllenlärm seinen Höhepunkt. Rigaut, wie immer tadellos gekleidet, stellte sämtlichen Mädchen nach; einmal hing er mit einer Hand von der Decke herunter an einem Haken, den er von der Galerie aus hatte erreichen können. Ich beschäftigte mich besonders mit zwei jungen Mädchen, den Töchtern eines berühmten Generals, die ich als zukünftige Modelle oder Kundinnen im Auge hatte. Plötzlich gab mir jemand von hinten eine schallende Backpfeife; ich drehte mich um: Kiki überschüttete die Mädchen und mich mit einer Flut von Beschimpfungen. Ich wollte mich auf sie stürzen, aber sie entwischte auf die Treppe zur Galerie. Rigaut hielt mich zurück und beruhigte mich. Alles in allem war das Fest ein großer Erfolg, alle Standesunterschiede waren vergessen und nach ein paar Stunden gingen unsere Gäste betrunken und fröhlich nach Hause. Ich versöhnte mich mit Kiki und spürte, daß wir einander mehr denn je liebten. Am nächsten Morgen weckte mich die Türklingel. Draußen stand die Concierge mit einem Blatt Papier in der Hand. Es war ein von den Mietern unterzeichneter Brief an den Hausbesitzer, in dem meine fristlose Kündigung verlangt wurde. Ich hätte das Recht, ab und zu ein Fest zu feiern und Lärm zu machen, sagte sie mir, aber die übrigen Mieter müßten vorher benachrichtigt werden. Ich entschuldigte mich, versprach, es werde nicht wieder vorkommen und gab ihr etwas Geld. Mir als Ausländer seien noch nicht alle Regeln bekannt. Die Unterschriftensammlung wurde vernichtet.

Ich fand es jetzt immer unpraktischer, daß sich Kiki ständig in meinem Atelier aufhielt; außerdem plante ich, auf der Galerie Lampen zu installieren, um Photositzungen machen zu können; ich wollte das Atelier anderen Besuchern und möglichen Kunden vorbehalten. Das Studio sollte eine Ausstellungsgalerie werden, in der ich Photographien und andere Arbeiten von mir zeigen konnte. Zur Erinnerung an alte Zeiten hängte ich auch ein paar Gemälde auf, damit die Atmosphäre nicht allzu geschäftsmäßig würde.

Damals war es leicht, Ateliers und Wohnungen zu finden; Schilder mit dem Hinweis ZU VERMIETEN sah man überall. Kiki entdeckte eine zauberhafte kleine Wohnung in einem Hof hinter den Cafés, wo einige befreundete Maler ihre Ateliers hatten. Alle diese Freunde hatten eine Frau oder eine Geliebte, was mich beruhigte, und so zogen wir ein. Es gab Heizung und ein Badezimmer, was in Paris selten war. Nur so zum Spaß verbrachte Kiki einen großen Teil ihrer Zeit in der Badewanne. Wenn ich tagsüber zufällig einmal in die Wohnung kam, traf ich sie fast immer im Morgenrock oder einfach nackt. Wenn ich ankündigte, daß ich zum Mittagessen oder für den Abend Freunde eingeladen hatte, ging sie einkaufen, bereitete im Nu ein Essen und deckte den Tisch. Es schmeckte immer köstlich, gediegene burgundische Gerichte, viel Wein, Salate und sorgfältig ausgewählte Käsesorten. Und wenn wir nachher beim Kognak zusammensaßen, sang sie uns mit heller, wohltönender Stimme, begleitet von vielsagenden Gesten und raffinierter Mimik, ein paar saftige Chansons. Seit sie mit mir zusammenlebte,

36 *Atelier in der rue Campagne-Première, das Man Ray von 1921 bis 1930/33 gemietet hatte*

arbeitete Kiki nicht mehr als Modell; oft wurde ihr die Zeit sehr lang, und ich bat sie, sich um das Atelier zu kümmern, wenn ich unterwegs war, die Tür zu öffnen oder Anrufe entgegenzunehmen.

Als ich in meinem Adressbuch einmal eine Telephonnummer nachschlug, fielen mir einige merkwürdige Entstellungen auf. Bei jedem Frauennamen waren die Buchstaben bis zur Unlesbarkeit entstellt und die Nummern so verändert, daß sie nicht mehr zu entziffern waren. Ich sagte nichts, aber ein inniges Gefühl überkam mich. Kiki war gezähmt. Um einigen ihrer Freundinnen einen Gefallen zu tun, schickte sie sie zum Photographieren vorbei, ermahnte mich aber, nichts mit ihnen anzustellen — ich würde mir sonst womöglich eine Krankheit holen. Einmal wurde ich tatsächlich krank und machte ihr Vorwürfe, denn ich hatte kein anderes Mädchen angefaßt. Sie besorgte sich von zwei verschiedenen Ärzten Bescheinigungen, daß bei ihr alles in Ordnung sei. Ich konsultierte einen befreundeten Arzt, der mir erklärte, man könne sich auf verschiedene Weise anstecken, beispielsweise auch auf einer Toilette. Kiki wollte ein Kind von mir, aber sie wurde enttäuscht. Noch nie war ich Vater geworden, und ich fragte mich, ob das an mir lag. Ich bin dem aber nicht weiter nachgegangen und frage es mich noch heute.

Kiki löste das Problem, was sie mit ihrer freien Zeit anfangen sollte, auf ihre Weise. Eines Tages kam sie mit einem Gemälde ins Atelier. Es war ein kleines, vielleicht achtjähriges Mädchen darauf zu sehen, Kiki sehr ähnlich, das auf einem Feld saß und den größten Teil der Leinwand einnahm, neben sich eine sehr viel kleinere Frau. Sie sagte, es sei eine Erinnerung an ihre Kindheit in Burgund. Das Bild war naiv, aber mit kräftigem Pinselstrich gemalt, in hellen, leuchtenden Farben, wobei die Umrisse zusätzlich mit dicken Bleistiftstrichen hervorgehoben waren. Ich bot an, das Bild zu kaufen, und fügte hinzu, ich würde alles von ihr kaufen, wenn sie mit dem Malen weitermachte. Voller Eifer machte sich Kiki an die Arbeit und malte alle möglichen Motive: ländliche Szenen mit Bauern, Zirkusszenen und starke Männer auf Jahrmärkten, Porträts von Malern und Freundinnen. Eines Tages kam Hans Richter, der dadaistische Filmemacher, zusammen mit dem russischen Regisseur Eisenstein zu uns. Während einer kurzen Sitzung machte sie ein Porträt von Eisenstein, das dieser dann kaufte. Ein andermal war Bob Chanler in der Stadt und brachte Clem Randolph mit ihrem Baby zum Photographieren. Ich machte ein Bild, wie das Baby an Clems nackter Brust saugt. Als Kiki es sah, war sie ganz hingerissen, nahm es mit und malte ein Bild danach. In der Wohnung entdeckte ich eines Tages ein anderes, sehr merkwürdiges Bild — eine Landszene mit Kühen, deren Hörner falsch herum gebogen waren, wie auf einem Gemälde von Chagall, und im Vordergrund waren aus Chromolithographien ausgeschnittene Hunde aufgeklebt. Sie gab zu, sie habe nicht gewußt, wie man einen Hund zeichnet, und sei deshalb auf diesen Trick verfallen. Dabei hatte sie noch nie etwas von Collagen gehört.

In einer Galerie in der Nähe wurde eine Ausstellung für Kiki organisiert. Robert

Desnos, der Dichter, schrieb ein Vorwort für den Katalog. Der ganze Montparnasse kam zur Eröffnung — es war ein großer Erfolg, sowohl künstlerisch als auch finanziell, die meisten Bilder wurden verkauft. Aber Kiki machte nicht weiter; sie besaß nichts vom Instinkt eines Karrieremädchens, schaffte es nie, aus ihren Talenten Gewinn zu ziehen. Und es gab noch so viele andere Zerstreuungen, die ihre reiche Begabung in Anspruch nahmen.

Trotz seiner kosmopolitischen Bewohner war der Montparnasse mit seinen Cafés, seinen Ateliers und seinen Intrigen ein Viertel, wo jeder jeden kannte. Er ähnelte einer Provinzstadt, nur daß die Einwohner größtenteils Maler, Bildhauer, Schriftsteller und Studenten waren. Touristen kamen selten hierhin, sie suchten vor allem das andere Ende von Paris heim, den Montmartre mit seinen Nachtclubs, wo der Champagner in Strömen floß. Eines Tages eröffnete ein unternehmungslustiger ehemaliger Jockey, der einen Geldgeber im Hintergrund hatte, ein Nachtlokal im Herzen des Montparnasse. Er nannte es »Jockey«. Es befand sich in einem einstöckigen Gebäude am Ende der Straße, in der ich mein Atelier hatte; die Außenwände hatte der amerikanische Maler Hilaire Hiler mit stilisierten Indianer- und Cowboyfiguren ausgeschmückt, das Innere war mit alten Plakaten tapeziert. Zur Eröffnung wurde eine Gruppe von bekannteren Stammgästen vor dem Club photographiert, alle in mehr oder minder affektierten Posen: ich mit einer nutzlosen kleinen Kodak in der Hand, Tristan Tzara mit seinem Monokel, Jean Cocteau mit seinen schwarzweißen Strickhandschuhen, Pound als Bohémien verkleidet. Aber die Hauptatraktion neben anderen Sängerinnen und der amerikanischen Jazzband war doch Kiki mit ihren frechen Chansons, die sie mit unnachahmlicher Ungerührtheit vortrug. Nachher ging sie mit dem Hut herum und drängte die Besucher mit finsteren Blicken zu großzügigen Spenden, die sie unter den weniger erfolgreichen Darstellern verteilte. Wenn sie nicht sang, saß sie an meinem Tisch, oder wir tanzten auf der winzigen, überfüllten Tanzfläche. Eines Abends trat ein im ganzen Viertel bekanntes Original an unseren Tisch — wegen seines Aufzugs nannte man ihn den Cowboy, dabei war er in Wirklichkeit Russe — und forderte Kiki zum Tanz auf. Ich kannte die französischen Anstandsregeln in volkstümlichen Tanzsälen: es galt für eine Frau in Begleitung nicht als schicklich, eine solche Aufforderung durch einen Fremden abzulehnen, weil das zu einem Streit führen konnte. Aber der Cowboy war betrunken, und so stand ich auf, um mich zwischen ihn und Kiki zu schieben. Er versuchte, mich beiseite zu drücken; es gab ein Gerangel und wir fielen zu Boden. Aber wir hielten uns gegenseitig so fest umklammert, daß es nicht zu Schlägen kam; Kiki schrie, ich solle ihn fertigmachen. Einige Kellner trennten uns schließlich und setzten den Cowboy an die Luft, während ich in die Toilette ging, um mir die Kleider abzubürsten. Als ich eine Minute später zurückkam, war Kiki nicht mehr da — sie sei nach draußen gegangen, hieß es. Ich ging ihr nach und sah auf einer Bank den Cowboy sitzen, mit blutigem Kopf. Kiki stand neben ihm und machte lauthals ihrer Empörung Luft. In der Hand hielt sie eine Boxkamera, die ich ihr geschenkt hatte. Damit hatte sie dem Cowboy eins verpaßt. Die Kamera hatte sie immer bei sich — ihr waren damit schon ein paar interessante Schnappschüsse gelungen, die ich dann vergrößert hatte. Als sie sie hinter der Theke hervorholte, konnte niemand ahnen, was sie im Schilde führte.

Es gab noch mehr solcher Zwischenfälle, manchmal versuchten auch Touristen, sie in die Nachtlokale vom Montmartre abzuschleppen, wenn das »Jockey« schloß. Aber sie begriffen bald, daß Kiki unverführbar war, ein festes Verhältnis hatte und zum Spaß sang, nicht wegen des Geldes. Wenn sie nach Hause kam, wurde sie wieder zu dem einfachen Mädchen vom Lande, das in mich und unsere Häuslichkeit verliebt war. Wenn ich wegen einer anderen Verpflichtung noch spät unterwegs war und nicht ins »Jockey« kommen konnte, wartete sie zu Hause auf mich und erzählte mir dann den neuesten Klatsch. Es gehörte zu ihrem Wesen, daß sie meine Arbeit mit Argwohn betrachtete. Einmal war ich gerade dabei, mich für ein wichtiges Abendessen mit Leuten anzukleiden, die ich möglicherweise porträtieren sollte. Sie half mir, steckte mir die Manschettenknöpfe in die Hemdärmel und war von mir im Abendanzug ganz hingerissen. Sie umarmte mich und gab mir einen zärtlichen Kuß: ich solle nicht zu spät heimkommen. Das Abendessen fand in einem der elegantesten Restaurants statt, anschließend gingen wir noch in einen Nachtclub. Ich forderte die Frau meines Gastgebers zum Tanz auf; sie antwortete, ich solle doch zuerst in den Waschraum gehen und meine Kleidung in Ordnung bringen. Überrascht sah ich sie an, fühlte nach der Frackschleife, zog meine Weste stramm, alles schien in Ordnung. Als ich dann im Waschraum in den Spiegel sah, entdeckte ich den perfekten Abdruck eines schönen Paars roter Lippen auf meinem Kragen. Ich drehte den Kragen um, faltete die Kragenecken anders herum und kehrte lächelnd zu meinen Gastgebern zurück. (Hierher rührte wahrscheinlich die Idee, nur einen Mund zu photographieren oder ein riesiges am Himmel schwebendes Lippenpaar zu malen, ein Bild, das dann den Titel *Les amoureux* erhielt.) Als ich mich später zu Hause auszog, wendete ich den Kragen aufs neue und zeigte ihn am nächsten Morgen Kiki mit der Bitte, einen zweiten Kuß neben den ersten zu setzen, um zu beweisen, daß es ihr Mund war.

Manchmal nahm ich Kiki auch mit in die Cafés oder die Wohnungen meiner intellektuellen Freunde. Sie fühlte sich dort sehr wohl und belustigte alle durch ihre witzigen Einfälle, aber wenn ihr die Unterhaltung zu abstrakt wurde, langweilte sie sich. Anders als die Frauen oder Freundinnen der anderen, die entweder angestrengt dem Gang des Gesprächs zu folgen versuchten oder den Mund hielten, wurde sie unruhig; und ich begleitete sie zurück zu ihrem geliebten Montparnasse. Irgendwann stellte mir jemand die Frage, ob sie intelligent sei: ich entgegnete nur, meine Intelligenz reiche für uns beide. Kiki erzählte mir, einige meiner intellektuellsten Freunde hätten ihr Anträge gemacht.

Eines Tages brachte sie ein Ehepaar zu mir, das photographiert werden wollte. Es waren Amerikaner, die in Europa herumreisten und nach Talenten Ausschau hielten. Der Mann war groß und sah gut aus, die Frau war etwas älter als er; sie machten einen wohlhabenden Eindruck. Von Kiki, ihrem Gesang und ihrer Persönlichkeit waren sie bezaubert, und machten den Vorschlag, sie mit in die Staaten zu nehmen, wo sie ihr ganz bestimmt einen Vertrag beim Theater oder beim Film verschaffen könnten. Für sämtliche Auslagen wollten sie aufkommen. Fürs erste sollte sie bei einer französischen Familie in Greenwich Village wohnen. Wir besprachen das mehrere Tage lang; Kiki war Feuer und Flamme, aber ich hatte meine Zweifel — ich traute ihrem Sinn fürs Praktische nicht, wo es um Geld und Geschäft ging. Das Ehepaar beruhigte mich, sie würden sich als ihre Agenten betätigen und alles regeln, und sie würden auch dafür sorgen, daß Kiki so blieb, wie sie war, die unbekümmerte Kiki vom Montparnasse, das sei der entscheidende Punkt bei der ganzen Sache, sie würden sie beschützen. Ich ließ mich überzeugen und stimmte zu, und nun wurden die Reisevorbereitungen getroffen. Kiki bekam eine neue Garderobe — in den neuen Kleidern stolzierte sie umher und mimte vollendet die große Dame, obgleich das meiner Ansicht nach nicht unbedingt zu ihr paßte. Am Schiffszug gab es einen tränenreichen Abschied mit dem Versprechen, jeden Tag zu schreiben. Ich gab ihr ein paar Adressen von Freunden, darunter auch die meiner Schwester. Da ich nicht wußte, wie lange Kiki fort bleiben würde, gab ich unsere kleine Wohnung auf und nahm mir ein Zimmer in einem Hotel gleich neben meinem Atelier. Bei dem Junggesellenleben, das ich jetzt zeitweilig führte, war das praktischer.

Es kamen dann ein paar Bildpostkarten aus New York und ein langer, chaotischer Brief, in dem sie über ihr Staunen angesichts der großen Stadt schrieb, über die Freundlichkeit der Leute, die sie kennenlernte, und über ihr Heimweh nach Paris und nach mir. Dann einige Wochen lang Schweigen. Eines Morgens kam ein Telegramm — ein SOS-Ruf: sie bat mich, ihr das Geld für die Rückfahrt zu schicken. Das tat ich auf der Stelle, und sie telegraphierte mir, wann ihr Schiff ankommen würde. Ich fuhr mit dem Zug nach Le Havre und holte sie am Landungssteg ab. Die Nacht über blieben wir in der Stadt. Ihre Geschichte ist schnell erzählt: Während der Überfahrt war das Ehepaar in Streit geraten, die Frau wurde eifersüchtig, weil sie der Ansicht war, daß sich ihr Gatte allzusehr um Kiki bemühte, was auch stimmte. Bei der Ankunft trennten sich die beiden, und der Mann bot Kiki an, sie in seine Wohnung aufzunehmen. Sie lehnte ab und zog, wie ursprünglich geplant, zu der französischen Familie. Trotzdem arrangierte er eine Besprechung mit den Leuten von der Paramount, die damals Filmateliers auf Long Island hatte, und gab ihr Anweisungen, wie sie ihn dort finden könne. Sie ging hin, verirrte sich aber im Labyrinth der zahllosen Gebäude, konnte sich niemandem verständlich machen und nahm schließlich, verärgert darüber, wie nachlässig alles vorbereitet war, den Zug zurück nach New York. Danach war ihr einziger Gedanke die Rückkehr nach Paris. Jetzt war sie wieder glücklich, war an einer Karriere nicht interessiert und wollte für immer bei mir bleiben. Im Zug nach Paris saßen wir schweigend nebeneinander und hielten uns bei den

Händen, wie bei unserer ersten Begegnung im Kino. Kiki wurde empfangen wie die verlorene Tochter. Der Montparnasse machte einen Festtag daraus; sie lief von einem Café zum anderen und schließlich ins »Jockey«, wo sie ihre unumstrittene Position wieder einnahm.

Einige Tage später saß ich mit ein paar Freunden vor einem Café und wartete auf sie, wir hatten uns zum Abendessen verabredet. Als sie kam, war sie sehr erregt, beschuldigte mich ohne Umschweife, ich hätte während ihrer Abwesenheit eine Affäre mit einer ihrer Bekannten gehabt, und versetzte mir eine schallende Ohrfeige. Ich stand auf und ging in aller Würde davon, sie hinter mir her. Ich kehrte mit ihr zum Hotel zurück und fragte sie ganz ruhig, woher sie ihre Information habe. Ihre Quellen seien völlig unzweifelhaft, sagte sie und fuhr fort, mich zu beschimpfen. Ich versetzte ihr einen solchen Schlag, daß sie aufs Bett fiel. Sie wälzte sich auf die andere Seite hinüber, stürzte zu einem Tisch am Fenster, griff nach einer Flasche Tinte und warf sie nach mir. Aber sie traf nur die Wand und machte einen Klecks, der heute jeden Action-Painter entzücken würde. Dann zerschlug sie die Fensterscheibe mit der Faust, öffnete das Fenster und schrie Zeter und Mordio. Wenn ich ihr näher käme, dann würde sie springen, drohte sie. Das Zimmermädchen kam herein, gefolgt vom Besitzer, der uns aufforderte, auf der Stelle auszuziehen und den im Zimmer entstandenen Schaden zu ersetzen. Als sie gegangen waren, fielen wir uns in die Arme, Kiki weinte, ich lachte. Wir zogen in ein anderes Hotel.

Solche Ausbrüche kamen hin und wieder vor, aber immer in der Öffentlichkeit, wenn Zeugen dabei waren; solange wir allein waren, war sie so sanft wie ein junges Kätzchen. Daß sie auf Publikum angewiesen war, wenn sie eine Szene machte, war typisch französisch. Ein Vorkommnis dieser Art hatte für Kiki allerdings ernstere Folgen, aber diesmal war nicht ich die Ursache. Sie war nach Villefranche an die französische Mittelmeerküste gefahren, ich sollte bald nachkommen. Sie besuchte dort häufiger eine Bar, die stets überfüllt war mit amerikanischen Seemännern auf Landgang von einem im Hafen ankernden Schlachtschiff. Es waren noch andere Mädchen da, die etwas handfestere Ziele verfolgten und Kikis Anwesenheit mit Argwohn betrachteten. Sie war das Maskottchen der amerikanischen Navy und zog zuviel Aufmerksamkeit auf sich. Eines Abends geriet Kiki mit einem der Mädchen in Streit, der schließlich damit endete, daß sie der anderen ein Glas Whisky ins Gesicht kippte. Sofort brach eine allgemeine Schlägerei aus, und das Lokal wurde in Trümmer gelegt. Nachdem sich alle wieder beruhigt hatten, veranstalteten die Seeleute eine Sammlung, deren Ertrag die angerichteten Schäden einigermaßen abdeckte. Der hinterhältige Barbesitzer jedoch ging zur Polizei und verlangte, Kiki müsse aus der Stadt gewiesen werden — sie schädige sein Geschäft.

Am nächsten Morgen erschienen bei ihr im Hotel zwei Polizisten und forderten sie auf mitzukommen. Sie verlangte eine Erklärung, worauf einer der Männer sie am Arm packte und sie mit einem Schimpfwort titulierte. Sie ergriff ihre Handtasche und schlug ihm damit ins Gesicht. Jetzt lautete die Beschuldigung »Widerstand gegen die Staatsgewalt« — das genügte für eine Verhaftung. Kiki wurde ins Gefängnis gesteckt, um dort auf ihre Gerichtsverhandlung zu warten. Thérèse, eine gute Freundin von ihr, telegraphierte mir, ich solle sofort kommen. Mit dem nächsten Zug fuhr ich nach Nizza, wo sie festgehalten wurde. Wir fanden einen Rechtsanwalt, mit dem ich mich beriet. Der Fall sei sehr schwerwiegend, meinte er, Kiki müsse mit drei bis sechs Monaten Haft rechnen. Sie werde vor Gericht gestellt, aber erst in einigen Wochen. Es gab nur einen Ausweg: sie mußte sich schuldig bekennen und das Attest eines Arztes vorlegen, der ihr bescheinigte, daß sie wegen seelischer Verwirrung in Behandlung und zur Erholung aus Paris hierhergekommen sei und daß ich, ihr Beschützer, die Rechnungen bezahle. Sie war ja keine Prostituierte. Ich schrieb einem befreundeten Arzt, der mir sofort die erforderlichen Papiere schickte. Ich besuchte sie im Gefängnis; sie war in guter Verfassung — alle waren nett zu ihr, und sie durfte täglich eine Stunde lang im Hof Sport treiben, Handball. Ich hatte ihr ein paar Leckereien mitgebracht, die sie gerne annahm; sie fügte jedoch hinzu, sie werde dünner sein, wenn sie herauskomme. Das Leben mit mir habe sie zu dick gemacht.

Schließlich war es so weit, sie mußte vor dem Richter erscheinen. Seinen weißen Bart streichend, saß er in einem Sessel gemütlich zurückgelehnt hinter seinem Tisch. Nach einigen geringfügigen Diebstahls- und Prostitutionsfällen wurde Kiki hereingeführt. Ungeschminkt sah sie aus wie ein kleines, verängstigtes Mädchen vom Lande. Sie warf einen Blick über den Zuschauerraum; ich hob ein wenig die Hand, und sie lächelte schwach. Der Rechtsanwalt sprach wie geplant, hob ihren neurotischen Zustand hervor, verwies auf das ärztliche Attest und fügte hinzu, ihr Freund sei gekommen, um sie nach Paris zurückzubringen. Darauf hielt der Richter eine langatmige Rede über die Achtung vor dem Gesetz und welch schweres Vergehen es sei, einen Polizisten in Ausübung seines Amtes anzugreifen, schließlich wandte er sich ihr zu und stellte die Frage, ob sie sich schuldig bekenne. Mit schwacher Stimme bejahte sie und fügte wie geistesabwesend hinzu, es tue ihr sehr leid. Recht muß Recht bleiben, fuhr der Richter fort, das Gesetz sehe für diesen Fall eine ganz bestimmte Strafe vor. Und dann verurteilte er sie zu sechs Monaten Gefängnis. Mir stockte der Atem, während sich dieser alte Sadist über den Bart strich und dann noch einmal das Wort ergriff. Nur um den Freund, der ihretwegen so viel auszustehen hatte, tue es ihm leid, ihm zuliebe entscheide er auf bedingte Strafaussetzung.

Ich brachte sie zurück nach Paris, und bald war die ganze Episode vergessen, abgesehen davon, daß sie eine Reihe von Bildern mit adretten, an Bars stehenden oder mit Mädchen zusammensitzenden Seeleuten malte. Im Laufe des Sommers äußerte sie den Wunsch, ihre Großmutter, bei der sie aufgewachsen war, zu besuchen. Kiki hatte abgenommen und machte einen mitgenommenen Eindruck, so schickte ich sie in ihre Heimatstadt in Burgund. Ich bekam zärtliche Briefe, in denen sie das Land und das friedliche, idyllische Leben dort beschrieb und mich drängte, nachzukommen. Aber ich konnte das Atelier jetzt nicht verlassen — während der Sommermonate kamen viele Besucher zu mir — ich hatte viel zu tun. Ich schrieb ihr, sie könne so lange bleiben, wie sie wolle. Kurz darauf erhielt ich einen dicken Brief von ihr. Es war ihre Kindheitsgeschichte, über die anderen Kinder, ihre Schwierigkeiten mit der Schule und mit den frommen Schwestern der Stadt. Der Stil war direkt, kunstlos, aber durchaus scharfsichtig — mit einem Gespür für die Dummheit und Verlogenheit der Provinzbewohner, ihre absurde Mildtätigkeit und Moral.

Als sie zurückkam, riet ich ihr, weiterzuschreiben und ein Buch daraus zu machen — ihre Ankunft in Paris und ihr Leben dort —, es würden ihre Memoiren sein, und wir könnten sie veröffentlichen. Mit viel Eifer ging sie an die Arbeit, es fiel ihr so leicht wie das Singen oder das Malen, und sie schrieb regelmäßig daran, bis das Buch fertig war. Ich las das Manuskript — es war keine Literatur, es war ein Selbstporträt von Kiki, lebenswahr, zuweilen von einer schockierenden, aber doch taktvollen Offenheit, und in den zurückhaltenderen Abschnitten konnte man leicht zwischen den Zeilen lesen. Auch über mich gab es ein kurzes Kapitel, in dem sie über meine künstlerische Tätigkeit schrieb — über mein Interesse für Papier-, Metall- und Stoffstücke, die mir bei der Herstellung meiner Rayographien nützlich waren. Was meine Porträts anging, so attestierte sie mir einen gewissen Mangel an Logik. Ich hätte ihren Hang zu grellbunten Farben kritisiert, dabei hätte ich selbst einige Mitglieder des Negerensembles aus dem Musical *Blackbirds* photographiert, das damals Paris im Sturm eroberte. Also mochte ich die Farbe doch, argumentierte sie. Außer daß sie mich als ihren Liebhaber bezeichnete, war das Kapitel ebenso wie die Hinweise auf mich an anderen Stellen des Buches diskret.

Ein Verleger war bald gefunden: der Herausgeber einer lokalen Zeitschrift, die die künstlerischen und wirtschaftlichen Interessen des Montparnasse vertrat. Broca war der Sohn eines berühmten Arztes, hatte sich jedoch in die Bohème begeben — er trank, war drogensüchtig und litt an Halluzinationen, was ich aber erst später erfuhr, nachdem mich Kiki seinetwegen verlassen hatte. Seine Krankheit kam nach und nach zutage, als Kiki und er an der Redaktion des Buches arbeiteten und den Druck vorbereiteten. Sie begann, die anderen Nachtlokale aufzusuchen, die auf dem Montparnasse nun aus dem Boden schossen. Ihr Gesang war überall gefragt; sie zog die Touristen an, die das Viertel jetzt überschwemmten. Zwischen uns kam es zu keinerlei Szenen oder Aussprachen. Manchmal tauchte sie noch im Atelier auf, um mich wegen ihres Buches um Rat zu fragen; ich blieb reserviert — wir waren nur noch gute Freunde. Als das Buch erschien, brachte sie mir eines der ersten Exemplare, in das sie eine rührende Widmung geschrieben hatte. Häufig begegneten wir einander im Café und tranken etwas zusammen. Hin und wieder kam sie in mein Atelier, um sich eines meiner Photos von ihr zu holen. Sie bekam eine Rolle in einem reich ausgestatteten Musikfilm, wo sie in Bohème-Umgebung einige ihrer Chansons sang. Eine Schallplattenfirma lud sie zu Aufnahmen ein — sie machte eine und ging nie wieder hin. Sie brauchte ein Publikum, zur Ermutigung. Eines Tages erschien sie bei mir, am ganzen Leib zitternd. Broca hatte einen seiner Anfälle gehabt, hatte versucht, sie umzubringen, und war in ein Sanatorium gebracht worden. Kurze Zeit später starb er.

Edward Titus, der damals mit Helena Rubinstein von der Kosmetikfirma verheiratet war, hatte einen englischen Buchladen in unserem Viertel. Kikis Memoiren hatten in Paris Aufsehen erregt, und er bot an, eine englische Ausgabe herauszubringen. Kiki bekam einen Vorschuß, das Buch wurde übersetzt, und Hemingway schrieb ein begeistertes Vorwort. Die englischsprachige Kolonie in Paris verschlang das Buch geradezu, aber seine Einfuhr in die Staaten wurde aus Zensurgründen verboten. Dabei enthielt die englische Ausgabe kein einziges unanständiges Wort, ebensowenig wie das französische Original.

Kiki lebte jetzt mit ihrem Akkordeonbegleiter zusammen, der offenbar noch über weitere Einnahmequellen verfügte. Jedenfalls hatten sie Geld und ein Auto. Ab und zu schneite Kiki bei mir herein — einmal brachte sie eine schöne junge Französin mit, eine gute Freundin von ihr. Sie hatte immer ein Mädchen dabei, von dem sie bewundert wurde und das die Rolle einer Anstandsdame spielte, als Abschreckung gegenüber allzu aufdringlichen Männern. Offensichtlich hatte Kiki ihr von mir die schmeichelhaftesten Dinge erzählt. Ich lud sie ein, mir Modell zu sitzen; im Nu war sie ganz erobert. Kiki war entzückt über ihren Erfolg als Kupplerin.

In den letzten Jahren vor dem Zweiten Weltkrieg sah ich wenig von ihr; ich war oft von Paris abwesend, hatte ein Atelier in einem anderen Viertel und kam selten zum Montparnasse. Als dann der Einmarsch nach Frankreich erfolgte, ging ich zurück in die Staaten. Zehn Jahre später war ich wieder in Paris und richtete mir ein Atelier nicht weit von meinen alten Lieblingsplätzen ein. Eines Tages schlenderte ich durch den Jardin du Luxembourg Richtung Montparnasse, um zu sehen, was sich inzwischen verändert hatte. Alles schien genauso, wie ich es verlassen hatte, jedenfalls die Straßen, die Häuser, die Cafés. Nur die Gesichter der Menschen hatten sich verändert. Ich betrat ein Café-Restaurant, um etwas zu essen. An den wenigen Tischen erkannte ich zwei alte Stammgäste — einen Maler und einen Bildhauer, mit denen ich ein paar Begrüßungsworte wechselte. Da hörte ich eine Stimme und Gelächter, die von der anderen Seite der Trennwand zwischen Bar und Restaurant herüberdrangen. Es war Kiki, die mit dem Besitzer herumflachste. Ich ging hinüber und stand mit einem Mal vor ihr. Sie stieß einen Schrei aus und warf sich mir in die Arme, fast hätte sie mich umgestoßen. Sie war sehr dick geworden, aber ihr Gesicht bildete immer noch das reine Oval der alten Tage, ohne Falten und Runzeln — und wie immer war es wie für die Bühne geschminkt. Ich führte sie zum Tisch zurück, und wir bestellten Rotwein. Sie hatte eine große Tasche mit alten Schuhen und Kleidern dabei. Nein, sagte sie, sie könne nicht mit mir essen, sie sei auf dem Weg zu einem Wohltätigkeitsver-

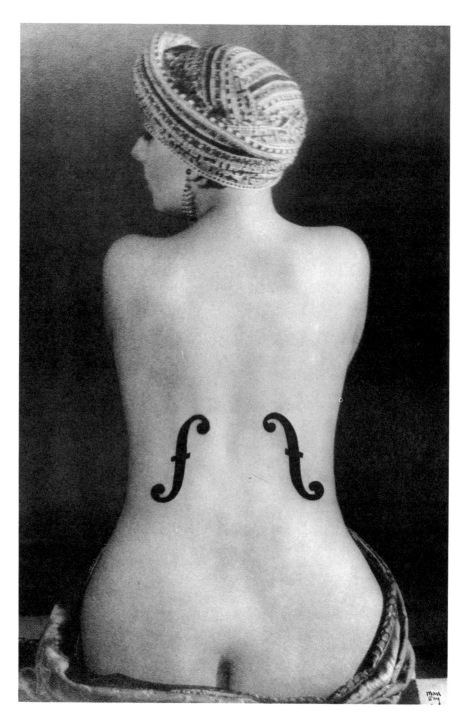

37 »Le Violon d'Ingres«, 1924

ein, um dort während der Besuchszeit, zwischen eins und zwei, ihr Paket abzuliefern.

Kiki lebte jetzt allein in einem kleinen Zimmer im Viertel und tat nichts Bestimmtes. Sie sei ziemlich krank, leide an Wassersucht, sagte sie und klopfte sich dabei auf den aufgeschwemmten Bauch. Sie werde bald ins Krankenhaus gehen und sich gründlich behandeln lassen. Ich bot an, ihr in jeder Weise behilflich zu sein, aber sie meinte, sie brauche nichts. Ich gab ihr etwas Geld und sagte, sie könne jederzeit zu mir kommen, und sie solle es mich wissen lassen, wenn sie ins Krankenhaus ging. Ein- oder zweimal kam sie zu mir ins Atelier und verschwand wieder. Später las ich in der Zeitung, daß sie im Krankenhaus gestorben war. Der ganze Montparnasse trauerte um sie. Es wurde eine große Sammlung veranstaltet, und sie bekam ein prunkvolles Begräbnis. In den Zeitungen wurden Bilder von alten Freunden, die Blumen an ihrer Bahre niederlegten, gebracht; die Illustrierten kamen zu mir und wollten Photos haben, aber ich wurde wütend — warum hatte man ihr nicht geholfen, als sie noch am Leben war? Und jetzt machten der Bestattungsunternehmer, die Blumenhändler und die Journalisten das große Geschäft — wie die Maden in einem Kadaver.

Ich habe den Tod vieler Freunde übelgenommen: nicht daß ich der Unmenschlichkeit der Gesellschaft einen Vorwurf gemacht hätte — in vielen Fällen war der Einzelne selbst schuld —, ich hatte vielmehr das Gefühl, daß der Weggang eines Wesens, das mir nahe gestanden hatte, eine Art von Flucht war, ein Verrat.

Kontakte zur Aristokratie

Als ich zum erstenmal mit den höheren Kreisen in Berührung kam, wohnte ich noch in meinem Hotelzimmer. Eine eindrucksvolle, große Frau in Schwarz mit riesigen, durch schwarzes Make-up noch hervorgehobenen Augen besuchte mich. Sie trug einen hohen Kopfputz aus schwarzen Spitzen und neigte beim Eintreten leicht den Kopf, so als sei ihr die Tür zu niedrig. Als die Marquise Casati stellte sie sich mir vor; sie habe den Wunsch, sich photographieren zu lassen. Es müsse dies jedoch in ihrem Salon geschehen, wo sie alles, was ihr lieb und teuer sei, um sich habe. Wir machten einen Termin aus. In der Zwischenzeit informierte ich mich über sie. In Adelskreisen war sie sehr bekannt, galt aber als ziemlich exzentrisch. Ihre italienische Villa war der Schauplatz aufwendiger Feste gewesen, für die sie die Bäume in ihrem Garten vergolden ließ, und ihre Gäste begrüßte sie mit einer dreieinhalb Meter langen lebendigen Python um den Leib. (In ihrer rosa Marmorvilla sah ich später die tote Schlange in einem großen Glaskasten, wirklichkeitsgetreu um einen Baumstamm gewunden.) Sie war mit dem italienischen Dichter d'Annunzio befreundet gewesen.

Zur Zeit unserer Begegnung bewohnte sie eine Suite in einem Hotel an der Place Vendôme. Sie empfing mich in einem seidenen Morgenrock, die rot gefärbten Haare in Unordnung, aber die großen Augen sorgfältig geschminkt. Ihr Zimmer war angefüllt mit allem möglichen kostbaren Krimskrams. Ich baute meine Kamera und die Lampen auf, und sie setzte sich an einen Tisch, auf dem ein üppiger Blumenstrauß stand — in einer Vase aus Jade und Edelsteinen. Als ich meine Lampen einschaltete, zuckte nur ein Blitz auf und alles war wieder dunkel. Wie in französischen Häusern üblich, waren die Stromkreise der einzelnen Zimmer nur sehr schwach ausgelegt und niedrig abgesichert. Der Portier ersetzte die durchgebrannten Sicherungen, aber ich wagte es nicht, meine Lampen noch einmal einzuschalten. Ich sagte der Marquise, ich wolle das natürliche Licht im Zimmer verwenden, dadurch verlängere sich jedoch die Belichtungszeit und sie solle versuchen, sich so wenig wie möglich zu bewegen. Es war anstrengend — die Dame führte sich auf, als würde ich mit ihr einen Film drehen.

Abends entwickelte ich die Negative, sie waren alle verwackelt; ich legte sie beiseite und betrachtete die Sitzung als Fehlschlag. Da ich nichts von mir hören ließ, rief sie mich wenig später an; ich teilte ihr mit, die Negative seien wertlos, aber sie wollte unbedingt einige Bilder sehen, egal, wie schlecht sie waren. Ich machte ein paar Abzüge, auf denen so etwas wie ein Gesicht zu erkennen war — darunter ein Bild mit drei Augenpaaren. Man hätte es für eine surrealistische Version der Medusa halten können. Gerade dieses Bild entzückte sie — ich hätte ein Porträt ihrer Seele geschaffen, meinte sie, und bestellte Dutzende von Abzügen. Ich wünschte, andere Kunden wären ebenso leicht zufriedenzustellen gewesen. Das Bild der Marquise machte in Paris die Runde; es kamen immer mehr Kunden —

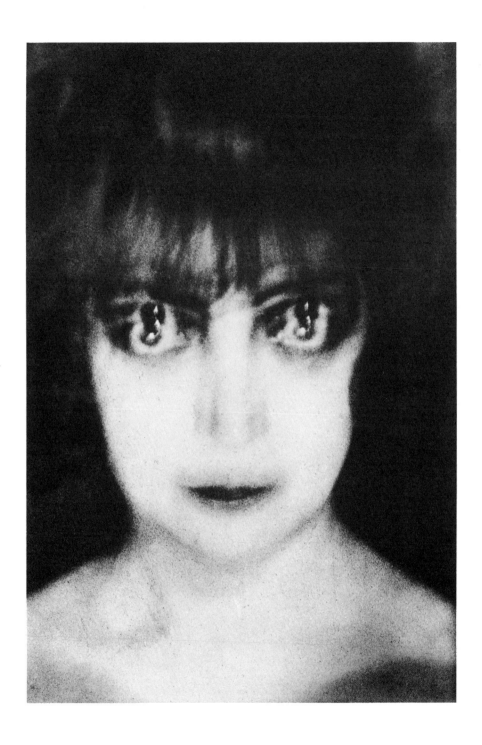

38 *Die Marquesa Casati, 1922*

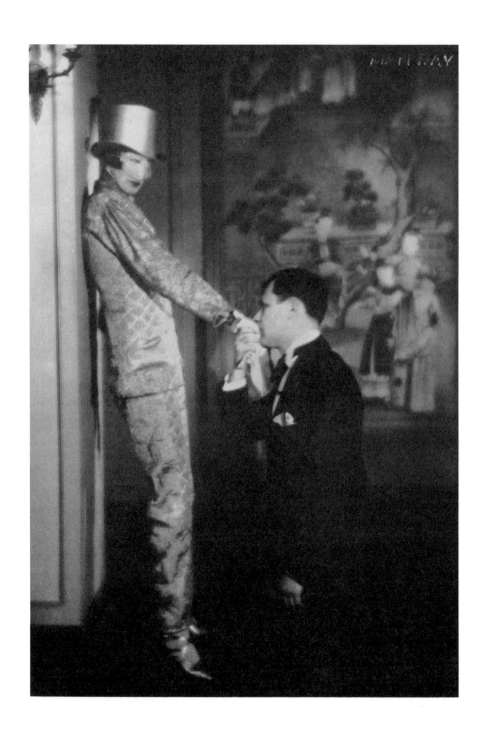

39 Nancy Cunard und Tristan Tzara beim Ball des Grafen von Beaumont, 1924

Angehörige der exklusiveren Kreise, und alle erwarteten Wunder von mir. Ich mußte mein Hotelzimmer aufgeben und mir ein richtiges Atelier suchen.

Der Comte de Beaumont, ein hochgewachsener Aristokrat, Kunst- und Theatermäzen, lud mich zu einem seiner prächtigen Kostümbälle ein und bot mir einen Raum in seinem Haus an, wo ich meine Kamera aufstellen und die Gäste, so wie sie eintrafen, der Reihe nach in ihren Kostümen photographieren konnte. Er bat mich, im Abendanzug oder Frack zu kommen, damit ich keinen allzu professionellen Eindruck machte. Die Bilder seien für ihn selbst und seine Gäste bestimmt — es werde zahlreiche Bestellungen geben, aber ich solle nichts davon in die Öffentlichkeit bringen. Ich nahm diesen Hinweis allzu wörtlich, zum einen in der Art, wie ich mich kleidete, und dann auch insofern, als ich mich nach der Fertigstellung der Abzüge nicht von mir aus an die darauf Abgebildeten wandte, sondern abwartete, ob sich diese oder jene Gräfin oder Herzogin die Mühe machen würde, meine Adresse herauszufinden und wegen der Bilder zu mir zu kommen. Denen, die ich näher kannte, schenkte ich einige Bilder, Picasso etwa, der als Toreador verkleidet war, oder Tristan Tzara, der im Smoking der maskierten, einen Zylinder tragenden Nancy Cunard einen Handkuß gab. Ich selbst trug eine Smokingjacke, aber mein gestärktes Hemd, der Kragen und die Krawatte waren ebenfalls schwarz, genau wie meine Maske. Als der Graf auf mich zukam, jagte ich ihm einen Schreck ein, als ich meine dunklen Manschettenknöpfe rot aufblitzen ließ — in meiner Jackentasche war eine Batterie versteckt, die die Glühbirnchen speiste. Schließlich war ich der Photograph — aber inkognito. De Beaumont war von mir sehr angetan und kam später oft mit allerlei Filmprojekten und Plänen für die Ausstattung von Räumen in mein Atelier, aber irgendwie wurde nicht viel daraus. Ich hatte zuviel zu tun. Ich überließ ihm ein paar Porträts der eleganteren Damen, die er in einem von ihm produzierten Film verwendete — er hieß »Wovon junge Mädchen träumen«. Ein junger Cineast, der die Regie führte, fügte Einstellungen von sich drehenden Kristallgebilden ein, abstrakte optische Effekte, die meinen Rayographien ähnelten; aber mit einem derart zusammengeschusterten Machwerk wollte ich nichts zu tun haben.

Eines Tages erschien de Beaumont mit einer älteren, höchst aristokratisch wirkenden Dame, der Comtesse Greffuhle. Sie interessierte sich für Photographie und wollte etwas von meinen Arbeiten sehen. Ich reichte ihr eine Mappe zum Anschauen, zeigte mich allerdings nicht sonderlich begeistert. Zu viele Leute suchten mich auf, bloß um mir meine Zeit zu stehlen und ohne daß dabei für mich etwas herauskam. Die Comtesse befaßte sich aus Liebhaberei mit der Photographie — ob ich ihr ein paar Unterrichtsstunden geben wolle? Höflich erwiderte ich, ab und zu hätte ich einen Schüler oder einen Lehrling, der bei mir lernte, indem er mir bei der Arbeit half. Sie sagte, sie verfüge über eine Photoausrüstung auf ihrem Château und es würde sie freuen, wenn ich einmal zum Mittagessen zu ihr hinauskäme. Den genauen Tag werde sie mich noch wissen lassen, wolle mir auch Instruktionen schicken, wie ich den Weg zu ihr finden könne. Ich begleitete sie bis vor die Tür, wo ein livrierter Chauffeur neben einem alten Delaunay-Belleville mit blitzendem runden Messingkühler und goldglänzenden Scheinwerfern wartete.

Ein paar Tage später bekam ich einen von ihrem Oberhofmeister in schöner, kalligraphischer Handschrift aufgesetzten Brief, in dem sie mich für den kommenden Sonntag zum Mittagessen bitten ließ. Jeder Satz des Briefes begann mit den Worten: »Madame la Comtesse ...«, er enthielt Angaben, wie ich das ungefähr sechzig Kilometer östlich von Paris gelegene Château erreichen konnte. Ein Wagen werde mich am Bahnhof erwarten. Sie bat mich, auch eine Mappe mit Arbeiten von mir mitzubringen, es würden einige einflußreiche Freunde anwesend sein. Ich schrieb zurück und nahm die Einladung an. Am nächsten Sonntag bestieg ich den Zug. Der Chauffeur, den ich schon in Paris gesehen hatte, empfing mich an der Bahnstation, mit demselben Wagen. Wir fuhren etwa fünfzehn Kilometer über Land, bis wir vor einem hohen schmiedeeisernen Tor anhielten. Durch die Gitterstäbe sah ich an die vierzig russische Windhunde, die dort herumliefen oder auf dem Boden lagen. Ich war beeindruckt. Der Chauffeur hupte mit seinem Gummiball — ein Mann kam heraus und öffnete sehr zeremoniös die beiden Torflügel. Noch einmal ging es zehn Minuten durch eine von Bäumen gesäumte Chaussee, bis wir endlich zum Château kamen. Man geleitete mich in den Salon, etwa zehn ältere Herrschaften hatten sich eingefunden.

Die Comtesse stellte mich vor — ich verstand keinen einzigen Namen — und bat mich dann, meine Arbeiten zu zeigen. Die Bilder wurden herumgereicht und lösten unterschiedliche Kommentare aus, insgesamt jedoch schienen die versammelten Gäste ziemlich befremdet. Die Aufnahmen glichen so gar nicht den Photographien in Silberrahmen auf Klavieren und Tischen, an die sie gewöhnt waren. Unterdessen führte mich die Comtesse umher, auf daß ich die abgeschabte Holztäfelung des Zimmers aus dem achtzehnten Jahrhundert gebührend bewundere. Unversehrt sei sie aus ihrem Haus in der Normandie hierhergebracht worden. Ich machte die unpassende Bemerkung, daß man sich mit neueren Werken nicht so viel Mühe gebe. Sie lächelte und meinte, es sei nur natürlich, wenn ein junger Mensch allein an sein eigenes Zeitalter denke. Was sie besitze, das setze sie auch ein, fügte sie hinzu, die Zeiten seien schwer. Es sei kein Geld da, um es einfach zu verjubeln, die Kosten für den Unterhalt ihres Besitzes — des drittgrößten in Frankreich — seien immens; in früheren Tagen hätten hier dreitausend Menschen gelebt, die alles, was sie selbst und das Château benötigten, selbst erzeugt hätten — gottseidank hätten sie für die Stromerzeugung immer noch ihr eigenes Elektrizitätswerk.

Bald wurde zum Essen gerufen; wir gingen hinüber ins Speisezimmer und nahmen an einem runden Tisch Platz. Es gab zwei oder drei Fleischgerichte, Geflügel und Wild, sonst kaum etwas — nachher ein bißchen Käse. Der Diener flüsterte uns beim Einschenken Namen und Jahrgang des Weins ins Ohr. Nach dem Essen traten wir auf die Terrasse hinaus und schlenderten herum, die Comtesse neben mir. Weiter vorne lag ein großer Teich, der mit Wildenten übersät war. Ich nahm einen Stein und warf ihn mitten in den Schwarm — tausend Vögel erhoben sich in die Luft. Hier gibt es etwas zu photographieren, sagte ich. Ja, meinte sie, mit euren modernen Kameras. Sie besitze nur eine alte Plattenkamera mit Stativ. Ich wollte mit dem Unterricht beginnen und erklärte ihr, auf den Apparat komme es gar nicht an — es sei immer möglich, das Motiv mit den vorhandenen Hilfsmitteln in Einklang zu bringen und ein interessantes Resultat zu erzielen, auch wenn es dem akademischen Auge unzureichend erschiene — hatte nicht Goya mit einem Löffel gemalt, wenn kein Pinsel zur Hand war? Und was sei mit Tizian, der gesagt hatte, er könne den Leib der Venus aus Schmutz erschaffen? Man müsse sich über seine begrenzten Mittel erheben, Phantasie und Erfindungsgabe einsetzen. Sie schlug vor, ins Haus zu gehen und mit der Arbeit anzufangen. Sie wolle ein Porträt von mir machen; ich würde sie dabei anleiten. Ich erbot mich, zunächst ein Porträt von ihr zu machen, aber sie winkte ab — sie glaube nicht, daß sie ein gutes Modell abgeben würde. Dabei hatte ich sie schon studiert und Möglichkeiten für ein durchaus bemerkenswertes Porträt erkannt. Wir schritten durch lange, dunkle Gänge, die von Glaskästen mit Jagdtrophäen gesäumt waren — Köpfe von Keilern, Geweihe, Vögel. Als wir an einer Tür vorbeikamen, sagte sie, der Comte sei bettlägrig und könne sich uns deshalb nicht anschließen. Wir stiegen mehrere Treppen hinauf. Die Comtesse führte mich in eine Kapelle mit hoher Decke und bunten Glasfenstern. Die Fenster hatte ihr der Kardinal von Paris, mit dem sie befreundet war, geschenkt. In diesem Raum befanden sich ein Klavier und eine kleine Orgel, und es sah so aus, als sei dies ihr Atelier, aber nirgendwo ein Anzeichen von Arbeit — alles war makellos und säuberlich aufgeräumt. Sie führte mich in einen anderen Flügel und öffnete eine kleine Tür, die in ein enges Zimmer führte. An einer Wand hing ein großes weißes Laken, es war wohl als Hintergrund gedacht. Ja, hier betreibe sie ihre Photographie. Sie holte ihre alte Kamera hervor — ein gewaltiger Kasten auf einem wackligen Stativ. In dem Raum war es ziemlich dunkel — ob sie Lampen besitze, fragte ich. Sie holte eine nackte Glühbirne mit einem völlig verknäulten Kabel hervor, die sie an der Rückenlehne eines Stuhls befestigte. Für photographische Zwecke sei die Lampe ziemlich schwach, meinte ich; außerdem sollte sie, um die richtige Beleuchtung zu erreichen, höher als das Modell angebracht sein. Sie bat, ich solle mich vor das Laken stellen, und machte sich daran, ihre Kamera einzurichten.

Um mir für die lange Belichtungszeit Halt zu verschaffen, nahm ich eine Hand nach hinten und wollte mich an dem Laken abstützen, aber ich stieß ins Leere, verlor das Gleichgewicht, fiel, das Laken mitreißend, nach hinten und landete in einer Badewanne. Die Comtesse war ganz außer sich — ob ich verletzt sei? Aber ich kam ohne Schwierigkeiten wieder hoch, und die Sitzung ging weiter — ich saß jetzt auf dem Rand der Badewanne. Nachdem sie einige Aufnahmen gemacht hatte, rief sie ihren Butler, der mich in ein anderes dunkles Zimmerchen führte.

159

In einem Krug schaffte er Wasser herbei, außerdem Chemikalien und zwei Schalen. Beim Licht einer Kerze in einer roten Papierlaterne entwickelte ich die Platten. Die Belichtung war gut, aber ich hatte mich bewegt — mit dem aufregenden Porträt der Marquise Casati und ihrer drei Augenpaare war es jedoch nicht zu vergleichen. In der Woche darauf brachte mir ihr Diener die getrockneten Platten, um Abzüge davon herzustellen, und lud mich gleichzeitig zu einem Cocktail in ihr Stadthaus ein. Ich solle doch auch einige meiner mehr phantasievollen Arbeiten mitbringen — jene rätselhaften Rayographien.

In der Rue d'Astorg gelangte ich vor eine hohe Mauer mit einem eindrucksvollen Tor. Man ließ mich ein, und ich betrat einen ausgedehnten Garten, an dessen anderem Ende das Haus lag. Viele der alten Familien besitzen in Paris Häuser wie dieses — es ist, als befinde man sich mit einem Schlag in einem ganz entlegenen Teil Frankreichs. Die Comtesse empfing mich inmitten einer Schar von Gästen, die denen vom vorangegangenen Sonntag ähnelten. Nachdem man etwas Konversation getrieben hatte, reichte ich meine neuen Arbeiten herum. Man besichtigte sie voller Neugier, aber ohne etwas über sie zu sagen. Die Comtesse indessen war begeistert; sie nahm mich beiseite und machte einige Bemerkungen über das Mystische dieser Bilder; ob ich ähnliche Wirkungen auch in einem Film erzeugen könnte? Sie habe einen Plan — ihr Freund H.G. Wells sei ein glühender Spiritist; mit einem Drehbuch von ihm und meiner Photographie ließe sich ein faszinierender Film über den Spiritismus herstellen, am besten in Ägypten, mit der Sphinx und den Pyramiden als Hintergrund. Ganz sicher könne sie einen Produzenten finden, der ihn finanzieren werde.

Es ärgerte mich immer ein bißchen, wenn jemand, der sich meine Sachen ansah, sogleich einen Einfall hatte, wie er sie seinen eigenen Zwecken dienstbar machen konnte. Das kam häufig vor, vor allem bei Werbeleuten und bei Redakteuren von Modezeitschriften oder Innenausstattern. Bei meinen weniger esoterischen Werken erwartete und akzeptierte ich diese Haltung, aber für meine eher schöpferischen Produktionen erhoffte ich mir die gleiche Achtung, die man einem Kunstwerk, einem Gemälde oder einer Zeichnung, entgegenbringt. Ich erklärte der Comtesse, noch nie sei mir der Gedanke gekommen, meine Arbeiten könnten an den Bereich des Mystischen oder Übernatürlichen grenzen; auch ich hätte schon an einen Film gedacht, um die Dinge einmal in Bewegung zu sehen, aber der müßte dann meinen eigenen Ideen entsprechen, meinem eigenen Drehbuch. Ich weiß nicht, ob meine Worte wie eine Abfuhr wirkten oder ob mich die Comtesse danach für einen unpraktischen, zu keiner Zusammenarbeit fähigen Träumer hielt. Ihr zuliebe hoffe ich aufrichtig, daß sie das zweite dachte, obwohl mir die erste Deutung durchaus auch recht gewesen wäre. Aber sie war eine liebenswerte Dame und meinte es gut mit mir. Später als ich weitere Erkundigungen über sie einholte, wie ich es bei Leuten, die ich kennengelernt hatte, manchmal tat, erfuhr ich, daß sie in früheren Tagen einen der exklusivsten literarisch-politischen Salons in Paris gehabt hatte, daß sie ihrer Schönheit und ihres Einflusses wegen sehr berühmt gewesen war und daß Proust sie als Modell für eine seiner Romanfiguren verwendet hatte.

Der Vicomte Charles de Noailles war ein begeisterter Sammler moderner Kunst. Aus einer der angesehensten Familien Frankreichs stammend, war er in einem palaisartigen Haus in Paris aufgewachsen, das bis unters Dach angefüllt war mit Werken alter Meister, Goya, Tizian und so weiter. Für die neueren Erwerbungen ließ er einige Räume in modernem Stil neu gestalten. Prominente Innenausstatter schufen Interieurs aus bronzefarbenem und weißem Leder; im Garten wurde eine Bühne für Theateraufführungen errichtet und die eiserne Umzäunung auf der Innenseite mit Spiegeln ausgekleidet. Als die Arbeiten beendet waren, kam er mit der Bitte zu mir, die neuen Anlagen und Umbauten zu photographieren. In meinem Atelier hing eine ein Meter achtzig große Replik des spiraligen Lampenschirms, einer Blechskulptur, die zu meinen bevorzugten Sujets gehörte. Er kaufte sie, aber als ich kam, um die Aufnahmen zu machen, befand sie sich nicht unter den Gemälden und Plastiken. Überhaupt war von den neueren Anschaffungen nichts zu sehen, was den Innenausstattern sehr angenehm gewesen sein dürfte, die ihr Werk ja immer als autonomes Kunstwerk betrachten und es nicht gern sehen, wenn man dazu noch Bilder aufhängt. Ich muß gestehen, daß dies auch mir in gewisser Hinsicht angenehm war, so brauchte ich nämlich nicht die Kunstwerke anderer zu photographieren. Später dann füllten sich die Wände nach und nach mit Bildern.

Außer den Innenräumen photographierte ich auch den Garten und das Theater dort. Um den Schauplatz etwas zu beleben, dachte ich mir eine Szene aus, die aus einem dadaistischen Stück hätte stammen können. Ein Freund tat uns den Gefallen und legte sich der Länge nach auf einen Tisch. Wie eine Leiche im Leichenschauhaus deckte ich ihn mit einem Laken zu. Auf einer Stehleiter in der Nähe stand eine zweite Figur, auch sie von Kopf bis Fuß in ein weißes Laken gehüllt. Noailles nahm meine Improvisationen freundlich auf. Ich machte auch eine Serie von Porträts seiner schönen Frau Marie Laure, die allgemein viel Bewunderung fanden. Ich wurde jetzt häufig zum Mittag- oder Abendessen eingeladen. Der große Ballsaal ließ sich in ein Filmtheater umwandeln; nach dem Dinner veranstaltete Noailles oft Vorschauen von neuen Filmen für eine kleine Zahl ausgewählter Gäste. Zur Einweihung der Umbauten wollte er einen Maskenball geben, aber erst im Sommer, um den geladenen Gästen Zeit für die Gestaltung ihrer Kostüme zu lassen. Das Thema lautete »Futurismus oder das Zeitalter der Zukunft«, was der Phantasie großen Spielraum ließ. Viel Zeit und Geld wurden für die Vorbereitungen aufgewendet. Auch ich war eingeladen, aber ich schob den Entwurf meines Kostüms bis zum letzten Tag hinaus.

Das Kostüm, das ich mir schließlich ausdachte, bestand aus einem Sack aus glänzender Kunstseide, dessen vier Ecken ich für die Arme und Beine abschnitt. Eine kleine Mütze, aus der ein sich drehender Spielzeugpropeller hervorragte, vervollständigte meinen Aufzug. In der Hand hielt ich einen Schneebesen. Es war eher

40 *Lee Miller, ca. 1930*

162

dadaistisch als futuristisch. Auf dem Ball wirkte es ziemlich armselig neben den aufwendigen Kostümen, die von Raumanzügen aus Aluminium bis zu einem Umhang und einem Kopfputz aus Haifischleder reichten, die die Gastgeberin trug. Ich war dennoch nicht unzufrieden mit mir und langte bei der spätabendlichen Sektmahlzeit kräftig zu, in der Überzeugung, daß ich zumindest ebenso originell, wenn auch nicht so teuer ausstaffiert war wie die anderen. Außerdem hatte ich das Gefühl, einen wirkungsvollen Protest gegen die Verschwendungssucht in meiner Umgebung zu erheben — wirkungsvoll insofern, als mir einige Gäste mißbilligende Blicke zuwarfen. Meinen Gastgebern jedoch rechnete ich ihren demokratischen Geist, aus dem heraus sie mich eingeladen hatten, hoch an. Und weil ich ihnen außerdem dankbar dafür war, daß sie meine Dienste als Photograph nicht in Anspruch genommen hatten, revanchierte ich mich und lud Marie Laure ein, mir in ihrem Kostüm Modell zu sehen.

In ihrem Haus und Garten in Paris veranstalteten der Comte und die Comtesse Pecci-Blunt einen großen Kostümball. Thema war die Farbe Weiß; alle Kostüme waren zugelassen, sie mußten nur ganz in Weiß sein. Im Garten wurde eine große weiße Tanzfläche eingerichtet, das Orchester spielte zwischen Büschen verborgen. Ich wurde gebeten, mir eine zusätzliche Attraktion auszudenken. Ich mietete ein Filmvorführgerät und baute es in einem Zimmer des oberen Stockwerks mit Blick über den Garten auf. Ich hatte einen alten, handkolorierten Film des französischen Filmpioniers Méliès aufgetrieben. Während sich die weißen Paare auf der weißen Tanzfläche drehten, wurde der Film auf diese bewegliche Leinwand projiziert — diejenigen, die nicht tanzten, sahen aus den Fenstern des Hauses zu. Der Effekt war unheimlich — die Gestalten und Gesichter des Films waren verzerrt, aber doch erkennbar. In einem anderen Raum hatte ich auch eine Kamera aufgestellt, um die Gäste zu photographieren.

Entsprechend dem Thema des Balls war ich als Tennisspieler in Weiß verkleidet und hatte als Assistentin meine damalige Schülerin mitgebracht — Lee Miller. Auch sie war als Tennisspielerin verkleidet, in schicken Shorts und einer Bluse, die von einem bekannten Couturier eigens angefertigt worden waren. Schlank, wie sie war, mit blondem Haar und wunderschönen Beinen, wurde sie ständig zum Tanz entführt, und ich mußte mich allein um das Photographieren kümmern. Ich freute mich über ihren Erfolg, ärgerte mich aber zugleich auch darüber — nicht wegen der zusätzlichen Arbeit, sondern aus Eifersucht; ich war verliebt in sie. Je weiter der Abend vorrückte, desto weniger sah ich von ihr, kramte in meinem Photomaterial herum und kam schließlich mit meinem Kassettenvorrat durcheinander. Endlich hörte ich auf zu photographieren, ging zum Buffet hinunter, um etwas zu trinken, und zog mich aus dem Trubel zurück. Ab und zu zwischen zwei Tänzen tauchte Lee auf, um mir zu sagen, wie sehr sie sich amüsiere; alle Männer seien so lieb zu ihr. Es war ihr Debut in der französischen Gesellschaft.

Gegen Ende des Festes gab es eine Unterbrechung, Stille trat ein — in einer Ecke des Gartens hatte man ein großes, weißes Podest, wie für eine Plastik, errichtet, und jetzt gruppierten sich auf und neben diesem Postament mehrere weiße Gestalten. Auch ihre Gesichter waren weiß, so daß sie wie antike griechische Statuen wirkten. Mit von der Partie waren Marie Laure und Cocteau sowie einige Maler und Schriftsteller. Ich sollte ein Bild von der Gruppe machen. Ich sah meine Kassetten durch und fand nur eine einzige Platte, die ich mit Sicherheit noch nicht belichtet hatte. Die Sache war heikel; mit aller Sorgfalt ging ich an die Vorbereitung der Aufnahme. Zunächst sorgte ich dafür, daß alle verfügbaren Scheinwerfer auf die Gruppe gerichtet wurden, weil das Licht sonst nicht ausgereicht hätte. Mehrere Pressephotographen versammelten sich, um ebenfalls davon zu profitieren — Blitzlicht gab es damals noch nicht. Ich machte meine Aufnahme, und sie kam gut heraus. Nie zuvor hatte ich mich auf eine einzige Aufnahme verlassen und faßte den Entschluß, ab jetzt von allem, was ich zu photographieren hatte, weniger Belichtungen zu machen. Ich ersparte mir auf diese Weise viel unnötige Arbeit. Die Photographie brauchte genausowenig eine Sache des Zufalls zu sein wie die Malerei, bei der sich der Maler ja auch auf eine Leinwand pro Motiv beschränkt. Nur das Verfahren unterscheidet sich etwas: bei der Photographie werden alle Korrekturen im voraus gemacht, bei der Malerei hingegen während der Arbeit oder nachher.

Andere Erlebnisse mit Ausländern, die sich auf der Durchreise befanden, sind mir in Erinnerung geblieben. Eines Tages wurde ich ins Hotel Ritz gerufen, um den Aga Khan zu photographieren. Sein Adjutant empfing mich und führte mich in ein Zimmer mit der Bitte, meinen Apparat hier aufzubauen; der Aga kleide sich gerade für die Sitzung an. Es solle dies ein bedeutsames Dokument werden, das an seine Untertanen in Indien verschickt werden würde. Mir schwebte etwas von orientalischem Glanz vor, mit Seide und Turbanen, Perlen, Smaragden und Rubinen. Dann kam der Aga, ohne Kopfschmuck, in einem gelben Wollpullover, mit Doeskinhosen und — Boxhandschuhen an den Händen. Er erklärte, da er einen so großen Teil seiner Zeit in Europa und England verbringe, werde es seine Untertanen am meisten beeindrucken, wenn er in westlicher Kleidung auftrete. Ich sagte, ich wäre gern dabeigewesen, als er seinen Jahrestribut erhielt, in der Schale einer riesigen Waage sitzend, während in der anderen Schale sein Gewicht mit Perlen aufgewogen wurde. Ich hatte davon in der Zeitung gelesen. Er war ein schwerer Mann, er nahm eine bestimmte Haltung ein, allerdings nicht die eines Boxers; ich machte eine Aufnahme. Das Licht war ziemlich trüb, also schlug ich vor, in den Hof hinauszugehen. Ich fragte ihn, ob er die Fäuste nicht einmal hochnehmen wolle, aber das erschien ihm wiederum nicht würdevoll genug. Ich machte noch einige Aufnahmen und sagte ihm dann, ich sei fertig. Er benötige sehr viele Abzüge, meinte er, vielleicht tausend. Die könne jedes Photolabor von meinen Negativen herstellen, antwortete ich und ließ mir auf diese Weise einen großen Auftrag entgehen.

Einige Tage später kam der Adjutant zu mir, um die entwickelten Negative und ein paar Abzüge zu holen, die ihm sehr gut gefielen. Die Photographie sei sein Steckenpferd — ob ich ihm nicht ein wenig Unterricht erteilen wolle? Sie würden bald nach Indien zurückkehren, ob ich nicht mitkommen wolle, ich könnte ihn dort im Photographieren unterweisen, außerdem gebe es viel Interessantes zu photographieren. Ich entgegnete, ich würde meine Kamera nur selten außerhalb meines Ateliers verwenden, und dann auch nur für Porträtaufnahmen, auf die ich mich spezialisiert hätte. Mich faszinierte seine glitzernde, von einem Armband aus weißem Leinen gehaltene Armbanduhr. Woher er dieses Band habe, fragte ich ihn. Aus London, sagte er, er besitze ein halbes Dutzend und wasche sie eigenhändig. Als ich das nächste Mal in London war, kaufte ich mir auch ein paar davon. Sie waren sehr schick.

Der Maharadscha von Indore kam in mein Atelier, um sich photographieren zu lassen — auch er westlich gekleidet, in legerer Jacke und dazu in formellem Abendanzug. Er war jung, hochgewachsen und sehr elegant. Aus dieser Sitzung ergab sich ein großer Auftrag. Er bat mich, seine Stallungen aufzusuchen und sein Lieblingspferd zu photographieren. Ich traf eine Verabredung mit dem Trainer und erschien mit meinen besten Kameras. Der Trainer führte das Pferd vor, und ich brachte den ganzen Nachmittag damit zu, es aus jedem erdenklichen Blickwinkel zu photographieren, in Bewegung und in Ruhestellung. Es war der anstrengendste Porträtauftrag, den ich jemals auszuführen hatte. Der Maharadscha reiste gerade nach Indien ab; ich sollte die Abzüge dem Trainer vorlegen, der sie ihm dann nachsenden würde. Als ich dem Trainer die fertigen Bilder zeigte, war er enttäuscht. Ich verstünde nichts von Pferden, meinte er, hätte die Feinheiten des Tieres nicht erfaßt, er könne diese Bilder nicht schicken. Da schickte ich selbst die Abzüge direkt an den Maharadscha und bekam einen begeisterten Brief von ihm, dem ein Scheck beilag. Vielleicht kannte er die Feinheiten des Tieres ebensowenig wie ich.

Im Jahr darauf war der Maharadscha mit seiner jungen Braut in Südfrankreich. Für sich und sein Gefolge hatte er eine ganze Etage in einem Hotel in Cannes genommen. Er lud mich ein, zu kommen und Aufnahmen zu machen. Bei seinem letzten Besuch in meinem Atelier hatte ihn ein Objekt faziniert, das in einer Ecke stand: ein Grammophon auf einem leeren Koffer. Auf dem Boden davor stand eine Fußmaschine mit Filzball, wie man sie beim Jazzschlagzeug für die Baßtrommel verwendet. An dem Grammophon hatte ich ein Becken befestigt. Um es vorzuführen, hatte ich eine Schallplatte aufgelegt und sie auf dem improvisierten Schlagzeug begleitet. Ohne Zweifel rührte die Idee dazu von meinem ersten Besuch bei Cocteau her. Der Maharadscha liebte Jazzmusik und tanzte gern. Am späten Vormittag traf ich in Cannes ein, mir wurde ein Zimmer in der Suite zugewiesen, und beim Mittagessen im Hotel traf ich das neu verheiratete Paar. Die Maharani war ein wunderschönes Mädchen, noch keine zwanzig Jahre alt. Sie war französisch gekleidet und trug einen riesigen Smaragdring. Der Maharadscha hatte ihn ihr am Morgen bei einem kleinen Spaziergang gekauft.

Als erstes fragte er mich, ob ich meinen Jazzapparat mitgebracht hätte. Daran hatte ich nicht gedacht. Aber ich könne ohne weiteres an Ort und Stelle einen neuen bauen. Nach dem Essen ging ich zum Einkaufen in die Stadt, das einzige Musikgeschäft am Platze führte jedoch kein Zubehör für Berufsmusiker. Der Maharadscha meinte, wir könnten nach Nizza fahren — dort gebe es jede Menge Läden. Er bestellte den Wagen. Als wir in die Halle hinunterkamen, wartete draußen ein großer, schwarzer Bentley auf uns. Ein Chauffeur und ein Lakai in braungoldener Uniform standen daneben. Es regnete in Strömen. Mit einer kurzen Handbewegung schickte er die beiden weg, schwang sich selbst hinter das Steuerrad und forderte mich mit einem Wink auf, mich neben ihn zu setzen. Das Innere des Wagens war mit grünem Leder gepolstert. Bloß mit den Fingerspitzen lenkend, steuerte er bei dem Platzregen mit achtzig Stundenkilometern durch den dichten Verkehr und redete dabei unaufhörlich. Nach einer Viertelstunde waren wir in Nizza. In einem Musikinstrumentegeschäft fanden wir, was wir brauchten, und waren rechtzeitig zum Tee wieder im Hotel. Ich nahm meinen leeren Koffer als Baßtrommel, stellte ein Victrola darauf und befestigte die Schlagzeugteile. Eine Platte wurde aufgelegt, und dann tanzte das junge Paar, während ich mit Trommelstöcken, Becken und Fußmaschine für die Begleitung sorgte. Abends gab es im Hotel ein großes Essen mit Orchesterbegleitung. Wieder wurde getanzt; einmal forderte ich die Maharani auf. Als ich den Arm um sie legte, kam sie mir vor wie ein Kind, aber sie bewegte sich wie eine Frau — eine europäische Frau; sie tanzte himmlisch.

Am nächsten Tag zog sich das Paar nach dem Mittagsmahl zur Siesta zurück. Ich wurde gebeten, vor der Teezeit mit der Kamera in ihre Suite zu kommen. Wir würden mit ein paar zwanglosen Bildern anfangen — ich könne so lange bleiben wie nötig, um eine Reihe von Photographien zur Erinnerung an ihre Flitterwochen zu machen. Sorgfältig prüfte ich vor der Sitzung meine Ausrüstung. Die Kamera war ein kleines, minderwertiges Ding, die älteste und billigste in meiner Sammlung. Ich hatte sie mit Absicht ausgewählt, um nicht allzu professionell zu wirken. Ich brachte keine Lampen mit, sondern begnügte mich mit dem Tageslicht, das durch die Fenster kam. Zunächst mußte ich wieder etwas Jazz spielen, wozu meine Modelle tanzten, danach setzten sie sich und faßten sich bei den Händen. Ich machte einige Aufnahmen und schlug dann vor, nacheinander von beiden Einzelporträts zu machen. Die Maharani war sehr gelöst — sie lächelte mich an und war überhaupt nicht gehemmt oder steif, wie sie es angesichts einer aufwendigeren Studioeinrichtung vielleicht gewesen wäre. Als ich auf den Auslöser drückte, klemmte die Kamera.

Ich verfluchte mich, daß ich keine andere Kamera mitgebracht hatte, und fummelte einige Zeit daran herum. Dann erklärte ich, wir müßten die Sitzung verschieben, bis ich meinen Apparat wieder in Ordnung gebracht hätte. Da trat der Maharadscha an einen Schrank und öffnete die Tür; auf einem Bord stand eine ganze Batterie funkelnder neuer Kameras der modernsten Bauart, sowohl Photo-

41 *Man Ray am Phonographen, Selbstporträt*

als auch Filmkameras. Ich möge mich bedienen, meinte er. Ich erklärte ihm, je moderner der Apparat, desto länger bräuchte ich, um mich mit ihm vertraut zu machen. Meine Kamera sei wie ein alter Schuh, ich sei an sie gewöhnt, und morgen sei sie wieder in Ordnung. Wir tranken noch etwas und legten noch ein paar Platten auf, dann ging ich, um mich für das Abendessen umzukleiden.

Wir fuhren zu einem protzigen Restaurant mit angeschlossenem Nachtclub an der Küste, wo ein Tisch für ein Dutzend Personen reserviert war, unter ihnen mehrere Adjutanten, ein Sekretär, der englische Reisebegleiter und andere Mitglieder des Gefolges. Die Tafel war mit Blumen überladen, das Essen und der Wein waren vom Besten. Die Musiker hatten sich um unseren Tisch gestellt und fragten, ob wir bestimmte Lieblingsmelodien hätten, die wir hören wollten. Der Maharadscha mochte am liebsten Tanzmusik. Nach dem Essen tanzten wir und tranken Champagner. Später ging ein Kellner mit einem Bündel kleiner Schlüssel herum — für jeden Gast einer. Dann verkündete er, er werde jetzt ein Vorhängeschloß bringen, und der Schlüssel, der passe, werde einen Preis gewinnen. Das Vorhängeschloß wanderte herum, und unter vielem Gelächter versuchte jeder, seinen Schlüssel hineinzuzwängen. Mein Schlüssel paßte. Ein anderer Kellner erschien mit einem gewaltigen Radiogerät — immer noch das kleinste, das damals hergestellt wurde — und setzte es vor mir ab. Mir war nicht ganz wohl dabei, ich hatte so wenig Gepäck wie möglich mit auf die Reise genommen, außerdem hatte ich noch nie ein Radio besessen und brauchte auch keines. Aber ich wurde von allen Seiten beglückwünscht, als hätte ich beim Roulett die Bank gesprengt, und spürte, daß mein Ansehen gewachsen war. Das Gerät wurde im Wagen mitgenommen und in meinem Zimmer aufgestellt. Am nächsten Morgen hatte ich einen Kater, blieb auf meinem Zimmer und machte mich daran, die Kamera zu reparieren.

Nachmittags hatten wir eine Sitzung, bei der alles gut lief — mehrere Aufnahmen der beiden Unzertrennlichen, wie sie einander umfaßten, als würden sie tanzen, obgleich mir klar war, daß es auf den Bildern später einfach wie eine Umarmung aussehen würde. Sie küßten sich nicht — es war dies eine der wenigen asiatischen Sitten, die sie noch wahrten. Mir kam der Gedanke, ihnen ein paar vertrautere Posen vorzuschlagen, so als sei ich gar nicht anwesend; ich wollte ihnen meine Diskretion als Photograph zusichern und die Negative nach Herstellung der Abzüge entweder vernichten oder ihnen aushändigen. Aber dieser Gedanke schien mir dann doch zu gewagt, und ich ließ ihn fallen. Wir setzten unsere Séancen noch einige Tage fort, dann fuhr ich mit einer ganzen Ladung Filme nach Paris, war eine Woche lang mit Entwickeln und Abziehen beschäftigt und schickte den ganzen Stoß Probeabzüge nach Cannes. Er kam bald zurück, dazu große Bestellungen von den gelungensten Aufnahmen.

Das Radio stellte ich in mein Atelier und ließ es spielen, während ich arbeitete — außer wenn meine Surrealistenfreunde bei mir zu Besuch waren. Die Surrealisten verachteten die Musik — es gab keine Musiker in der Gruppe, ihre Geistesverfassung galt als beschränkt. Das Radio heilte mich von meinen Jazzambitionen; ich wurde zum Zuhörer und gab meine Grammophon-Schlagzeugbegleitung auf. Als ich später von einem Freund ein anderes Radio bekam, schenkte ich das alte einem surrealistischen Dichter, der von ihm zunehmend angetan war, jedoch immer behauptete, er höre nur die Nachrichten; wenn ich aufkreuzte, stellte er sofort ab. Aber als es kaputt ging, bat er mich inständig, einen Mechaniker aufzutreiben, der es reparieren könnte.

Lady Cunard war über das Porträt, das ich von ihr gemacht hatte, hocherfreut. Immer wieder schickte sie Leute zu mir oder brachte sie selbst vorbei. Eines Tages erschien sie mit Monsieur Olivier — vielmehr, sie erschien vor ihm, um mich auf das Porträt, das ich von ihm machen sollte, vorzubereiten. Er galt als einer der bedeutendsten Diplomaten Europas, obwohl er nur der Chef des Hotel Ritz war. Seine Kenntnisse in Protokollfragen und seine Umgangsformen waren vollendet — er verstand sich darauf, Leute, die einander nicht freundlich gesonnen waren, an weit voneinander entfernten Tischen zu plazieren und andere, die sich kennenlernen wollten, zusammenzubringen. Wenn ich ein gutes Porträt von ihm machen würde, meinte Lady Cunard, dann werde er mir viele Kunden bringen. Nach der Sitzung erbot sie sich, Monsieur Olivier in ihrem Wagen zurückzufahren. Er dankte ihr und sagte, sein eigener Wagen stehe draußen. Mir kam es nicht so vor, als seien das gute Umgangsformen.

Bei einer anderen Gelegenheit brachte sie ihren Freund George Moore zum Photographieren, einen älteren Herrn mit rundlich rosigem Gesicht und silberweißem Haar. Er sah sich meine Aufnahmen an den Wänden an und stellte mit einem Stirnrunzeln fest, aus dieser modernen Photographie mache er sich nicht viel. Seiner Ansicht nach seien die einzigen wirklichen, künstlerischen Photographien die Daguerreotypien. Ich stimmte ihm zu, gab aber zu bedenken, daß eine Daguerreotypie immer ein Einzelstück sei, wie ein Gemälde, sie lasse sich nicht leicht vervielfältigen, während man heute dank der Fortschritte in der Photographie von einem gelungenen Bild viele Abzüge machen könne, was ja die meisten Menschen auch erwarteten. Er entgegnete, ich dächte zu sehr ans Geschäft. Genau wie die alten Photographen auch, gab ich zurück, und genau wie einige der besten Maler. Sein rotes Gesicht wurde noch röter, er wendete sich Lady Cunnard zu und erklärte, zu seinem Bedauern sähen er und ich diese Dinge offenbar nicht mit den gleichen Augen. Vielleicht drückte er es auch etwas anders aus. Jedenfalls begab er sich zur Tür, gefolgt von ihrer Ladyschaft, die mir einen hilflosen Blick zuwarf. Natürlich hätte ich zuvorkommender sein sollen; ich hätte mich bereit erklären sollen, eine Daguerreotypie von ihm zu machen. Ich hätte schon einen Weg gefunden, auch wenn die Materialien dazu nicht mehr lieferbar waren. Jahre später photographierte ich Lady Cunards Tochter Nancy und stellte Abzüge auf Bromsilberpapier her, die wie Daguerreotypien wirkten. Aber dieses Papier war erst ganz neu auf den Markt gekommen. Ich hoffte, daß George Moore dies mitbekommen und, bevor er starb, seine Meinung über mich noch revidiert hatte.

Man veranlaßte auch den englischen Maler Augustus John, mir Modell zu sitzen. Mit seinem breiten Filzhut und seinem Bart wirkte er sehr pittoresk. Aber an diesem Tag war er ein wenig bezecht, und seine Miene blieb starr; wie ich später erfuhr, hat er die Bilder, die ich ihm ins Hotel schickte, zerrissen. Frank Crown-inshield von der Literaturzeitschrift *Vanity Fair* kam eines Tages zu mir, um in meinem Archiv nach Bildern von Prominenten zu suchen. Er suchte sich Porträts von Cocteau, Strawinsky, Gertrude Stein und anderen heraus. Als er auf das Porträt von John stieß, hielt er bewundernd inne. Noch nie habe er ein charaktervolles Gesicht so gut porträtiert gesehen. Es sei voller Kraft und sehr erhaben, meinte er.

Manchmal kamen Kunden mit ungewöhnlichen Wünschen zu mir. Eine Frau wollte nackt photographiert werden, um ihrem Ehemann eine Freude zu machen, eine andere Frau wollte auf diese Weise einen solchen bekommen. Ein Mann wollte seine Männlichkeit zeigen. Und einer Dame hatte man gesagt, sie besitze den schönsten Rücken der ganzen Welt.

Manchmal wurde ich auch gebeten, eine Leiche auf dem Totenbett zu photographieren. Ich fügte mich — es war abstoßend, aber es machte keine Probleme, man lief weder Gefahr, daß sich die zu photographierende Person bewegte, noch daß sie einem angesichts der fertigen Ergebnisse gute Ratschläge erteilte — genau wie wenn man ein Baby photographiert. Eines Sonntagmorgens weckte mich Cocteau und bat mich, gleich mitzukommen, um Proust auf seinem Totenbett zu photographieren. Er sollte am nächsten Tag beerdigt werden. Prousts Gesicht war bleich, aber mit einem mehrere Tage alten schwarzen Stoppelbart. Man schärfte mir ein, ich dürfe das Bild nicht an die Presse weitergeben — ein Abzug für die Familie, einer für Cocteau und, wenn ich wollte, einer für mich. Später erschien das Bild in einer eleganten Zeitschrift — darunter stand der Name eines anderen Photographen. Ich beschwerte mich beim Chefredakteur, der versprach, in der nächsten Nummer eine Berichtigung zu drucken. Dort hieß es dann aber bloß, ich hätte behauptet, das Bild stamme von mir.

Eines Abends geriet ich in einen Club, in dem als Frauen verkleidete Männer auftraten. Einer von ihnen fiel mir ganz besonders auf. Er war als spanische Duenja ausstaffiert, mit schwarzer Spitzenmantilla, hohem Kamm, spanischem Schal und langen schwarzen Handschuhen. Ich lud ihn ein, für mich Modell zu stehen; auf dem Bild sah er ziemlich echt aus. Der Redakteur einer Modezeitschrift sah es bei mir im Atelier und fragte, wer das sei. Ich erwiderte kurzerhand, das sei die Gräfin von Arion aus Spanien. Ganz brav druckte er es mit eben dieser Bildunterschrift ab. Der Darsteller war ganz hingerissen und zeigte es seinen neidischen Kollegen.

Adelige aus vielen Ländern kamen in mein Studio — sie waren einfach und freundlich, spielten sich mir gegenüber nicht auf und zeigten zumeist auch Interesse für meine anderen Aktivitäten. Einige kauften hin und wieder etwas von meinen kreativeren Photoarbeiten. Häufig wurde ich zum Abendessen oder zu einem Cocktail eingeladen. Nur die Engländer schienen etwas zugeknöpfter, sie interessierten sich nur für meine Porträtphotographie und betrachteten sie als eine rein geschäftliche Angelegenheit. Vielleicht stieß sie mein amerikanischer Akzent ab, vielleicht auch kam ihr Akzent mir allzu steif und förmlich vor. Mit einigen Engländern schloß ich dauerhafte Freundschaften, aber diese Freunde stammten nicht aus dem Adel. Wie immer konnte ich mich nur mit solchen Menschen austauschen, die sich für die gleichen Dinge interessierten wie ich. Obwohl Frankreich seit hundertsiebzig Jahren, wenn auch mit Unterbrechungen, eine Republik ist, geben die meisten Adelsfamilien ihre Titel immer noch an die Nachfahren weiter, aber diese Titel sind eher Bestandteil höflicher Umgangsformen als ein Zeichen für irgendwelche Privilegien. Es gilt als höflich, sie im gesellschaftlichen Verkehr, vor allem in Briefen, zu beachten. In Ländern, wo das Königtum und die Adelsherrschaft erst in neuerer Zeit durch demokratische Regierungssysteme abgelöst wurden, hat man die Klassenunterschiede, was die Adelstitel angeht, sehr viel rigoroser abgeschafft. Aber der Wunsch, bestimmte Unterschiede zu wahren, ist immer noch tief in der menschlichen Natur verwurzelt — er gestattet es, sich von den vorgestanzten Lebensformen, die uns das Industriezeitalter beschert hat, abzusetzen, sei es in der Hoffnung, eine überlegene Position zu erreichen, sei es aus bloßem Snobismus oder aus der illusionären Überzeugung, teilzuhaben an den Privilegien einiger weniger. Industrielle und Reklamefachleute haben diesen Wunsch erkannt, vor allem in einem Land wie den Vereinigten Staaten, in dem es keinerlei Adelstradition gibt. Hier ist der Reichtum zum eigentlichen Maßstab geworden, gestützt durch allerlei Werbesprüche und Surrogate für Adelsbriefe. Waren und Örtlichkeiten werden verschönt mit Bezeichnungen wie »persönlich«, »erlesen«, »eigens angefertigt«, »exklusiv«, »King-Size« und mit Wappen und Rankenwerk verziert, gleichgültig, ob es sich dabei um Alkohol, Tabak, Automobile oder Hotels handelt. Die Vornehmheit des Verbrauchers bemißt sich daran, welche Geschäfte er aufsucht und wieviel er bezahlen kann. Außer in einigen kleinen Zirkeln spielen Abstammung und Herkunft keine Rolle mehr.

In Demokratien mit aristokratischer Vergangenheit und in Ländern, in denen Königtum und Adel noch respektiert werden, findet man dagegen kaum jenes Streben nach Distinktion oder Anpassung, hoch im Kurs stehen hier anscheinend Persönlichkeit und Individualität. Daraus erklären sich auch all die abbildfeindlichen Tendenzen, die im zwanzigsten Jahrhundert die Kunst in diesen Ländern so stark geprägt haben; und hieraus erklärt sich auch, warum ich mein halbes Leben in Frankreich verbracht habe.

Amerikanische und englische Schriftsteller

Wegen meiner Voreingenommenheit für die Literatur des europäischen Konti-
nents — deren Vertreter mir und meiner Arbeit sehr viel mehr Verständnis entgegenbrachten als meine englisch schreibenden Besucher, die erst später, nachdem ich als Mitglied der Pariser Avantgarde anerkannt war, gelegentlich Interesse
an mir zeigten — waren meine Kontakte zu amerikanischen und englischen
Schriftstellern eher beiläufiger Art. Wie gesagt, im Mittelpunkt stand dabei die
Beziehung zwischen Photograph und Kunde. Zwar las ich ihre Werke mit Interesse, aber ich mußte sie immer wieder mit denen meiner französischen Freunde
vergleichen, die mir sehr viel kraftvoller und poetischer erschienen. Glücklicherweise gibt es schon eine ganze Reihe von Darstellungen und Analysen der
englischsprachigen Vorkriegsliteratur. Ich kann dazu nur einen mageren Bericht
über meine persönlichen Begegnungen mit einigen Autoren beisteuern — eine
Art Wortporträt als Ergänzung zu meinen Photographien. Und dies natürlich
nur so, wie es sich mir damals, zur Zeit der Begegnungen darstellte.

Mein erster Besuch in der Rue de Fleurus bei Gertrude Stein, kurz nach meiner
Ankunft in Paris, rief zwiespältige Gefühle in mir hervor. Ich überquerte den
Hof und klingelte; eine kleine, dunkelhaarige Frau, die mit ihren langen Ohrrin-
gen wie eine Zigeunerin aussah, öffnete die Tür. Drinnen begrüßte mich Gertrude Stein mit breitem, freundlichem Lächeln — eine stattliche Erscheinung. Sie
trug ein Wollkleid und Wollsocken in bequemen Sandalen, wodurch ihr Leibes-
umfang noch betont wurde. Ich hatte die Kamera mitgebracht und sollte ein paar
Aufnahmen von ihr in ihrer Umgebung machen. Miss Stein stellte mich ihrer
Freundin Alice Toklas vor, die ich zunächst für das Dienstmädchen gehalten hatte, wenngleich sie in ihrem Kleid aus bedrucktem Stoff mit weißem Spitzenbe-
satz dafür eigentlich zu vornehm aussah. Auch Miss Stein trug eine geblümte Bluse mit einem Halstuch, das von einer viktorianischen Brosche zusammengehalten
wurde. Während ich meine Kamera aufbaute, setzten sich beide in die mit Chintz
bezogenen Sessel, die gut zu ihren Kleidern paßten. Der Raum war bestückt mit
schweren polierten Möbeln italienischer und spanischer Machart, auf denen allerlei Nippsachen aus Porzellan und hier und da kleine Vasen mit einem Blumen-
sträußchen standen. Das alles hob sich sehr angenehm von einer neutral getönten
Holztäfelung ab. An einer Wand hing zwischen zwei Fenstern ein großes
schwarzes Kreuz. Darüber jedoch waren die hellen, wasserfleckigen Wände des
Zimmers mit Gemälden von Cézanne, Matisse, Braque und Picasso bedeckt. Auf
den ersten Blick schien es schwierig, diese Werke mit der eher traditionellen Einrichtung darunter in Einklang zu bringen. Aber die dahinterstehende Absicht
war zweifellos, zu beweisen, daß beides nebeneinander bestehen konnte. Soweit
das überhaupt möglich war, schienen die als revolutionär geltenden Gemälde mit
den älteren Sachen zu harmonieren. Das zeigte sich besonders deutlich an den

Bildern von Cézanne und Braque, die über einem reich verzierten Kamin hingen und etwas Ruß abbekommen hatten. Mir wäre es fürs Photographieren lieber gewesen, wenn sie ihre ursprüngliche Frische behalten hätten.

In einer anderen Ecke hing Picassos Porträt von Gertrude Stein, es war ihr sehr ähnlich — ich bat sie, sich für ein Doppelporträt danebenzusetzen. Wie viele von Picassos konventionelleren Arbeiten wirkte es unfertig, aber die Hände waren sehr schön ausgeführt. Ich habe nichts gegen unfertige Werke, im Gegenteil: Ich habe eine Abneigung gegen Bilder, in denen kein Platz mehr ist für die Spekulation. Gewiß, meine Photographien, jedenfalls die konventionellen, ließen der Phantasie keinen Spielraum; aber in meinen freieren Arbeiten, die ich nebenher machte, versuchte ich schon, diesen Mangel zu beheben. Das stieß bei einigen Leuten, die neue Tendenzen in der Kunst stets genau verfolgten, auf Interesse; die meisten anderen aber, diejenigen, die keine Phantasie hatten, ließ es gleichgültig. Zu diesen anderen muß ich auch die Mehrzahl meiner Modelle und Kunden rechnen, die es nur darauf abgesehen hatten, ein Bild von sich zu bekommen, auf dem sie bedeutend aussahen.

Meine Porträtaufnahmen von Gertrude Stein waren die ersten, die veröffentlicht wurden, um dem damals noch kleinen Kreis ihrer Leser eine Vorstellung von ihrem Aussehen zu vermitteln. Vielleicht beeindruckte mich die Ruhe ihrer Persönlichkeit, jedenfalls kam es mir nie in den Sinn, mit ihrer Physiognomie irgendwelche Experimente zu riskieren. Vielleicht wäre ihr das Extravagante daran, genau wie in ihren Schriften, durchaus recht gewesen; vielleicht hätte sie mich dann auch eher als kreativen Künstler gesehen. Abgesehen von den Klassikern an ihren Wänden, nahm sie sich hin und wieder auch eines aufstrebenden jungen Malers an — versuchte ihm zu helfen, ließ ihn jedoch meist bald wieder fallen, so daß er wieder in Vergessenheit geriet. Das erinnert mich an einen berühmten französischen Gourmet, zu dem eines Tages ein Margarinefabrikant mit der Bitte kam, einen Satz zum Lobe seines Produkts zu schreiben. Der Gourmet kam der Bitte nach und schrieb: Nichts geht über Butter! Gertrude Stein hatte ihre beste Zeit hinter sich, sie hatte sich verhärtet; nach den Künstlern, denen ihre erste Vorliebe gegolten hatte, kam keiner, der sich mit ihnen messen konnte. Bis ins Extrem trieb sie diese Haltung gegenüber anderen Schriftstellern: Hemingway, Joyce, die Dadaisten, die Surrealisten, zu deren Wegbereitern sie gehörte — sie alle wurden von ihr verworfen. Ihre Verbitterung zeigte sich besonders, als die anderen noch vor ihr allgemeine Anerkennung fanden. In ihrem eigenen Kreis hielt sie das Podium stets besetzt; versuchte ein anderer, hinaufzusteigen, dann wurde er sogleich zur Ordnung gerufen. Einmal, während einer kleinen Gesellschaft bei ihr, unterhielten wir uns zu dritt in einer Ecke des Zimmers; in der gegenüberliegenden Ecke führte Alice mit einer anderen Frau ein lebhaftes Zwiegespräch. Plötzlich hielt Gertrude kurz inne, drehte sich zu ihnen um und forderte sie in barschem Ton auf, leiser zu reden. Die Wirkung blieb nicht aus — es kehrte Totenstille ein.

42 *Gertrude Stein, 1926 (?)*

Während der nächsten zehn Jahre war ich oft bei ihr zu Gast, sie kam zu weiteren Photositzungen in mein Atelier oder lud mich zum Essen ein — Alices Kochkünste waren berühmt. Eine der letzten Sitzungen, bei der sie ihr Haar nach einer Krankheit sehr kurz geschnitten trug, gefiel ihr ganz besonders. Abgesehen von der geblümten Bluse und der Brosche, die sie immer trug, sah sie auf diesen Bildern ziemlich männlich aus. Als Gegengabe für einige Photos stellte sie von mir ein Porträt in Prosa her.

174

Inzwischen hatte sie Verlage und ein Publikum gefunden. Für Werbezwecke benötigte sie Aufnahmen von sich und bestellte Dutzende von Abzügen, die ich ihr mit einer bescheidenen Rechnung schickte. Bald darauf bekam ich einen kurzen Brief, in dem es hieß, wir alle seien doch Künstler, denen nichts in den Schoß fiel, ich sei es gewesen, der sie eingeladen hatte, mir Modell zu sitzen, nicht sie habe mich darum gebeten, kurzum, ich solle mich nicht so anstellen. Ich antwortete ihr nicht, offenbar war sie der Ansicht, ich sei ihr etwas schuldig — dabei hatte ich ihr früher einmal, als meine Aufnahmen von ihr in Zeitschriften abgedruckt wurden, in einem Brief geschrieben, ich wolle alles in meiner Macht Stehende tun, um ihr zu helfen. Aber ich wurde langsam bekannt und stand in dem Ruf, ein sehr teurer Photograph zu sein — vielleicht weil ich des öfteren Rechnungen verschickte, wenn mir meine Modelle zahlungskräftig erschienen. Es ging mir dabei nicht so sehr um das Geld, ich hatte genügend Kunden, die anstandslos zahlten — so viel, daß es auch noch für die reiche, die nicht zahlten —, aber ich spürte immer deutlicher, daß ich von kreativeren Arbeiten abgehalten wurde; dafür erwartete ich ein Opfer von denen, die nur an sich selbst interessiert waren. Die Schmeicheleien und der Ruhm, die mir durch meine Porträtphotographie — oft genug die reine Schinderei — zuteil wurden, ließen mich kalt. Manchmal, wenn ein potentieller Kunde fand, mein Preis sei sehr hoch, antwortete ich ironisch, ein Porträt von mir selbst könne er umsonst bekommen. Während ihres langen Aufenthalts in Paris lebte Gertrude Stein sehr gut, vielleicht hatte sie schon von ihrer Familie her Geld, vielleicht verkaufte sie auch gelegentlich ein Bild aus ihrer Sammlung — mit ihren schriftstellerischen Arbeiten jedenfalls verdiente sie nicht genug. Als schließlich der Erfolg kam, entwickelte sie bei Verträgen für Bücher und Lesungen eine sehr geschickte Hand — wohingegen ich ganz und gar aus eigener Kraft begonnen hatte. Ich gestand ihr zu, daß sie einen bedeutenden Beitrag zur zeitgenössischen Literatur geleistet hatte und einigen notleidenden Künstlern auf dem Kontinent äußerst hilfreich gewesen war, aber aus ihrem Engagement hat sie auch für sich soviel wie nur möglich herausgeholt. Als ihr einmal ein Sammler, der ein Bild von ihr kaufen wollte, zu bedenken gab, der von ihr verlangte Preis liege über dem, den ein anderes Bild von ähnlicher Bedeutung in einer Galerie kostete, erwiderte sie: Nun ja, aber dieses andere Bild stammt nicht aus der Sammlung Gertrude Steins. Ich las natürlich einige ihrer Schriften — einmal las sie mir auch einen Abschnitt vor, was eindrucksvoller war als die eigene Lektüre, und so schlug ich ihr vor, Schallplattenaufnahmen zu machen. Joyce und der französische Dichter Eluard hatten solche Aufnahmen gemacht, die ich mit Vergnügen hörte. Sie schickte mir nie ihre neu erschienenen Bücher — in dieser Beziehung wurde ich von den französischen Autoren ziemlich verwöhnt, die mir viele signierte Exemplare schickten —, wohl aber bekam ich zuweilen Subskriptionsformulare von ihren englischen und amerikanischen Verlegern, wenn sie zufällig meinen Namen und meine Adresse hatten.

Hemingway war ein häufiger Gast in den Bars und Cafés am Montparnasse — ein großer junger Mann von athletischem Körperbau, mit tief in die Stirn reichendem Haaransatz, einem hellen Teint und einem kleinen Schnurrbart. Robert McAlmon, ein junger amerikanischer Dichter und Schriftsteller, den ich in Greenwich Village kennengelernt hatte und der jetzt mit Bryher, einer reichen jungen Engländerin verheiratet war, brachte ihn zum Photographieren in mein Atelier. Bob hatte gerade einen Verlag für junge, unbekannte Autoren, mit denen sich die alteingesessenen Verlage nicht abgaben, aufgemacht, er hieß Contact Editions. Er brachte Hemingways Kurzgeschichtensammlung *In Our Time* (»In unserer Zeit«) heraus. Mein erstes Porträt verlieh Hemingway eine poetische und zudem höchst stattliche Erscheinung. Wir freundeten uns an. Eines Abends nahm er mich zu einem wichtigen Boxkampf mit; für Sport interessierte ich mich nicht, aber ich wollte diese Gelegenheit nutzen, um die neue Handfilmkamera, die ich mir gekauft hatte, auszuprobieren. Ich hatte noch einen Helfer mit einer zweiten Kamera dabei, um den Kampf aus zwei verschiedenen Blickwinkeln aufzunehmen; so konnte auch auf ein verabredetes Zeichen der eine einspringen, wenn dem anderen der Film ausgegangen war. Ernest und ich saßen in der vierten oder fünften Reihe, während mein Assistent vorne am Ring war, um Nahaufnahmen machen zu können. Als die erste Runde begann, hob er die Kamera, aber er hatte kaum angefangen, als der Manager auf ihn zustürzte und ihm die Kamera aus der Hand riß. Unauffällig hob nun ich meine Kamera und

43 *Ezra Pound, ca. 1923*

fing an zu filmen. Ich hatte noch keine zehn Meter abgedreht, da kam es zu einem dramatischen Knockout — in der ersten Runde. Ein Höllenspektakel brach in der Halle los, auch Hemingway riß die Arme hoch und schrie mit. Am nächsten Tag ging ich zum Büro des Veranstalters, um die Kamera meines Assistenten zurückzufordern. Er gab sie mir, nachdem er den Film konfisziert hatte. Photographieren und Filmen seien verboten gewesen, fügte er hinzu. Ich ging zurück in mein Atelier, entwickelte den Film in meiner eigenen Kamera und gab die Bilder von dem sensationellen Knockout an eine Illustrierte. Das war einer meiner wenigen Zeitungsknüller — während ich sonst aller Welt erklärte, ich würde mit meiner Kamera nie das Atelier verlassen. Ich hätte es nie zum Reporter gebracht — das war einfach etwas ganz anderes, ich hatte nicht das Zeug zu einem journalistischen Hansdampf. Hemingway boxte selbst gern; wenn er keinen anderen Sparringspartner hatte, dann nahm er Joan Miró, den spanischen Maler, der mehr als einen Kopf kleiner war als er. Und wenn er überhaupt niemanden hatte, dann streifte er Bumby, seinem kleinen Jungen, ein Paar Kinderboxhandschuhe über und boxte mit ihm, wobei er ihn auf dem Arm trug. Ich machte noch andere Bilder von Hemingway, seiner Frau und seinem kleinen Jungen. Er wollte nach Pamplona zu seinem ersten Stierkampf; ich lieh ihm meine Kamera, zeigte ihm, wie man sie bediente, und als er mit Bildern von dem Fest und den Stierkämpfen zurückkam, machten wir in meinem Atelier Abzüge davon.
Eines Abends gab ich bei mir eine kleine Party — ein paar amerikanische und französische Freunde waren da. Im Laufe des Abends ging er auf die Toilette und kam bald darauf mit blutüberströmtem Kopf zurück. Er hatte beim Abziehen statt an der Kette des Toilettenkastens an der Schnur des Klappfensters gezogen, das dann auf ihn gestürzt und zersplittert war. Es wurde ein Verband gemacht. Ich setzte ihm einen flotten kleinen Filzhut auf den Kopf, um den Verband etwas zu verdecken — die Wunde war nicht sehr schwer —, und machte eine Aufnahme von ihm. Vor und nach diesem Bild hat es auch andere gegeben, die ihn verwundet zeigen, aber auf keinem wirkt er so amüsiert und gleichgültig gegenüber dem Auf und Ab seines Lebensweges wie auf diesem. Ich kann mir das Lächeln vorstellen, ein wenig grimmiger vielleicht, das vor seinem Tod auf diesem Gesicht lag. Viele Jahre lang entfernten sich unsere Wege immer weiter voneinander; wir sind uns nie wieder begegnet — er, der große Abenteurer, und ich, der durch und durch Seßhafte.
Kaum hatte Ezra Pound mein Atelier betreten, da ließ er sich in einen Sessel fallen, streckte die Beine von sich, ließ die Arme hängen und reckte seinen spitzen roten Bart über dem locker herabhängenden Schlips aggressiv in die Höhe, als wolle er den Raum in Besitz nehmen. Ich kannte ihn als einen großherzigen Menschen, der stets bereit war, anderen zu helfen, der jedoch, wo es um die Literatur ging, eine herrschsüchtige Arroganz an den Tag legte. Innerhalb der englischsprachigen Kolonie ging das sehr gut, aber in europäischen Kreisen wurde sein Name nie erwähnt. Vielleicht blieb seine Schriftstellerei anderen Völker-

schaften allzu unzugänglich — war doch eine gründliche englische Bildung vonnöten, um seine Werke zu würdigen. Wie eindrucksvoll sie auch gewesen sein mögen — ich war zu unwissend, um mich von seinen Arbeiten angesprochen zu fühlen; was revolutionäre Inhalte anging, so war ich allzusehr erfüllt von den wilden und oft willkürlichen Produktionen meiner französischen Freunde, die ihre Bildung meist versteckten, um ein größeres Publikum zu erreichen. Mit Pound kam ich also vor allem als Photograph in Berührung — ich machte ein Porträt von ihm, um mein Archiv und die immer größer werdende Sammlung englischer Schriftsteller an den Wänden von Sylvia Beachs Buchhandlung »Shakespeare and Company« zu vervollständigen. Als er wieder vorbeikam, um sich die Abzüge anzusehen, brachte er seinen Vater mit, der gerade eine Europareise machte, ein angenehmer Herr, der sich sogleich für eines meiner Gemälde an der Wand interessierte. Er äußerte den Wunsch, es zu kaufen, aber Pound redete es ihm wieder aus: es befinde sich unter schwerem Glas, es überall mit herumzuschleppen sei lästig. Pound hatte sich meine Sachen nie angesehen oder etwas darüber gesagt — für mich war er bloß einer der vielen Egoisten, die zu mir kamen. Ich habe nicht bedauert, daß das Bild unverkauft blieb, inzwischen hat es nämlich einen Platz in einer wichtigen Sammlung gefunden und damit meinen eigenen, etwa vorhandenen Egoismus vollauf befriedigt.

James Joycels *Ulysses* sollte bald erscheinen; »Shakespeare and Company« schickte den Verfasser zu mir, um Photos für die Presse machen zu lassen. Miss Beach wollte auch einige gute Porträtaufnahmen für Freunde. Ich setzte ein Honorar dafür fest, es war nicht viel, und erwartete, außerdem ein Exemplar dieses enzyklopädischen Werkes zu bekommen. Ich hätte auch darum bitten oder mir eines kaufen können, versäumte aber beides. Das Buch war damals billig; niemand konnte voraussagen, ob es eine Nachfrage geben würde. Jedenfalls machte ich mich an die Arbeit, denn Joyces fein geschnittenes, durch dicke Brillengläser allerdings verunstaltetes irisches Gesicht — er befand sich damals gerade zwischen zwei Augenoperationen — interessierte mich. Ich hatte in der *Little Review* einige kürzere Stücke von ihm gelesen, die mir in Erinnerung geblieben waren. Ich erzählte ihm davon, um ihn etwas aufzulockern — ihm schien unsere Sitzung fürchterlich lästig zu sein. Aber er war sehr geduldig, bis er nach einigen Aufnahmen den Kopf von den Lampen abwendete, die Hand über die Augen legte und sagte, er könne nicht länger in das grelle Licht sehen. Ich hielt auch diese Pose fest, die dann später am häufigsten abgedruckt wurde, wenngleich sie in bestimmten Kreisen als zu künstlich, zu gestellt kritisiert wurde. Später, gegen Abend saßen wir im Café; Joyce hatte etwas getrunken, war sehr munter und sang mit lauter Stimme kurze Stücke aus verschiedenen Opern. Ich erkannte, daß er sein Talent an seinen Sohn Giorgio, der Opernsänger wurde, weitergegeben hatte. Joyce lud mich zum Abendessen in sein Lieblingsrestaurant am Montparnasse ein, ins »Trianon«, das teuerste Lokal im Viertel, und der Wein floß reichlich. Ich sprach über Photographie und Malerei, er aber starrte mit leeren Augen

durch seine dicken Gläser und sagte sehr wenig. Hin und wieder, zwischen zwei Gläsern Wein, summte er eine Melodie. Wie aßen sehr ausgiebig, es schmeckte köstlich. Als ich den *Ulysses* später las, schien mir, daß auch er von einer ungeheuren Gelehrsamkeit und literarischen Bildung ausging — man hätte so belesen sein müssen wie Joyce, um die Freiheiten, die er sich mit der Sprache erlaubte, und die Abweichungen von der herkömmlichen Literatur richtig würdigen zu können.

Der Dichter William Carlos Williams tauchte eines Tages im Atelier auf. Abgesehen davon, daß ich gelegentlich in kleinen Zeitschriften auf seine wohlgeformten poetischen Arbeiten stieß, hatte ich seit meiner Zeit in Ridgefield, New Jersey, den Kontakt zu ihm verloren. Jetzt, Jahre später, war es ihm gelungen, sich eine Zeitlang von seinen beruflichen Pflichten als Arzt frei zu machen, um nach Paris zu kommen und hier die Mitglieder der amerikanischen Schriftstellerkolonie zu besuchen. Jemand hatte ihn zum Photographieren an mich verwiesen. Er sah sehr gut aus, es gab keinerlei Probleme, und die Ergebnisse waren wie von selbst zufriedenstellend. Er bestellte eine Reihe von Abzügen, die ich ihm in sein Hotel schickte, eines der teuersten auf der Rive gauche. Angesichts dieses Umstandes fügte ich eine bescheidene Rechnung bei und bekam von ihm einen Scheck. Zwei Jahrzehnte später — ich lebte damals in Kalifornien — bekam ich eine Einladung von einer Buchhandlung, wo Williams sein neuestes Buch, eine Autobiographie, signierte. Wir gaben uns die Hand, meine Frau war von seiner Erscheinung sehr beeindruckt und ganz hingerissen von der Widmung. Im Buch selbst gab es einen Hinweis auf unsere Begegnung in Paris mit einer kritischen Bemerkung über

meine hohen Preise. Nicht daß mir dies geschadet hätte, mich ärgerte nur, daß ihm nichts Wichtigeres zu mir eingefallen war.

In unregelmäßigen Abständen tauchten auch englische Zeitschriften auf dem Markt auf: *Broom,* ein von Harold Loeb gefördertes, kurzlebiges Magazin; *This Quarter,* herausgegeben von Edward Titus' Buchladen, und *transition,* geleitet von Eugene und Maria Jolas und Elliot Paul, der mit seinem Buch *The Last Time I Saw Paris* berühmt wurde. *Transition* hielt sich am längsten. Mein Ruf und die Tatsache, daß ich in den französischen Zeitschriften häufiger auftauchte, veranlaßte sie, etwas von meinen kreativeren Arbeiten zu verwenden, aber nur in ganz bestimmten Heften. Das entsprach ihrer allgemein bilderfeindlichen Einstellung, während ich bei den Franzosen zu einem ziemlich regelmäßigen Mitarbeiter geworden war. Das Gefühl des Übergangs — *transition* — schien die Bemühungen aller Amerikaner im Ausland zu prägen, so als handelte es sich bloß um eine Zwischenstation bei der Rückkehr auf den festeren Boden der Heimat. Bei vielen funktionierte das sehr gut; sie erlangten schließlich in den Staaten die höheren Weihen.

Zwei Amerikaner, die sich in England niedergelassen hatten, der Maler Curtis Moffat und der bekannte Plakatkünstler Ted McKnight Kauffer, schickten mir mit großer Beharrlichkeit immer wieder Leute zum Porträtieren aus London herüber. Neben zahlreichen Angehörigen der englischen Gesellschaft photographierte ich Schriftsteller: T.S. Eliot; Havelock Ellis, dessen patriarchaler Kopf so gar nicht zu seinen ausgebeulten Tweedhosen paßte; Aldous Huxley, der sich so setzte, daß man sein schielendes Auge nicht sah; Virginia Woolf, deren asketisches Gesicht von einer strengen Frisur eingerahmt wurde — ich mußte ihren Mund ein wenig mit Lippenstift nachzeichnen, wogegen sie zunächst Einwände erhob; aber ich erklärte ihr, das geschehe aus rein technischen Gründen, auf dem Bild würde man es nicht sehen. Als sie dann ging, vergaß sie, das Rouge zu entfernen.

Neben den von den Pariser Literaturzirkeln mehr oder minder anerkannten Schriftstellern gab es auch die einsamen Wölfe, die nur unregelmäßig etwas hervorbrachten und sich um die Aufnahme ihrer Werke beim Publikum nicht zu kümmern schienen, und andere, die sich auf dem Markt bereits fest etabliert hatten, aber zu sehr mit sich selbst beschäftigt waren. Zu den Besuchern in meinem Studio gehörten auch meine ersten Porträtmodelle aus Greenwich Village, Djuna Barnes und Mina Loy, eingebildet und hübsch wie eh und je, aber ich photographierte sie nicht noch einmal; die nachdenkliche Edna St. Vincent Millay, die zu einem kurzen Besuch in der Stadt war, saß mir Modell; dann auch Matthew Josephson und Malcolm Cowley, besessen, die Pariser Atmosphäre in sich aufzunehmen, aber stets ängstlich darauf bedacht, mit einem Bein auf amerikanischem Boden zu bleiben. Von englischer Seite kamen Richard Aldington und Hilda Doolittle oder H.D., wie man sie nannte, beides frühe Imagisten, dann auch die lebhafte Mary Butts, die in ihrem kurzen Leben so viel in sich aufnahm, wie sie nur konnte. Sinclair Lewis, der in Amerika schon Sensation gemacht hatte, wurde eines Tages zu mir geführt. Er war betrunken. Ich plazierte ihn vor ein gewaltiges Gewinde aus Eichenholz, das von einer Weinpresse stammte und das ich kurz zuvor bei einem Antiquitätenhändler gekauft hatte, um es für eine Komposition zu verwenden. Zu Lewis schien es mir ausgezeichnet zu passen; als ich ihm das fertige Bild schickte, riß er es nicht in Stücke, sondern meinte, von allen Porträts, die man von ihm gemacht habe, gefalle ihm dieses am besten. Er kam zu einer weiteren Sitzung, diesmal nüchtern, und brachte seine Frau, Dorothy Thompson, mit.

Eine merkwürdige Gestalt war Aleister Crowley, über den ich im Zusammenhang mit allerlei zwielichtigen Aktivitäten in London und New York reden gehört hatte. Eines Tages saßen wir mit ein paar Freunden in einem Café, da nahm er mich einen Augenblick beiseite, um etwas Vertrauliches mit mir zu besprechen. Er kenne viele wohlhabende Frauen, die zu ihm kamen, um sich ihr Horoskop stellen zu lassen. Wir können doch zusammenarbeiten, meinte er — ich solle denen, die von mir photographiert werden wollten, sagen, daß ich ihr Horoskop brauche, um sie richtig zu porträtieren; er seinerseits wolle allen Kundinnen, die ein Horoskop von ihm haben wollten, sagen, für eine vollständige Analyse benötige er ein Porträt. Da ich auf dieses Zusatzgeschäft nicht angewiesen war, wurde der Vorschlag nicht angenommen.

Einer der faszinierendsten Außenseiter war William Seabrook, dessen exotische Bücher über Voodoo-Kulte auf den westindischen Inseln, über Kannibalismus in

Afrika und abenteuerliche Fahrten nach Timbuktu viel Wirbel machten. Als wir uns zum erstenmal begegneten, war er mir sofort sympathisch, weil ihm die Berühmtheit, die er genoß und die ihm erhebliche Einnahmen brachte, so völlig gleichgültig war. Anders als Hemingway, dessen Abenteuer vor allem den Rohstoff zu einer literarischen Karriere bildeten, war er eher ein Journalist, dem es darum ging, über Sitten und Gebräuche in entlegeneren Weltecken zu berichten. Früher wäre aus ihm vielleicht ein Marco Polo geworden. Seabrook hatte keine literarischen Ambitionen. Wenn er in seinen Berichten, wie man es ihm vorgeworfen hat, übertrieb, dann unterschied er sich damit in nichts von den anderen Abenteurer-Journalisten. Außerdem wurden seine Bücher dadurch besser und lesbarer; nur Tatsachenfetischisten konnten ihm das vorwerfen. Es kommt selten vor, daß man von Fakten liest, die wie Fiktionen klingen — die meisten Schriftsteller streben nach der umgekehrten Wirkung.

Seabrook übertrug sein neugieriges Interesse an exotischen Dingen auch auf sein Privatleben, nur daß es hier eher erotisch wurde. Wie er selbst sagte, muß es auf seine von fünf närrischen Tanten umhegte Kindheit zurückzuführen sein, daß er das Verlangen hatte, Frauen auf mehr oder minder sanfte Weise zu foltern. Eines Nachmittags rief er mich an und fragte, ob ich ihm einen Gefallen tun und am Abend von acht bis zwölf in seinem Atelier bleiben könne. Seine luxuriöse auf zwei Stockwerke verteilte Wohnung in einem Hotel am Montparnasse war ein bekannter Anlaufpunkt für Prominente und Berühmtheiten wie Isadora Duncan und Bob Chanler. Zeitungsleute waren bei Seabrook gewesen, hatten ihn interviewt und ihn für heute abend zusammen mit seiner bezaubernden Frau zu einem Bankett zu seinen Ehren eingeladen. Ob ich, bis er zurück sei, in seinem

46 *Sinclair Lewis*

Atelier auf ein Mädchen aufpassen könne, das er an die Endpfosten des Treppengeländers gekettet hatte? Die Sache sei durchaus nicht geheim, die Presseleute hätten das Mädchen auch gesehen, er habe ihnen erklärt, sie sei eine Art Maskottchen. Ich geriet in Verlegenheit, sagte, ich sei mit einer jungen Amerikanerin, Lee Miller, zum Essen verabredet. Seabrook meinte, ich solle sie doch mitbringen, das Abendessen könne ich aufs Zimmer bestellen und es mir bequem machen. Ich ließ mich auf die Rolle des Babysitters ein und brachte Lee Miller mit. Vielleicht würde es ihr Spaß machen, ein Stück Pariser Leben kennenzulernen, wie man es sonst nicht zu sehen bekam. Als wir eintrafen, empfingen uns Seabrook und seine Frau Marjorie sehr freundlich und machten uns mit dem Mädchen bekannt.

Bis auf ein schmutziges, zerfetztes Lendentuch war sie nackt, die Hände nach hinten mit einem Vorhängeschloß an den Pfosten gekettet. Seabrook zog einen Schlüssel hervor und wies mich an, das Mädchen nur im Notfall freizulassen — bei einem Brand oder zu einem kurzen Gang ins Bad. Dafür, daß sie dies ein paar Tage lang mitmachte, werde sie bezahlt, sie sei sehr willig und fügsam. Ich könne aus dem Restaurant ein Essen für uns kommen lassen, alles, was wir wollten: Wein, Sekt, aber unter keinen Umständen dürften wir das Mädchen mitessen lassen. Ihre Mahlzeit werde kleingeschnitten auf einem Teller vor sie auf den Boden gestellt — wie bei einem Hund, so daß sie sich zum Essen niederknien mußte. Die Kette sei lang genug. Als die Seabrooks gegangen waren, klingelte ich nach dem Kellner, der mit unbewegter Miene eintrat, und bestellte ein großes Essen. Bald kamen die Gerichte samt Wein, und der Tisch wurde für drei gedeckt. Als der Kellner gegangen war, öffnete ich das Vorhängeschloß und lud das Mädchen zu uns an den Tisch ein. Ob sie vielleicht zuvor kurz ins Badezimmer gehen wolle? Ihre Hände und ihr Gesicht sahen ungepflegt aus. Oh nein, eine der Bedingungen, unter denen sie engagiert war, bestand darin, daß sie sich nicht wusch. Wir setzten uns, ich und meine Begleiterin versuchten, so gut es ging, natürlich und gelassen zu erscheinen. Im Laufe der Mahlzeit und dank des Weins entkrampften wir uns etwas; das Mädchen erzählte von ihren Erlebnissen bei Männern mit außergewöhnlichen Obsessionen. Da gab es zum Beispiel einen deutschen Geschäftsmann, der jedes Jahr für eine Woche nach Paris kam. Unter seinen Koffern befand sich einer, der ein ganzes Sortiment von Lederriemen und Peitschen enthielt. Er peitschte sie aus, wohlüberlegt, für jeden Schlag wählte er eine andere Peitsche, und nach jedem Schlag legte er eine Hundertfrancnote auf den Tisch, bis sie es nicht mehr aushalten konnte und er Schluß machen mußte. Es war zermürbend, aber den Banknotenstapel wachsen zu sehen, half ihr, viel mehr zu ertragen, als sie für möglich gehalten hätte. Danach konnte sie dann eine Woche lang im Bett bleiben und sich ein angenehmes Leben machen. Seabrook sei ein freundlicher Mann, so etwas verlange er von ihr nicht, sondern begnüge sich damit, stundenlang mit einem Glas Whisky in der Hand dazusitzen und sie zu betrachten. Wenn er zu Bett ging, kettete er sie an den Bettpfosten, und sie schlief wie ein Hund auf dem Boden. Ihrer Meinung nach war er impotent. Sie verstand nicht, wie Marjorie es mit ihm aushalten konnte.

Wir räumten den Tisch ab und spielten Karten. Vor Mitternacht kettete ich das Mädchen wieder an, und als die Seabrooks heimkehrten, sah alles wieder so aus wie vorher. Er war sehr erfreut. Ich hatte auch nicht vergessen, einen Teller mit Speiseresten neben sie auf den Boden zu stellen. Als wir uns verabschiedet hatten, erzählte mir meine Begleiterin, auch ihr seien schon Männer begegnet, denen es Spaß machte, Frauen zu schlagen — das sei ihr nicht neu. Mir auch nicht, dachte ich; auch ich hatte zweimal Frauen geschlagen, aber nicht aus irgendwelchen perversen Motiven. Seabrook war von der Fügsamkeit des Mädchens, das er engagiert hatte, so angetan, daß er sie im Sommer mit in den Süden nahm. Sie erklärte sich einverstanden, die Aufgaben einer Köchin und eines Hausmädchens zu übernehmen. Aber als ich ihn später wieder traf, erzählte er mir, daß es nicht gut gegangen war. Das Mädchen war aufsässig geworden, hatte Marjorie behandelt, als sei diese das Hausmädchen, hatte sich wie ein Diktator aufgeführt und schließlich sogar die Finger nach dem Geldbeutel ausgestreckt. Er konnte sie nur loswerden, indem er ihr einen großen Betrag zahlte.

Seabrook nahm noch mehrmals meine Dienste in Anspruch. Eines Tages bat er mich, für Marjorie einen hohen Kragen aus Silber zu entwerfen, ob ich einen Silberschmied kennen würde, der ihn ausführen könnte? Ich kannte einen, der auch meine silbernen Schachfiguren hergestellt hatte, und machte mich an den Entwurf des Kragens. An Marjories Hals wurde Maß genommen; der Kragen sollte der Linie ihres Kinns genau folgen, so daß sie den Kopf stets hochhalten mußte und ihn nicht drehen konnte. Mein Silberschmied machte seine Sache sehr gut: zwei durch Scharniere miteinander verbundene mattsilberne Teile, die mit blanken Druckknöpfen besetzt waren und der Trägerin ein geradezu königliches Aussehen verliehen. Ihr volles, schwarzes Haar und das strenge, schwarze Kleid verstärkten noch diesen Eindruck. Sie sollte dieses Schmuckstück zu Hause tragen — Seabrook und seinem Hang zum Fetischismus zuliebe, denn nach einiger Zeit wurde es ziemlich unbequem. Einmal trug sie es auch zu einem gesellschaftlichen Anlaß; es erregte viel Aufsehen, aber wenige errieten seinen wahren Zweck. Danach ließ er sie den Kragen immer tragen, wenn sie zum Abendessen ausgingen, und fand ein gewisses Vergnügen daran, zuzusehen, wie ihr das Essen und Trinken am Tisch schwerfielen.

In den dreißiger Jahren ging Marjorie nach New York, wo sie sich um die Veröffentlichung eines Romans, den sie geschrieben hatte, kümmerte — einer ziemlich unkonventionellen Geschichte mit Anklängen an D.H. Lawrences *Lady Chatterley*, aber ohne anstößige Wörter. Ihren Silberkragen nahm sie mit; Seabrook schrieb mir, er hätte ungeheures Aufsehen erregt. Als ich wegen verschiedener Aufträge und um an der Eröffnung der Ausstellung ›Phantastische Kunst‹ im Museum of Modern Art teilzunehmen später nach New York kam, waren sie beide noch da. Wir verabredeten uns zum Lunch, und er bat mich, ein wenig früher zu kommen, um mir etwas Interessantes anzusehen. Sie hatten getrennte Zimmer, das von Seabrook war sehr groß und sah fast wie ein Atelier aus. In der Mitte des Raumes saß auf dem Boden eine statuenhafte Frau, wie eine Odaliske, ganz nackt und geschmückt nur mit Perlenketten, Armreifen und Ringen. Er stellte sie mir als seine Sekretärin vor, aber sie blieb reglos und sagte kein Wort. Er erklärte mir, sie sei für vierundzwanzig Stunden zum Schweigen verurteilt, funktioniere aber sonst wie ein normales Wesen. Dann erlaubte er ihr, aufzustehen und sich anzuziehen. Zu viert — Marjorie war auch dazugekommen — gingen wir dann die Fifth Avenue hinunter. Die Sekretärin war größer als wir anderen; in ihrem dunkelgrauen Schneiderkostüm sah sie aus wie eine tatkräftige, junge Geschäftsfrau.

Aber irgend etwas stimmte mit ihr nicht; sie hatte Schwierigkeiten beim Gehen, ihre Schuhabsätze waren ungewöhnlich hoch. In einem Augenblick, wo Seabrook abgelenkt war, wendete sie sich mir zu und sagte mit leiser Stimme, wenn ihre Zeit um sei, werde sie diesem Bastard sagen, was sie von ihm halte. Seabrook trank jetzt mehr denn je und mußte schließlich für ein Jahr in ein Sanatorium gehen. Als er wieder herauskam, schrieb er ein Buch über seine Erfahrungen dort und über die Methoden, die in diesen Anstalten angewendet werden, ein sehr kühles, objektives Buch, das viel Aufregung verursachte. Ich sah ihn nicht wieder; er hatte sich von Marjorie getrennt, hatte erneut geheiratet und wohnte in einem abgelegenen Haus außerhalb der Stadt. Hier nahm er, wie ich erfuhr, manche seiner seltsamen Praktiken wieder auf und ließ einen Käfig bauen, in dem er eine andere Sekretärin vierundzwanzig Stunden lang gefangen hielt. Anscheinend war seine letzte Frau solchen Gewohnheiten gegenüber weniger tolerant; es kam zu Szenen, und er trank immer mehr, bis er schließlich starb.

Maler und Bildhauer

Zunächst erfüllte ich die Bitten anderer Künstler, ihre Werke zu photographieren, nur wie eine lästige Pflicht — aber mir wurde immer klarer, daß mir diese Tätigkeit nicht nur meinen Lebensunterhalt sicherte, sondern auch einen Zugang zu ihrer Persönlichkeit verschaffte. Indem ich gleichzeitig ihre Porträts machte, lernte ich diese schöpferischen Menschen viel besser verstehen. Bei Künstlern, deren Werke mich interessierten, wollte ich stets auch ihre menschliche Seite kennenlernen, und ihre Biographie war für mich so faszinierend wie ihr Werk. Anekdoten aus dem Leben der alten Meister hatten für mich große Bedeutung. Nie konnte ich denen zustimmen, die behaupteten, ihnen genüge es, die Werke selbst zu betrachten.

Immer häufiger sah ich jetzt Francis Picabia; ich photographierte nicht nur seine Arbeiten, ich machte auch einige Porträtaufnahmen von ihm. Besonders gern ließ er sich hinter dem Steuer eines seiner großen Autos photographieren. Auch er war erfreut darüber, daß ich weiterhin zu ihm kam, obwohl ich der Dada-Gruppe angehörte, von der er sich gelöst hatte. Im Frühling, nach meiner Ausstellung, lud er mich zu einer kurzen Ferienreise in den Süden ein. Er fuhr sehr schnell. Am ersten Abend nahmen wir uns ein billiges Hotel in einer kleinen Stadt. Komfort gab es nicht, das Zimmer war kalt, und am nächsten Morgen standen wir sehr früh auf, denn er wollte noch vor Einbruch der Dunkelheit am Ziel sein. Ich ärgerte mich ein bißchen über diese Hast und diese Sparsamkeit; auf meiner ersten Reise durch Frankreich hätte ich gern etwas von der Schönheit der vorüberfliegenden Landschaft in mich aufgenommen. In einem Gasthaus, eingekeilt zwischen einheimischen Arbeitern, nahmen wir ein karges Mittagessen zu uns — auch dies eine Enttäuschung, denn ich hatte gehofft, mich in einer der namhaften Raststätten unterwegs laben zu können. Aber als sich die Landschaft langsam veränderte — als knospende Ulmen an den Straßenrändern auftauchten, graugrüne Olivenbäume, steinerne Bauernhäuser mit roten Ziegeldächern, umgeben von Schwarzpappeln, und verwinkelte Städtchen mit Überresten römischer Ruinen —, da verflog meine Enttäuschung. Und als das blaue Mittelmeer in Sicht kam, war ich vollkommen hingerissen.

Der letzte Teil unserer Reise führte über die Corniche, entlang der Steilküste am Meer. Die Straße war sehr schmal, kaum breit genug für zwei Wagen, hundert Meter oder mehr über dem Meer in die Steilküste geschnitten. Es gab keine Schutzmauer an der Außenseite — und auf dieser Seite fuhren wir, die Reifen wenige Zentimeter von der Felskante entfernt. Es gab Haarnadelkurven, bei denen man begriff, warum sie so genannt werden — die Haare standen einem zu Berge. Einige von ihnen waren nur mit zwei Rangiermanövern zu bewältigen — ich ging nach hinten und winkte Picabia, wie weit er den großen Wagen an den Rand des Abgrunds zurücksetzen konnte. Er lenkte den Wagen mühelos und versicherte mir, im Krieg, als Fahrer eines Generals, habe er schon ganz andere Engen und Klemmen hinter sich gebracht. Ich beneidete ihn um seine Geschicklichkeit und beschloß, auch Autofahren zu lernen und mir eines Tages vielleicht selbst einen Wagen anzuschaffen. Dann käme noch eine weitere zu den Fertigkeiten hinzu, die mir zunächst unerreichbar schienen: Ölmalerei, Photographie und Tanzen.

Endlich kamen wir auf eine gerade Straße, die am Meer entlang führte; der Sonnenuntergang verstärkte noch das Rot der Küstenfelsen, und das Meer war jetzt nahezu violett, der Himmel im Kontrast dazu grün. Zum ersten Mal sah ich Palmen, wildwachsende Kakteen und hier und da eine Piniengruppe. Das war so inspirierend, daß ich fast den Wunsch verspürte, zur Landschaftsmalerei zurückzukehren. Vielleicht sollte ich es wirklich tun, überlegte ich mir, es würde jedenfalls niemandem schaden, wenn ich ein paar Landschaften ausführte, allenfalls konnte meine Integrität als Dadaist darunter leiden. Aber mit meiner Photographie hatte ich mich ohnehin schon kompromittiert, trotz aller Bemühungen, sie über die Ebene von Broterwerb und Pin-up hinauszuheben. Wir fuhren durch Cannes mit seinen Gärten und Blumen, über die Promenade mit den Filialen der eleganten Pariser Geschäfte und den imposanten Hotels, dann ging es ein paar Kilometer landeinwärts, bis wir in ein geruhsames Städtchen kamen, Le Cannet, wo wir uns in einem bescheidenen Hotel einmieteten.

Picabia wollte an diesem Abend nach Monte Carlo zum Roulettspielen, und ich ging mit. In einem Fischrestaurant in Nizza aßen wir zu Abend und fuhren dann zum Casino von Monte Carlo. Ich wechselte ein wenig Geld gegen Chips, während Picabia einen sehr viel größeren Betrag umtauschte. Nachdem ich ängstlich immer nur auf Schwarz und Rot gesetzt hatte, verlor ich binnen kurzem meinen Einsatz und verbrachte die folgende Stunde damit, ihm und den anderen zuzusehen. Riesige Geldsummen wurden eingezogen und ausgezahlt; die Spieler waren angespannt, als ginge es um ihr Leben. Hier und da machte einer eine lässige Geste, so als sei es ihm gleichgültig, zu gewinnen oder zu verlieren. Aber ich verlor das Interesse und langweilte mich; mir war unbegreiflich, wie Leute, die es sich leisten konnten, Geld zu verlieren, die also anscheinend reichlich damit versehen waren, sich daran ergötzen konnten, noch ein bißchen mehr zu gewinnen; und wie Leute, die es sich nicht leisten konnten zu verlieren, ihren Seelenfrieden für einen Gewinn aufs Spiel setzten, den sie doch bald wieder sinnlos verschleudern würden. Aber, wie gesagt — ich hatte nie eine Spielermentalität entwickelt und war allen Formen von Wettkampf abgeneigt, das Glücksspiel inbegriffen. Picabia erhob sich von seinem Platz — er hatte verloren. In strahlendem Mondlicht fuhren wir auf der Küstenstraße zurück zu unserem Hotel.

Picabia sagte, am nächsten Tag habe er viel zu tun. Er habe eine Reihe von Verabredungen, wolle mich aber zuvor mit einer charmanten Dame bekannt machen, die in Cannes einen Antiquitätenladen führte. Am nächsten Morgen fuhren wir hin, und Picabia stellte mich als berühmten Photographen vor, der mit dem größten Vergnügen ein Porträt von ihr machen würde. Sie war Mitte vierzig, ihre Haut war ziemlich gebräunt. Daß Picabia seinen Vorschlag gemacht hatte, ohne ihn vorher mit mir abzusprechen, ärgerte mich. Er war zehn Jahre älter als ich, und ich war durchaus bereit, ein gewisses Maß an Bevormundung zu ertragen, aber das, so schien mir, ging zu weit. Ich sah mich in dem Laden um, während er mit der Frau herumflachste. Zwischen mehreren Graphiken und Porträts älteren Datums hing eines seiner neueren Gemälde. Das Porträt einer Spanierin mit dem landesüblichen Kopfputz und riesigen Augen, die eine Reihe von Aktgestalten überlagerte, so daß das ganze wie eine doppelt belichtete Photographie aussah. Unwillkürlich kam mir der Gedanke, daß nur eine intime Beziehung zwischen ihnen sie dazu veranlaßt haben konnte, dieses Werk zwischen die konventionelleren Sachen zu hängen. Damals wurden Picabias Arbeiten von den Kritikern nicht ernst genommen, und der Avantgarde erschienen sie als ziemlich oberflächlich — als Rückfall hinter seine früheren dadaistischen Produktionen. Bald entschuldigte er sich und ließ mich mit der Dame allein. Sie lud mich zum Mittagessen in ihre Wohnung ein. Ein Hausmädchen bediente uns und zog sich gegen Ende der Mahlzeit diskret zurück. Wir saßen noch ein Weilchen am Tisch, tranken Kaffee und Kognak; sie amüsierte sich über das, was ich mehr oder minder zusammenhanglos erzählte, ich hatte viel Wein getrunken und machte einen verwegenen Gebrauch von meinem Französisch. Nach einiger Zeit klagte sie über Kopfschmerzen, sie wolle sich etwas hinlegen und Siesta halten. Ich folgte ihr ins Schlafzimmer, wo sie sich, die Hand über die Augen gelegt, auf dem Bett ausstreckte. Sie lud mich ein, ich könne mich auch hinlegen, wenn ich ausruhen wolle. Mir war schwindlig. Ich sagte, ich wolle an die frische Luft gehen. Ich ergriff ihre Hand und gab ihr auf europäische Art einen galanten Handkuß, dankte ihr für das Essen und versprach, die Kamera mitzubringen und eine Porträtaufnahme von ihr zu machen. Sie kehrte mir den Rücken zu, als ich hinausging. Ich schlenderte die Promenade am Meer entlang und fühlte mich langsam besser. Dann ging ich hinüber zur Hauptgeschäftsstraße, an der die weniger vornehmen Geschäfte lagen. Ich betrat einen Laden für Künstlerbedarf und erstand ein paar kleinere Leinwände und einige Tuben Farbe. Die Segelyachten, die über das Meer dahinglitten, hatten mich auf einen Gedanken gebracht — ich wollte die Regatta vor der strahlenden Sonne darstellen und meinen Wunsch verwirklichen, ein Bild nach der Szenerie vor meinen Augen zu malen. Mit dem Bus fuhr ich zurück zum Hotel und machte mich sogleich an die Arbeit. Ohne Pinsel, direkt mit den Tuben malend, skizzierte ich die Boote, die Segel schwarz vor dem Himmel und dahinter die Sonne in Strudeln aus ungebrochenen Farben. Es wirkte sehr impressionistisch, fröhlich, aber auch dunkel; man hätte es vielleicht bis zu dem unglücklichen van Gogh zurückverfolgen können, dessen Farben so viel Tragik ausdrückten. Bei mir jedoch war die monochrome Wirkung strenger — meine Absicht, zu vermeiden, daß ein schönes Bild dabei herauskam, war unverkennbar. Am nächsten Tag kam Picabia zu mir ins Zimmer und war überrascht,

47 Francis Picabia am Steuer seines Delage-Sportwagens, 1921

48 Photo und Widmung Man Ray: „Francis Picabia à grande vitesse, Cannes 1924"

daß ich schon etwas zustande gebracht hatte. Er lobte das Bild sehr und meinte, er würde es gerne haben — wenn wir wieder in Paris seien, wolle er mir dafür eines von seinen Bildern geben. Und er hielt sein Versprechen, allerdings durfte ich nicht auswählen; er hatte vielmehr etwas für mich herausgesucht, wahrscheinlich ein Bild, das ihm weniger bedeutsam erschien, aber mir gefiel es sehr, denn es stammte aus seiner späten dadaistischen Phase, ein eher persönliches Werk und vielleicht weniger gut verkäuflich. Später, nach seinem Tod, war diese Phase bei den Sammlern stärker gesucht. Das Bild, das ich ihm geschenkt hatte, war in seiner Wohnung nirgendwo zu sehen; erst viele Jahre später begegnete es mir wieder; der Direktor eines alljährlich stattfindenden Malersalons in Paris hatte mich zu einem Cocktail eingeladen, und da hing meine Regatta an seiner Wand. Als ich ihn fragte, wie er daran gekommen sei, antwortete er, er habe es eines Tages in einem Antiquitätengeschäft in Cannes aufgestöbert. Die Ladeninhaberin habe ihm nicht gesagt, woher sie es hatte. Noch später, nachdem auch dieser Mann gestorben war, sah ich das Bild im Hause eines Sammlers wieder. Erstaunlich, wie unbelebte Dinge die Menschen überleben!

Um seinen Ehe- und Steuerproblemen zu entkommen, ließ sich Picabia schließlich für immer in Südfrankreich nieder. Er ließ sich eine komfortable Villa bauen, aber bald schon gab es neue Komplikationen. Das Finanzamt ließ nicht locker, er trennte sich von seiner Frau und bändelte mit der Erzieherin seiner Kinder an. Er verkaufte sein Haus und erwarb statt dessen ein Hausboot — anscheinend mußte er keine Steuern zahlen, solange er auf dem Wasser wohnte. Nachdem ich Autofahren gelernt und mir einen eigenen Wagen gekauft hatte, kam ich oft in den Süden; einmal besuchte ich ihn auf seinem Boot, das im Hafen von Golfe Juan unweit von Cannes lag. Er lud mich ein, am nächsten Morgen an einer Tour nach St. Tropez teilzunehmen, rund fünfzig Kilometer an der Küste entlang. Das Boot werde um acht Uhr in See stechen. Um fünf nach acht war ich am Kai und sah das Boot ein paar hundert Meter weit draußen auf dem Meer. Golfe Juan war ein kleines Fischernest; ein paar Augenblicke stand ich unschlüssig da, dann sprang ich in meinen Wagen und fuhr mit Höchstgeschwindigkeit nach Cannes, wo die großen Yachten und die Motorboote für das Wasserski ankerten. Ich ließ den Wagen am Hafen stehen und ging zu einem der Motorboote und bat den Besitzer, mich aufs Meer hinauszufahren und einem Boot den Weg abzuschneiden, das mit westlichem Kurs vorbeikommen würde. Wir einigten uns auf einen Preis, dann ging es los. Das Wasser schäumte hoch auf, und schon schoß das Fahrzeug davon. Nach wenigen Minuten waren wir weit draußen, und dort in der Ferne segelte Picabias Boot gemächlich in Richtung St. Tropez. Wir gingen längsseits. Picabia standen hinter der Reling und blickte uns ängstlich entgegen. Ohne Zweifel fragte er sich, ob wir womöglich Beamte seien, die ihn wegen irgendeines Vergehens verfolgten. Ich stand auf und winkte — erstaunt starrte er mich an. Ich lachte und fragte ihn, ob ich zu spät zur Party gekommen sei. Nachdem ich das Motorboot bezahlt hatte, kletterte ich auf das Hausboot hinüber und begrüßte Picabia und Olga mit Handschlag. Er gratulierte mir zu meiner Findigkeit, entschuldigte sich aber nicht dafür, daß sie ohne mich losgefahren waren. Die Kabine war geschickt eingerichtet, mit zwei Kojen und einer Kombüse; ein Matrose vorne lenkte das Boot. Nach einer ruhigen ereignislosen Fahrt kamen wir gegen Mittag in St. Tropez an.

Im Hotel »Sube« am Hafen sollten wir eine Gesellschaft von mehreren Freunden zum Mittagessen treffen. Der Tisch war schon gedeckt, und es gab viel Hallo und Gelächter, als Picabia erzählte, wie er mich aus Seenot gerettet hatte. Nach einigen Aperitifs — dem einheimischen Pastis, einer vom Gesetz zugelassenen, abgeschwächten Form von Absinth — machten wir uns an das ernste Geschäft des Essens. Den Horsd'œuvres folgte als Hauptgericht eine Bouillabaisse, eine großartige Fischsuppe, die in großen, muldenförmigen Stücken direkt vom Baum abgenommener Korkrinde serviert wurde. Dazu gab es auf getrennten Platten Hummer in einer geschmackvollen roten Sauce, »à l'Armoricaine« genannt — und manchmal auch ohne ersichtlichen Grund »à l'Américaine«. Der Duft von Gewürzen und Safran erfüllte den Raum. Picabia nahm sich eine Hummerschere und brach sie entzwei, wobei einige Spritzer das Hemd des ihm gegenübersitzenden Gastes trafen. Dieser, nicht faul, nahm sich ebenfalls ein Stück, schwenkte es in der Sauce herum und besprenkelte nun seinerseits Picabia, der sich wiederum mit einer entsprechenden Geste revanchierte, dabei aber die Sauce auch auf mehrere andere Esser verteilte. Diese folgten seinem Beispiel, und binnen kurzem waren alle verziert. Unter vielem Geschrei und lautem Schimpfen setzten wir die Mahlzeit fort. Am Ende glich der Raum einem Schlachtfeld, aber alle waren bester Laune, und wer konnte, zog sich zum Umkleiden zurück. Einige, die wie ich nur zu Besuch gekommen waren, behielten ihre fleckigen Hemden an. Picabia, Olga und ich gingen in eine nahegelegene Bar, um dem Besitzer einen Besuch abzustatten. Wir kannten ihn aus Paris, wo er das »Boeuf sur le Toit«, den berühmten Nachtclub, geleitet hatte. Er empfing uns sehr herzlich und traktierte uns mit Sekt, danach kehrten wir auf das Hausboot zurück. Picabia hatte es eilig, zu seinem Heimathafen zurückzukehren, weil er abends noch eine Verabredung hatte. Er schloß sich einem Freund an, der mit dem Wagen nach Cannes fuhr, während Olga und ich mit dem Boot zurückfahren sollten. Ich legte mich in eine Koje und schlief die Nachwirkungen des Essens und der Getränke aus, bis wir in den Hafen einliefen.

Picabias guter Wille mir gegenüber zeigte sich bei anderen Gelegenheiten, aber die Ergebnisse blieben immer irgendwie hinter meinen Erwartungen zurück. Eines Tages kam eine Frau mit einem Brief von ihm in mein Atelier, in dem er mich bat, ein Porträt von ihr zu machen — sie habe nicht gewagt, mich selbst darum zu bitten. Sie sei auch an moderner Malerei interessiert und würde sich gern meine Arbeiten ansehen. Er fügte noch hinzu, es gebe da in Cannes eine sehr schöne Galerie und er könne den Besitzer gewiß dazu bewegen, eine Ausstellung mit mir zu machen. Wenn ich also wieder in den Süden käme, sollte ich meine Sachen mitbringen, die Ausstellung werde dann sogleich organisiert. Ich photographierte die Dame; sie bestaunte alle Bilder an den Wänden, aber ich tat nichts, um sie stärker zu interessieren. Solange sie nicht den Wunsch äußerte, etwas von mir zu besitzen, wollte ich ihr keine Anträge in dieser Richtung machen.

Im Frühling fuhr ich hinunter nach Cannes, aber statt meiner Gemälde hatte ich fünfzig repräsentative Photographien ausgewählt. Cannes würde während der Osterferien von reichen Leuten überschwemmt sein, die mit meinen Gemälden nichts anfangen konnten. Aber vielleicht kamen einige Porträtsitzungen zustande, deshalb nahm ich auch meine Kamera mit. In Cannes angekommen, erklärte ich Picabia meine Überlegungen und sagte ihm, es sei an der Zeit, die Photographie als Kunst zu präsentieren und sie in Galerien für Malerei und Bildhauerei auszustellen; außerdem erschienen mir Cannes und die Menschen hier zu oberflächlich, als daß man sie mit unserer Art von Malerei konfrontieren sollte. Picabia stimmte mir zu und meinte dann, der Händler kenne sich in der zeitgenössischen Kunst nicht allzu gut aus und handele hauptsächlich mit älteren Malern und bekannteren Modernen. Ihm selbst seien Verkäufe nur bei Freunden oder über gesellschaftliche Beziehungen gelungen. Es werde interessant sein zu beobachten, welche Wirkung eine Photoausstellung in dieser Umgebung habe. Der Galeriebesitzer schien volles Vertrauen in Picabias Ratschläge zu haben, und die Ausstellungseröffnung wurde auf die nächste Woche festgesetzt. Die Galerie würde Termine für Photositzungen vereinbaren und dafür eine Provision bekommen, und sie würde alle sonstigen Kosten bestreiten. Ich machte mich daran, Plakate und Kataloge vorzubereiten. Picabia schrieb ein Vorwort, ganz in seinem Stil: zu verschlüsselt und zu hochgestochen für das Publikum, das mir vorschwebte. So schrieb er zum Beispiel: »Du hörst mit den Augen, wie es alle Maler tun sollten; deine Gemälde und deine Photographien lachen nicht, und sie weinen nicht, ich vergleiche sie mit dem Philosophen, der in der Sonne liegt, vom Pariser Kannibalismus sind sie weit entfernt! . . .«

Zwar hatte er mir die Verwendung seines Vorworts freigestellt, ich hätte es also auch ablehnen können — aber das tat ich nicht. Nie hätte ich die Arbeit eines anderen kritisiert oder zurückgewiesen, nachdem ich selbst genug unter Kritikern zu leiden gehabt hatte, deren Beweggründe mir immer fragwürdig erschienen. Die Galerie befand sich in einem palaisartigen Gebäude, eine Decke aus Milchglas ließ ein diffuses Licht herein. Ich brachte die Photographien in einer Reihe an den vier Wänden an, in gehörigem Abstand voneinander, um jeder von ihnen die Bedeutung zu verleihen, die ihr, indem ich sie als Kunstwerk präsentierte, zukam. Die Ausstellung sah sehr beeindruckend aus; der Eigentümer sah diesem gewagten Unterfangen mit Zuversicht und Optimismus entgegen und glaubte fest, daß ich viele Porträtaufträge bekommen würde. Gewiß, es sei nicht zu erwarten, daß man die Abzüge selbst wie Gemälde oder Zeichnungen verkaufen könne, als Investitionsobjekt war eine Photographie wertlos. Ich hingegen hoffte gerade, einzelne Abzüge verkaufen zu können, für mich war dies insgeheim das eigentliche Ziel der Ausstellung, aber davon sagte ich nichts.

Wie auf den Einladungen und den Plakaten angekündigt, wurde die Ausstellung am nächsten Tag eröffnet. Ich kam sehr früh, um die ersten Besucher zu empfangen. Nach einer Stunde hatte noch niemand seinen Fuß in die Galerie gesetzt. Eine Weile lief ich nervös herum und ging dann in das Büro des Direktors, um das auf den Einladungen angegebene Datum zu überprüfen — vielleicht war ein Fehler unterlaufen, aber nein, alles war so, wie geplant, und die Einladungen waren vier Tage zuvor verschickt worden. Als ich wieder in die Galerie kam, schlenderten zwei einsame Besucher umher, die das Plakat draußen angelockt hatte. Bald darauf erschien Picabias Frau, allein. Picabia sei krank, er müsse das Bett hüten. Sie entschuldigte sich vielmals für ihn. Zwei, drei andere Besucher traten ein, sahen sich um und gingen wieder; das war alles. Am späteren Nachmittag kam ein sympathisch aussehendes junges Paar herein, anscheinend Ausländer. Sie sprachen mich an und fragten, ob der Künstler erreichbar sei. Ich stellte mich vor — sie ebenfalls, es war ein Name mit einem Adelstitel. Sie waren in den Flitterwochen und wollten gern photographiert werden. Wir verabredeten einen Termin in ihrem Hotel; während der nächsten Tage war ich damit beschäftigt, in einer Dunkelkammer am Ort die Filme zu entwickeln und die Abzüge fertig zu machen. Sie waren sehr davon angetan, bestellten viele Bilder und zahlten anstandslos den von mir verlangten Preis.

Mich aber erfaßte tiefe Niedergeschlagenheit, und ich kam zu dem Schluß, daß mir ein bißchen Zerstreuung gut täte. Ich ging nicht mehr in die Galerie, sagte, ich sei einige Tage lang nicht da, sie sollten alle etwaigen Termine auf die nächste Woche legen. An diesem Abend zog ich meine Smokingjacke an und suchte einen eleganten Nachtclub auf. Ich setzte mich an die Bar, trank Whisky und spendierte den neben mir sitzenden Taxigirls auch etwas. Eine gutaussehende Rothaarige schien mir besonders gewogen; obwohl sie fast einen Kopf größer war als ich, tanzten wir sehr angenehm miteinander. Bei einem der Tänze fiel mir ein anderes Paar auf, an dem wir mehrmals vorbeikamen. Das Mädchen lächelte mir über die Schulter ihres Partners zu. Nach dem Tanz kehrte ich an die Bar zurück, bat den Barmann um Papier und Bleistift und kritzelte ein Briefchen, in dem ich um den nächsten Tanz bat. Dann ging ich hinüber zum Portier in Uniform und bat ihn, das Briefchen jenem Mädchen zuzustecken, das mit fünf oder sechs anderen an einem Tisch saß. Er nickte, und ich gab ihm ein bißchen Geld. Er schlenderte zu dem Tisch hinüber, mein Briefchen ganz offen in der Hand haltend, so daß alle es sehen konnten, und dann zeigte er ihnen, wo ich saß. Lachend drehten sie mir die Köpfe zu und machten sich über mich lustig. Der Alkohol hatte mich mutig gemacht, so ging ich wütend zu ihrem Tisch hinüber, um mich zu beschweren. Als ich dem Portier näherkam, erkannte ich, daß er eine Fliegeruniform mit Flügelabzeichen trug. Ich entschuldigte mich und lud ihn zu einem Drink ein; er dankte mir, setzte sich und meinte, ich könnte mich doch ihrer kleinen Gesellschaft anschließen. Aber ich war zu durcheinander und kehrte an die Bar zurück — ich war froh, daß ich nicht verprügelt worden war, was durchaus hätte passieren können. Ich tröstete mich mit der Rothaarigen, tanzte und trank, bis das Lokal schloß, und fand mich am nächsten Morgen allein in einem fremden Hotel wieder, ohne mich an irgend etwas zu erinnern.

Am nächsten Abend setzte ich meine Tour fort und ging in ein anderes Cabaret, wieder trug ich meine Smokingjacke. Diesmal hatte ich statt der schwarzen Hose, die eigentlich dazu gehörte, eine weiße Flanellhose angezogen. Ich war modebewußt geworden und wollte nicht für einen Kellner gehalten werden, die alle schwarze Hosen trugen, ob ihre Jacken nun schwarz oder weiß waren. Dazu trug ich eine rote Fliege. Ein paar belustigte Blicke folgten mir, als ich zur Bar ging und einen Drink bestellte. Unweit von mir saß ein einsames Mädchen auf einem Hocker, sie musterte mich flüchtig, kümmerte sich dann aber nicht mehr um mich. Das ist eine Herausforderung, dachte ich; ich leerte mein Glas und bat sie, sich mit mir an einen Tisch zu setzen. Sie war einverstanden. Als der Kellner (in einer weißen Jacke) erschien, bestellte ich eine Flasche Sekt. Das Zigaretten-Girl kam vorbei, ich winkte sie heran. Meine Begleiterin wählte die teuerste türkische Marke, mit rosa Mundstücken. Wir tanzten; sie wurde freundlicher und fragte mich, warum ich mich so merkwürdig ausstaffiert hätte. Ich sei Künstler, gab ich zurück, und erlaubte mir in der Mode genau wie in der Malerei einige Freiheiten. Sie meinte, ich könne mir auch mit ihr einige Freiheiten erlauben. Wir tanzten noch ein Weilchen, leerten die Flasche, und dann winkte ich einem Kellner, um meine Rechnung zu bezahlen. Der Mann kam zu uns, machte eine steife Verbeugung und erkundigte sich nach meinem Namen, er könne sich nicht erinnern, wo wir uns schon einmal begegnet seien. Da bemerkte ich, daß seine weiße Jacke von feinstem Stoff und Schnitt war, das Seidenhemd war plissiert, und er trug diamantenbesetzte Manschettenknöpfe und einen Diamantring. Ich entschuldigte mich, ich hätte ihn irrtümlich für einen Bekannten gehalten; noch einmal verbeugte er sich steif und ging davon. Das Mädchen kicherte und gratulierte mir zu meinem Bekanntenkreis, ob ich hinter meiner Maskerade vielleicht meine wahre Identität versteckte. An zwei Abenden hintereinander hatte ich mich gründlich blamiert; ich hätte nicht so viel trinken sollen. Nachdem wir den Kellner doch noch erwischt hatten, nahmen wir ein Taxi; das Mädchen nannte dem Chauffeur eine Adresse, und schließlich kamen wir zu einer Villa, die im hinteren Teil eines Gartens verborgen lag. Das Taxi hatte hinter einem großen Wagen gehalten, den ich sofort erkannte: es war der von Picabia. Ich hielt das Taxi zurück und sagte dem Mädchen, wir müßten in ein Hotel gehen, ich hätte keine Lust, hier irgendwelchen Freunden über den Weg zu laufen. Ich zeigte auf den Wagen. Sie war beeindruckt, sagte jedoch, sie müsse unbedingt in die Villa zurück, ob mit oder ohne Kunden, sie werde erwartet. Ich kehrte allein ins Hotel zurück.

In den fünfziger Jahren, als ich nach Paris zurückgekehrt war, begegnete ich Picabia bei einer Ausstellung wieder, die man für ihn veranstaltet hatte. Er war sehr krank, konnte nur mit Mühe gehen und sprechen und war zu einer kleinen Gestalt zusammengeschrumpft. Seine Bilder hatten ein einfaches, mit großen Pinselstrichen angedeutetes Motiv, sie waren genauso verschlüsselt wie alles, was er in seiner Dada-Phase gemacht hatte, vielleicht noch verschlüsselter, denn, anders als die früheren Arbeiten, hatten sie nichts Provozierendes. Sie waren gewiß nicht dazu angetan, Sammler und Händler zu reizen. Eines Morgens rief mich Olga an und teilte mir mit, daß er gestorben war. Ich eilte hinüber in die Wohnung und sah ihn auf dem Bett. Er sah sehr zerbrechlich aus, das Gesicht ausgezehrt und dunkel; man sah ihm seine spanische Herkunft sehr deutlich an. Zurück in meinem Atelier, machte ich aus dem Gedächtnis eine kleine Zeichnung, die dann in einer von Freunden zu seinen Ehren herausgebrachten Broschüre erschien. Während die anderen regelrechte Grabreden verfaßt hatten, hatte ich einfach eine Bildunterschrift hinzugefügt, die etwa besagte, für andere sei es das Ende, für mich hingegen nur eine Pause. Das war eine Anspielung auf den Titel des Filmzwischenspiels *Entr'acte* in dem Ballett, das er ein Jahr zuvor komponiert hatte und dem er den Titel *Relâche* »Heute keine Vorstellung« gegeben hatte, was am Eröffnungsabend einige Verwirrung stiftete.

Als ich den Bildhauer Brancusi zum erstenmal besuchte, beeindruckte mich sein Atelier stärker, als eine Kathedrale es jemals getan hatte. Diese Weiße und diese Helligkeit überwältigten mich. Nach den luftig zarten Säulen mittelalterlicher Kirchen zu urteilen, wurden ihre Innenräume anfangs vielleicht auch von einem Licht durchflutet, das die Farben der bunten Glasfenster annahm und sich auf dem weißen Gemäuer in Farbenorgien niederschlug, die weit entfernt waren von der andachtsvollen Düsternis, wie wir sie nach Jahrhunderten der Staub- und Rußansammlung hinzunehmen bereit sind. Wenn man in Brancusis Atelier kam, war es, als betrete man eine andere Welt — die Weiße, die schließlich eine Synthese sämtlicher Spektralfarben ist, diese Weiße erstreckte sich noch auf den selbstgebauten Kachelofen und das lange Ofenrohr, hier und da kontrastiert durch ein roh behauenes Stück Eichenholz oder das metallisch goldene Schimmern einer blank polierten dynamischen Form auf einem Postament. Nichts in diesem Atelier hätte aus einem Geschäft stammen können, es gab weder Stühle noch Mobiliar. Ein solider weißer Gipszylinder von fast zwei Metern Durchmesser diente als Tisch, darum herum einige ausgehöhlte Stämme als Sitzgelegenheiten, die ein paar kleine Kissen etwas einladender machten.
Brancusi lebte in seinem Atelier mitten in Paris wie ein Einsiedler. Außer bei ein paar engen Freunden war sein Werk in Europa praktisch unbekannt. Ausstellungen lehnte er ab — eine Plastik war das Ergebnis jahrelanger, geduldiger Vollendung, eine Rundung das Resultat endloser Verbesserungen, so wie man auf den Kiel eines Schiffes größte Sorgfalt wendet. Dem zufälligen Blick des Erstbesten, der vorbeikam, durften sie nicht ausgesetzt werden und auch nicht einer unver-

antwortlichen Kritik. Ich glaube, es war Steichen, der in Frankreich lebende amerikanische Maler und Photograph, der sein Vertrauen gewonnen und ihn dazu bewegt hatte, bei Stieglitz in New York auszustellen. Dabei ging es nicht ohne Enttäuschungen ab: schon der Zoll hatte sich geweigert, die Skulpturen als Kunstwerke anzuerkennen, und darauf bestanden, daß sie als Handwerkserzeugnisse verzollt werden müßten. Und dann kam noch das Gekicher derer, die in den Werken eine gewisse Erotik entdeckten.

Nicht nur aus dem Wunsch, diesen Mann, dessen Arbeiten mich interessierten, persönlich kennenzulernen, suchte ich Brancusi auf, ich wollte auch gern ein Porträt von ihm machen, um mein Archiv zu erweitern. Als ich dieses Thema anschnitt, runzelte er die Stirn und sagte, er lasse sich nicht gern photographieren. Aber es würde ihn interessieren, ein paar gute Aufnahmen von seinen Arbeiten zu sehen; die wenigen Reproduktionen, die ihm bislang zu Augen gekommen waren, seien enttäuschend gewesen. Er zeigte mir ein Bild, das Stieglitz ihm geschickt hatte, als seine Ausstellung in New York stattfand. Es zeigte eine seiner Marmorskulpturen, in Beleuchtung und Zeichnung war sie vollkommen. Ein schönes Photo, meinte er, aber es gebe sein Werk nicht wieder. Nur er selbst wisse, wie es zu photographieren sei. Ob ich bereit sei, ihm beim Kauf des erforderlichen Materials zu helfen und ihm ein paar Anleitungen zu geben? Mit dem größten Vergnügen, antwortete ich, und am nächsten Tag gingen wir einkaufen und erwarben eine Kamera und ein Stativ. Ich schlug ihm vor, die Dunkelkammerarbeit einem Labor zu überlassen — aber nein, auch das wollte er selbst machen. Also baute er sich in einer Ecke seines Ateliers eine Dunkelkammer — ganz allein, wie er alles andere in seinem Atelier auch allein tat, bis hin zur Versetzung gewaltiger Blöcke mit Hilfe von Hebebaum und Flaschenzug. Und natürlich wurde die Außenseite der Dunkelkammer weiß getüncht, so daß sie mit dem übrigen verschmolz und unsichtbar wurde.

Ich gab ihm Anleitungen zum Photographieren und zeigte ihm, wie man die Aufnahmen in der Dunkelkammer fertig macht. Von nun an arbeitete er allein, ohne mich noch einmal um Rat zu fragen. Einige Zeit später zeigte er mir seine Abzüge. Sie waren unscharf, über- oder unterbelichtet, verkratzt und fleckig. Genau so, meinte er, müßten seine Arbeiten wiedergegeben werden. Vielleicht hatte er recht — auf einer Aufnahme wurde einer seiner goldenen Vögel so von den Sonnenstrahlen getroffen, daß ihn eine Art von Lichthof umgab, der dem Werk etwas geradezu Explosives verlieh. Ich betrachtete die Skulpturen selbst, und mir wurde deutlich, wieviel beeindruckender sie jetzt wirkten neben diesen stümperhaften Versuchen in einem anderen Medium . . . mir schien auch, daß er größere Perfektion hierin gar nicht anstrebte, so daß seine Bildhauerei stets die Oberhand behalten würde. Bei aller Schlichtheit schien mir bei Brancusi auch eine gewisse Verschmitztheit mit im Spiel zu sein. Ich dagegen hatte mein photographisches Können auf Kosten meiner Karriere als Maler perfektioniert.

Im Laufe der Jahre wurde Brancusi freundlicher und umgänglicher; ich gehörte

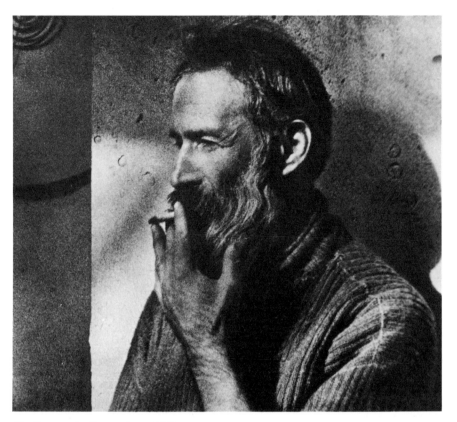

49 Constantin Brancusi, ca. 1930

jetzt zu dem kleinen Kreis von Besuchern, die stets willkommen waren, wenn
sie an der Schnur neben seiner Haustür zogen, die einen dunklen Gong zum Tönen brachte. Ob ich Duchamp, den Maler Léger oder den Komponisten Satie zu
ihm führte, und besonders wenn ich eine hübsche junge Frau mitbrachte — stets
machte er ein vergnügtes Gesicht, wenn er die Tür öffnete. Eines Abends hatte
er uns zu viert oder fünf zum Abendessen eingeladen. Das kam bei ihm selten
vor, es war der Gipfel der Gastfreundschaft. Er warf eine Hammelkeule auf die
Glut in seinem Ofen und deckte den Tisch auf der Gipsplatte, um die herum wir
Platz genommen hatten und aus kleinen Gläsern rumänisches Feuerwasser
schlürften, während wir auf den Braten warteten. Als er fertig war, gab es dazu
eine große Schüssel Polenta. Es war reichlich Wein vorhanden, und am Ende waren wir alle sehr fröhlich. Nachdem die Mahlzeit beendet war, stellte Brancusi
die Teller aufeinander und trug sie zu einem Spülbecken in der Ecke. Mit einer
harten Stahlbürste kehrte er zurück und scheuerte mit ihr den Tisch wieder sauber und weiß. Unsere Kleider waren von dem Gips ziemlich weiß geworden,
aber er beruhigte uns — keine Sorge, das sei vollkommen sauberes Zeug. Er

50 *Man Ray in Brancusis Atelier, photographiert von Brancusi ca. 1930*

selbst hatte eine schmutzige, weiße Arbeitshose an, die nach dem Essen tatsächlich sauberer aussah als vorher. Es wurde mehr Alkohol herbeigeschafft, und wir
tranken. Schließlich holte er eine Geige hervor und spielte ein paar rumänische
Volksstücke, die er mit einem Tänzchen begleitete. Es kam mir alles so urwüch-

sig vor, ganz im Gegensatz zu den zarten, mit äußerstem Feingefühl gearbeiteten Werken, die sein Atelier füllten.

Einer der Gäste, die Baronin d'O., die als Förderin avantgardistischer Schriftsteller, Maler und Musiker berühmt war, begann zu klagen, sie fühle sich nicht wohl, sie wolle lieber aufbrechen. Brancusi meinte, sie könne sich auf die Couch oben auf der Galerie legen — es werde schon vorübergehen. Sie war eine große, hübsche Frau Mitte vierzig. Wir sahen ihr zu, wie sie die Treppe hinaufstieg, und tranken unter vielem Schwatzen weiter. Nach einer Weile bat mich Brancusi, hinaufzugehen und nach ihr zu sehen. Sie lag ganz still da, sagte, es gehe ihr besser, leichte Kopfschmerzen habe sie jedoch immer noch. Ich setzte mich zu ihr und fing an, ihre Schläfen zu massieren; als ich innehielt, ergriff sie meine Hand und bat, ich solle fortfahren — meine Berührung habe magische Kraft. Ich wurde mutiger und ließ meine Hände über ihren Körper gleiten, der geschmeidig und fest war. Ich legte mich neben sie, und sie drückte mich an sich. Es geschah, was geschehen mußte. Als ich wieder nach unten kam, sagte ich bloß, die Baronin fühle sich schon viel besser, sie werde auch gleich kommen. Die anderen sagten nichts — keine Bemerkungen über meine lange Abwesenheit. Ich war sehr dankbar für soviel Taktgefühl. Als die Dame herunterkam, baten wir Brancusi, uns zum Abschied noch ein Stück vorzuspielen, was er auch mit viel Gefühl tat. Dabei sah er mich die ganze Zeit an, als spiele er nur für mich allein.

Es entsprach dem Charakter seines Ateliers, daß Brancusi es lange Zeit ablehnte, irgendwelche modernen Apparate um sich zu haben — erst Jahre später ließ er sich auf ein Telephon ein, das irgendwo versteckt stand und das er nicht immer abnahm, wenn es klingelte. Alle Einkäufe erledigte er selbst; wenn er krank wurde, erfuhr niemand davon, es sei denn, ein Freund oder ein Landsmann von ihm kam zufällig vorbei. Dann öffnete er die Tür einen Spaltbreit und lehnte jede Hilfe ab, alles, was er brauche, sei Ruhe.

Jemand, der von Paris wegzog, schenkte ihm ein großes, altmodisches Radiogerät. Er baute alle Teile aus, untersuchte sie genau und warf das Holzgehäuse weg. Dann schnitt er in einen weißen, an die dreißig Zentimeter dicken Steinblock ein rundes Loch für den Lautsprecher und stellte alles wie eine Plastik auf einen in der Ecke stehenden Sockel. Der Klang, der herauskam, war kristallklar und hätte sich mit jeder modernen Hi-Fi-Anlage messen können. In einer Nische lagen alle möglichen elektrischen Werkzeuge zum Schneiden, Glätten und Polieren, sie waren unsichtbar, und das Atelier blieb makellos wie eine Kunstgalerie — keinerlei Anzeichen von einem im Entstehen begriffenen Werk — alles sah aus, als sei es von selbst gewachsen und aus sich heraus vollkommen.

Eines Abends waren Duchamp und ich bei ihm zum Essen — bloß ein kleines Beisammensein vor einer von Duchamps Reisen in die Vereinigten Staaten. Brancusi holte seine Kamera hervor und wollte zur Erinnerung ein Photo von uns dreien machen. Wir setzten uns auf einen Holzblock, und er nahm den Ballonauslöser, von dem ein langer Schlauch zum Verschluß der vor uns stehenden Kamera führte. Eine Woche nach Duchamps Abreise übergab mir Brancusi ein paar Abzüge mit der Bitte, einen davon an unseren Freund nach New York zu schicken, er selbst hasse es, aufs Postamt zu gehen. Es war ein netter kleiner Schnappschuß; ich war stolz, mit darauf zu sein, und hoffte, das Bild werde eines Tages irgendwo veröffentlicht. Ich glaube, in einem kurzen Begleitbrief schrieb ich Duchamp, er könne das Photo getrost freigeben, wenn jemand es abdrucken wolle. Ein paar Monate später erschien es in der von Jane Heap und Margaret Anderson herausgegebenen *Little Review,* aber man hatte es auf eine blödsinnige Weise verstümmelt. Duchamp und ich waren weggeschnitten, und nun saß Brancusi allein da, den Gummiballon des Auslösers in durchaus anzüglicher Weise zwischen den Beinen haltend. Ich hatte Brancusi eine Zeitlang nicht gesehen, als ich ihm eines Abends in einem Café begegnete. Er kehrte mir den Rücken zu, dann drehte er sich plötzlich zu mir und fuchtelte drohend mit seinem Glas in der Luft: ich hätte ihn blamiert, sagte er — ob ich die *Little Review* gesehen hätte? Ich versuchte ihm zu erklären, daß ich damit nichts zu tun hatte, daß ich den Abzug, so wie er ihn mir gegeben hatte, an Duchamp geschickt hatte. Es war zwecklos, Brancusi ließ sich nicht besänftigen. Er grollte mir einige Zeit, aber dann gab er nach. Wir erneuerten unsere Freundschaft — er saß mir sogar Modell, und ich machte ein paar ausgezeichnete Porträts von ihm. Aber mit Photos und Photographen war er jetzt vorsichtiger als je zuvor. Anscheinend verlor er sogar das Interesse an seinen eigenen Versuchen, ließ seine Dunkelkammer verkommen, die Kamera stand in einer Ecke, mit Staub bedeckt, weißem Staub, die Photos flogen herum, zerknickt und zerrissen. Als ich ihm sagte, daß ich gerne mein Porträt von ihm in einen Bildband aufnehmen würde, dessen Veröffentlichung ich gerade vorbereitete, untersagte er es. Das einzige authentische Bild von sich wolle er selbst aussuchen, und zwar aus einem kinematographischen Film. Ich war mit allem einverstanden und brachte meine Filmkamera in sein Atelier. Auf etlichen Metern Film hielt ich fest, wie er sich in seinem Atelier bewegte; ganz langsam führte ich ihm den Film dann vor, und schließlich legte er seinen Finger auf das Einzelbild, das ihm zusagte. Ich nahm es in mein Buch auf, obwohl mir eine von meinen mit größerer Sorgfalt gemachten Studien lieber gewesen wäre. Aber das war unwichtig, ich war es auch von anderen, die mir Modell saßen, gewöhnt, daß sie nicht die gleichen Bilder bevorzugten wie ich — ich bedauerte nur, daß ich der Aufnahme nicht den Titel gegeben hatte »Selbstporträt von und mit Brancusi«.

Steichen war endgültig in die Staaten zurückgekehrt und hatte sein Haus auf dem Lande aufgegeben. Brancusi wollte von dort eine Skulptur zurückholen, die im Garten zurückgeblieben war, ein an die neun Meter hoher Holzstamm mit zickzackförmig ausgeschnittenen Kerben, die »Säule ohne Ende«, wie er sie nannte. Ich kam mit meinem Wagen zu seinem Atelier, und er stieg ein, eine große Seilrolle und eine Säge mit sich schleppend. Das Haus sah trostlos aus, wie alle leerstehenden Häuser; ein paar alte leere Bilderrahmen lagen herum, und der Garten

200

51 Constantin Brancusi: »Die unendliche Säule«, photographiert von Brancusi

war von Unkraut überwuchert. Aber in der Mitte erhob sich stolz die Säule, wie ein prähistorischer Totempfahl, der auf ein Ritual wartet. Brancusi schlang sich ein Ende des Seils um die Hüfte, befestigte die Säge daran und begann, hinaufzuklettern, wobei er mit den Füßen in die Kerben trat. Unterhalb der Spitze hielt er an, zog die Hälfte der Seils hinauf und schlang es in einer der Einkerbungen

um den Stamm, so daß die beiden Seilenden auf den Boden herabhingen. Dann kletterte er bis auf die halbe Höhe herunter und fing an, die Säule durchzusägen. Das Holz war hart, und es dauerte wohl eine Viertelstunde, bis er es geschafft hatte. Und zweifellos muß der Druck des Oberteils das Sägen noch erschwert haben. Aber der Schnitt war vollkommen waagerecht, und die Skulptur blieb stehen, als sei gar nichts geschehen. (Ich mußte an jenen tüchtigen chinesischen Scharfrichter denken, der den Kopf eines Verurteilten so abzutrennen verstand, daß er gar nicht fiel und es so aussah, als hätte er nicht getroffen.) Jetzt kletterte Brancusi hinunter, nahm eines der losen Seilenden und ging damit zu einem Baum in der Nähe. Er kletterte hinauf und befestigte das Seil an einem Ast. Dann stieg er wieder herunter, nahm das andere Seilende, ging damit zu einem Baum auf der gegenüberliegenden Seite und vollführte das gleiche Manöver noch einmal. Als er wieder unten war, stand er einen Augenblick lang da und kratzte sich den Kopf. Etwas hatte er vergessen. Er betrat das Haus und erschien bald wieder mit einem weiteren Stück Seil. Noch einmal erklomm er die Säule, band ein Ende gleich oberhalb der Schnittstelle fest und warf das andere zu Boden. Er stieg herab, nahm das lose Ende und begann, vorsichtig daran zu ziehen. Der abgesägte obere Teil bewegte sich, rutschte schließlich von der unteren Hälfte ab und fiel zur Erde, aber die Seile an den Bäumen hielten ihn immer noch genügend aufrecht. Nun legte sich Brancusi neben dem unteren Teil der Säule auf den Boden und fing an, auch ihn abzusägen, bis er schließlich fiel. Ein weiterer Meter stecke noch in der Erde, sagte er, aber das spiele keine Rolle — es war schließlich die Säule ohne Ende, egal, wie lang sie war. Am nächsten Tag werde er einen Lastwagen vorbeischicken, um die beiden Stücke abzuholen. Sie würden sich ohne weiteres wieder zusammensetzen lassen. Eines Tages wolle er eine Säule aus Metall machen. (Er hat es tatsächlich getan, die rumänische Regierung beauftragte ihn später damit, eine ganz ähnliche Säule aus vergoldetem Stahl zu errichten.) Während der ganzen Aktion hatte ich nur fasziniert zugeschaut; mein Angebot, ihm zu helfen, hatte er abgelehnt, aber ich hatte ein schönes Bild von der Säule gemacht, bevor er sie umlegte. Ob ich von der eigentlichen Niederlegung auch Aufnahmen gemacht habe, weiß ich nicht mehr, aber ich muß Brancusi, wie ich es oft tat, wenn er mich darum bat, einige Negative überlassen haben. Bis in die ersten Monate des Zweiten Weltkriegs hinein, vor dem Einmarsch nach Frankreich, besuchte ich ihn hin und wieder. Die politische Situation erörterten wir nie — nie kam in seinem Atelier die Rede auf Politik. Nur einmal, als die Möglichkeit eines deutschen Einmarsches in Paris zur Sprache kam, schnitt Brancusi die Unterhaltung ab, indem er sagte, wenn er einmal richtig in die Klemme geraten würde, dann würde er Selbstmord begehen.
Als ich zehn Jahre später nach Frankreich zurückkehrte, fand ich ihn so, wie ich ihn verlassen hatte, das heißt: sein Atelier war das gleiche geblieben, er jedoch war gealtert und schwächer geworden und arbeitete sehr wenig. Eines Tages kam ich zu ihm und fand ihn auf dem Dach, wo er gerade eine zerbrochene Glasschei-

be mit Teer abdichtete. Ich hielt ihm vor, es gebe doch genügend Dachdecker, die das erledigen könnten. Aber er sagte, so lange könne er nicht warten, auf Handwerker sei kein Verlaß, sie kämen nie, wenn man sie riefe, und wenn sie dann kämen, machten sie schlechte Arbeit. Als nächstes hörte ich dann, daß er bei der Arbeit im Atelier gestürzt war und sich die Hüfte gebrochen hatte. Lange lag er im Krankenhaus, ließ sich schließlich aber wieder in sein Atelier bringen, wo ihn ein junges Paar rumänischer Landsleute pflegte. Als Brancusi gestorben war, ging ich auf den Friedhof von Montparnasse. Ich stellte mich in die lange Reihe seiner Verehrer und warf eine weiße Nelke auf seinen Sarg, bevor er in die Gruft geschoben wurde. Es erschien auch eine Delegation der rumänischen Botschaft mit einem großen Kranz. Einige Trauergäste begrüßten diese Repräsentanten eines Landes hinter dem Eisernen Vorhang mit lauten Buhrufen. Es war deprimierend. Ich beschloß, nie wieder an einer Beerdigung teilzunehmen.

Henri Matisse faszinierte mich, weil sein Äußeres so gar nicht zu seinem Werk zu passen schien. Ich kannte ein frühes Selbstporträt von ihm, auf dem er sich mit einem grünen Bart gemalt hatte und das in der nachimpressionistischen Phase großen Aufruhr verursachte. Jetzt sah er in seinen gut sitzenden Tweedhosen und mit seinem gepflegten graurötlichen Bart eher wie ein erfolgreicher Arzt aus. Ich hatte mit ihm verabredet, eine Porträtaufnahme von ihm zu machen, und besuchte ihn in seinem Atelier in einem Pariser Vorort. Als ich meine Tasche öffnete und die Kamera aufbauen wollte, stellte ich zu meinem Schrecken fest, daß ich das Objektiv, das getrennt verpackt war, vergessen hatte. Ich wollte schon unter vielen Entschuldigungen den Rückzug antreten, da holte Matisse eine alte Kodak hervor; es sei noch vom letzten Sommer ein unbenutzter Film darin. Er holte auch einen Schnappschuß hervor, der ihn bei der Feldarbeit zeigte: hoffentlich könne ich mit diesen Sachen etwas anfangen. Ich hatte Maler kennengelernt, die Photos als Ausgangsbasis für ihre Malerei verwendeten — warum sollte nicht auch ein Photograph hingehen und aus einem Amateurphoto etwas Neues machen? Diesen Gedanken wollte ich weiterverfolgen, wenn ich wieder in meiner Dunkelkammer war. Jedenfalls nahm ich seine Kamera und belichtete den übrig gebliebenen Film. Aber mir ging noch etwas anderes durch den Kopf. In meiner Ausrüstung hatte ich eine Rolle Klebeband. Ich nahm meine Brille ab und klebte sie mit dem Band vor meine Kamera, so daß eines der Gläser die Objektivöffnung bedeckte, und zwar so, daß nur noch ein kleiner Teil des Glases sichtbar blieb. Als ich die Kamera auf mein Modell richtete und die Schärfe auf der Mattscheibe einstellte, bot sich mir ein recht erfreulicher Anblick. Die Brennweite der Linse war groß genug, um dem Kopf eine ausreichende Größe zu geben, wenngleich das Bild nicht allzu scharf wurde. Das schwarze Tuch für die Scharfeinstellung, das ich vorne über die Kamera warf, diente als Verschluß — so wie die Kappe bei einem altmodischen Atelierapparat. Ich machte einige Aufnahmen, bei denen mir Matisse sehr geduldig Modell saß und sogar vor-

schlug, die in einer Glasvitrine untergebrachte Geigensammlung als Hintergrund zu verwenden. Alle Aufnahmen erwiesen sich als gelungen; Matisse war sehr zufrieden mit den Abzügen, die ich ihm gab, aber er bestellte keine weiteren. Für mich war diese Erfahrung jedoch sehr befriedigend gewesen — ich gewann Zutrauen zu meiner Fähigkeit, auch schwierige Situationen zu meistern. Wahrscheinlich hatte ich mit dem, was ich getan hatte, gegen alle Grundsätze des Metiers verstoßen, aber auch das gab mir eine gewisse Befriedigung.

Matisse schickte mir seine Tochter zum Photographieren; das war nun ganz bestimmt ein Auftrag. Als ich ihm die fertigen Bilder in sein Pariser Atelier brachte, mußte ich eine halbe Stunde warten — er hatte gerade mit einem Händler oder einem Sammler zu tun. Dann kamen zwei Männer heraus, jeder ein Ölbild unter dem Arm, gefolgt vom Maler, der mich lächelnd begrüßte und sich entschuldigte, weil er mich so lange hatte warten lassen — man habe ihn beraubt. Ich dachte nur, so einen Raubzug würde ich mir auch gefallen lassen; er verdiente wahrscheinlich tausendmal mehr als ich mit meinen Photographien. Meine Aufnahmen gefielen ihm, er gab eine große Bestellung auf, und meinte, jetzt, wo seine Tochter heiraten und ihn verlassen werde, brauche er einen Ersatz für sie. Ich fragte mich, ob ihn das Geld, das er für seine Gemälde bekam, über den Verlust dieser Bilder hinwegtröstete.

Einige Jahre später, als ich damit beschäftigt war, einen Band mit Porträtaufnahmen für die Veröffentlichung vorzubereiten, lud ich ihn zu einem neuen Porträt, das ich gerne in das Buch aufnehmen wollte, in mein Atelier ein. Es sollte ernsthafter und auch aktueller sein als mein erster Versuch. Als die Sitzung gerade zu Ende war, tauchte André Breton, der Begründer der surrealistischen Bewegung, bei mir auf. Ich wußte, daß Matisse bei den Surrealisten nicht hoch im Kurs stand — nach seinen ersten umstürzlerischen Werken war er degeneriert, so glaubten sie, malte, um den Leuten zu gefallen, und machte sich seinen Ruf zunutze, um hohe Preise für seine Bilder zu erzielen. Über seine postimpressionistische Phase war er nie hinausgekommen, war vielmehr dekorativer geworden und hatte alles Bestürzende, was seine frühen Arbeiten auszeichnete, aus seinen Bildern verbannt. Es folgte ein interessantes Zwiegespräch, bei dem Matisse in dozierender Haltung definierte, was für ihn ein gutes Gemälde sei. Unter anderem erklärte er, eine Hand auf einem Gemälde müsse eine gewisse anatomische Qualität haben und dürfe nicht aussehen wie ein Büschel Bananen. Weder stimmte Breton diesem Mann zu, der sich wie ein Oberlehrer aufführte, noch widersprach er ihm. Ich erkannte, daß die beiden nicht einmal miteinander streiten konnten, so als sprächen sie zwei völlig verschiedene Sprachen. Insgeheim mußte ich lächeln — wenn es einen Maler gab, der Hände wie Bananen gemalt hatte, dann war es Matisse. Und die Zehen auch. Es war dies einer von den Punkten, an denen er sich schon sehr früh gegen den Akademismus gewendet hatte. Wollte er uns zum Narren halten?

Es hatte Kritiken gegeben, in denen berichtet wurde, unter wieviel Mühen er seine Ölbilder schuf, wie er sie veränderte oder verwarf, um von neuem zu beginnen. Aber als ich die Bilder von Matisse zum erstenmal sah, beeindruckte mich vor allem ihre Spontaneität. Man sah ihnen die Anstrengung nicht an — der Pinselstrich war direkt, beruhte allerdings auf einer inneren Sicherheit, die das Ergebnis langjähriger Erfahrung und langen Nachdenkens war, vergleichbar mit den eher wissenschaftlichen Zeichnungen der alten Meister. Gleichgültig, was die Grundlage ihrer Werke gewesen war — alle Maler, die am Ende Anerkennung fanden, hatten es so gemacht. Das ganze Gerede über Mühen und Kämpfe war für ein Publikum bestimmt, das sich an den Gedanken gewöhnt hatte (falls es auf diese Frage überhaupt einen Gedanken verwendete) und sogar die Erwartung hegte, das Leben des Künstlers sei ein einziger langer, schmerzvoller Kampf, der zumeist im Martyrium endete. Für mich war der Künstler das privilegierte Wesen, das sich aus allen gesellschaftlichen Zwängen befreien konnte — dessen einziges Ziel das Streben nach Freiheit und Freude sein sollte. Oder war das Problem rein ökonomischer Art? Bei denen, die um ihre Anerkennung kämpften, hatte diese Anerkennung mit der Bedeutung ihres Werks gar nichts zu tun — meiner Ansicht nach mußten die bedeutendsten Werke lange Zeit unzugänglich sein. Um ein bedeutendes Werk zu würdigen, mußte man so tiefsinnig wie sein Schöpfer sein. Gewiß, einige Schöpfer waren so tiefsinnig, daß man ihre Absichten nie ganz ergründet hat. Nur ihre oberflächlichen Qualitäten sind zum Vorschein gekommen. Bevor Matisse ging, sagte er noch, wie sehr ihm ein solcher Gedankenaustausch gefalle; seit Jahren habe er nicht mehr geredet. Als wir allein waren, erklärte Breton, er verachte diesen Mann und sein Werk.

In den dreißiger Jahren besuchte ich Matisse in seinem Atelier in Nizza. Der

Raum war mit Vogelkäfigen gefüllt und erfüllt von ständigem Gezwitscher. Er begann gerade seine Serie von großformatigen Papiercollagen, die sehr dekorativ wirkten (ein Ausdruck, den er mir gewiß übelgenommen hätte). Ob sie mir gefielen oder nicht, war unerheblich — ich war überzeugt, daß dieser Mann einen wesentlichen Beitrag zur zeitgenössischen Kunst geleistet hatte.

Die zurückhaltende, in sich gekehrte Persönlichkeit Georges Braques war geradezu eine Erholung gegenüber der auftrumpfenden, launischen Art der meisten anderen Künstler. Das Atelier hoch oben auf dem Montmartre, in dem ich ihn zuerst besuchte, hing voller Arbeiten von ihm und erweckte den Eindruck, als gäbe es für ihn neben seiner Arbeit kein anderes Leben. Er war groß, mit welligem Haar und bewegte sich sehr bedächtig, aber es war nicht leicht, ihn sich an einer Staffelei vorzustellen — er schien einer eher körperlichen Arbeit nachzugehen; es sah aus, als sei er nur kurz ins Atelier gekommen, um zu prüfen, welche Fortschritte sein Werk gemacht hatte, das sich wie eine wachsende Pflanze aus sich selbst heraus entfaltete. Er hätte auch ein Bauer aus der Normandie sein können, der in den Naturablauf nur mit ein wenig Lenkung eingreift. Ich kannte einige seiner frühen kubistischen Bilder, die auf den ersten Blick von denen Picassos nicht zu unterscheiden waren, die ich aber nach einiger Zeit so leicht auseinanderhalten konnte wie die Gesichter der beiden oder wie ein Graphologe eine Handschrift erkennt. Vielleicht waren beide von der gleichen Idee beflügelt, aber jeder wahrte die eigene Identität, so daß sich ihr Schaffen in unterschiedlichen Richtungen verzweigte. Braques Arbeiten hatten jetzt einen arabeskenhaften

53 Georges Braque, 1933

Zug, während Picasso in die Richtung eines Pseudoklassizismus drängte. Die frühe kubistische Phase hatten sie abgerundet, nicht abgebrochen, beide Maler waren bestrebt, sich zu erneuern, neue Faszinationen zur Anschauung zu bringen. Während Picassos Arbeiten kompromißloser, rätselhafter, provozierender wurden, zeigte sich in den Werken Braques eine größere Feinheit, ein Streben nach neuen farblichen Harmonien. In ihm könnte man den eigentlichen Klassiker der heutigen Malerei erblicken. Deshalb auch fand sein Werk bei den fortschrittlicheren Malerzirkeln weniger Anklang, die allen neuen Tendenzen in Richtung auf reine Ästhetik und guten Geschmack mit Mißtrauen begegneten. Da jedoch einer Legende zufolge Braque der eigentliche Erfinder des Kubismus war, wurde er mit dem Respekt behandelt, der dem Begründer einer Kunstrichtung zukommt.

Ich hatte meine Kamera mitgebracht, und er stand mir Modell, so wie er mir in der Tür zu seinem Atelier entgegengetreten war, in Hemdsärmeln und ohne sein Äußeres noch einmal zu überprüfen. Er kannte weder Eitelkeit noch Befangenheit. Mit der gleichen Unbekümmertheit machte ich einige Aufnahmen, bedankte mich und versprach, ihm die Ergebnisse in einigen Tagen zu zeigen. Ich hatte festgestellt, daß Männer in der Regel sehr viel schwerer zu photographieren waren als Frauen: während diese zufrieden waren, wenn sie auf den Bildern jünger und hübscher aussahen, waren die Männer anspruchsvoller und erwarteten, daß auf den Bildern Eigenschaften wie Intelligenz, Autorität oder ein gewisses Maß an Sex-Appeal zum Ausdruck kamen, die mit rein technischen Kunstgriffen nicht immer festzuhalten waren. Wie sich solche Merkmale einfangen ließen, das war von Modell zu Modell verschieden, wodurch meine Aufgabe sehr erschwert wurde. Gelingen oder Mißlingen waren erst an den fertigen Ergebnissen zu ermessen, und dann war es zu spät, irgendwelche Korrekturen anzubringen, selbst wenn ich gewußt hätte, was zu tun wäre. Einige potentielle Freunde habe ich dadurch verloren, daß ich sie photographierte, und einige andere dadurch, daß ich sie nie einlud, mir Modell zu sitzen.

In der Regel waren Maler, Musiker, Schriftsteller und überhaupt schöpferisch arbeitende Menschen mit meinen Photographien zufrieden, allein schon weil sie der Zauber des Mediums beeindruckte, bei dem ein paar geringfügige Handgriffe ein Wunder hervorbrachten — während andere Menschen, die keinerlei Beziehung zur Kunst hatten und nur mit der eigenen Eitelkeit beschäftigt waren, ob namenlose Geschäftsleute oder große Lichter der Gesellschaft wie der Comte Boni de Castellane, von den Ergebnissen enttäuscht waren. Der zuletzt Genannte beglückwünschte mich aber immerhin zu einem schönen Porträt seines Schoßhündchens, das er auf den Knien hielt. Ich fragte mich, ob das Tier meine Bilder ebenfalls abgelehnt hätte, wenn es seine Meinung hätten kundtun können. Es gab eine Zeit, da habe ich ernstlich erwogen, mich auf Tiere und Babys zu spezialisieren — sie brauchte man nachher nicht zu fragen, wie ihnen die Bilder gefallen. Braque war voll des Lobes über meine Porträts und bestellte eine Anzahl von

Abzügen. Eine Bezahlung lehnte ich ab, was ihm jedoch gar nicht recht war. Er deutete auf eine Wand, an der ein Dutzend Stilleben nebeneinander hingen, und bat mich, eines auszusuchen. Jetzt war ich es, der in Verlegenheit geriet; daß ihm meine Sachen gefielen, sei mir Lohn genug, sagte ich. Aber er bestand darauf, und schließlich verließ ich ihn in dem Gefühl, das bessere Geschäft gemacht zu haben. In den folgenden Jahren sah ich Braque häufiger und machte weitere Porträtaufnahmen von ihm. Ich verwendete seinen großartigen Kopf als Motiv für einige Vorstöße in die Bereiche unkonventioneller Porträtphotographie, indem ich mich der sogenannten Solarisation bediente, eines Entwicklungsverfahrens, mit dessen Hilfe die Gesichtskonturen wie bei einer Zeichnung durch eine schwarze Linie hervorgehoben werden können. Obwohl es sich dabei um einen rein photographischen Vorgang handelt, hat man mir vorgeworfen, ich hätte die Negative retuschiert und manipuliert. Heute ist das Verfahren bei Photoamateuren, die sich für neuere Techniken begeistern, gang und gäbe; sie wenden es allerdings oft ganz wahllos an, ob es nun zu dem jeweiligen Motiv paßt oder nicht. Wenn ich einmal von der herkömmlichen Praxis abwich, dann nur deshalb, weil das Modell nach einer neuen Art des Zugangs verlangte; ich wendete solche Techniken an oder erfand sie, um das hervorzuheben, was mir wichtig erschien. Nur oberflächliche Kritiker konnten mir Trickserei vorwerfen; hätte ich je am Wert meiner Abweichungen von der Norm gezweifelt, dann hätte mich spätestens diese Kritik von der Stichhaltigkeit meiner Versuche überzeugt, davon, daß ich auf der richtigen Spur war. Die sogenannten Tricks von heute sind oft genug die Wahrheiten von morgen. Und im übrigen ist Trickreichtum oft das Ergebnis harter Arbeit.

Der Maler André Derain war ganz anders als seine Zeitgenossen. Groß und schwer saß er an der Bar des »Coupole«, wo er sich unzählige Gläser Bier einverleibte. Er war ein brillanter, unnachgiebiger, sarkastischer Gesprächspartner. Im Zorn — sei es, er war betrunken, sei es, ein anderer Gast hatte ihn provoziert — wurde er gewalttätig, alles ergriff die Flucht, während er daran ging, die Bar in Stücke zu legen und Gläser und Spiegel zu zertrümmern. Am nächsten Tag entschuldigte er sich dann und bezahlte den angerichteten Schaden. Zu Beginn des Jahrhunderts hatte er mit den Vorkämpfern des Fauvismus und des Kubismus in Verbindung gestanden, später jedoch kehrte er zu einer eher lyrischen Landschafts-, Porträt- und Aktmalerei zurück. Mir erschienen diese Bilder ziemlich oberflächlich, so als habe er das Interesse an der Malerei, zumindest an der Darstellung irgendwelcher neuen Ideen verloren und begnüge sich damit, einer alten Gewohnheit zu folgen und Leinwände unter möglichst geringem Kraftaufwand mit dem Pinsel zu bearbeiten. Er besaß jedoch unter Sammlern und Händlern eine Gefolgschaft, die seinen Arbeiten Kühnheit, Einfachheit und Kraft bescheinigten. Er gehörte auch zu den ersten, die auf die Schönheiten der primitiven Kunst Afrikas aufmerksam gemacht hatten.

Als ich ihn kennenlernte, hatte er sich ein faszinierendes Steckenpferd zugelegt. Eines Tages saßen wir an der Bar, da bat er mich, mit hinauszukommen und mir etwas anzusehen. Am Bordstein stand ein langer, niedriger Rennwagen, fahlblau und mit einer winzig kleinen Windschutzscheibe vor dem Steuerrad; dieses war genau in der Mitte des Armaturenbretts vor einem großen niedrigen Einzelsitz angebracht. Der Wagen sah aus wie eine Spezialanfertigung eigens für ihn. Die Räder hatten schmale Aluminiumspeichen mit dicken Reifen wie bei Lastwagen — ein Vorläufer der modernen Rennwagen. Derain hob die Motorhaube und enthüllte einen achtzylindrigen Motorblock aus Aluminium, der lächerlich simpel wirkte. Schöner als jedes Kunstwerk, meinte er. Ich stimmte zu, dachte aber im stillen, daß er ohne den Verkauf seiner Gemälde nicht in der Lage gewesen wäre, sich ein solches Monstrum zuzulegen. Auch ich interessierte mich für Autos und hatte mir einen kleinen, aber schnellen Sportwagen gekauft, mit dem ich es auf 110 Stundenkilometer brachte. Ich äußerte den Wunsch, Derain hinter dem Steuer zu sehen und ein paar Aufnahmen von ihm im Wagen zu machen. Er lud mich für den nächsten Tag ein, zum Mittagessen aufs Land zu fahren. Ich zwängte mich in eine Öffnung hinter seinem Sitz, und unter dem Gedröhn der Auspuffrohre ging es los. Sobald wir das Stadtgebiet verlassen hatten, drückte er das Gaspedal durch, und bald zeigte der Tachometer 170 Stundenkilometer an. Der Fahrtwind riß mir fast den Kopf ab; ich kauerte mich nach vorne hinter seinen breiten Rücken, sah nichts mehr und wurde geschüttelt wie ein Würfel im Würfelbecher.
Nach einer halben Stunde waren wir in Fontainebleau, nahmen in einem bekannten Gasthaus eine ausgiebige Mahlzeit mit einer guten Flasche Wein zu uns

und fuhren dann gemächlich zurück nach Paris. Unterwegs bat ich ihn, anzuhalten, und machte ein paar Schnappschüsse von ihm hinter dem Steuer. Als ich dann mit den fertigen Bildern zu ihm ins Atelier kam, sagte er mir, er interessiere sich sehr für die Photographie und glaube, daß sie den Malern eine große Hilfe sein könne. Dann holte er einige Aktphotographien hervor: bevor er mit einem Gemälde beginne, studiere er zunächst diese Bilder. Ob ich nicht einige Aktaufnahmen von einem Modell machen könne, das zur Zeit für ihn arbeitete? Auf den Bildern, die er mir zeigte, war eine dickliche Gestalt in wenig anmutigen Haltungen zu sehen. Ich sagte, einen Akt zu photographieren, sei das schwierigste überhaupt, und je schöner das Modell, desto schwieriger sei es, etwas zu schaffen, das ihm gerecht wurde. Er meinte, etwas Künstlerisches wolle er gar nicht, vielmehr einfache Dokumentaraufnahmen, die ihm als Anhaltspunkte dienen konnten — nicht, um sie zu kopieren. Im 19. Jahrhundert hätten Maler wie Degas und Toulouse-Lautrec auch schon Photographien verwendet, um in aller Ruhe Charakter- und Bewegungsstudien machen zu können. Das hatte ihnen zu ungezwungeneren Kompositionen verholfen.

Ich sagte Derain, er solle sein Modell zu mir schicken. Das bezeichnendste Merkmal an ihr war, daß sie eine Frau war, und eine sehr gesprächige dazu. Im Vertrauen erzählte sie mir von Derains höchst origineller Arbeitsweise: sie mußte sich auf seine Knie setzen. Er umfaßte sie mit der Linken und malte mit der Rechten — er mußte sein Modell nicht nur sehen, er mußte es auch spüren. Ich photographierte sie sehr mechanisch — schließlich besteht die Photographie zu neun Zehnteln aus Mechanik, verlangt genauere Vorausberechnungen als das Malen, und das Ergebnis ist, wie Duchamp gesagt hätte, »netzhäutiger«. Farbe vermag Sinnlichkeit direkter und unmittelbarer hervorzubringen als eine Schwarzweißkunst. Wie bei erotischen Schriften muß man die farbigen Bilder im Geiste hervorbringen, um die gleiche Wirkung zu erzielen, die ein Aktgemälde direkt hervorbringt. Nie ist mir das stärker bewußt geworden als kürzlich bei einer Ausstellung mit Aktgemälden von Ingres. So züchtig sie uns heute erscheinen — es gab eine Zeit, da fielen sie der Zensur zum Opfer.

Derain kam, um mir zu einem ernsthaften Porträtbild für mein Buch Modell zu stehen. Dann lud er mich in sein Atelier ein, um ein kleines Bild abzuholen, das er für mich beiseite gelegt hatte, aber irgendwie bin ich leider nie dazu gekommen. Er entwickelte einen Plan für einen Film und bat mich, ihm zu helfen. Die ganze Geschichte sollte allein mit Nahaufnahmen von Köpfen erzählt werden. Wir heuerten einen Techniker an, der uns bei der Lösung bestimmter Probleme helfen sollte und dem ich nun zu erklären versuchte, daß wir uns nicht an die üblichen Verfahren bei der Aufnahme und gar bei der Entwicklung des Films halten würden. Derain ließ mir freie Hand, meine Methoden, die ich in der Photographie benutzt hatte, auch hier anzuwenden. Er würde nur das Drehbuch schreiben und mithelfen, aus den Schauspielern die dramatischen Gesichtsausdrücke herauszuholen, die die Geschichte erzählen sollten. Nach endlosen Debatten erklärte der Fachmann, er sei mit unserem Plan nicht einverstanden. Ich erinnerte ihn daran, daß wir ihn einzig und allein als technischen Berater angestellt hatten. Aber er meinte, was wir vorhätten, sei unmöglich. In den Zeiten des Stummfilms hätte ich die ganze Sache vielleicht selbst in die Hand nehmen können, damals hatte ich ein paar Kurzfilme nach meinen Vorstellungen und mit meinen Methoden hergestellt. Damals war es noch möglich, ganz allein einen Film zu machen, aber jetzt, wo neue Techniken hinzugekommen waren, ging es nicht ohne Mitarbeiter. Auch der Gedanke, daß mir eine Menge harter Arbeit bevorstand, schreckte mich ab; solange die Sache nicht so leicht und mühelos zu bewältigen war, wie ich inzwischen ein Gemälde oder eine Photographie herstellen konnte, wollte ich mich nicht auf die Produktion eines Films einlassen. Innerlich war mir der Gedanke, mit anderen zusammenzuarbeiten, und sei es mit nur einem Menschen, zuwider. Nur im Streben nach Lust war ich bereit, eine Ausnahme zu machen.

Picasso machte auf mich immer den Eindruck eines Mannes, der sehr genau mitbekommt, was um ihn herum und in der Welt vor sich geht, eines Mannes, der auf alle Anstöße von außen sehr heftig reagiert, aber nur über eine Möglichkeit verfügte, seinen Gefühlen Ausdruck zu geben: die Malerei. Die kurzen, manchmal rätselhaften Bemerkungen, die er von Zeit zu Zeit fallen ließ, unterstrichen nur seine Abneigung gegen jede andere Ausdrucksform. Und diese Worte, die sich fast ausschließlich mit der Malerei beschäftigten, vermittelten, wenn man darüber nachdachte, einen sehr klaren Eindruck von seiner Philosophie und seiner Haltung zum Leben.

Als ich ihn Anfang der zwanziger Jahre kennenlernte, ging es darum, seine neue-

55 Pablo Picasso, 1932

56   Pablo Picasso: Porträt Man Ray, Tuschzeichnung 1934

212

sten Arbeiten zu photographieren. Wie üblich, wenn ich eine überzählige Platte hatte, machte ich ein Porträt des Künstlers. Als Photo war es nichts Besonderes, aber es zeigte den gespannten, unnachgiebigen Blick, die schwarzen, den anderen aufmerksam taxierenden Augen dieses Mannes. Er war klein und untersetzt und trieb keinen Sport, außer daß er gerne schwamm und mit seinem Hund spazieren ging. In der Stadt begegnete man ihm nur unmittelbar nach dem Mittagessen, bevor er seinen Spaziergang machte — festen Verabredungen ging er so weit wie möglich aus dem Wege. Termine und feste Verabredungen waren ihm ein Greuel. Er lud mich zum Mittagessen ein, und ich brachte meine Kamera mit, um ein paar Bilder von seiner russischen Frau Olga, die früher Ballettänzerin gewesen war, und seinem kleinen Sohn Paolo zu machen.

Später, als seine Ehe in die Brüche ging, arbeitete er nicht mehr in der Wohnung; man hatte sie versiegelt, solange die Scheidung nicht vollzogen und eine Regelung nicht gefunden war. Seine Anwälte waren verzweifelt, denn er tat nichts, um ihnen bei der Herbeiführung der Trennung behilflich zu sein. Einige Jahre lang malte er überhaupt nicht, weil alle neuen Werke in den Prozeß hineingezogen worden wären. Die Malerei fehlte ihm sehr. Er fing an zu schreiben und bedeckte Seiten und Seiten mit einem leidenschaftlichen Strom zusammenhangloser Sätze in Spanisch, geschrieben in einer krakeligen Kalligraphie, die seinen Zeichnungen ähnelte. Wie alles, was er machte, wurde es sogleich in einer Kunstzeitschrift abgedruckt — zusammen mit einem meiner letzten Porträts von ihm. Als auch der Redakteur einer eleganten amerikanischen Zeitschrift einen Teil des Manuskripts veröffentlichen wollte, und zwar zu jedem Preis, da lehnte er ab. Man bat mich um Fürsprache, und tatsächlich gab er seine Einwilligung unter der Bedingung, daß mein Porträt zu einem anständigen Honorar ebenfalls aufgenommen würde — er selbst wollte kein Geld. Wie vorgesehen, erschien schließlich mein Porträt, nicht jedoch das Manuskript. Auf meine Nachfrage wurde mir gesagt, man habe eine Übersetzung ins Englische anfertigen lassen, aber der Text sei so voller Obszönitäten gewesen, daß man ihn nicht habe drucken können.

Picasso hatte versprochen, für meinen demnächst erscheinenden Band mit Photographien eine Zeichnung von mir zu machen. Ich kam, um ihm in einem ungeheizten Raum Modell zu sitzen. Es war Januar, und ich behielt meinen Mantel an. Er hockte sich auf einen Schemel, eine Tuscheflasche neben sich auf dem Fußboden, den Skizzenblock auf den Knien. Er tauchte seine Feder in die Tusche und begann, ohne darauf zu achten, ob er sich seine Finger schwarz machte, auf dem Papier herumzukratzen. So arbeitete er etwa eine halbe Stunde — unbeholfen und zögernd wie ein Student, der seine ersten Zeichenversuche macht. Ich war ziemlich überrascht, denn ich wußte, wie rasch und sicher er arbeiten konnte. Dann legte er Block und Feder beiseite und stand auf, um sich eine Zigarette zu drehen. Ich solle mich entspannen, sagte er mir. Als er sich wieder an die Arbeit begab, machte er in der gleichen unsicheren Weise weiter, wobei er zuweilen vor sich hin brummte. Mehrmals legte er einen Finger an die Zunge und rieb dann damit über die Zeichnung. Bald waren Finger, Lippen und Zunge schwarz von Tusche — er machte noch einen letzten Tupfer und meinte dann, er wisse nicht, ob ich die Zeichnung gebrauchen könne, ich könne sie auch getrost wegschmeißen. Ich protestierte: ich würde sie ohne einen Blick darauf zu werfen, an den Drucker schicken, mir genüge es, daß er sie signiert hatte; wenn er gegen eine Veröffentlichung nichts einzuwenden habe, dann auch ich nicht. Nach akademischen Maßstäben war die Zeichnung das reinste Geschmier — er konnte auch sehr schön mit einer einzigen Linie zeichnen —, aber mir gefiel, daß sie ihm nicht leicht gefallen war, und außerdem hatte er vieles von mir erfaßt, wie ich da in meinem Mantel saß — eine ganze Menge hatte er erfaßt, daß konnte auch ein ungeübtes Auge erkennen — oder gerade ein ungeübtes Auge. Mit der gleichen unkritischen Aufnahmebereitschaft, die Picasso meinen Arbeiten und meiner Person entgegenbrachte, verwendete ich die Zeichnung in meinem Buch als Frontispiz; ich dachte mir, man stellt auch nicht die Unterschrift auf einem Scheck in Frage, solange der Unterzeichner ein Bankkonto besitzt — und genausowenig stellt man den Ruf eines Picasso in Frage. Jahre später, als ich einmal knapp bei Kasse war, verkaufte ich die Zeichnung an einen Sammler; ich bin sicher, er kaufte sie wegen der Signatur oder, wie ich hoffte, weil ich darauf abgebildet war.

Ich lernte Dora Maar in den dreißiger Jahren kennen, ein schönes Mädchen und eine ausgezeichnete Photographin, deren Arbeiten mitunter von großer Originalität und einer surrealistischen Vorgehensweise zeugten. Picasso verliebte sich in sie. Eines Tages sah er in meinem Atelier ein Porträt, das ich von ihr gemacht hatte, und bat es sich aus: er wolle mir dafür etwas von sich schenken. Ich war erfreut über sein Interesse, schenkte ihm das Bild und vergaß die Sache wieder, bis er einen Monat später mit einer Rolle unter dem Arm in meinem Atelier auftauchte. Es war einer der ersten Drucke seiner großen Radierung *Tauromachie* mit einer persönlichen Widmung. Picasso vergaß nie etwas.

Er arbeitete jetzt auf einem großen Dachboden in einem Kloster unweit der Seine. Der Krieg in Spanien hatte seinen Höhepunkt erreicht. Als uns die Nachricht von der Bombardierung der Stadt Guernica erreichte, war er völlig fassungslos. Seit dem Ersten Weltkrieg hatte ihn nichts, was in der Außenwelt vor sich ging, so heftig berührt. Er bestellte eine große Leinwand und fing an, seine Deutung von Guernica zu malen. Fieberhaft arbeitete er jeden Tag daran, verwendete nur Schwarz, Weiß und Grautöne — er war viel zu sehr in Zorn, um sich mit den Feinheiten der Farbgebung oder mit Harmonie- und Kompositionsproblemen abzugeben — übermalte ein Stück, das er tags zuvor geschaffen hatte, nicht um es zu verbessern, sondern weil ihm ein anderer Gedanke gekommen war, den er jetzt ausdrücken wollte — er hatte ja nur diese eine Leinwand. Nachdem sich seine Wut verzehrt hatte, hörte er mit der Arbeit an der Leinwand auf und schuf nun brutale Zeichnungen von Köpfen weinender Frauen oder von Tierköpfen im Todeskampf. Jahre später, als das Bild in einem Museum hing, tat es mir weh,

214

57 *Dora Maar, 1936*

mitzuerleben, wie eine Kunstlehrerin ihren Schülern vor dem Guernica-Bild einen Vortrag hielt und in aller Ruhe erklärte, wie diese Vertikale ein Gegenge-
wicht zu jener Horizontalen bilde. Und die Zeichnungen hatte man als Studien
zu dem großen Bild ausgestellt, während die Reihenfolge in Wirklichkeit doch
genau umgekehrt war. Picasso hielt sich nicht an die herkömmlichen Regeln.

In den drei Jahren vor dem letzten Krieg trafen wir uns in jedem Sommer an den Stränden Südfrankreichs, eine glückliche Familie: Ich mit meiner Freundin Adrienne, der Dichter Paul Eluard und seine Frau Nusch, Roland Penrose mit seiner späteren Frau, Lee Miller, und Picasso mit Dora Maar und seinem afghanischen Windhund Kasbeck. Wir wohnten alle in einer Pension, »Le Vaste Horizon« (Weiter Horizont), landeinwärts in Mougins, oberhalb von Antibes, und nahmen unsere Mahlzeiten auf der von Weinreben überrankten Pergola ein. Nach einem Morgen am Strand und einem ausgedehnten Mittagessen gingen alle auf ihre Zimmer, um Siesta zu halten und vielleicht der Liebe zu pflegen. Aber wir arbeiteten auch. Am Abend las uns Eluard sein neuestes Gedicht vor, Picasso zeigte uns sein verträumtes Porträt von Dora, und ich beschäftigte mich mit einer Serie gegenständlich-phantastischer Zeichnungen, die später, illustriert mit Gedichten von Paul Eluard, als Buch erschienen — *Les mains libres*. Dora, die Picasso in Paris bei der Arbeit an seinem Guernica-Bild photographiert hatte, legte jetzt die Kamera beiseite und wendete sich der Malerei zu, genau entgegengesetzt zu dem, was ein Picasso-Biograph geschrieben hat: die Malerin habe Picassos Bilder gesehen, die Pinsel weggeworfen und sich der Photographie zugewandt.

Zeichnen und Malen waren für mich eine Erholung von der Photographie, aber ich hatte nicht vor, das eine zugunsten des anderen aufzugeben. Es verdroß mich immer, wenn ich, je nachdem, was ich gerade tat, gefragt wurde, ob ich die andere Tätigkeit eingestellt hätte. Es gab keinen Konflikt zwischen beidem — warum konnten sich die Leute nicht mit dem Gedanken anfreunden, daß man in seinem Leben zwei verschiedenen Tätigkeiten nachging, ob nun nacheinander oder gleichzeitig? Unausgesprochen stand dahinter zweifellos die Ansicht, daß die Photographie der Malerei unterlegen, daß sie keine Kunst sei. Für diese seit der Erfindung der Photographie heftig diskutierte Frage habe ich mich nie interessiert, und um jeder Diskussion aus dem Wege zu gehen, hatte ich schlicht und einfach erklärt, die Photographie sei keine Kunst, und hatte das auch in einer kleinen Schrift mit dieser These als Titel veröffentlicht — zum Entsetzen und Ärger der Photographen. Als ich vor einiger Zeit gefragt wurde, ob ich an dieser Meinung immer noch festhielte, gab ich zur Antwort, ich hätte meine Ansicht ein wenig verändert: für mich sei Kunst keine Photographie.

Ich malte nicht gern außerhalb meines Ateliers und mietete mir deshalb eine Wohnung mit einer Terrasse in Antibes, wohin ich mich, wenn es meine Photoarbeit in Paris zuließ, zum Malen zurückziehen konnte. Immer noch trafen wir uns zu unseren Sommeridyllen, aber nicht mehr lange; Kriegswolken zogen auf. Mussolini zeigte sich ungebärdig und drohte, in Südfrankreich einzumarschieren, um dieses angeblich rechtmäßig zu Italien gehörende Territorium zurückzuholen. Dann kam die Atempause des Münchner Abkommens, das den Krieg um ein Jahr hinausschob. Übrigens hatte ich auch ein kleines Haus auf dem Land in der Nähe von Paris gekauft, denn meine Arbeit hatte unter der häufigen Abwesenheit von meinem Atelier etwas gelitten. Angesichts einer so ungewissen Zukunft, gab ich den Gedanken auf, einen großen Teil meiner Zeit im Süden zu verbringen. Als ich Picasso von meinen Plänen erzählte, bot er an, meine Wohnung in Antibes zu übernehmen. Ich ließ den Mietvertrag auf ihn überschreiben und packte meine Habseligkeiten zusammen, auch die Gemälde und Leinwände. Es hing noch eine Komposition aus zerknittertem und gefaltetem Papier, Korken und Schnüren an der Wand, die ich gerade herunternehmen wollte, als mich Picasso bat, sie doch hängen zu lassen, wenn es mir nichts ausmache — sie gefalle ihm. Wirklich, dachte ich, nichts von all dem, was ich gemacht hatte, ging verloren, am Ende fand sich immer wenigstens einer, der sich dafür interessierte. Um ein Zeugnis dieser Komposition zu bewahren, stellte ich, bevor ich die Wohnung verließ, eine genaue Kopie in Öl her und nannte sie *Trompe-l'œil.*

Ein paar Tage später — Picasso war inzwischen eingezogen, und ich hatte mir ein Hotelzimmer genommen — machte ich einen Abschiedsbesuch bei ihm. Er war schon bei der Arbeit. Aus dem größten Raum hatte er alle Möbel hinausgeschafft. An der größten Wand hatte er eine Leinwand befestigt, die schachbrettartig in ungefähr zwanzig Quadrate aufgeteilt war. Er war dabei, in jedes dieser Quadrate ein Stilleben zu malen — Variationen über ein Thema. Während ich noch da war, kam sein Pariser Händler, um die nächste Ausstellung in Paris zu besprechen. Er betrachtete die Stilleben, warf aber auch einen Blick auf die Farbtöpfe, in denen jeweils ein Pinsel stand. Offensichtlich waren die Farben im nächstbesten Geschäft gekauft worden. Schließlich fragte der Händler, ob die Farben denn auch haltbar seien. Picasso zuckte mit den Achseln und meinte, solche Fragen interessierten ihn nicht — das sei allein Sache der Sammler und Investoren. Bei Picasso war das keine Pose; ich hatte auch schon erlebt, wie er in einem Geschäft für Künstlerbedarf den gesamten Vorrat der teuersten und besten Farben aufkaufte. Die Frage war nur, was vorrätig war; es ging darum, keine Zeit zu vertun, wenn ihn die Lust zu malen überkam.

Noch einmal zur Frage der Haltbarkeit: welche Enttäuschung hatte ich schon erlebt, wenn ich die Bilder älterer Maler zum erstenmal sah! Ob es sich um einen unter vielen Firnisschichten verdunkelten Rembrandt handelte oder um einen Turner, dessen ursprünglich so glühende Farben verblaßt oder durch eine unsachgemäße Restaurierung zuschanden geworden waren, so daß nichts als eine abgewetzte Leinwand im Rahmen übrigblieb, über die und mit der man nur noch spekulieren konnte — dauerhaft konnten allenfalls die ursprünglichen Absichten des Malers sein. Wie andere wohl auch hatte ich Skizzen zu Bildern gemacht, auf denen ich, statt in Farbe zu malen, die verschiedenen Farbbezeichnungen einfach in die entsprechenden Felder hineinschrieb. Wörter, Sätze und Datierungen kamen auch auf älteren Bildern vor, und die Kubisten hatten Stücke von Zeitungen, ein abgerissenes Etikett von einer Tabaksdose oder ein aus dem Zusammenhang gerissenes Wort in ihre Kompositionen aufgenommen. Ich selbst hatte in meinen frühen Tagen Wörter und Zahlen regelrecht als Motive in Gemälden verwendet, so wie man Äpfel bei einem Stilleben benutzt. Natürlich ging es nicht mehr, wie einige glaubten, darum, ein Motiv erkennbar zu machen, es galt vielmehr, die Motivbereiche zu erweitern. Picasso, Max Ernst, Miró und Magritte, um nur einige zu nennen, hatten dieses Verlangen gespürt. Vielleicht ist dies eine neue Art, Haltbarkeit und Dauerhaftigkeit zu gewährleisten. Durch nichts kann das Wort zerstört werden — stets wird es überliefert werden, so wie man ein Buch nicht zerstören kann, indem man es verbrennt. Gewiß, niemand hat ein Verfahren gefunden, mit dem sich ein Gemälde so duplizieren ließe, es sei denn, er wäre ein vollendeter Kopist — damit würde dem Kunsthandel der Boden unter den Füßen weggezogen, genau wie Diamanten ihre Seltenheit und ihren Wert verlieren würden, wenn man sie künstlich herstellen könnte. Manche Maler haben ihre beliebtesten Werke noch einmal gemalt, aber die Unterschiede lassen sich leicht feststellen. Das Original wird im Wert immer höher liegen, sofern es sich identifizieren läßt.

Ich sah Picasso erst in den fünfziger Jahren wieder, als ich nach Frankreich zurückgekehrt war. Er war im Süden geblieben, und mich nahmen meine Angelegenheiten in Paris in Anspruch; dann kam der Einmarsch nach Frankreich, und ich ging in die Staaten zurück. Fünfzehn Jahre später besuchte ich ihn in seiner neuen Villa in der Nähe von Cannes. Am Morgen meiner Ankunft rief ich ihn an, und er bat mich, sofort zu kommen, weil er später nach Nizza mußte, wo ein Film über ihn und seine Arbeit gedreht werden sollte. Ich stieg den Berg zu seinem Haus hinauf und zog die Klingelschnur am Tor. Wir umarmten uns herzlich, und es kam uns so vor, als hätten wir uns erst vor kurzem zum letzten Mal gesehen. Es hatte sich nichts verändert. Das Haus war sehr groß, erbaut von einem erfolgreichen, auf großem Fuße lebenden Sektfabrikanten. Überall in dem sorgfältig gepflegten Garten verstreut standen Picassos provozierendste Bronzeplastiken herum und schienen sich über die barocken Ansprüche des einstigen Besitzers lustig zu machen. Im Inneren des Hauses war alles weiß gestrichen, so daß die Innendekorationen unsichtbar wurden. Ungeöffnete Kisten standen herum, Bilder, mit dem Gesicht zur Wand gekehrt, und ein ungerahmtes Werk war wie zufällig aufgehängt: ein Porträt von Jacqueline, seiner jetzigen Frau. Nahe der Tür, die zum Garten hinausführte, stand ein altes Sofa und in der Mitte des Zimmers ein Schaukelstuhl aus Bugholz — die einzigen verfügbaren Sitzgelegenheiten. Auf einem großen Tisch türmte sich in wirrem Durcheinander eine Sammlung afrikanischer Plastiken. Picasso griff in dieses Beinhaus primitiver Kunst hinein und zog einen kleinen vergoldeten Rahmen mit einem Pastell eines liegenden Akts hervor. Ob ich mich daran erinnere, fragte er. Nein, das tat ich nicht. Ich hätte es in der Wohnung in Antibes, die ich ihm vor dem Krieg überlassen hatte, vergessen. Dieses Pastell hatte ich in irgendeinem freien Augenblick gemalt, ohne ihm irgendwelche Bedeutung beizumessen. Picasso vergaß offenbar nie etwas. (Vermutlich wäre es an diesem Punkt angebracht, mich für meine Unbescheidenheit zu entschuldigen. Andererseits muß ich auch daran denken, daß ich hier ein Selbstporträt von mir zeichne, und alle Selbstporträts, ausgenommen die einiger expressionistischer Maler, waren immer auch ein wenig Eigenlob.) Während unseres kurzen Aufenthalts in Cannes lud Picasso mich und meine Frau Juliet zum Abendessen ein. Nach einem einfachen Essen ohne aufwendiges Drum und Dran holte er eine Flasche Wodka und einige Flaschen Sekt. Er selbst trank eigentlich nie, nahm aber zur Feier des Tages doch ein Glas Sekt, während sich Juliet auf den Wodka konzentrierte. Picassos aus einer früheren Beziehung stammende Tochter Maya, damals noch ein Teenager, legte eine Schallplatte mit Tanzmusik auf. Bald erhob sich Juliet zu einem Solotanz, in dem sie eine echte Ballettänzerin nachahmte und parodierte. Picasso, in seinem Sessel zurückgelehnt und in stiller Betrachtung versunken, erinnerte mich an eine seiner frühen Radierungen: König Herodes sieht Salomé beim Tanz zu. Wir verbrachten noch einen weiteren Nachmittag bei ihm auf den Stufen seines Gartens. Wieder war Maya da und ein alter Freund, ein ehemaliger Stierkämpfer. Ich machte ein paar Schnappschüsse von der Gruppe, und dann kehrten wir nach Paris zurück. Picasso kommt jetzt nicht mehr nach Paris.

Auf einer meiner letzten Reisen in den Süden traf ich ihn wieder — bei einem Stierkampf in Vallauris, der zu seinen Ehren veranstaltet wurde. Wir gaben uns die Hand. Er war umlagert von Funktionären und Photographen, aber sein durchdringender Blick schien mir zu sagen: Bis zum nächsten Mal, in einer vertrauteren Umgebung. Es scheint, als würde dieser Mann nicht altern; es hat Zeit, bis wir uns das nächste Mal begegnen. Anders als viele andere, die zu ihm gekommen sind — und ihnen gegenüber war er stets großzügig —, habe ich ihn nie um einen Gefallen gebeten, und er mich auch nicht. Und wenn einer den Eindruck hatte, der andere habe ihm einen Dienst erwiesen, dann versuchte er sofort seine Schuld in irgendeiner Weise zu begleichen. Bei mir war es vielleicht ein Zeichen von Stolz, bei Picasso eines von großer Bescheidenheit.

Seit ich nicht mehr zur Schule gehe und nicht mehr fest angestellt bin, hab ich nie mehr die Ferien herbeigesehnt. Als ich sozusagen mein eigener Arbeitgeber geworden war, kam es mir so vor, als hätte ich ständig Ferien. Ich habe auch nie eine neue Umgebung aufgesucht, zu dem Zweck, dort auf neue Gedanken zu kommen. Wenn ich von irgendwo weggehe, dann für lange Zeit, weil es nicht anders geht, oder weil etwas Angefangenes anderswo fortgeführt werden muß oder zu einem Rendezvous oder um alte Bekanntschaften aufzufrischen. Und so sitze ich jetzt, im August 1961, im Café »Meliton« in Cadaquès in Spanien zusammen mit meinem ältesten Freund Marcel Duchamp, der mich zum erstenmal 1915 in meiner Hütte in New Jersey besucht hat. Meine Post, die ich mir soeben vom Postamt geholt habe, liegt vor mir auf dem Tisch. Ganz oben auf dem kleinen Briefstapel ein Gedichtband meines nicht ganz so alten Freundes Georges Hugnet. Sein Titel: *1961*. Auf dem Kopf stehend, so wie ich es von meinem Platz aus sehe, heißt es immer noch *1961*. Und wie Hugnet bemerkt, müssen wir auf

58 Marcel Duchamp

die nächste Jahreszahl, die man auf dem Kopf lesen kann, bis zum Jahre 6009 warten. Aber uns beschäftigt die Gegenwart, auch eine Form von Ewigkeit — im Augenblick scheint die Zeit sich Zeit zu lassen. Während ich das Buch durchblättere, stoße ich auf einen Satz: in Frankreich taxiert einen der Steuerbeamte nach dem, was er als die äußeren Anzeichen von Reichtum bezeichnet, Auto,

Dienstmädchen, Landhaus. Hugnet sagt, *er* besitze nur innere Anzeichen von Reichtum.

Auf niemanden trifft das mehr zu als auf Marcel Duchamp. Er besitzt nichts und sammelt nichts; ein Buch, das man ihm schenkt, wird, nachdem er es überflogen hat, sogleich weitergegeben. Seine wenigen Werke befinden sich zum größten Teil in einer einzigen Privatsammlung und in einer Reihe von Museen. Da er die Malerei vor vierzig Jahren aufgegeben hat, könnte man sagen, daß seine Hauptbeschäftigung jetzt das Schachspiel ist, denn er verfügt über einen regen Geist, und beim Schachspiel hinterlassen die größten geistigen Anstrengungen keinerlei greifbare Spuren. Und genau dies war sein Programm. Das kämpferische Element des Schachspiels interessiert ihn weniger als die analytischen und kreativen Aspekte.

Nachdem ich mich zum erstenmal in Frankreich niedergelassen hatte und Duchamp nach New York zurückgekehrt war, sah ich ihn zwei Jahre lang nicht. Als er zurückkam, erneuerten wir unsere Beziehung. Es war im letzten Jahr der Dada-Manifestationen, mit neuen Meinungsverschiedenheiten innerhalb der Gruppe und dem schließlichen Bruch, der zum Surrealismus überleitete. Obwohl diese Gruppen Duchamp eine gewisse Achtung entgegenbrachten, war er doch zu wenig bekannt; an ihren Aktivitäten beteiligte er sich nie und besuchte auch nicht die Cafés, in denen sie ihre Versammlungen abhielten. In Frankreich waren seine früheren Werke unbekannt — sie waren in die Staaten geschickt worden. Wie im Fall Brancusis waren sich nur ein paar enge Freunde seiner Bedeutung für die zeitgenössische Kunst bewußt.

1923 kam Duchamp in aller Stille, ohne großen Bahnhof, nach Paris zurück, um diesmal länger zu bleiben. In bezug auf Frankreich war er weniger Emigrant als ich in bezug auf die Staaten. Ich hatte mich inzwischen als Photograph etabliert und malte hin und wieder noch ein Bild, um nicht aus der Übung zu kommen und den Kontakt zu den aktuellen Kunsttendenzen nicht zu verlieren. So begann ich ein Porträt von ihm in Öl, aber — beeinflußt durch die vielen photographischen Porträts, die ich von ihm gemacht hatte, und gleichsam als Nachahmung eines Photos — ganz in Schwarz und Sepia. Ein- oder zweimal bat ich ihn, mir Modell zu sitzen, um ein paar Einzelheiten seiner Gesichtszüge zu prüfen. Damit das Bild nicht allzu wirklichkeitsnah wurde, fügte ich in den schwarzen Hintergrund einige Phantasiemotive ein. Es war weder ein Gemälde noch eine Photographie; diese Irritation gefiel mir, und mir kam der Gedanke, daß meine künftige Malerei diese Richtung einschlagen sollte.

Auch wenn er der Malerei abgeschworen hatte, blieb Duchamp während seines dreijährigen Aufenthalts in Paris keineswegs untätig. Das Schachspiel beschäftigte ihn immer mehr; dem Studium des Spiels und seinen Kontakten mit der Schachwelt widmete er viel Zeit. Ich blieb immer ein drittklassiger Spieler — ein »Figurenschieber«, wie er es nannte: ich war stärker daran interessiert, neue Formen für Schachfiguren zu entwerfen; die Spieler interessierte das nicht sonderlich, für mich jedoch war es ein fruchtbares Feld schöpferischer Betätigung. Duchamp zeigte Verständnis dafür, er selbst hatte in dieser Richtung bestimmte Projekte begonnen, sie dann aber aufgegeben, als ihn das Spiel selbst immer mehr beschäftigte. Eines Tages brachte er Aljechin, den damaligen Schachweltmeister, zum Photographieren mit und um sich meine Entwürfe anzusehen. Der Meister war interessiert, ließ sich mit meinen Figuren photographieren und gab uns die Erlaubnis, sie als Aljechin-Figuren zu bezeichnen, falls sie produziert würden. Wir hegten große Hoffnungen, daß sie die damals gebräuchlichen Staunton-Figuren ablösen könnten, die ihrerseits schon eine Verbesserung gegenüber den älteren Figuren darstellten. Nachdem wir Erkundigungen eingeholt und Berechnungen angestellt hatten, mußten wir jedoch erkennen, daß zur Herstellung der Gußformen sehr viel Kapital erforderlich gewesen wäre, so daß wir die Idee angesichts der Unsicherheit des Marktes fallen ließen. Ich fertigte weiterhin einzelne Figurensätze für zahlungskräftige Sammler und Liebhaber an. Ein Schachexperte, der sie einmal auf einer Ausstellung sah, meinte nur, da spiele er lieber blind als mit diesen Figuren.

Duchamp nahm sich ein Zimmer in einem kleinen Hotel ganz in der Nähe meines Ateliers und kam häufig mit den verschiedensten Projekten zu mir. Dazu gehörte auch eine Abwandlung der optischen Maschine, die er vor 1920 in New York angefertigt hatte; aber statt flache Glasplatten hintereinander zu montieren, um in der Umdrehung eine dreidimensionale Wirkung zu erzielen, verwendete er jetzt eine mit schwarzweißen Spiralen versehene Halbkugel, eingefaßt in eine Scheibe aus Glas und Kupfer, die eine onomatopoetische Inschrift trug. Das ganze montierte er auf eine Halterung, die mit einem Motor und einem Regelwiderstand verbunden war, so daß es sich langsam drehen konnte. Die Wirkung war besser als bei der ersten Konzeption und die Gefahr, daß sich der Apparat selbständig machte, geringer. Außerdem konnte er jetzt von mehreren Betrachtern gleichzeitig beobachtet werden — es war nicht nötig, daß sich jeweils einer an einer ganz bestimmten Stelle vor ihm aufbaute. Es faszinierte mich, mit wie hingebungsvoller Sorgfalt sich Duchamp an die Realisierung dieser Maschine machte — da war bei ihm nicht die Liebe zur Mechanik im Spiel, es ging ihm vielmehr darum, das Material in den Griff zu bekommen, um seine Wünsche zu konkretisieren. Mir kam es so vor, als arbeite er in einer Richtung, die der der Wissenschaftler mit ihren großartigen, von Atomen und Molekülen ausgehenden Ideen genau entgegengesetzt war. Wie es schien, versuchte Duchamp, alles menschliche Streben auf eine in sich ruhende Ganzheit zu reduzieren — auf etwas, das nicht gerechtfertigt werden kann und nicht gerechtfertigt zu werden braucht.

Er hätte sich die Legende, die ihn umgab, zunutze machen können, hätte in der Kunstwelt etwas unternehmen können, das ihm erheblichen materiellen Gewinn gebracht hätte, aber gerade dies vermied er mit großer Beharrlichkeit. Eines Abends saß ich mit einem Agenten, der sich zurückgezogen hatte, und dem alten

Kunsthändler Knoedler zu Tisch. Dieser bedauerte es sehr, daß Duchamp nicht mehr malte, und bat inständig, ich als sein Freund solle mit Duchamp einmal darüber zu sprechen: Es stünden ihm zehntausend Dollar im Jahr zur Verfügung, wenn er zur Malerei zurückkehren würde — er brauche nichts weiter zu tun, als jedes Jahr ein Bild zu malen. Als ich dieses Angebot Duchamp gegenüber zur Sprache brachte, sagte er lächelnd, er habe erreicht, was er sich vorgenommen hatte, ihm liege nichts daran, sich zu wiederholen. Hinter dieser Ablehnung stand natürlich auch die Abneigung gegen die Geschäftigkeit der Kunstwelt und ebenso die Überzeugung, daß alles, was er hervorbringen würde, für einen mittelmäßigen Kopf und insbesondere den eines Kunsthändlers unbegreiflich wäre. So jedenfalls sah meine, von eigener Erfahrung ausgehende Deutung aus. Duchamp war gegenüber kritischen Bemerkungen äußerst empfindlich und empfand tiefe Verachtung für das, was andere von seinen Arbeiten hielten. Eher ertrug er einen gewissen Snobismus bei denen, die vorgaben, ihn zu verstehen. Wenn er einmal, was selten genug vorkam, einige Gedanken über die Kunst äußerte, dann geschah das auf eine denkbar unpersönliche Art und Weise, so als sei er selbst gar nicht betroffen. Stolz und Bescheidenheit gingen Hand in Hand. Nachdem er seinen optischen Apparat vollendet hatte, der dann, unter einem Tuch verborgen, lange in meinem Atelier stand, bis ein Freund sich erbot, ihn bei sich aufzustellen und vielleicht einem interessierten Sammler zu zeigen, wendete sich Duchamp einem anderen Problem zu. Schon bei einigen seiner früheren Werke waren die unbekannten und geheimnisvollen Gesetze des Zufalls der Ausgangspunkt gewesen. Jetzt wollte er sie gründlicher erforschen — und meistern, so daß die Resultate einer vorsätzlichen Handlung voraussehbar und kontrollierbar wurden. So kam er zum Roulett. Er studierte die von Monte Carlo monatlich veröffentlichten Listen mit allen Gewinnzahlen und arbeitete ein System aus, mit dem er unweigerlich gewinnen mußte. Aber um sein Projekt in die Praxis umzusetzen, brauchte er Kapital. Von verschiedenen Freunden besorgte er sich ein Darlehen in Höhe von 15.000 Francs, wofür er dreißig Schuldscheine über jeweils 500 Francs ausgab, die er selbst entworfen hatte. Es war eine Lithographie von einem grünen Roulettisch, darauf ein Roulettrad in Rot und Schwarz mit den Zahlen und mitten darin ein Porträt von ihm selbst. Aber dieses Porträt, das von mir stammte, war aufgenommen, während er beim Rasieren und Haarewaschen Gesicht und Haar voller Seifenschaum hatte. Ansonsten sah der Schuldschein ziemlich professionell aus, mit komplizierter Hintergrundzeichnung, verwickelten Inschriften und Koupons, die regelmäßig ausgezahlt werden sollten. Mit seinem Kapital ausgerüstet, begab sich Duchamp nach Monte Carlo und ging regelmäßig in das Casino, wo er sehr bedächtig und methodisch nach seinem System spielte. Er gewann kleinere Beträge, aber nie genug, um seine Geldgeber auszahlen zu können; dazu wäre ein sehr viel größeres Kapital erforderlich gewesen. Und die langen, langweiligen Sitzungen in dem stickigen Casino erschöpften ihn. Das Spiel war die Anstrengung nicht wert. Duchamp kehrte schließlich nach Paris zurück, zufrieden damit, daß er die Gesetze des Zufalls besiegt hatte. Von einer Rückzahlung an die Investoren war nie die Rede, aber die Schuldscheine selbst sind jetzt bei Sammlern sehr gesucht und sehr viel mehr wert als die ursprüngliche Investition. Man hat mir schon zweihundert Dollar für meinen Schein angeboten, aber er ist mir zu lieb und teuer, als daß ich ihn herausrücken würde. Ich betrachte ihn als eine der besten Investitionen, die ich jemals getätigt habe. Eintausend Prozent Gewinn. Man müßte schon unwahrscheinlich viel Glück haben, um das beim Roulett zu erzielen.

In dieser Zeit beschäftigten wir uns jedoch nicht nur mit solchen eher intellektuellen Projekten. Auch im Privaten und in Gefühlsdingen machten wir ähnliche Entwicklungen durch, so daß es in unser beider Leben nie zu einem Stillstand kam. Ich hatte mit Kiki vom Montparnasse alle Hände voll zu tun. Und eine junge Frau, die im Ersten Weltkrieg Witwe geworden waren, verliebte sich in Duchamp, der diese Huldigung mit der ihm eigenen Gelassenheit und Liebenswürdigkeit entgegennahm. Etwa um diese Zeit hatte ihm der Tod seiner alten Eltern ein kleines Erbe hinterlassen, das ihn in die Lage versetzte, sich bequem einzurichten. Er mietete ein kleines Atelier im siebten Stock eines alten Hauses in einem etwas abgelegenen Stadtviertel von Paris. In der Ecke eines Zimmers befand sich eine Tür, die den Zugang zum Atelier verschloß und gleichzeitig den zu seinem Schlafgemach öffnete oder umgekehrt das Schlafzimmer verschloß und den Zugang zum Atelier öffnete, und auf diese Weise das alte französische Sprichwort

59 Marcel Duchamp: Schuldschein, 1924

widerlegte, das da besagt, eine Tür sei entweder auf oder zu. In dieser nüchternen Umgebung arbeitete und schlief Duchamp wie ein Mönch. Nichts deutete auf seine künstlerischen Neigungen hin — der Schachtisch war das wichtigste Möbelstück.

Wir trafen uns oft zum Mittagessen oder abends bei Mary Reynolds, der Witwe. Sie hatte etwas von der guten Fee aus dem Märchen und nahm alle auf, die aus den französischen oder amerikanischen Intellektuellenkreisen zu ihr kamen. Viele drängten sich ihr auf und gingen sie um Unterstützung an. Sie verehrte Duchamp, hatte aber auch Verständnis für seinen Entschluß, alleine zu leben. Mary und ich besuchten damals sehr häufig die Nachtclubs, sie, um sich die Zeit, in der sie nicht bei Duchamp sein konnte, zu vertreiben, und ich aus gesellschaftlichen, eher praktischen Erwägungen — um Kontakte zu knüpfen. Duchamp suchte solche Lokale selten auf, wie er auch nie in eine Kunstausstellung ging. Mary, groß, schlank und von vornehmem Aussehen, war bei den Franzosen sehr beliebt, auch weil sie Amerikanerin war — leicht zu täuschen und entgegenkommend.

Eines Tages vertraute er mir an, er habe eine sehr nette, junge Person kennengelernt, Tochter eines bekannten Automobilherstellers, und wolle sie heiraten. Ob er sie zum Photographieren einmal zu mir bringen dürfe? Unwillkürlich kam mir der Gedanke, daß dies einer seiner inneren Widersprüche war — verheiratet konnte ich ihn mir gar nicht vorstellen. Ich photographierte Lydie, ein dralles Ding mit rosaweißer Haut. Es wurde ein Datum für die Hochzeit festgesetzt, die den Wünschen der Familie entsprechend in einer Kirche stattfinden sollte. Ich sollte die ganze Zeremonie oder zumindest die Ankunft von Braut und Bräutigam filmen. Mit meinem Assistenten baute ich die Kamera vor der Kirche auf, wir waren bereit. Als der Wagen mit dem Brautpaar ankam, entstieg ihm eine bauschige Gestalt in weißem Schleier, einer Wolke gleich, gefolgt von Duchamp in gestreiften Hosen und Cut. Neben ihr wirkte er dünn, fast mikrig. Wir kurbelten, was das Zeug hielt — umringt von einer Menschenmenge, die sich fragte, wer diese Prominenten denn seien. Kurze Zeit später reiste das Paar in die Flitterwochen nach Südfrankreich. Von Picabia erfuhr ich später, daß die Sache nicht besonders gut gelaufen war. Nach dem Abendessen fuhr Duchamp mit dem Bus nach Nizza, um dort in einem Schachzirkel zu spielen, und kehrte erst spät zu Lydie heim, die wach dalag und auf ihn wartete. Aber auch jetzt ging er noch nicht gleich zu Bett, stellte vielmehr die Schachfiguren auf, um eine Position aus der Partie, die er zuletzt gespielt hatte, noch einmal zu studieren. Als er eines Morgens aufwachte, ging er als erstes zum Schachbrett, um einen Zug zu machen, den er sich während der Nacht ausgedacht hatte. Aber die Figur ließ sich nicht bewegen — in der Nacht war Lydie nämlich aufgestanden und hatte sämtliche Figuren festgeklebt. Als sie wieder in Paris waren, sagte mir Duchamp, an seiner Lebensweise werde sich nichts ändern; er behalte sein Atelier und schlafe dort, während Lydie bei ihren Eltern wohnte, bis sie eine passende Wohnung gefunden hätten. Eines Abends saß ich an der Bar des »Bœuf sur le Toit« und trank meinen Whisky; Mary Reynolds kam herein. Sie war verzweifelt und fing an, sich zu betrinken. Ein paar Monate später ließen sich Duchamp und Lydie scheiden, und er kehrte in die Staaten zurück.

In dieser Zeit hatte es noch andere Lustbarkeiten gegeben. An zwei Erlebnisse erinnere ich mich besonders deutlich. Das eine war eine Reise in die Normandie, nach Rouen, wo Duchamp aufgewachsen war. Ich begleitete ihn zu dem Haus, in dem er gewohnt hatte. Als wir dann eine Straße entlanggingen, schlug mir plötzlich ein höchst angenehmer Schokoladenduft entgegen. Wir kamen zu einer Konditorei, und da erblickte ich im Schaufenster drei Stahlzylinder, die sich in einer Schale drehten und eine gewaltige Menge zäher Schokoladenmasse zerrieben. Sogleich fiel mir Duchamps Bild »Die Schokoladenreibe« ein; tatsächlich war er als Knabe jeden Morgen auf dem Schulweg an diesem Geschäft vorbeigekommen und hatte die Formen später als Motiv für seine Malerei verwendet. Und noch immer stand die Maschine da — das Bild hätte auch »Perpetuum Mobile« heißen können.

In den zwanziger Jahren hatte Picabia den Auftrag erhalten, ein Ballett, und zwar für das Schwedische Ballett, zu konzipieren, eine Truppe, die mit dem Russischen Ballett konkurrierte, aber insgesamt moderner eingestellt war. Picabia hatte freie Hand und konnte seine ganze Phantasie ins Spiel bringen. An einem bestimmten Punkt der Aufführung war es im Theater vollkommen dunkel, dann zuckten Blitze auf, die dem Betrachter den Eindruck vermittelten, er sehe in einem *tableau vivant* Adam und Eva im Garten Eden in der Art eines Gemäldes von Grünewald. Es waren Duchamp, nackt, mit Bart, und ihm gegenüber eine verführerische, ebenfalls völlig nackte Eva, die von einem schönen Mädchen verkörpert wurde — dies alles vor einem Vorhang, der mit einem Baum bemalt war, um den sich eine Schlange ringelte. Es war ein Strip - *tease* im wahrsten Sinne des Wortes, eine Entkleidungsfopperei — man hätte das Tableau gerne sehr viel länger betrachtet. Ich hatte die Möglichkeit dazu, denn ich hatte die Szene während einer Probe photographiert. Während der Aufführung saß ich wie der Requisiteur bei einem chinesischen Theaterstück an einer Seite der Bühne, tat aber nichts und sagte auch nichts und machte auf diese Weise dem Namen alle Ehre, den mir Picabia gegeben hatte: der Schweigsame. Zwischen den beiden Akten wurde ein ebenfalls von Picabia improvisierter Film mit dem Titel *Entr'acte* vorgeführt. Er war im Atelier und unter freiem Himmel aufgenommen worden. In einer Szene spielen Duchamp und ich auf dem Dach des Theaters eine Schachpartie — ein Wasserschlauch wird auf uns gerichtet, der die Figuren durcheinanderwirbelt und uns durchnäßt. Die Musik dazu stammte von Erik Satie, voller Kakophonien und Schrulligkeiten.

Anfang der dreißiger Jahre kehrte Duchamp zu einem sehr viel längeren Aufenthalt nach Paris zurück und quartierte sich wieder in seinem alten Atelier ein, das er nicht aufgegeben hatte. Mary Reynolds bewohnte ein kleines Haus mit Garten

60 *Tableau vivant: Marcel Duchamp und Brogna Perlmutter-Clair als Adam und Eva, 1924*

in einem ruhigen Viertel von Paris; wie immer führte sie ein offenes Haus, und an vielen Abenden saßen wir im Garten mit anderen zusammen, die sie zum Essen eingeladen hatte. Duchamp kümmerte sich um die Ausstattung des Hauses, tapezierte die Wände eines Zimmers mit Landkarten, brachte Vorhänge aus dicht nebeneinander gehängten Schnüren an — dies alles in seiner üblichen, peinlich genauen Art, ohne darauf zu achten, wieviel Arbeit damit verbunden war. Mary fing an, sich mit Buchbinderei zu beschäftigen, und er entwarf ihr einige originelle Einbände für ihre Sammlung von Erstausgaben, die ihr englische und französische Schriftsteller geschenkt hatten. Immer häufiger baten ihn jetzt die Surrealisten, bei der Organisation von Ausstellungen mitzuhelfen. Als sie eine neue Galerie aufmachten, entwarf er einen Eingang: eine große Glasscheibe, aus der die Silhouette eines Paares herausgeschnitten war; durch sie mußte man hindurchtreten, um in die Galerie zu gelangen. In vielen seiner Ideen tauchte dieses Interesse für Schnüre und Glas immer wieder auf. Vielleicht stand dahinter das Bemühen um eine Art von Durchsichtigkeit-Unsichtbarkeit. Unterdessen fing er auch an, alle Unterlagen, die sich auf seine früheren Arbeiten bezogen, zusammenzutragen und sie als Faksimiles in limitierter Auflage zu veröffentlichen. (Außerdem schrieb er auch ein Buch über Schach, das sich vor allem mit Problemen des Endspiels beschäftigte — für die Schachspieler von geringem Interesse, da sie den Ausgang einer Partie voraussehen können und meist vor diesem Stadium aufgeben.) Von den Vorbereitungsarbeiten für seine Faksimile-Edition erledigte er so viel wie möglich selbst; Herstellung von Photographien, Diagrammen und Texten, um die Druckkosten zu verringern. Die einzelnen Blätter sammelte er, bis das Werk zur Veröffentlichung fertig war, dann ließ er die einzelnen Exemplare binden oder packte einfach die losen Blätter in eine Schachtel und zeichnete die Umschläge mit der Hand. Ihm war klar, daß kein Verleger sein Kapital für die Herstellung derartig esoterischer Werke aufs Spiel setzen würde, und machte deshalb auch kaum Anstrengungen, Geldgeber zu finden. All die Jahre über bestand sein Ziel nicht darin, mit seinen Projekten Geld zu verdienen, sondern so wenig wie möglich für sie auszugeben. Subskriptionen von Freunden und Verehrern reichten aus, um die tatsächlich entstandenen Kosten zu decken.

Obwohl mir die Brüche innerhalb seines Lebens nicht neu waren, verblüffte mich doch der Eifer, mit dem er seine älteren Arbeiten dokumentierte und ihnen durch die Publikation Dauerhaftigkeit verlieh. Er hatte vorausgesehen, daß die meisten seiner Arbeiten auf Glas eines Tages, wie es dann auch geschah, zerbrechen würden, wendete aber viel Zeit darauf, sie zu reparieren. Viele Jahre lang befanden sich seine übrigen Gemälde in einer Privatsammlung, wo sie, wie er es sich wünschte, nur wenigen zugänglich waren. Indessen war dieses neue Publikationsvorhaben nur ein Teil seiner Absage an die Malerei selbst. Und mir wurde klar, daß die Zeit, die er auf die Wiederherstellung seiner Sachen wendete — Zeit, in der er auch neue Werke hätte hervorbringen können — nur ein Beweis für seine Entschlossenheit war, nicht mehr zu malen. Hin und wieder schuf er ein kleines Objekt oder auf dringende Bitten hin eine Zeichnung für eine Veröffentlichung der Surrealisten, aber sie alle entstanden aus einer anti-künstlerischen Haltung heraus, aus dem Geist der alten Dada-Zeiten. Als man den Plan zu der großen Surrealistenausstellung 1938 in Paris faßte, wurde er eingeladen, Vorschläge für den Aufbau zu machen. Die Ausstellung sollte in einer der vornehmsten Galerien von Paris stattfinden. Der rote Teppich und die Stilmöbel wurden entfernt. Die Glasdecke wurde mit mehreren hundert Kohlesäcken zugehängt, die (auf Anraten der Versicherungsleute) nicht mit Kohle, sondern einem leichteren und weniger feuergefährlichen Material als Kohle gefüllt waren. Es wurden sechzehn nackte Kleiderpuppen, wie man sie in Schaufenstern verwendet, gemietet, und jeder ausstellende Maler bekam eine, um sie ganz nach Belieben anzuziehen oder Veränderungen daran vorzunehmen. Wir übertrafen uns gegenseitig mit Vogelkäfigen, Hahnenköpfen und so weiter als Kopfschmuck; Schleier, Watte und Küchengerätschaften als Kleidern; meine Puppe ließ ich nackt, mit Glastränen auf dem Gesicht und Glasseifenblasen im Haar; Duchamp zog einfach Mantel und Hut aus und hängte sie über seine Figur, als handele es sich um einen Kleiderständer. Unter allen Puppen war seine gewiß die unauffälligste, aber sie zeigte sehr deutlich den Wunsch, nicht zuviel Aufmerksamkeit auf sich zu ziehen.

In den dreißiger Jahren reiste Duchamp mehrmals zwischen Paris und New York hin und her. In New York reparierte er das »Große Glas«, das zerbrochen war. Es befand sich damals noch immer im Besitz von Miss Dreier, bis es schließlich seinen Platz im Philadelphia Museum of Art fand. In den letzten Jahren vor dem Krieg hielt er sich in Paris auf. Ich sah ihn nicht allzu oft; mein Ruf als Photograph lockte Werbeagenturen und Modezeitschriften an, die mir Aufträge gaben, mit denen allerlei Reisen in Europa und nach New York verbunden waren. Im Sommer 1933 waren wir kurze Zeit in Spanien zusammen, in Barcelona und Cadaquès, wo wir Dalí in einem Fischerhaus in der Nähe besuchten. Während eines anderen Sommers trafen wir uns in Südfrankreich, in Villefranche, wo Mary Reynolds ein Haus gemietet hatte. Als der Krieg ausbrach, nach der deutschen Besetzung, kehrte ich in die Staaten zurück und ließ mich in Kalifornien nieder. Duchamp ging etwas später weg, nach New York. Frankreich war willkürlich in ein besetztes und ein unbesetztes Gebiet aufgeteilt worden. Als Käsehändler getarnt, war Duchamp mit einem Koffer, in dem er die Seiten mit den Reproduktionen seiner Arbeiten für die geplante Veröffentlichung transportierte, immer wieder von einer Zone in die andere übergewechselt. Aus diesen Blättern entstand schließlich sein Werk *Boîte-en-Valise* (»Die Schachtel-im-Koffer«), von dem er selbst eine limitierte Auflage herausbrachte. Auch dies gehörte zu seinen Wunschvorstellungen: bei der Beschäftigung mit seinen Ideen frei zu sein von allen äußeren Zufällen. Sein Werk war zwar nicht so welterschütternd wie der Krieg, aber es hat den Krieg überdauert. Das Überleben von unbelebten Objekten, von Kunstwerken, während großer Umwälzungen ist mir immer wieder ein Trost gewesen. Meine Rechtfertigung — wenn es einer solchen bedarf. Wir wissen nicht, welche bedeutenden Werke im Laufe der Jahrhunderte zerstört worden sind — wir glauben, diejenigen, die verschont geblieben sind, seien ganz und gar repräsentativ für ihr Zeitalter. Schon eine einfache Zeichnung, die ein großer Meister vor fünfhundert Jahren geschaffen hat, bleibt eine größere Inspirationsquelle als der ganze sogenannte Fortschritt, den Geschichte und Wissenschaft hervorgebracht haben. Zum Glück vermissen wir nicht das, wovon wir nichts wissen. Und zum Glück gibt es in der Kunst keinen Fortschritt — auf den Nebenwegen menschlichen Trachtens gibt es bloß eine nicht endende Abwechslung.

Während der Kriegsjahre war Duchamp eifrig bemüht, seine früheren Arbeiten zusammenzutragen und ihnen, unterstützt von seinem Sammler Arensberg, eine dauerhafte Bleibe zu sichern, wo sie allen zugänglich waren, die sich eingehender damit beschäftigen wollten. Während sich die Maler vergangener Zeiten wohl hauptsächlich um die Haltbarkeit ihrer individuellen Werke sorgten, ging es Duchamp um die Haltbarkeit seiner Ideen.

Als die Deutschen kapitulierten, war ich zufällig gerade in New York; Duchamp und ich begegneten André Breton, der während des Krieges ebenfalls emigriert war. Wir gingen von einem Restaurant zum anderen, alle waren brechend voll, die Leute feierten — schließlich landeten wir bei »Lüchow«, dem alten deutschen Restaurant an der 14. Straße. Es war ebenfalls überfüllt — Deutsche, niedergeschlagen und weinend. Der Pianist spielte deutsche Lieder, und alle erhoben sich achtungsvoll von den Plätzen, aber wir hatten einen Tisch und blieben sitzen. Schließlich wurden wir aber doch bedient, wobei Breton ständig über das Essen schimpfte — er schimpfte immer über das Essen, außer über französisches. Immerhin, dachte ich, die Deutschen hatten einige gute Komponisten hervorgebracht und sogar ein paar hervorragende Schachspieler. Ich sah zu Duchamp hinüber. Er verhielt sich neutral.

Als ich 1951 nach Paris zurückkehrte, blieb Duchamp in Amerika, wurde Bürger der Vereinigten Staaten und heiratete. In den letzten Jahren ist er im Sommer nach Cadaqués gekommen, und ich habe ihn dort ein paarmal besucht. Zuweilen spielen wir eine Partie Schach, aber für mich ist das eher wie eine Unterrichtsstunde — er weist mich auf meine Fehler und auf meinen Konzentrationsmangel hin. Wenn ich so viel Zeit wie für das Photographieren aufgebracht hätte, um mich im Schach zu vervollkommnen, dann wäre ich vielleicht ein ganz guter Spieler geworden. Duchamp ist ein wunderbarer Lehrer — um Geld zu verdienen, hat er anderen Schachunterricht erteilt, und auch seiner Frau Teeny hat er das Spiel beigebracht. Unter den Frauen gehört sie heute zu den starken Spielern — und schlägt mich, was nur gerecht ist, wo ich doch Frauen in anderen Sphären geschlagen habe.

In diesem Sommer 1961 sitzen wir in einem Café in Cadaqués, und ich blicke zurück auf eine Freundschaft, die nie ins Wanken geriet, seit mich Duchamp 1915 zum erstenmal in meiner Hütte in New Jersey besuchte. Was die Jahre und die Lebenskraft angeht, so sind wir alte Männer, aber wir haben ein Glas Manzanilla oder Pernod vor uns und unterhalten uns über die jungen, sonnengebräunten Frauen, die unter unseren Blicken in ihren Bikinis fast nackt zum Strand hinuntergehen. Schon die Achtjährigen tragen einen Büstenhalter über der flachen

Brust. Diese Verbindung von Prüderie und Nudismus läßt uns an die Zurückhaltung früherer Zeiten denken, an die Frauen mit ihren jungenhaften Ponyfrisuren und flachgedrückten Busen. Wir denken auch an die nackten Frauen, die wir umarmt haben. Wir stellen Mutmaßungen über die Zukunft an — vielleicht wird der Nudismus an den Stränden eines Tages so selbstverständlich sein, daß niemand mehr hinsieht.

Zuschauer zu sein hat auch seine Vorteile: keine Gefahren, keine Enttäuschungen. Sind nicht am Ende Künstler und Philosophen bloß Zuschauer? Die Welt wimmelt von geschäftigen Bienen, aber es gibt auch die Drohnen, von denen man mit Fug und Recht sagen kann, daß sie den geringsten Schaden anrichten und die wenigsten Fehler machen.

Gern denke ich an die beiden alten weisen Chinesen, die alle Geschäftigkeit und Proselytenmacherei aufgegeben haben und nur so viel wie unbedingt nötig miteinander sprechen. Jeden Morgen gehen sie hinunter zum Flußufer, um sich einen Fisch für das Mittagessen zu angeln. Eines Morgens sitzen sie schweigend nebeneinander und halten ihre Leinen, plötzlich spürt der eine einen Ruck an seiner Leine und fängt an, sie behutsam einzuholen, offensichtlich ein dicker Fisch — der andere schaut ihm zu. Da erscheint über dem Wasser der Kopf eines schönen Mädchens, sie hat Angst, aber sie hängt am Haken und kann nicht weg. Beruhigend winkt ihr der Angler zu, sie möge näherkommen, beugt sich herunter und hebt sie aus dem Wasser. Der untere Teil des Körpers ist ein langer, von Schuppen bedeckter Schwanz. Der Weise nimmt die Meerjungfrau auf den Schoß und löst vorsichtig den Haken, wobei sie sich fügsam an ihm festhält. Dann hebt er sie in die Höhe und setzt sie ins Wasser zurück. Unterdessen hat der andere Weise dem ganzen Vorgang ruhig zugesehen; nach einer Minute spricht er ein Wort: WARUM?, worauf sein Gefährte nach einer Minute des Nachdenkens erwidert: WIE? Immer fragen die Leute danach, *wie* bestimmte Resultate erzielt worden sind, selten fragen sie *warum*. Die erste Frage entspringt dem Wunsch, es ähnlich zu machen, dem Bedürfnis, es jemandem gleichzutun; die zweite möchte das Motiv, das eine Handlung angeregt hat, verstehen — den Wunsch, der hinter ihr steht. Wenn der Wunsch stark genug ist, wird er sich einen Weg bahnen. Mit anderen Worten: Inspiration, nicht Information, ist die Kraft hinter allem schöpferischen Handeln.

Von den fünfzig anderen merkwürdigen Malern, die während meiner ersten zwanzig Jahre in Paris durch mein Atelier gewandert sind, möchte ich nur diejenigen erwähnen, zu denen ich einen längeren Kontakt hatte oder mit denen ich irgendeine eigentümliche Begebenheit verbinde.

Jean Arp, einer der Begründer des europäischen Dadaismus, ist ein glanzvoller Poet und zugleich ein höchst sensibler Bildhauer. Kurz vor dem Krieg, als ganz Europa am Abgrund stand, hatte er eine Ausstellung in London; bei seiner Ankunft stellte er fest, daß die ganze Stadt mit Plakaten beklebt war, die seinen Namen trugen, ARP, was ihn ungemein beeindruckte, bis er feststellte, daß es sich um die Abkürzung für *Air-Raid-Protection* handelte, um Hinweise darauf, wo sich Luftschutzbunker befanden.

Balthus, ein wenig affektiert, am Rande des Surrealismus stehend und mit einer Vorliebe für Lolitas, die in seinen mystischen Gemälden junger Mädchen zum Ausdruck kommt, erinnerte in gewisser Weise an Chopin, aber sein Werk atmete Stille. Eine Serie von Illustrationen für den Roman *Wuthering Heights* (»Die Sturmhöhe«) von Emily Brontë hatte etwas Viktorianisches an sich.

Victor Brauner, seiner Herkunft nach Rumäne, fand in unserem Kreis sofort Aufnahme. Seine ungestümen, irrationalen und zunächst rein surrealistischen Werke bezogen ihre Anregungen später aus ägyptischen und anderen primitiven Quellen, aber ihr Stil war ganz sein eigener. Eines Abends bei einem Atelierfest wurde Oscar Dominguez, ein Maler aus Teneriffa, der sich der Surrealistengruppe angeschlossen hatte, nach zu reichlichem Genuß von Alkohol plötzlich gewalttätig, schleuderte eine Flasche durch den Raum und warf damit Brauner ein Auge aus. Es war ein Unfall — der versehrte Maler war seinem Angreifer nicht übermäßig böse, dieser jedoch schien sich die Sache sehr zu Herzen zu nehmen, trank immer mehr und ließ sich auf alle möglichen Eskapaden ein, aus denen er selbst als Hauptleidtragender hervorging. Das letzte Mal sah ich ihn wenige Tage vor seinem Tod. Eines Abends in einem Café, sehr niedergeschlagen — seine Ausstellung war ein totaler Mißerfolg gewesen, seine Liebschaften machten ihm das Leben unerträglich —, klagte er darüber, alles, was er anfange, gereiche einem anderen zum Schaden; lieber würde er sich selbst zuerst wehtun. Die kurzen Aufenthalte zu Entziehungskuren in einem Sanatorium hatten keine dauerhaften Ergebnisse erbracht. Ich versuchte ihn zu trösten und lud ihn für den nächsten Tag zum Abendessen ein; er kam nicht, rief auch nicht an, obwohl er sonst immer sehr zuverlässig war. Aber wir wollten uns ohnehin am Silvesterabend bei den Lyons, mit denen wir beide befreundet waren, treffen, um zu feiern. Den ganzen Abend warteten wir auf ihn, er ging auch nicht ans Telephon, und am nächsten Tag wurde er tot in seinem Atelier gefunden. Selbstmord. Auch er einer der fünf oder sechs Freunde, die diesen Ausweg aus einer unlösbaren Situation gewählt hatten. Als ich hierüber nachdachte, kam mir der Gedanke, daß es, wenn es keine Lösung gab, vielleicht auch kein Problem gegeben hatte — es war einfach eine Frage von Ursache und Wirkung. So wie die Nacht dem Tage folgt.

Einer nach dem anderen trafen die Maler in Paris ein, um sich der Surrealistengruppe anzuschließen — und meine Porträts waren so etwas wie eine Initiation. Giorgio de Chirico aus Italien schien mit seinen frühen Bildern den Grundton anzuschlagen. Sie waren weder kubistisch noch abstrakt — Kompositionen aus zusammenhanglosen, genau umrissenen Dingen. Im Laufe der Zeit verschlechterten sich seine Beziehungen zur Surrealistengruppe, er veränderte seinen Stil, malte jetzt in einer flüssigeren, eher symbolischen Manier und verleugnete seine früheren Arbeiten, die sich inzwischen einen festen Platz auf dem Kunstmarkt er-

obert hatten. Obwohl auch die neuen Bilder von Pferden mit wehenden Schweifen und Mähnen einen gewissen Erfolg hatten, waren sie nicht so gefragt wie die
von den Surrealisten geförderten Arbeiten. Es kam das Gerücht auf, daß er aus
Profitgründen weiterhin Bilder seiner ersten Periode fabriziere, was er jedoch bestritt; als man sie ihm vorlegte, sagte er, es seien Fälschungen. Wenn aber der
Vorwurf gegen ihn zutraf, dann konnte die einzige Fälschung in der Datierung
bestehen. Andere Maler waren zu älteren Themenstellungen zurückgekehrt —
ich selbst auch —, ohne deshalb auf Ablehnung zu stoßen. Bei einer seiner letzten Pariser Ausstellungen mit Motiven seiner neuen Phase, einer Ausstellung, die
von der Gruppe boykottiert wurde, erklärte er mir, jetzt male er für den Mann
auf der Straße. Er stand im Eingang der Galerie zur Straße hin — und war allein;
kein Mensch war drinnen, und die Vorübergehenden warfen nicht einmal einen
Blick auf das Bild im Schaufenster. Mir wurde klar, daß er mit seiner Haltung
mehr seine früheren Förderer verspotten als ein neues Publikum gewinnen wollte. Jahre später, bei einer Ausstellung von Bildern seiner verschiedenen Phasen,
machte mich der Galerieinhaber auf ein Stilleben, das von Chardin hätte stammen können, und auf ein Porträt in einem Kostüm des achtzehnten Jahrhunderts
aufmerksam, locker gemalt wie ein Renoir. Gedrängt, meine Meinung zu äußern, sagte ich, ich verstünde sie nicht. Im Blick auf Chiricos letzten Malstil
meinte Duchamp nachsichtig, auch die Nachwelt habe bei der Einschätzung der
verschiedenen zeitgenössischen Maler noch ein Wörtchen mitzureden.
Bald nach seiner Ankunft aus Spanien tauchte Salvador Dalí bei mir im Atelier
auf und drückte mir einen Hundertfrancschein in die Hand mit der Bitte, das Ta-

xi draußen zu bezahlen — er kenne sich mit der neuen Währung nicht aus. Er war ein schlanker junger Mann mit einem schüchternen, wie mit einem Stift nachgezogenen Schnurrbärtchen, das dann später die bedrohlichen Ausmaße eines Stiergehörns annahm. Von da an gab es, wo immer wir uns trafen, nie irgendwelches seichtes Gerede zwischen uns; voller Eifer fing er sogleich an, über seine neuesten Beschäftigungen zu sprechen, biegsame Uhren, in die Länge gezogene Löffel und verzerrte Totenköpfe, letzteres ohne Zweifel angeregt durch Holbeins Gemälde *Die Gesandten*, wobei er behauptete, seine Malweise sei eine Art von Farbphotographie. Lieber würde er seine Ideen photographieren als sie malen, und betrachtete seine Arbeit daher als eine Art Anti-Malerei. Seine Bewunderung für so detailbesessene Maler wie Vermeer und Meissonier (so sehr sie sich auch von seinen Ideen unterschieden) deutete auf eine echte Liebe zum Medium der Malerei selbst hin. Ein Gemälde von Dalí an einer Wand hinter einem Konzertflügel im gedämpften Licht einer Lampe hatte alle Qualitäten eines alten Meisters, wenn man sich das Bildmotiv nicht allzu genau ansah. Das trug zweifellos zu seinem Erfolg bei. Hatte nicht der Dichter Eluard gesagt, er speie auf jene, die die äußere Form seiner Gedichte bewunderten, über ihren subversiven Gehalt jedoch vornehm hinweggingen? Vielleicht war eine mehr oder minder klassische Technik der beste Weg, ansonsten unannehmbare Ideen zu übermitteln. Ich habe Dalís Ehrlichkeit und seine Aufrichtigkeit nie angezweifelt. Ich kann mir nicht vorstellen, daß ein Mensch sein ganzes Leben daran setzt, ein Publikum, dessen Meinung er nicht achtet, an der Nase herumzuführen. Wenn etwas anstößig ist, dann deshalb, weil der Künstler sich selbst zunächst einmal anstoßen muß — woher soll er im voraus wissen, was andere irritieren wird? Wenn es ihm gelingt, hat er sich mit dem Betrachter identifiziert. Eines wußte Dalí jedenfalls sehr genau: daß er bei den Surrealisten Anstoß erregen würde durch seine Verteidigung des Faschismus und später durch seine Beschäftigung mit religiösen Themen, gleichgültig, wie unorthodox seine Marien und seine Kreuzigungen waren. Da er mit der Gruppe sonst völlig übereinstimmte, war das für ihn vielleicht eine Art von Masochismus. Und gab es einen größeren Triumph als den, einen anderen Surrealisten vor den Kopf zu stoßen, die Grenzen seiner Toleranz zu erproben? Mit dem Publikum war das einfacher — und lukrativer. Ich mache ihm keinen Vorwurf daraus, wenn ihm Aktivitäten, die mit der Malerei nichts zu tun hatten, die Möglichkeit gaben, seine Bilder zu verkaufen. Die Welt ist voll von skrupellosen Geschäftemachern, die sehr viel schädlichere Erzeugnisse zu sehr viel höheren Preisen in Umlauf bringen — dann müßte ich mich mit der ganzen Welt anlegen. Bei meiner Arbeit für Werbeagenturen und Modezeitschriften begriff ich langsam, daß sie auf meine Hilfe zählten, um die von ihnen geförderten kurzlebigen Produkte zu verkaufen. Als ich Lehrer an einer Kunstschule in Kalifornien war, kamen häufig Schüler zu mir, die mich rundheraus fragten, wie man berühmt und erfolgreich werden könne. Ich riet ihnen ganz im Ernst, religiöse Bilder zu malen — die Kritiker würden nicht so streng mit ihnen sein, und die

62 *Salvador Dalí und Gala, 1936*

Kirche unterstütze die moderne Kunst und Architektur immer stärker. Ich kannte einen Geistlichen, der Dalís kaufte — und sie in sein privates Arbeitszimmer hängte, wo sie Besucher kaum zu Gesicht bekommen würden. (Das erzählte ich den Schülern nicht.) Auch einige der bekanntesten Modernen hatten mit Arbeiten für die Kirche ihre letzten Weihen empfangen.

Mir selbst hatte man den Plan angetragen, farbige Glasfenster zu entwerfen. Sofort fiel mir ein luxuriöses Bordell ein, das ich in Paris zuweilen aufgesucht hatte, als Bordelle noch toleriert wurden; es hatte dort einige farbige Glasfenster gegeben — sie waren ziemlich schmutzig. Wie bei den Kathedralen waren auch sie von außen nicht sichtbar; ich schlug ein großartiges Beleuchtungssystem im Inneren vor, so daß man sich der Fenster auch von außen hätte erfreuen können. Die Entwürfe für die Fenster durften so modern sein, wie sie wollten, aber dieses Projekt ging zu weit über die Tradition hinaus. Oder war es einfach zu kostspielig? Bei dem Stichwort Bordell fällt mir eine andere Welt ein, die ich von Zeit zu Zeit aufsuchte und in der der Maler Jules Pascin die beherrschende Gestalt war. Es sah aus, als sei er einem Plakat von Toulouse-Lautrec entsprungen; die schmale Figur mit dem enganliegenden schwarzen Anzug, auf dem Kopf die elegante Melone, unter der eine Haarlocke hervorsah, der Zigarettenstummel im Mundwinkel und das makellos weiße Seidenhalstuch — alles deutete auf den schneidigen Männertypus der Jahrhundertwende. Die nervösen, grazilen Bilder, die er von seinen Modellen malte, zeigten kleine Frauen auf kurzen Beinen, und wenn er junge Mädchen malte, gerieten sie ihm ebenfalls zu kleinen Frauen. Die Atmo-

63 *Jules Pascin, 1923*

236

sphäre seines Ateliers war von diesen Modellen, sowohl schwarzen als auch weißen, und ihren Töchtern erfüllt. Es hieß, seine Eltern, bei denen er in Bulgarien aufgewachsen war, hätten ein Bordell gehabt. Mit Kiki wurde ich oft zu seinen Partys eingeladen, die manchmal in Gezänk zwischen den Frauen endeten, aber meistens kamen alle sehr gut miteinander aus. Pascin genoß als Maler großes Ansehen; einer meiner wohlhabenden amerikanischen Kunden suchte ihn einmal auf, um etwas von ihm zu kaufen, und wählte schließlich zwölf Aquarelle aus. Pascin bestand auf Barzahlung; am Ende hatte der Sammler ein paar Francs zuwenig in der Tasche, versprach aber, sie vom Hotel aus zu schicken. Er vergaß es oder mußte überstürzt aus Paris abreisen; jedenfalls machte mir Pascin die Unzuverlässigkeit meiner Freunde zum Vorwurf. Dabei konnte er durchaus auch großzügig sein.

Eines Abends waren wir etwa zu fünfzehn unterwegs; er lud uns zu einem Abendessen ein, woraus dann eine ziemlich geräuschvolle Angelegenheit mit reichlich viel Wein wurde. Wir vertagten uns in eines jener beliebten Bordelle, die im Erdgeschoß ein Café hatten. Es war recht gemütlich, die Mädchen saßen im Negligé herum, und einige setzten sich auf unsere Einladung hin zu uns. Pascin und ich waren betrunken, und als uns das Geschwätz um uns herum zu langweilen begann, luden wir zwei der Mädchen des Hauses ein, mit nach oben zu kommen. Wir trennnten uns und begaben uns auf verschiedene Zimmer. Auf einmal wurde mir fürchterlich schlecht, ich muß grün im Gesicht geworden sein, denn das Mädchen fing an zu schreien, weil es glaubte, ich läge im Sterben. Die Madame kam hereingestürzt, nahm die Sache in die Hand und geleitete mich ans Waschbecken. Dann legte sie mich aufs Bett, zog mir auf eine sehr mütterliche Art die Kleider vom Leib und sagte, bald werde es mir schon wieder besser gehen. Das Mädchen saß neben mir und strich mir die Falten aus der Stirn. Da ging die Tür auf und Pascin kam mit seinem Mädchen herein. Er warf mir einen Blick zu und fragte, ob ich bereit sei zu gehen; er selbst habe nichts zustande gebracht: zuviel getrunken.

Wenn ich zuweilen solche Zerstreuungen suchte, dann geschah das, um der Schinderei meiner beruflichen Arbeit oder auch dem anspruchsvollen Niveau meiner surrealistischen Aktivitäten zu entkommen. Und oft schloß sich mir bei diesen Abenteuern ein Mitglied der Gruppe, ein Dichter oder ein Maler, an. Es war wie Schuleschwänzen. Ich bedauerte, daß ein Mann wie Pascin seinem Kreis nie entkommen konnte, um für einen Augenblick eine andere Welt zu betreten. Trotz seiner heiteren, turbulenten Umgebung und seiner Erfolge als Maler war ein Anflug von Traurigkeit in seiner Art, so als ob gerade die Freizügigkeit seiner Lebensweise jedes Entkommen unmöglich machte. Und so fand man ihn eines Tages tot auf dem Boden seines Ateliers — mit aufgeschnittenen Pulsadern, das makellos weiße Seidentuch um den Hals geknotet und am Türknauf befestigt. Wenn jemand, der uns nahestand, Selbstmord begangen hatte, kam immer wieder die Frage auf, ob Selbstmord eigentlich eine Lösung für eine unerträgliche

Situation ist. Ich erinnere mich an meinen eigenen Fall. Es ist viele Jahre her, damals war ich sehr krank, litt an den Folgen von Fettleibigkeit, an Haut- und Leberkrankheiten, die vom vielen, überreichlichen Essen und Trinken herrührten. Die Ärzte richteten nichts aus, und ein kurzer Krankenhausaufenthalt brachte mich fast um. Ich wollte unbedingt wieder nach Hause; da stellte sich eine neue Komplikation ein, Schlaflosigkeit. Die langen Nächte, die ich wach lag, trieben mich zur Verzweiflung, bis ich schließlich einen Revolver neben meine Medikamente legte, fest entschlossen, mit allem ein Ende zu machen, wenn ich nicht einschlafen würde. Seit dieser Nacht schlief ich wie ein Klotz. Hatte ich mein Schicksal gemeistert, indem ich es selbst in die Hand genommen hatte, oder hatte sich hier der Selbsterhaltungstrieb Geltung verschafft? Als ich erfrischt und mit klarem Kopf erwachte, beschloß ich weiterzuleben. Appetit hatte ich noch immer keinen, aß daher wenig, trank ein bißchen Wasser und erholte mich binnen kurzem. Jemand schenkte mir ein Buch über eine neuartige Diät. Sie war sehr spartanisch, aber es half. Jedenfalls lernte ich, daß mir das, was ich unterließ, auch nichts anhaben konnte. Sonst wäre ich, wie die anderen, die unterlegen waren, ebenfalls ein Opfer der Gesetze von Ursache und Wirkung geworden. Danach ging ich zu einer nüchterneren Lebensweise über — es bedurfte dazu gar keiner großen Willensanstrengung, ich hatte vielmehr irgendwie den Geschmack daran verloren, mich gehen zu lassen, vielleicht hatte auch einfach meine Neugier nachgelassen. Hin und wieder zog ich noch mal los und machte einen drauf — so wie Brancusi gesagt hatte, zuweilen müsse man sich selbst in Aufruhr versetzen. Aber ich ließ nichts zur Gewohnheit werden. Ich hatte beschlossen, mich niemals für längere Zeit an eine Frau zu binden — durch ständigen Wechsel in der Liebe wie in der Ernährungsweise würde ich mir einen klaren Kopf und auch einen gesunden Körper erhalten. Der Alkohol und dauerhafte Bindungen waren vielen meiner Freunde zum Verhängnis geworden.

Die meisten jungen Maler, die nach Paris gekommen waren, um sich hier durchzusetzen, ließen anscheinend mehr Umsicht walten und waren sehr viel mehr darauf bedacht, ihre Identität zu wahren — welchen Ausschweifungen sie sich auch hingeben mochten, alles wurde als Manifestation ihres Künstlertemperaments gedeutet. Aber sie begegneten mir mit Respekt, ich war älter und auf meine Weise ein Pionier, und meine Photographie beeindruckte sie ebenso wie sie viele andere Maler beeindruckt hat, auch wenn sie nicht zugeben mochten, daß man sie ebenso ernst nehmen müsse wie die Malerei. In einer Hinsicht stimmte ich ihnen sogar zu, aber nicht so, wie sie es meinten; die Malerei war für mich eine sehr persönliche, intime Sache, während die Photographie für jeden da war. Für mich ging es nie darum, beides gegeneinander abzuwägen oder das eine durch das andere zu ersetzen. Und wenn man diesen Gedanken logisch bis zu Ende denkt — wieviel von der Malerei kann man denn eigentlich ernst nehmen? Es wäre sehr hilfreich, wenn man das Wort »ernst« aus unserem Wortschatz streichen könnte. Es muß von Kritikern erfunden worden sein, die ihrer Sache nicht besonders sicher waren und die die aufregendsten und tiefsten Werke, die im Laufe der Jahrhunderte geschaffen worden sind, sämtlich verdammten.

Es ist mir nicht möglich, meine Begegnungen mit Menschen in ihrer chronologischen Reihenfolge zu schildern; ich bin kein Historiker. Andere haben sich diese Aufgabe gestellt — und ihre Nachforschungen sind von Irrtümern durchsetzt. Wenn man in einem Leben so weit zurückblickt, dann hat es den Anschein, als seien alle Ereignisse gleichzeitig geschehen — so wie in einer perspektivisch genauen Darstellung die entferntesten Dinge ganz dicht beieinander zu stehen scheinen. Ich kann sie daher auch nur als Gruppen behandeln, und innerhalb einer solchen Gruppe ergibt sich eine Episode aus der anderen. An erster Stelle standen natürlich die Surrealisten, zu denen ich besonders enge Beziehungen unterhielt.

Max Ernst kam ungefähr zur gleichen Zeit wie ich nach Paris, aber seine Bekanntschaft machte ich erst später. Mit seinen hellen Augen und der dünnen, schnabelartigen Nase erinnerte er an einen Vogel — einen Raubvogel. Das Vogelmotiv taucht in seinen überaus lyrischen und zugleich irrationalen Bildern häufig auf — eines seiner frühesten Werke, eine Kombination aus gemaltem Bild und einigen aufgeklebten Holzteilen, trägt den Titel *Zwei Kinder werden von einer Nachtigall bedroht.* Seinem reichen Leben voller Irr- und Kreuzfahrten entspricht die Vielfalt seiner Techniken: Collagen, Frottagen, Gouachen usw., ohne daß er sich, wie man es bei vielen anderen Malern sieht, darum bemüht hätte, ein ganz bestimmtes, unverwechselbares Profil zu gewinnen. Aber viele Maler, die nach ihm kamen, haben sich bei ihm ihre Anregungen geholt und sich dann auf eine seiner Techniken konzentriert. Wir trafen uns oft — manchmal in kritischen Lebenslagen — und waren einander behilflich. Als sein Ruf endgültig gefestigt war, als Museen bereits Ausstellungen seines Gesamtwerks veranstalteten und Bücher über seine Arbeiten erschienen, schickte er mir ein Exemplar des ausführlichen Buches, das Patrick Waldberg über ihn geschrieben hatte. Es enthielt eine zweideutige Widmung: »To my master, Man, from his faithful pupil Max.*« Dahinter erkannte ich sein sardonisches Lächeln und überlegte mir, wenn jemals ein ähnliches Buch über mich erscheinen sollte, dann würde ich ihm in sein Exemplar schreiben: »To my faithful pupil, Max, from his master, Man«. Schließlich steht es für mich außer Frage, daß die Zeitgenossen, die durch mein Atelier gewandert sind, von seiner Atmosphäre notwendigerweise inspiriert oder zumindest angeregt wurden.

Joan Miró brachte aus Spanien erste stilisierte bukolische Szenen mit, aber sehr bald schon machte er sich die Geisteshaltung des Dadaismus und Surrealismus zu eigen. Seine Phantasie begann auszuwuchern, bedeckte große Flächen mit Farbklecksen und zarten, karikaturhaften Figuren, manchmal ausgeschmückt mit zusammenhanglosen Wörtern und Sätzen oder mit anschaulichen Titeln. Seiner spanischen Herkunft gemäß wurden seine Farben nach und nach immer kräftiger, seine Formen wilder, wenngleich sie denen, die seine Bilder als infantil ablehnten, immer noch viel zu dekorativ erschienen. Zuweilen montierte er ganz heterogene Objekte in seine Bilder. Einmal baute er eine große Seilrolle in eine Komposition ein. Das erinnerte mich an einen Besuch, den wir zu mehreren Max Ernst in seinem Atelier abgestattet hatten. Miró war sehr schweigsam; es war schwer, ihn zum Reden zu bringen. Es entspann sich eine heftige Diskussion, wir drängten ihn, seine Meinung zu äußern, aber er schwieg hartnäckig. Da nahm Max eine Seilrolle, warf sie über einen Balken, machte an einem Ende eine Schlinge, und während die anderen Miró die Hände fesselten, legte er sie ihm um den Hals und drohte, ihn zu erhängen, wenn er nicht rede. Miró wehrte sich nicht, sagte aber auch nichts; es entzückte ihn, im Mittelpunkt von soviel Aufmerksamkeit zu stehen. Als er dann zu mir kam, um mir Modell zu stehen, hängte ich hinterlistigerweise als zusätzliches Detail hinter ihm eine Schnur auf. Er sagte nichts dazu, aber später tauchte das Seilmotiv in seinen Bildern auf. In der Zeit, in der ich sein Porträt machte, schenkte mir Miró ein großes Bild in Schwarz, Weiß und Grau — sehr passend für einen Photographen. Ich nannte es »Porträt von Man Ray«.

Der Bildhauer Giacometti machte den Eindruck einer gequälten Seele. Immer unzufrieden mit dem, was er gerade tat, immer von dem Gefühl bedrängt, er sei damit nicht weit genug gegangen oder vielleicht auch zu weit, gab er die Arbeit daran auf und wendete sich in seinem kleinen, vollgestopften Atelier etwas ganz anderem zu. Als er für einige Zeit zur Malerei überging, schienen seine farblosen,

65 »Erotique voilée« — Meret Oppenheim an der Kupferstichpresse des Malers
   Louis Marcoussis, 1933

nach festen Umrissen suchenden Gestalten die endgültige Resignation bei der
vergeblichen Suche nach dem eigenen Selbst auszudrücken. Welche Richtung er
auch einschlug, stets war das Werk ein direkter Ausdruck, eine vollkommene
Widerspiegelung des Mannes. Er war ein glänzender, redegewandter, vielseitig in-
teressierter Gesprächspartner. Gerne saß ich mit ihm in einem Café, um ihm zuzusehen und zuzuhören. Sein markantes Gesicht mit dem leicht grauen, an eine

mittelalterliche Plastik erinnernden Teint war ein lohnendes Objekt für meine Porträtaufnahmen. Während meiner Zeit als Modephotograph standen mir Geldmittel für Hintergründe zur Verfügung; ich brachte ihn dazu, einige Flachreliefs anzufertigen, Gruppen von Vögeln und Fischen, die sich über einer größeren Fläche wiederholten. Eines der Motive, die er mir vorlegte, vier Beine, die von einem Mittelpunkt ausstrahlten, erinnerte mich zu sehr an das Hakenkreuz der Nazis — als ich ihn darauf hinwies, vernichtete er die Arbeit. Die anderen übernahm dann ein Innenausstatter, der damit einige Aufmerksamkeit erregte. Für einen Artikel in einer Kunstzeitschrift photographierte ich einige von Giacomettis eher surrealistischen Werken. Er belohnte mich dafür mit einigen Plastiken aus dieser Zeit.

Eines Tages machte er mich mit Meret Oppenheim bekannt, einem schönen jungen Mädchen, dessen Familie aus Deutschland in die Schweiz, Giacomettis Heimat, geflohen war. Immer wenn sie nach Paris kommen konnte, saß sie mit den Surrealisten zusammen. Viel Aufsehen erregten die Tasse, die Untertasse und der Löffel, die sie mit Pelz überzogen hatte. Meret war eine der am wenigsten gehemmten Frauen, die mir je begegnet ist. Nackt stand sie mir Modell, Hände und Arme beschmiert mit der Druckerschwärze einer Kupferdruckpresse im Atelier des frühen kubistischen Malers Marcoussis. Auf einem der Bilder posierte er zusammen mit ihr, wobei er, um seine Identität zu verbergen, einen falschen Bart trug. Aber dieses Bild war der luxuriösen Kunstzeitschrift, für die es gedacht war, ein bißchen zu heikel; sie benutzten das, auf dem Meret allein an der Druckpresse lehnt. Auch dieses war noch höchst irritierend, ein vollkommenes Beispiel für die surrealistische Vorliebe für den Skandal.

Yves Tanguy schloß sich der Gruppe an — seine geisterhaften Landschaften mit ihren abstrakten archäologischen Formen hatten vom Aussehen und ihrer Stimmung her etwas fast Menschliches. Auf sie traf ein Begriff zu, den ich für einige meiner eigenen Erfindungen verwendet hatte: Nicht-Abstraktionen.

Dann war da noch der belgische Maler René Magritte, der zu unserer Bewegung eine sehr persönliche Note beisteuerte. Seine Arbeiten hatten Trompe-l'œil-Charakter, sie waren realistisch, hatten aber etwas Rohes an sich, das allerdings geeignet war, seine Vorliebe für optische Täuschungen zum Ausdruck zu bringen. Er bewunderte eine Großaufnahme, die ich von einem einzelnen Auge gemacht hatte, und bot mir im Tausch dafür ein Bild an, das ich später bekam: ein großes Auge, in dem das Weiße von Wolken und blauem Himmel erfüllt ist. Auch andere Maler gerieten für kurze Zeit in den Umkreis der Surrealisten, zogen sich dann aber, abgestoßen von dem strengen Ethos der Gruppe, wieder zurück, um ihren eigenen Weg zu gehen. Einige wurden auch wegen irgendeiner Abweichung ausgeschlossen, bevor sie selbst einen Entschluß fassen konnten. Auch Maler, die unserem Kreis fernstanden, gingen durch mein Atelier, darunter Kandinsky, dessen Theorien sich in seinen Bildern nicht widerzuspiegeln schie-

66 *Yves Tanguy, 1936*

nen; Fernand Léger mit seiner massigen Figur, der danach strebte, vom Publikum verstanden zu werden; Marie Laurencin, die mit ihrer Malweise an das 18. Jahrhundert anzuknüpfen schien; Masson, ein glänzender Zeichner, ob er sich als Kubist oder als dekorativer Abstrakter bestätigte oder seiner Vorliebe für Gemetzel nachging; Vlaminck, der seine Farbe verteilte, als striche er Butter auf ein Brot; und Rouault mit seiner an Daumier erinnernden Botschaft. Sie alle photographierte ich nebenher, wenngleich sie mir mehr Verständnis entgegenbrachten als einige meiner zahlenden Kunden. Ich respektierte sie, aber im Inneren hatte ich meine eigener Meinung über sie. Da sie an mir nur als einem dienstbaren Photographen interessiert waren, spielte ich höflich meine Rolle — wie im Falle mancher Schriftsteller und Musiker.

Schon sehr früh brachte Gertrude Stein den Maler Juan Gris in mein Atelier. Er war angezogen wie für ein Familienbild, mit hohem steifem Kragen. Ich war neugierig auf ihn, hatte einige Bilder von ihm in New York gesehen, als dort eine Sammlung versteigert wurde. Sie fanden nur geringes Interesse und wurden für ein paar Dollar verkauft. Er galt, wie in Frankreich, als einer der weniger bedeutenden Kubisten. Mir gefielen seine Bilder, weil sie einfacher, farbenkräftiger waren als die der berühmteren Begründer des Kubismus, deren Werke zuweilen die Patina alter Mauern annahmen. Ich war nie imstande, zu sagen, ob ein Werk gut oder schlecht war, wie es viele andere getan haben — mir genügte, ob es mich anzog oder abstieß, so wie mir die Person eines Malers, sei es als Gegenstand einer Porträtaufnahme, sei es als Bekannter, entweder sympathisch war oder nicht.

Das war die einzige Grundlage meiner Urteile, unabhängig von allen ästhetischen Erwägungen.

Es war unvermeidlich, daß bei den ständigen Kontakten zu Malern meine erste Leidenschaft, die zur Malerei, weiterschwelte. Obwohl ich als Photograph immer stärker beansprucht wurde, gelang es mir, meine Zeit so einzuteilen, daß ich einen Teil davon dem Zeichnen und Malen widmen konnte, wenn auch nur als Erholung von der täglichen Routinearbeit. Mir kamen Ideen, zu deren Darstellung ein flexibleres Medium erforderlich war, als es die strenge Kamera bot. Zwar war ich mit der Kamera so weit gegangen, wie ich mich zu gehen traute, oder vielmehr bis an die Grenzen meiner Erfindungskraft, aber es fehlte die Farbe. Nicht als Verschönerung oder um mit ihr eine realistischere Wirkung zu erzielen. Solche Bedürfnisse befriedigte nach und nach der Fortschritt in der Farbphotographie, wobei die Verwendung von Farbe in der gegenständlichen Malerei an Interesse verlor oder ganz und gar witzlos wurde. Neue Anstöße erhielt hierdurch aber die abstrakte Malerei, die mehr und mehr zur Vergrößerung eines kleinen, unscheinbaren Stücks Natur wurde. Einige der wirkungsvollsten Schwarzweißphotographien, die ich gemacht hatte, waren Vergrößerungen eines Details von einem Gesicht oder einem Körper. In einem zeitgenössischen Katalog bestanden die Porträts der Maler einzig und allein aus Großaufnahmen ihrer Augen. Ich trieb diese Idee weiter, indem ich solchen Details eine dem photographischen Medium selbst innewohnende Textur verlieh — durch Verwendung von grobkörnigem Filmmaterial, durch partielle Solarisierung und andere technische Abwandlungen, über die herkömmliche Photographen die Stirn runzelten. Eine dieser Vergrößerungen, die Aufnahme eines Lippenpaars, ließ mich nicht mehr los, so wie ein Traum, der einen verfolgt; ich beschloß, dieses Motiv in überlebensgroßen Dimensionen zu malen. Über meinem Bett brachte ich eine zweieinhalb Meter lange Leinwand an, und jeden Morgen, bevor ich ins Büro und Atelier ging, arbeitete ich, im Pyjama auf meinem Bett stehend, ein oder zwei Stunden daran. Hätte es ein Verfahren gegeben, mit dessen Hilfe man eine Farbphotographie solchen Ausmaßes hätte herstellen und die Lippen über einer Landschaft schwebend darstellen können, dann hätte ich das sicherlich vorgezogen. Ich konnte zwar rasch malen, aber verglichen mit der Augenblicksangelegenheit einer Aufnahme war es doch eine ziemliche Schufterei. Dabei berücksichtigte ich nicht die sorgfältigen Vorbereitungen, die ein Photo erfordert hätte, und auch nicht die Arbeit nachher mit den Abzügen, das war eine rein mechanische Arbeit, während in der Malerei jeder Pinselstrich vom Anfang bis zum Ende ein hohes Maß an Spannung und Konzentration erforderte. Ich war ein wenig aus der Übung. Dennoch, nach zwei Jahren war das Bild fertig, ich hatte nur daran gearbeitet, wenn sich genügend Begeisterung angesammelt hatte. Einmal gefiel mir der Winkel der Lippen im Himmel nicht mehr, also übermalte ich sie und malte sie dann auf derselben Leinwand neu, in der Hoffnung, daß das Übermalte nicht mit der Zeit durchscheinen würde, wie es bei einem Interieur von Vermeer geschehen war, wo eine geisterhafte Gestalt, die er übermalt hatte, erkennbar ist. Ich tröstete mich bei dem Gedanken, daß eine solche Katastrophe das Bild für künftige Generationen um so interessanter machen würde, so wie für mich der Vermeer interessanter wurde — obwohl er von einem Autor sehr heruntergemacht worden war.

Nachdem es fertig war, hing das Bild eine Zeitlang über meinem Bett, wie ein offenes Fenster zum Weltraum. Die roten Lippen schwebten in einem blaugrauen Himmel über einer dämmrigen Landschaft mit einer Sternwarte und ihren zwei Kuppeln, die sich wie Brüste vor dem Horizont abzeichneten — eine Impression von meinen täglichen Spaziergängen durch den Jardin du Luxembourg. Die Lippen erinnerten durch ihre Größe ohne Frage an zwei eng aneinandergeschmiegte Körper. Ganz freudianisch. Um allen späteren Deutungen zuvorzukommen, setzte ich unten auf die Leinwand den Titel: *A l'heure de l'observatoire — Les amoureux*. Wie bei den anderen Gemälden, die ich in meiner freien Zeit gemacht hatte, ergab sich auch diesmal bald eine Gelegenheit, es auszustellen. Zunächst hatte ich eine Einzelausstellung in Paris, auf der es gezeigt wurde. In der geräumigen Galerie wirkte es weniger bedeutend als in meinem Schlafzimmer — kleiner. Irgendein Kritiker äußerte, es sei eine überdimensionierte Postkarte, ein anderer wies auf die erotische Bedeutung des Bildes hin, ohne es eingehender zu analysieren. Dann wurde es nach London geschickt, wo die Surrealisten eine große Ausstellung organisiert hatten. Auch hier wurde es sehr hoch aufgehängt und schien im Format zu schrumpfen. Ich bekam ein Telegramm, in dem mir mehrere hundert Pfund für das Bild angeboten wurden. Der Gedanke, daß das Bild einen Platz in einer Sammlung finden könnte, war verlockend, aber zum Glück lehnte ich das Angebot doch ab.

Im Jahr darauf veranstaltete das Museum of Modern Art in New York seine Ausstellung mit dadaistischer, surrealistischer und phantastischer Kunst, zu der ich *Les Amoureux* beisteuerte. Zufällig war ich wegen eines Photoauftrags für eine Modezeitschrift in New York und nahm an der Eröffnung teil, die zu einem bedeutenden gesellschaftlichen und künstlerischen Ereignis wurde. Ganze Ströme festlich gekleideter Menschen drängten sich am Eröffnungsabend in das Museum, das noch immer in dem alten umgebauten Sandsteingebäude untergebracht war. Die Türen standen weit offen, so daß vom Eingang her das Licht auf meine *Liebenden* fiel, die der Ausstellung das Gepräge zu geben schienen. Hier kam mein Bild in seiner Größe und mit seiner provokativen Absicht voll zur Geltung. Am nächsten Tag kehrte ich zum Museum zurück, um es mir noch einmal anzusehen, aber es war nicht mehr da. Auf mein Fragen hin beruhigte man mich — das Bild sei weiter hinten zu den übrigen surrealistischen Arbeiten gehängt worden. Später erfuhr ich, daß ein Mitglied des Komitees Einwände erhoben hatte, ihm erschien das Bild allzu obszön, und so hatte man ihm einen unauffälligeren Platz gegeben.

Während der drei Monate, die ich mich in New York aufhielt, hatte ich viel zu

67 Man Ray: »A l'heure de l'observatoire: Les.Amoureux«, Gemälde 1932—34

tun, es war sehr abwechslungsreich. Ich hatte eine Ausstellung von sechzig Zeichnungen, die ich während der letzten zwei Jahre in meinen freien Augenblicken
hergestellt hatte. Die Tage waren angefüllt mit Sitzungen für die Modezeitschriften, ich photographierte Kleider, Filmstars und Schauspielerinnen. Meine erste
Frau Donna erschien auf der Szene — wir hatten uns nie formell scheiden lassen
— und bestand auf einer Regelung; sie verlangte eine Entschädigung für die sechzehn Jahre, in denen wir getrennt gelebt hatten. Ich konsultierte einen bekannten Rechtsanwalt, der den Fall übernahm und die Scheidungspapiere sehr schnell
besorgte, aber er gab mir den Rat, nach Paris zurückzukehren, da Donna mit
dem Verfahren nicht einverstanden war und Schwierigkeiten zu machen drohte,
obwohl sie seit mehreren Jahren mit einem anderen Mann zusammenlebte. Ich
brachte meine Arbeit zu Ende und fuhr in munterer Stimmung nach Paris zurück, begleitet von zwei bezaubernden Mannequins, die ich der Modezeitschrift
empfohlen hatte — sie sollten mir bei französischen Couturiers Modell stehen,
um meinen Aufnahmen einen amerikanischen Akzent zu verleihen. Eines Tages

246

bekam ich ein Telegramm aus New York — die Ausstellung sollte bald schließen, und Helena Rubinstein wollte gern mein Bild haben, *Les Amoureux.* Ich war außer mir vor Freude — dank dieses unerwarteten Glücksfalls würde ich in der Lage sein, in Zukunft mehr Zeit der Malerei zu widmen. Wenig später wurde mir das Bild, sorgfältig in einer Lattenkiste verpackt, wieder zugestellt, gefolgt von einem Dankschreiben Madame Rubinsteins. Sie hatte es in ihrem pompösen neuen Kosmetikgeschäft an der Fifth Avenue ausgestellt und damit für einen neuen Lippenstift oder irgendein anderes Kosmetikprodukt geworben. Das wurde mir von empörten Freunden berichtet. Ich regte mich darüber nicht sonderlich auf; ich war froh, das Bild zurückzuhaben, und zeigte es im Jahr darauf noch einmal in der Pariser Surrealistenausstellung. Dann hing es, meine Tätigkeit als Photograph dominierend, in meinem Atelier, bis der Krieg kam und ich es angesichts der Gefahr von Bombenangriffen mit einigen anderen größeren Gemälden aus verschiedenen Perioden zusammenrollte und bei meinem Farbenlieferanten Foinet einlagerte.

Während des Krieges, als ich in Kalifornien lebte, traf eines Tages zu meiner großen Überraschung aus New York diese Rolle bei mir ein. Meine Freundin Mary Reynolds, die sich im ersten Jahr der deutschen Besetzung geweigert hatte, Paris zu verlassen, war schließlich doch zurückgekehrt; heimlich hatte sie die spanische Grenze überschritten — mit meiner Rolle unter dem Arm. Bevor ich in die Staaten zurückgekehrt war, hatte ich einige Dinge bei ihr untergestellt, hatte ihr auch erzählt, wo ich die größeren Bilder gelagert hatte, und sie hatte sich daran erinnert. Ich spannte *les Amoureux* wieder auf einen Keilrahmen und fand Gelegenheit, das Bild in einer neuen Galerie auszustellen, die mein Freund William Copley in Beverly Hills eröffnet hatte. Nach der Ausstellung nahm er es in seine Sammlung auf; ich glaubte, jetzt habe es endlich seinen Ruheplatz gefunden. Aber Freund Bill ging nach dem Krieg nach Frankreich und nahm *les Amoureux* mit; und noch immer ist die Wanderschaft des Bildes nicht zu Ende, denn inzwischen ist es noch einmal in London und dann in einigen Museen auf dem Kontinent ausgestellt worden. Ich werde nicht glücklich sein, bevor ich es nicht auf eine Doppelseite und in Farbe in einem Buch über den Surrealismus abgebildet gesehen habe. Erst dann werde ich seiner Dauerhaftigkeit ganz sicher sein. Um die Erhaltung der Originale, die mir selbst gehören, mache ich mir viel weniger Sorgen.

Dada-Filme und Surrealismus

Während meiner ersten Zeit in Paris, als ich die verschiedenen Bereiche der Photographie auskundschaftete, interessierte ich mich natürlich auch für die beweglichen Bilder, den Film. Nicht daß ich den Wunsch gehabt hätte, mich auf diesem Gebiet professionell zu betätigen, aber die Vorstellung, einige der Resultate, die ich in der Photographie erzielt hatte, in Bewegung zu versetzen, weckte meine Neugier. Ich kaufte mir eine kleine automatische Kamera, die ein paar Meter normalen Kinofilm fassen konnte — 16- oder 8-Millimeter-Kameras gab es damals noch nicht — und filmte hier und da ein paar Einstellungen, die nichts miteinander zu tun hatten: ein Feld mit Gänseblümchen, einen nackten Oberkörper vor einem gestreiften Vorhang, durch den Sonnenlicht fällt, eine meiner Papierspiralen, die im Atelier hing, einen Eierkarton, der sich an einem Faden dreht — Mobiles, bevor dieses Wort erfunden war, ohne jede tiefere ästhetische Absicht und auch nicht als Vorbereitung für künftige Entwicklungen: der rein dadaistische Geist. Wenn ich genügend Material für eine zehn oder fünfzehn Minuten lange Vorführung produziert hätte, dann würde ich ein paar sinnlose Zwischentitel einfügen — die Filme waren damals immer noch stumm, aber nicht still — und meine Dada-Freunde damit beglücken, denn sie allein waren fähig, derartige Kapriolen zu goutieren. Mein Nachbar und Freund Tristan Tzara hatte als einziger etwas von meiner neuen Nebenbeschäftigung mitbekommen; er verfolgte sie mit Interesse und meinte, dies sie einer der Bereiche, die der Dadaismus noch nicht berührt habe; es sei höchste Zeit, etwas zu produzieren, das man all den Dummheiten entgegensetzen konnte, die sich auf der Leinwand breitmachten.

Ich hatte die Kamera wieder beiseite gelegt und mich dringenderen Geschäften zugewendet, als eines Mittwochmorgens Tzara bei mir erschien, die gedruckte Ankündigung einer wichtigen Dada-Veranstaltung in der Hand, die am nächsten Abend im Théâtre Michel stattfinden sollte. Auf dem Programm, betitelt *Le cœur á barbe* (Das bärtige Herz), stand auch mein Name als Schöpfer eines Dada-Films. Da ich von ähnlichen Gelegenheiten her die Gepflogenheit der Gruppe kannte, das höchst unwahrscheinliche Auftreten sehr bekannter Persönlichkeiten, etwa von Charlie Chaplin, anzukündigen, gab ich Tzara zum Spaß nach und erklärte, ich hätte ohnehin mitmachen wollen und würde die Sache gerne unterstützen. Aber diesmal meinte Tzara es ernst; ich besäße doch einige Filmsequenzen, die man vorführen könne, und ein Vorführer samt Projektor sei schon angeheuert. Ich erklärte, das, was ich an Material hätte, würde kaum für eine Minute reichen, und es sei keine Zeit mehr, noch etwas hinzuzufügen. Aber Tzara blieb hartnäckig: was mit meinen Rayographien sei, den Kompositionen, die ohne Kamera direkt auf dem Papier gemacht waren; ob ich so etwas nicht auch auf Kinofilm machen und bis zur Vorstellung fertig haben könnte? Warum eigentlich nicht, dachte ich und versprach, für den nächsten Tag etwas vorzubereiten.

Ich besorgte mir eine Rolle mit dreißig Meter Film. In meiner Dunkelkammer schnitt ich das Material in kurze Streifen, die ich auf meinem Arbeitstisch feststeckte. Einige Streifen bestreute ich mit Salz und Pfeffer, wie ein Koch, der einen Braten würzt, auf anderen Streifen verteilte ich wahllos Stecknadeln und Heftzwecken; dann drehte ich für ein oder zwei Sekunden das weiße Licht an, wie ich es bei meinen Rayographien auch getan hatte, nahm den Film vorsichtig vom Tisch hoch, schüttelte das, was darauf lag, ab und entwickelte ihn in meinen Tanks. Am nächsten Morgen waren die Filmstücke trocken und ich sah sie mir genauer an; das Salz, die Nadeln und die Heftzwecken waren ganz deutlich abgebildet, weiß auf schwarzem Grund wie bei Röntgenaufnahmen, aber es gab keine Unterteilung in Einzelbilder wie bei einem Kinofilm. Ich hatte keine Ahnung, wie das auf der Leinwand wirken würde. Ich verstand auch nichts von Montage und Filmschnitt, deshalb leimte ich die einzelnen Streifen einfach aneinander und klebte die Einstellungen, die ich zuerst mit meiner Kamera gefilmt hatte, noch dazwischen, um die Vorführung etwas zu verlängern. Das ganze würde gerade drei Minuten dauern. Jedenfalls, so überlegte ich mir, ist es vorüber, bevor das Publikum reagieren kann; es gab andere Nummern im Programm, die die Geduld der Zuschauer auf die Probe stellen würden — und darin bestand ja das Hauptziel der Dadaisten.

Wenige Minuten, bevor sich der Vorhang hob, kam ich ins Theater, übergab Tzara meinen Film und sagte, er müsse ihn ankündigen, denn es gebe weder Vorspann noch Zwischentitel. Ich nannte den Film: *Le retour à la raison.*

Zur Einleitung wurden einige Gedichte vorgelesen, größtenteils unsinniges Geplapper, begleitet von allerlei Späßen der jungen Dichter Aragon, Breton, Eluard, Peret, Ribemont-Dessaignes, Soupault und Fraenkel, der Zeitung lesend in einer Ecke saß und hin und wieder eine Glocke läutete. Das alles wurde vom Publikum gehörig mit Buhrufen und Pfiffen bedacht. Dann erschien Tzara auf der Bühne und kündigte in klaren, verständlichen Worten meinen Film an — die Erstaufführung von *Le retour à la raison*, den der berühmte Künstler Man Ray in einem seiner lichten Momente geschaffen habe. Mit einem hörbaren Seufzer der Erleichterung und einigen Beifallsbekundungen lehnte sich das Publikum in den Sitzen zurück. Das Licht ging aus und die Leinwand erhellte sich: Es sah aus wie ein Schneesturm, nur daß die Flocken in alle Richtungen flogen, statt nach unten zu fallen, und plötzlich wurde ein Gänseblümchenfeld daraus, als habe sich der Schnee zu Blumen kristallisiert. Dann folgte eine Szene, in der riesige weiße Nadeln hin- und herschossen und sich in einem epileptischen Tanz drehten, dann wieder eine einsame Heftzwecke, die verzweifelte Anstrengungen machte, von der Bildfläche zu verschwinden. Es erhob sich Gemurmel im Saal, Pfiffe wurden laut, aber plötzlich riß der Film wegen meiner unfachmännischen Montagetechnik. Im Saal blieb es dunkel, während der Film repariert wurde. Hier und da kam es bereits zu einem Meinungsaustausch, aber es geschah weiter nichts: zuversichtlich hoffte das Publikum auf eine Offenbarung. Als nächstes er-

68 *Lee Miller in „Retour à la raison", 1923*

schien der lichtgestreifte Oberkörper, der einige Connaisseure zu Applaus bewegte. Als sich dann aber die Spirale und der Eierkarton auf der Leinwand zu drehen begannen, erscholl ein Buhruf, in den das Publikum, wie es bei großen Veranstaltungen immer geschieht, sogleich einstimmte. Aber wieder riß der Film und wieder tauchte das Theater in Dunkelheit. Ein Zuschauer machte seiner Unzufriedenheit lautstark Luft, der Mann hinter ihm, offenbar ein Anhänger der Dadaisten, antwortete ihm; der Dialog wurde zusehends heftiger, und schließlich hörte man einen lauten Schlag, gefolgt von Füßescharren und Geschrei. Der Ruf nach Licht wurde laut, der Saal erhellte sich, und eine Gruppe wurde sichtbar, die derart ineinander verknäult war, daß niemand eine Hand freibekam, um irgendwelche Hiebe auszuteilen. In anderen Teilen des Theaters sah man kleine, in zwei Lager gespaltene Gruppen, die sich in ähnlicher Weise betätigten. Ein Trupp Polizisten, der in Erwartung von Scherereien draußen Stellung bezogen hatte, stürmte herein und räumte den Saal. Auf dem Bürgersteig kam es dann noch einmal zu vereinzelten Keilereien. Die Dadaisten waren frohen Mutes — und ich, der wußte, daß die Spule sowieso bald zu Ende gewesen wäre, bedauerte die Unterbrechung nicht, im Gegenteil, vielleicht war bei den Zuschauern der Eindruck zurückgeblieben, es sei noch sehr viel mehr an diesem Film, und den eigentlichen Sinn von *Le retour à la raison* hätten sie nicht mitbekommen. Diese Episode verschaffte mir neues Ansehen; man erzählte sich, ich hätte mich dem Film zugewandt. Aber ich legte die Filmkamera beiseite.

Ich hatte nicht die Absicht, diese Gerüchte irgendwie wahr zu machen, denn ich wußte, daß meine Art, Filme zu machen, den Erwartungen der Filmindustrie und des Publikums vollkommen zuwiderlief. Mir fiel mein erster Besuch bei Picabia ein, bei dem ich meinen Namen auf die Gästeleinwand gesetzt und prophetisch hinzugefügt hatte: »Regisseur schlechter Filme« — geschrieben in schlechtem Französisch, als eine dadaistische Geste; oder in Erinnerung an die mißratenen Experimente mit Duchamp in New York? Während ich ihm bei seinen Versuchen half, hatte auch ich eine Szene gedreht, in der ich selbst als Friseur die Schamhaare eines Aktmodells rasierte — eine Szene, die beim Entwickeln ebenfalls vernichtet wurde und nie ans Licht kam. Alles was ich aufgrund meiner dadaistischen Vorgehensweise auf dem Gebiet des Films unternahm, würde der Zensur anheimfallen, entweder aus sittlichen oder aus ästhetischen Gründen — mit einem Wort, es war schlecht.

Le cœur à barbe war eine der letzten öffentlichen Veranstaltungen der Dadaisten, die Gruppe spaltete sich dann über der Frage der Führungsrolle von Tzara und Breton in zwei Lager. Mit großer Erleichterung verkündeten jetzt eben jene Kritiker den Tod des Dadaismus, die ihn schon zu Beginn als Totgeburt bezeichnet hatten. Aber Dada hatte sein Ziel erreicht, sich über die künstlerische und politische Sinnlosigkeit der Zeit lustig zu machen, ihr die Irrationalität und die Zerstörung aller herkömmlichen Werte entgegenzusetzen. Fast schien es, als wollten die Dadaisten selbst die Angelegenheiten dieser Welt in die Hand nehmen und damit zu verstehen geben, daß sie kein schlimmeres Durcheinander hätten anrichten können als die anerkannten Politiker.

Was Dada geleistet hatte, war die absolute Verneinung gewesen; die dadaistischen Dichtungen und Bilder waren vernunftwidrig, respektlos und ohne Sinn. Um die dadaistische Propaganda fortzuführen, war ein konstruktiveres Programm erforderlich, zumindest als Ergänzung zu ihrer Gesellschaftskritik. Und Breton brachte den Surrealismus auf — das Wort selbst war den Schriften des toten Dichters Apollinaire entnommen. Der Dadaismus starb nicht; er verwandelte sich nur, denn der neuen Bewegung gehörten alle ursprünglichen Mitglieder der Dada-

69 „Surrealisten-Zentrale", 1924. Von li. oben: Jacques Baron, Raymond Queneau, André Breton (vor einem Gemälde de Chiricos), Jacques Boiffard, Giorgio de Chirico, Roger Vitrac, Paul Eluard, Philippe Soupault, Robert Desnos, Louis Aragon; unten: Pierre Naville, Simone Collinet-Breton, Max Morise, Marie-Louise Soupault

Gruppe an. Tzara trug diese Veränderung eine Zeitlang mit, bis er sich wegen neuer persönlicher Rivalitäten zurückzog. Breton nahm die Sache in die Hand und veröffentlichte sein erstes surrealistisches Manifest. Das Konstruktive an dieser Erklärung war ihre Befürwortung neuartiger Inspirationsquellen für das Schreiben und die anderen Künste, wie etwa das Unbewußte: der spontane, das heißt, nicht von der Vernunft kontrollierte Ausdruck und die Welt des Traums. Einige Jahre zuvor hatte Breton Freud in Wien besucht, hatte einen Briefwechsel mit ihm geführt und in der Psychologie ein fruchtbares Feld für seine Ideen entdeckt. Der kämpferische, provokative Geist des Dadaismus blieb erhalten und richtete sich jetzt immer stärker auf die politische Sphäre und ihre Vertreter. Wie in den Tagen von Dada kam es auch jetzt immer wieder zu heftigen Auseinandersetzungen: Das alles erschien im Druck, in den Zeitschriften, die die Surrealisten selbst herausgaben. In Wortattacke und Beschimpfung waren die neuen Surrealisten unübertroffen, sie ließen die konservativeren Geister nicht im Zweifel, daß sie wirklich verletzen wollten.

Jüngere Dichter und Maler schlossen sich an und machten sich voller Eifer die neuen Formeln zu eigen. Eine surrealistische Galerie wurde eröffnet, man lud

70 *Die Galerie Surréaliste, im März 1926 in der rue Jacques Callot eröffnet*

mich ein, die erste Ausstellung zu bestreiten, aber abgesehen von zwei, drei Arbeiten, die ich seit der Geburt der neuen Bewegung geschaffen hatte, zeigte ich wieder meine Sachen aus der Dada-Periode. Zur Idee des Surrealismus paßten sie ebensogut, und kaum jemand erinnerte sich daran, daß sie bei meiner ersten Ausstellung 1921 unter dem Zeichen des Dadaismus schon einmal gezeigt worden waren. Breton nannte mich einmal einen Präsurrealisten; ich hoffte nur, daß er es nicht im Sinne von Präraffaelit meinte; aber nein, denn er hatte darauf hingewiesen, daß es zu allen Zeiten Surrealisten gegeben hatte, die er bewunderte, zum Beispiel Swift und de Sade. Als die Bewegung sich gefestigt hatte, trafen wir uns fast täglich, um künftige Aktivitäten und Publikationspläne zu besprechen — entweder bei einem der Mitglieder zu Hause oder in Cafés, die wir uns in den von Künstlern und Bohémiens am wenigsten behelligten Vierteln von Paris suchten. Ein großer Teil dieser Publikationen war politischer Art, aber taktvollerweise bat man mich nicht, diese Aufrufe zu unterzeichnen, denn als Ausländer lebte ich in der Gefahr, ausgewiesen zu werden. Die Redefreiheit war den Franzosen vorbehalten. Wenn einige andere Ausländer aus der Gruppe unterzeichneten, dann aus reinem Übermut, aber es fiel nicht auf. Es wurden Sitzungen mit Fragekatalogen zu verschiedenen Themen abgehalten: Sexualität, Liebe, welches war die schicksalhafteste Begegnung im eigenen Leben gewesen usw. Mitunter fiel einer der Dichter in Trance und begann automatisch zu schreiben, wobei dann erstaunliche Sätze voller Anagramme und Wortspiele zustande kamen. Oder wir veranstalteten einfach Spiele, an denen alle teilnahmen.

Eines Abends hatten wir uns zu etwa zwanzig Personen, Männer und Frauen, in einem der Ateliers versammelt und spielten ein Pfänderspiel. Wir saßen um einen Tisch herum, der mit Wein und Hochprozentigem gut bestückt war, um uns bei der Beantwortung der höchst intimen und peinlichen Fragen behilflich zu sein, die jedem einzelnen gestellt wurden. Mich fragte man rundheraus, ob ich homosexuell sei. Es war bekannt, daß Homosexuelle ebenso wie Drogensüchtige und Lesbierinnen in meinem Atelier verkehrten, und daher gab es eine Menge Gerüchte, denen ich nie entgegengetreten war. Ich weigerte mich, die Frage zu beantworten; am Ende des Spiels wurde ich verurteilt, mich ganz auszuziehen. Spöttisch fragte ich, ob sie meine Neigungen an meiner Nacktheit ablesen zu können glaubten. Dann sprang ich auf den Tisch, knöpfte mir das Hemd auf — ein Unterhemd hatte ich nicht an — und streifte mir mit einer einzigen Bewegung die Kleider bis auf die Schuhe hinab vom Leib. Ich war leicht betrunken und vollführte einen kleinen Tanz, bei dem ich Gläser und Flaschen nach rechts und links aus dem Weg trat. Es war der peinlichste Augenblick der ganzen Sitzung. Aber für die Surrealisten hatte er psychologische Bedeutung — wie viele andere belanglose Vorfälle auch.

Eines Samstagnachmittags quetschten wir uns zu achtzehn, Frauen und Freundinnen waren mit von der Partie, in vier Autos und machten uns auf den Weg nach Duclair, einem Dorf in der Normandie, das für seinen Entenbraten berühmt war. Wir fuhren dicht hintereinander und wurden durch Nebel aufgehalten; außerdem hatte ich Schwierigkeiten mit meinem Motor, so daß wir erst sehr spät in dem Gasthaus ankamen. Wir übernahmen das kleine Lokal, bestellten das Mittagessen für den nächsten Tag und gingen zu Bett. Wir frühstückten erst spät; der Tag war sehr schön, und wir machten einen Spaziergang durch das Dorf. Die Leute, die unterwegs waren, starrten uns an, als seien wir Ausländer; ich hatte Kiki mitgenommen, die mit ihrem extravaganten Make-up bei den Dorfbewohnern nicht sonderlich viel Sympathie weckte. Das Mittagessen wurde uns in dem für Hochzeiten und ähnliche Anlässe reservierten Festsaal im ersten Stock aufgetragen. Wir tafelten zwei Stunden lang, und als wir fertig waren, standen neunzehn leere Flaschen herum. Die Ente schmeckte köstlich.

Benjamin Peret, der Dichter, wurde auf einmal empfindlich und verkündete, er wolle uns verlassen, wenn seine Tischnachbarn nicht aufhörten, ihn zu belästigen. Es war einfach, Peret zu ärgern; man brauchte nur Kirche und Priester zu erwähnen, um ihn in heftigen Zorn zu versetzen. Wie viele berühmte Schriftsteller des achtzehnten Jahrhunderts, die wegen antiklerikaler Umtriebe ins Gefängnis gekommen oder ins Exil gezwungen worden waren, hatte auch Peret eine ganz besonders innige Abneigung gegen die Kirche entwickelt. Er war jetzt ein bißchen beschwipst, und so brachte man ihn auf den Balkon vor dem Speisesaal, wo er sich abkühlen konnte. Ein paar von uns folgten ihm, um die Prozession der Einheimischen zu beobachten, die im Sonntagsstaat über die Hauptstraße des Dorfes promenierten. Da kam ein wohlhabend aussehendes Ehepaar vorbei, die Frau stützte sich auf den Arm ihres Mannes, der über dem anderen Arm einen Regenschirm trug. Peret rief ihnen zu, der Sonntag sei so schön, wozu sie denn den Regenschirm bräuchten? Der Mann blickte hoch und runzelte die Stirn. Peret solle nur herunterkommen, dann werde er es ihm zeigen. Peret eilte nach unten, und wir anderen folgten ihm. Als sich Peret näherte, zückte der gute Mann seinen Regenschirm und schlug dem Dichter damit über den Kopf. Kiki stürzte herzu, wand ihm das Ding aus der Hand, brach es über dem Knie entzwei und warf die Teile in einen nahegelegenen Garten. Es folgte ein allgemeiner Aufschrei, und das ganze Dorf, so schien es, fiel über uns her, als hätten alle nur auf ein Signal gewartet. Wir gerieten ins Gedränge und wurden gegen die Glasscheibe des Cafés gedrückt, die schließlich nachgab. Perets Angreifer forderte laut schreiend die Bezahlung seines Schirms, der Cafébesitzer kam gelaufen und verlangte Schadenersatz für die Scheibe. Schläge wurden nicht ausgeteilt, und schließlich kam man überein, zur Polizeistation zu gehen, um die Angelegenheit dort zu bereinigen. Aber die Polizei war nicht da, kein Beamter weit und breit, es war Sonntag. Sie waren unterwegs, zum Angeln oder zum Picknicken, und würden erst abends wieder zurück sein. Wir warteten, bis der Polizeibeamte erschien, dann brachte jede Partei ihre Version der Angelegenheit vor. Glücklicherweise war eine der Frauen aus unserer Gruppe mit einem früheren Präsidenten der Republik verwandt, was den Polizisten beeindruckte; er stimmte ihr zu, daß die Scheibe zu Bruch gegangen war, weil uns die Dorfbewohner dagegengedrückt hatten, den Schirm jedoch hatte einer von uns zerbrochen und sollte ihn deshalb bezahlen. Mit dem Gefühl, den Prozeß gewonnen zu haben, zogen wir ab.

Obwohl ich meine kleine Filmkamera weggelegt hatte, nachdem meine Neugier in bezug auf die Mobilisierung unbewegter Schwarzweißbilder vorläufig befriedigt war, kursierten immer noch Gerüchte, ich würde mich mit Filmexperimenten befassen. Eines Tages tauchte ein großer junger Mann mit seiner hübschen blonden Frau auf und stellte sich als Kameramann aus Hollywood vor. Seine Frau Katherine war die älteste Schülerin an der Elizabeth Duncan Dance School gewesen, an der meine Stieftochter Esther die jüngste gewesen war. Dudley Murphy sagte ein paar sehr schmeichelhafte Dinge über meine Arbeiten und schlug dann vor, gemeinsam einen Film zu drehen. Er verfüge über eine komplette professionelle Ausrüstung, sagte er; mit meinen Ideen und seiner Technik könne etwas ganz Neues dabei herauskommen. Wir freundeten uns an und besprachen die Sache mehrere Tage lang — ich beharrte für den Fall, daß wir zusammenarbeiteten, auf meiner dadaistischen Vorgehensweise, womit er sich gern einverstanden erklärte, nachdem ich sie ihm ausführlicher erläutert hatte. Wir unternahmen einige gemeinsame Spaziergänge, bei denen ich meine kleine Kamera mitnahm und ein paar Szenen filmte, den Gedanken der Improvisation betonend

71 „Surrealistisches Schachspiel", 1934. Von oben li.: *André Breton, Max Ernst, Salvador Dalí, Hans Arp, Yves Tanguy, René Char, René Crevel, Paul Eluard, Giorgio de Chirico, Alberto Giacometti, Tristan Tzara, Pablo Picasso, René Magritte, Victor Brauner, Benjamin Péret, Gui Rosey, Joan Miró, E.L.T. Mesens, Georges Hugnet, Man Ray*

und ohne bei der Wahl der Menschen oder der Szenerie, die ich filmte, besondere Sorgfalt walten zu lassen. Für die komplizierteren Effekte, die wir bei den Innenaufnahmen planten, besorgte Dudley eine alte Pathé-Kamera mit Stativ von der Art, wie man sie damals für die kurzen Filmkomödien verwendete. Er zeigte mir einige komplizierte Objektive, mit denen man Bilder verzerren und vervielfachen konnte und die wir bei Porträt- und Nahaufnahmen verwenden wollten. Mehrere Tage lang blieb die Kamera in meinem Atelier stehen, was mich ärgerte — ich mag es nicht, ständig Apparate vor Augen zu haben. Normalerweise räumte ich sie weg, bis sie gebraucht wurden, oder schob sie diskret in eine Ecke und deckte ein Tuch darüber. Als Dudley wieder auftauchte, verkündete er, er sei so weit, wir könnten anfangen, ob ich jetzt das Filmmaterial kaufen wolle. Ich war überrascht, denn ich war der Meinung gewesen, das gehöre mit zu seiner technischen Ausrüstung — ich hätte nur die Ideen beizusteuern. Da packte er seine Kamera wieder zusammen und schaffte sie in das Atelier des Malers Léger hinüber — der habe sich bereit erklärt, einen Film zu finanzieren; er, Dudley, habe auch kein Geld. Ich erhob keine Einwände, freute mich, daß der schwarze Kasten wegkam, und war erleichtert, daß mir diese Zusammenarbeit erspart geblieben war. Und so kam es, daß Dudley den Film *Ballet Mécanique* drehte, der dank Légers Namen einen gewissen Erfolg hatte. Dudley nahm den Streifen mit zurück nach Hollywood, bekam daraufhin Arbeit beim Spielfilm, verdiente einiges Geld und machte schließlich ein zauberhaftes Restaurant mit Motel an der Pazifikküste auf, in dem ich während meiner Zeit in Hollywood in den vierziger Jahren häufiger zu Gast war. Er war ein angenehmer, großzügiger Gastgeber, aber auf den Film kam er nie mehr zu sprechen.

Mein Leben ging seinen gewohnten Gang — aber beim nächsten Mal sollte ich nicht mehr so leicht davonkommen. Ein Ehepaar kam zu mir ins Atelier, um eine Porträtsitzung zu verabreden. Er war früher Börsenmakler gewesen, hatte sich aber, obwohl noch ein junger Mann, zur Ruhe gesetzt, seinen Börsensitz verkauft und plante, sich in Paris niederzulassen. Er wollte gern ein Porträt seiner Frau haben. Sie war eine kleine, brünette Person, schick zurechtgemacht; beide strahlten Wohlstand aus. Bald wurden die Bilder abgeliefert und mit großer Zufriedenheit entgegengenommen. Sie luden mich mehrere Male zum Abendessen ein, und Arthur Wheeler wurde zu einem häufigen Besucher, der sich für alles, was ich tat, interessierte, auch wenn ihm die ganze Atmosphäre nicht ganz geheuer war. Er selbst hätte sich gern als Künstler betätigt. Sein Vater, der früher Arzt gewesen war, hatte mit fünfundsiebzig Jahren angefangen zu malen, und es machte ihm großen Spaß. Wir Künstler seien glücklich, meinte er, selbst wenn wir einen Haufen Geld verdienten, bräuchten wir nie die Sorge zu haben, die Zukunft könne langweilig werden. Eines Tages beim Mittagessen wollte Arthur einmal ganz offen mit mir sprechen: hoffentlich würde ich es ihm nicht übelnehmen, aber er sei der Meinung, es sei für mich Zeitverschwendung, wenn ich jeden Hergelaufenen, sofern er nur zahlen konnte, photographierte. Bei meiner Phantasie und meinen Talenten sollte ich Wichtigeres tun. Ich war drauf und dran, aus der Haut zu fahren und ihm eine Lektion darüber zu erteilen, wieviel schöpferische Arbeit ich schon geleistet hatte, wollte ihm meine literarischen und künstlerischen Verbindungen vorhalten und ihm klar machen, daß die Photographie für mich eine Arbeit sei, die es mir ermöglichte, frei zu bleiben und dem nachzugehen, was für mich das Wichtigste im Leben war. Aber dann überlegte ich es mir anders, Arthur hätte es nicht verstanden, hätte es bloß für hochgestochenes Geschwätz gehalten.

Statt dessen fragte ich ihn, was er unter »Wichtigerem« denn verstehe. Das Kino, erwiderte er, dort liege die Zukunft der Kunst und des Geldverdienens. Gewiß, sagte ich entgegenkommend, aber bei meinen unverkäuflichen Ideen würde das Filmemachen für jeden Produzenten, der sein Geld investiere, zu einer Katastrophe. Und ich würde ganz gewiß keine Zugeständnisse an die Industrie machen, würde auch nicht mein eigenes Kapital bei einem solchen Wagnis aufs Spiel setzen. Ein Bild zu malen erforderte im Vergleich dazu keine große Kraftanstrengung und keine großen Aufwendungen; ich konnte es auf die Seite stellen und jahrelang warten, bis es auf Verständnis treffen würde, ich konnte es sogar einfach vergessen, aber ein Film, das war nicht nur ein Kunstwerk, das war auch eine Finanzoperation. Wheeler ließ nicht locker: Er habe zu mir und meinen Ideen volles Vertrauen, er sei sich sicher, daß ich etwas Aufsehenerregendes zustande bringen und dem Kino neue Wege weisen könnte, kurzum, er wolle mich finanzieren und sei auch bereit, sein Geld dabei zu verlieren. Er habe zwar viel Geld verdient, aber er habe bei Spekulationsgeschäften auch schon eine Menge verloren; der Verlust mit mir würde dadurch aufgewogen, daß es für eine gute Sache war. Seine Argumente gefielen mir, und ich nahm das Angebot an. Wieviel Geld ich brauchen würde, fragte er. Die Zeit des Stummfilms war noch nicht vorüber, und so antwortete ich, alles, was ich für den Augenblick bräuchte, seien eine Kamera, Filmmaterial und einiges Zubehör. Ich wollte es noch einmal durchrechnen und ihm in ein paar Tagen einen Voranschlag machen.

Die beste damals in Frankreich erhältliche professionelle Kamera kostete mit Zubehör ungefähr fünftausend Dollar. Ich sagte Wheeler, für einen Kurzfilm würde ich zunächst einmal zehntausend brauchen. Er sah mich ungläubig an und lachte: er habe gehört, mit weniger als fünfzigtausend sei beim Film gar nichts zu machen. Ich erklärte ihm noch einmal, das ganze sei ja eher ein Experiment; ich wolle nicht, daß er mehr als die von mir erbetene Summe verliere, auch so müsse er damit rechnen, das Geld einzubüßen. Schön, sagte er und führte mich zu einem Rechtsanwalt, um einen Vertrag aufzusetzen; er machte alles gern geschäftsmäßig perfekt. Nachdem wir unser Anliegen vorgebracht hatten, machte sich der Rechtsanwalt an die Formulierung eines Vertragsentwurfs, wandte sich dann mir zu und fragte, welche Garantien ich zu bieten hätte. Keine, entgegnete ich. Wheeler kam mir zu Hilfe und erklärte, die einzige Garantie, die er verlange, sei, daß ich den Film innerhalb eines Jahres produziere. Kopfschüttelnd vollendete der Anwalt den Entwurf und gab ihn seinem Mädchen zum Abtippen. Wheeler schrieb einen Scheck über die vereinbarte Summe aus und übergab ihn mir. Nachdem ich verschiedene Requisiten, Zerrspiegel, eine elektrische Drehscheibe, ein Sortiment Kristalle und einige Speziallampen beisammen hatte, ging ich an die Arbeit. Meine anderen photographischen Verpflichtungen vernachlässigte ich. Schließlich war auch dieses Projekt in meinen Augen nur ein Teil meiner Routinearbeit, wie jeder andere Auftrag auch, nur mit dem Vorteil, daß ich im voraus bezahlt wurde. Vielleicht würde ich Menschen oder Gesichter in dem Film verwenden, aber keine Berufsschauspieler, die bei den herkömmlicheren Produktionen einen erheblichen Kostenpunkt darstellten. Ein Drehbuch gab es nicht, alles würde improvisiert werden, ähnlich wie bei meinem ersten Kurzfilm für die letzte Dada-Veranstaltung, *Le coeur à barbe*. Und der Gedanke, tun zu können, was mir gefiel, begeisterte mich mehr als irgendwelche technischen und optischen Effekte, die ich einbauen wollte. Sobald ich das Gefühl hätte, es sei genug Material für einen kurzen Film beisammen, würde ich die Szenen zu einer Art Handlung montieren, und damit wäre der Auftrag dann erledigt. Ich wollte sogar die ersten Stücke aus meinem Dada-Film verwenden: Salz und Pfeffer, Nadeln und Heftzwecken, aber professionell kopiert. Das würde meine Entschlossenheit unterstreichen, mich nicht von irgendwelchen kommerziellen Erwägungen verführen zu lassen.

Wie im Sommer zuvor hatte Wheeler ein großes Haus in der Nähe von Biarritz gemietet und lud mich ein, mit meinen Sachen hinunterzukommen, einen Teil des Films dort zu drehen und gleichzeitig ein bißchen Urlaub zu machen. Dadurch steigerte sich noch der Eindruck, daß das Filmemachen für mich so etwas wie Ferien war. Ich packte meine Kameras zusammen — ich hatte noch eine kleine automatische Handkamera für Spezialaufnahmen gekauft — und fuhr hinunter; ein paar Wochen lang lebte ich sehr luxuriös, filmte alles, was mir interessant schien, und arbeitete nicht mehr als ein oder zwei Stunden am Tag; die übrige Zeit verbrachte ich am Strand in der Sonne, bei aufwendigen Diners mit anderen Gästen und in den Nachtclubs beim Tanz. Eine der interessantesten Szenen entstand, während mich Rose Wheeler in ihrem Mercedes-Rennwagen herumfuhr; bei einem Tempo von hundertdreißig oder hundertvierzig Stundenkilometern filmte ich gerade mit der Handkamera, als zu meinem Entsetzen vor uns auf der Straße plötzlich eine Schafherde auftauchte. Sie bremste und kam einen knappen Meter vor den Tieren zum Stehen. Das brachte mich auf eine Idee — warum nicht einen Zusammenstoß filmen? Ich stieg aus dem Wagen und folgte der Herde, während ich die Kamera aufzog und in Bewegung setzte. Dann warf ich sie zehn Meter hoch in die Luft und fing sie wieder auf. Die Gefahr dabei verschaffte mir jene prickelnde Erregung, die die meisten Filmemacher empfinden müssen, wenn sie eine schwierige Einstellung filmen. Andere Szenen wurden sorgfältiger geplant: Zwei hübsche Beine tanzen den damals populären Charleston, das Meer kippt, so daß es zum Himmel und der Himmel zum Meer wird usw., alles Tricks, über die sich manche Zuschauer ärgern würden. Der Dada-Instinkt war bei mir immer noch sehr stark.

Nach Paris zurückgekehrt, machte ich noch einige weitere Aufnahmen in meinem Atelier. Ich verfügte jetzt über ein Mischmasch aus realistischen Szenen, glitzernden Kristallen und abstrakten Formen, die ich mit Hilfe meiner Zerrspiegel erzielt hatte, es war fast genug für den Film. Aber ich brauchte noch etwas für den Schluß, eine Art Höhepunkt, damit mich die Zuschauer nicht für allzu artifiziell hielten. Es sollte ja eine Satire auf das Kino sein. Ein Besuch meines Freundes Jacques Rigaut, des Dandy unter den Dadaisten, der mit seiner stattlichen Erscheinung Filmstar hätte werden können, wenn er nur gewollt hätte, brachte mich auf eine Idee für das Ende. Wie üblich war er tadellos gekleidet, gut sitzender Anzug, dunkler Homburg, und gestärkter weißer Hemdkragen mit einer diskret gemusterten Krawatte. Meinen Assistenten Boiffard schickte ich los, ein Dutzend steife weiße Hemdkragen zu besorgen, die ich in eine kleine Aktentasche stopfte. Dann bat ich Rigaut mit der Tasche hinauszugehen, sich ein Taxi zu suchen und damit zu meinem Atelier zurückzufahren. In einem Fenster auf der Galerie mit Blick auf den Eingang zum Atelier wurde die Kamera aufgebaut; ich filmte, wie er mit dem Taxi ankam, ausstieg und das Haus betrat. Im Atelier filmte ich in Großaufnahme, wie Rigauts Hände die Tasche öffnen, die Kragen einen nach dem anderen herausnehmen, entzweireißen und auf den Boden fallen lassen. (Später ließ ich davon eine Rückwärtskopie machen, so daß die fallenden Kragen wieder hochzuspringen schienen.) Ich bat Rigaut, den oberen Teil seines Kragens abzureißen, so daß die Krawatte um seinen Hals sichtbar wurde. Er wirkte besser gekleidet denn je, noch förmlicher. Mehr wollte ich von ihm nicht. Als er gegangen war, drehte ich noch ein paar Einstellungen mit den zerrissenen Kragen in den sich drehenden Zerrspiegeln; sie kreisten und tanzten in rhythmischen Pirouetten. Vor die ganze Abfolge, die mit Rigauts Ankunft begann, setzte ich den einzigen Zwischentitel des ganzen Films: »Der Grund für diese Ausschweifung«. Damit wollte ich den Zuschauer beruhigen, wie mit dem Titel meines ersten Dada-Films: er sollte glauben, es gebe noch eine Erklärung für die vorangegangenen, zusammenhanglosen Bilder. Als Abschluß des Films machte ich eine Großaufnahme von Kiki. Ihre Vorliebe für aufwendiges Make-up brachte mich auf eine Idee. Auf ihre geschlossenen Augenlider malte ich zwei künstliche Augen und filmte dann, wie sie ihre eigenen Augen langsam schloß, so daß nach und nach die künstlichen zum Vorschein kamen. Ihre Lippen formten sich zu einem Lächeln und zeigten ihre ebenmäßigen Zähne. *Finis* — fügte ich in eingeblendeten Buchstaben hinzu.

Das Vieux Colombier, früher ein hochintellektuelles Theater, das sich aber nicht hatte halten können, war jetzt in ein Filmtheater umgewandelt worden, in dem Experimental- und Avantgardefilme gezeigt wurden. Ich suchte den Direktor auf und fragte ihn, ob er mir das Kino für einen Nachmittag überlassen würde, um meinen Film vor geladenen Freunden und anderen Interessierten vorzuführen.

Da mein Film sehr kurz war, kombinierte er ihn mit einem anderen — ich glaube, es war eine der ersten Produktionen von Jean Renoir. Es würden auch andere Gäste und Kritiker anwesend sein. Wie in allen Kinos der Stummfilmzeit gab es ein Klavier und sogar einige Musiker für die Hintergrundmusik. Dem allgemein vorherrschenden Eindruck zum Trotz war ich, was die Schwarzweißphotographie anging, kein Purist. Mir gefiel die Idee einer musikalischen Begleitung, und ich dachte mir für die Zukunft auch Farbe und sogar Dreidimensionalität hinzu. Wir machten eine kleine Probe, bei der der Film vorgeführt wurde und ich den Musikern Anweisungen gab, welche Stücke sie zu welchen Teilen des Films spielen sollten. Auch ein Grammophon war vorhanden, für das ich ein paar damals aktuelle Jazzstücke beschaffte, die nicht zum Repertoire der Hausmusiker gehörten. Monsieur Tedesco, der Direktor, schlug vor, ich sollte vor der Vorführung eine kleine Ansprache halten, in der ich meine Ziele und Motive erläutern konnte, die ihm selbst offenbar etwas zweifelhaft schienen. Alle Filme, die er zeigte, auch wenn sie noch so experimentell waren, hatten eine Geschichte zu erzählen. Ungefähr fünfzig Leute kamen zur Vorführung, unter ihnen natürlich auch meine Förderer, die Wheelers. Der längere Film lief zuerst und erhielt herzlichen Beifall.

Dann stand ich auf, um meine Ansprache zu halten. Unter anderem sagte ich, mein Film sei rein optisch, er wolle nur das Auge ansprechen — es gebe keine Geschichte, ja, nicht einmal ein Drehbuch. Dann schlug ich etwas kräftigere Töne an: es handele sich durchaus nicht um einen Experimentalfilm — nie würde ich meine Experimente vorführen — was ich dem Publikum anzubieten hätte, sei vielmehr endgültig das Ergebnis einer bestimmten Denk- und auch Sehweise. Und der merkwürdige Titel *Emak Bakia* sei ganz einfach der Name des Dorfes im Baskenland, in dem einige der direkteren Szenen gedreht worden seien. Wie das Publikum, so fuhr ich fort, hätte auch ich mich gefragt, ob diese Wörter einen tieferen Sinn haben, und ein Einheimischer habe mir gesagt, es bedeute: Laß mich in Ruhe. Das Publikum lachte. In verbindlicherem Ton kam ich zum Schluß: bei wievielen Filmen hätten sie stundenlang dagesessen und sich gelangweilt? Mein Film habe zumindest ein unverkennbares Verdienst, er dauere nicht länger als fünfzehn Minuten. Das Publikum klatschte, als ich wieder Platz nahm. Das Grammophon begann mit einem beliebten Jazzstück des Gitarristen Django Reinhardt, während sich die Leinwand mit den Glitzereffekten sich drehender Kristalle und Spiegel belebte, unterbrochen durch unscharfe Aufnahmen von einem Blinkfeuer und den konventionelleren Szenen, die ich in Wheelers Sommerhaus aufgenommen hatte. Sobald das Grammophon aufhörte, setzten Klavier und Violintrio mit einem Tango und einer französischen Schnulze ein. Nach etwa zehn Minuten — ich konnte die Spannung spüren, die das Publikum erfaßt hatte — erschien der einzige Zwischentitel auf der Leinwand: »*Der Grund für diese Ausschweifung*« Die Musik setzte einige Minuten aus, als Rigaut im Bild erschien und seinen Part spielte bis zu dem Punkt, an dem er die Kragen zerriß.

Es war ein dramatischer Augenblick, aus dem sich eine spannende Handlung hätte entwickeln können. Als jedoch die Kragen zu kreisen begannen und sich immer mehr verzerrten, fiel das Orchester mit einem fröhlichen Walzer aus der *Lustigen Witwe* ein. Und das Publikum brach in Beifall aus, als der Film mit Kikis doppeltem Erwachen endete.

Leute drängten sich um mich, um mir zu gratulieren, die Wheelers waren voller Stolz, und Monsieur Tedesco buchte den Film für eine unbegrenzte Zahl von Vorführungen.

Meine surrealistischen Freunde, die ich ebenfalls eingeladen hatte, waren nicht sonderlich begeistert, obwohl ich allen surrealistischen Prinzipien treu geblieben war: Irrationalität, Automatismus, psychologische und traumhafte Szenen ohne offenkundige Logik und völlige Mißachtung herkömmlicher Geschichtenerzählerei. Ich dachte mir, diese Reserviertheit rühre daher, daß ich das Projekt nicht im voraus mit ihnen besprochen hatte, wie wir es bei der Herausgabe von Zeitschriften und bei der Organisation von Ausstellungen hielten. Es genügte nicht, ein Werk als surrealistisch zu bezeichnen, wie es einige Außenseiter getan hatten, um Aufmerksamkeit zu erregen — man mußte eng mit der Gruppe zusammenarbeiten und sich einen Genehmigungsstempel holen, mußte das Werk unter der Schirmherrschaft der Gruppe vorlegen, wenn man als Surrealist anerkannt werden wollte. Das hatte ich mißachtet, hatte mich etwas zu individualistisch verhalten. Gewiß, in einer Szene kam Jacques Rigaut vor. Die Gruppe betrachtete ihn mit Respekt, er aber hatte stets eine gewisse Zurückhaltung gewahrt und sich in private Affären verstrickt, die nicht immer von allen gebilligt wurden. Erst sein Selbstmord holte später alle wieder an sein Grab, um seiner Persönlichkeit zu huldigen. In seinem Fall hatte gerade diese Persönlichkeit und nicht irgendwelche anderen Beiträge die Gruppe beeindruckt.

Der Dichter Robert Desnos, zeitweilig einer der brillantesten Vertreter des Surrealismus, brachte es fertig, während einer Versammlung bei Breton in Trance zu fallen und dabei in einem fort anagrammatische Sätze und poetische Sequenzen abzuspulen, ja, er konnte sie sogar, während er sprach, aufschreiben. Einige bezweifelten die Echtheit dieser Séancen, aber selbst wenn sie vorbereitet und auswendig gelernt waren, wirkten sie immer noch höchst erstaunlich. Und der Schlußakt dieser Veranstaltungen war immer sehr beunruhigend, denn es dauerte lange, bis Robert aus seiner Trance wieder auftauchte. Im Normalzustand war er unberechenbar; eben noch freundlich und zuvorkommend, konnte er plötzlich sehr heftig und nachtragend auf irgendeine Ungerechtigkeit oder Dummheit reagieren. Bei öffentlichen Versammlungen ließ er seinen Leidenschaften freien Lauf und handelte sich auf diese Art bisweilen Prügel von einem aufgebrachten Nachbarn ein. Oft ließ er sich in meinem Atelier in einen Sessel plumpsen und döste friedlich eine halbe Stunde vor sich hin. Wenn er dann wieder die Augen öffnete, setzte er das Gespräch fort, als hätte es keinerlei Unterbrechung gegeben.

Er lieferte die vollkommene Verkörperung eines der Grundsätze des Surrealismus: es gibt keine Trennungslinie zwischen Schlaf und Wachzustand.

Desnos schlug sich als Zeitungsschreiber durch, als Theater-, Literatur- und Kunstkritiker. Eines Abends verkündete er, man wolle ihn für eine Reportage auf die westindischen Inseln schicken und er werde ein paar Monate lang nicht da sein. Wir veranstalteten ein Abschiedsessen mit Kiki und einer Freundin von ihr, in die Robert verliebt war. Gegen Ende der Mahlzeit wurde er sehr gesprächig, rezitierte Gedichte von Victor Hugo und anderen, die bei den Surrealisten nicht besonders hoch im Kurs standen. Dann zog er ein zerknittertes Blatt Papier aus der Tasche; es war ein Gedicht, das er am gleichen Tag geschrieben hatte. Mit seiner klaren, wohltönenden Stimme las er es laut vor und verlieh ihm so eine Bedeutung, die es nie haben würde, wenn man es für sich in einem Buch las. Es beeindruckte mich immer, wenn ein Schriftsteller sein Werk selbst vorlas. Der Dichter Eluard las seine Gedichte, bevor er sie veröffentlichte, immer zunächst Freunden laut vor. Mir schien, Dichtung sollte stets auf diese Weise vom Autor selbst vermittelt werden. Gedichte in Büchern habe ich nie lesen können.

Desnos' Gedicht war wie das Drehbuch zu einem Film; es bestand aus fünfzehn oder zwanzig Versen, die jeder ein klar umrissenes Bild von einem Ort oder einem Mann oder einer Frau entwarfen. Es gab keine dramatische Handlung, wohl aber alle Elemente einer möglichen Handlung. Der Titel des Gedichts lautete *L'Étoile de mer* (»Der Seestern«). Eine Frau verkauft auf der Straße Zeitungen. Neben ihr auf einem kleinen Gestell liegt der Zeitungsstapel, niedergehalten von einem Glasbehälter, in dem sich ein Seestern befindet. Ein Mann erscheint, er nimmt das Glas in die Hand, sie den Stoß Zeitungen; zusammen gehen sie weg. Sie betreten ein Haus, steigen eine Treppe hinauf, kommen in ein Zimmer. In einer Ecke steht ein Feldbett. Die Frau läßt ihre Zeitungen fallen, zieht sich vor dem Mann aus und legt sich völlig nackt auf das Bett. Er sieht ihr zu, dann erhebt er sich von seinem Stuhl, ergreift ihre Hand, küßt sie, sagt Adieu und geht fort, den Seestern nimmt er mit. Zu Hause untersucht er das Glas und seinen Inhalt sehr sorgfältig. Es folgen Bilder eines fahrenden Zuges, eines Dampfers, der anlegt, einer Gefängnismauer, eines Flusses, der unter einer Brücke hindurchfließt. Dann andere Bilder: die Frau ausgestreckt auf der Couch, nackt, ein Glas Wein in der Hand; ihre Hände streicheln den Kopf eines Mannes in ihrem Schoß; mit einem Dolch in der Hand geht sie eine Treppe hinauf; in ein Laken gehüllt, mit einer phrygischen Mütze auf dem Kopf steht sie da — ein Freiheitssymbol; die Frau sitzt vor dem Kamin und unterdrückt ein Gähnen. Ein Satz kehrt immer wieder: »Sie ist schön, sie ist schön.« Andere zusammenhanglose Sätze tauchen in dem Gedicht auf, etwa: »Wären doch Blumen aus Glas gemacht« und »Man muß die Toten schlagen, solange sie kalt sind«. In einem Vers greift der Mann nach einer Zeitung, die auf der Straße liegt, und überfliegt eine politische Schlagzeile. Das Gedicht endet damit, daß der Mann und die Frau einander in einer engen Gasse begegnen. Ein Unbekannter tritt hinzu, nimmt die Frau beim Arm und führt sie davon, während der erste Mann fassungslos zurückbleibt. Noch einmal erscheint das Gesicht der Frau, allein vor einem Spiegel, der plötzlich zerbricht und auf dem ein Wort erscheint: »schön.«

Vielleicht war meine Phantasie auch durch den beim Essen genossenen Wein angeregt, jedenfalls war ich von dem Gedicht zutiefst bewegt. Ich sah es als Film vor mir, als surrealistischen Film, und ich sagte Desnos, wenn er zurückkäme, hätte ich aus seinem Gedicht einen Film gemacht. Später, als ich schon im Bett lag, bedauerte ich diesen voreiligen Schritt; wieder ließ ich mich auf eine höchst fragwürdige Angelegenheit ein, aber ich hatte mein Wort gegeben und würde mein Versprechen halten. Ich konnte nicht schlafen und machte mir einige Notizen zu den eher praktischen Fragen der Realisierung. Natürlich würde ich keine Berufsschauspieler einsetzen, sondern unter meinen Freunden diejenigen auswählen, die mir für die Rollen der Frau und der beiden Männer am geeignetsten erschienen. Es kam nicht so sehr darauf an, denn ich überlegte mir schon, wie ich den Film drehen konnte, ohne mich von den schauspielerischen Fähigkeiten der Figuren abhängig zu machen. Sie würden bloße Puppen sein. Es lag nahe, Kiki für die Frauenrolle zu nehmen; für die Rolle des ersten Mannes kam ein großer blonder Junge in Frage, ein Bekannter, der im gleichen Haus wie Desnos wohnte. Und den zweiten Mann, der nur gegen Ende des Films für einen kurzen Augenblick auftrat, konnte Robert selbst spielen.

Am nächsten Tag traf ich rasch meine Vorbereitungen, denn ich hatte beschlossen, die letzte Szene mit der Frau und den beiden Männern zu drehen, bevor Robert wegen seines Presseauftrags abreiste. Danach konnte ich dann in aller Ruhe planen und weiterarbeiten. Einige heikle Punkte waren zu beachten: regelrechte Aktaufnahmen würden die Zensur niemals passieren. Aber ich wollte mich nicht mit den Verhüllungstricks behelfen, die Filmregisseure in solchen Fällen normalerweise anwendeten, wollte keinen Weichzeichner und auch keine artistischen Schattenspiele. Ich weichte einige Stücke Gelatine ein und brachte sie vor das Kameraobjektiv; die Bilder wirkten auf diese Weise marmoriert, wie durch Kirchenfensterglas gesehen, wie eine Zeichenskizze oder ein nur eben angedeutetes Gemälde. Um das zu erreichen, waren einige mühsame Experimente erforderlich, aber schließlich hatte ich das gewünschte Ergebnis. Nach mehrwöchigen Dreharbeiten waren alle Szenen beisammen. Ich hatte genug für einen Film von einer halben Stunde Laufzeit, aber ich schnitt und verknappte unbarmherzig, wenn mir eine Szene zu langatmig erschien, bis der Film nur noch halb so lang war. Auch hier dachte ich: die Kürze wird einer seiner Vorzüge sein.

Ich wartete die Rückkehr von Desnos ab und arrangierte dann eine Vorführung in einem kleinen Kino, in dem ausländische und Avantgarde-Filme gezeigt wurden und dessen Direktor mir das Theater bereitwillig für einen Nachmittag überließ. Er brauchte noch einen Kurzfilm als Vorspiel zu *Der blaue Engel* mit Marlene Dietrich. Er gestattete mir auch, mit seinem Musikertrio die Begleitung für meinen stummen Film zu proben. Mit Desnos beriet ich über die Einladungsliste. Als Breton und die Surrealisten zur Sprache kamen, trat ein wilder Ausdruck in sein Gesicht, und er setzte zu einer heftigen Tirade gegen Breton an. Es war zu einem tiefen Zerwürfnis zwischen ihnen gekommen, von dem ich nichts bemerkt hatte, weil ich damals die Treffen der Gruppe nicht besuchte. Da erspähte Desnos eine Photographie Bretons auf meinem Schreibtisch, ergriff einen Brieföffner und stach damit nach dem Bild, wie er es auf den westindischen Inseln Voodoo-Zauberer mit Holzfiguren, die einen Feind darstellten, hatte tun sehen. Fluch über ihn, schrie er. Es war zum Verzweifeln, schon wieder hatte ich bei den Surrealisten ins Fettnäpfchen getreten. Der Direktor war von dem Film begeistert, ebenso wie das geladene Publikum, und sagte, er wolle den Film gerne in sein nächstes Programm aufnehmen. Aber zuerst müsse ich mir die Genehmigung der Filmzensur holen — er sei im Zweifel, ob man die Nackteinstellungen öffentlich zeigen dürfe. Also trabte ich zum Zensurbüro im Palais Royal und ließ mir einen Termin geben, um *L'Étoile de mer* dort zu zeigen.

Im Vorführraum saßen ein halbes Dutzend bedeutend aussehender Männer, einige mit würdigen Bärten und Ordensbändern am Rockaufschlag. Während der Vorführung gab es einige Unruhe, auch Gelächter, als der junge Mann der liegenden Nackten Adieu sagte, und schließlich eine lange Debatte zwischen den Mitgliedern der Jury. Die offenkundige Zusammenhanglosigkeit des Films irritierte sie mehr als die Aktaufnahmen, aber sie gaben zu, daß diese nicht weniger künstlerisch waren als irgendein Aktgemälde. Sie gaben mir die Genehmigung, machten allerdings den Vorschlag, zwei kurze Stücke herauszunehmen — eines, wo sich die Frau beim Entkleiden ihre Unterwäsche über den Kopf zieht — der Akt des Ausziehens war ihrer Meinung nach leicht obszön; und als zweites den Untertitel: »*Man muß die Toten schlagen, solange sie kalt sind.*«

Wie mein erster Film *Emak Bakia* lief auch dieser mehrere Monate lang und wurde von anderen Häusern in ganz Europa übernommen. Aber ich bekam nie soviel dafür, daß sich die Fortsetzung der Filmarbeit hätte rechtfertigen lassen. Ich beschloß, dies sollte mein letzter Film sein. Aber von verschiedenen Seiten wurde ich jetzt immer häufiger gebeten, weiterzumachen. Halbherzig diskutierte ich einige Projekte, lehnte sie aber schließlich ab, da die gestellten Bedingungen mich in meinen Ideen zu sehr eingeschränkt hätten.

Am eigentlichen Filmhandwerk war ich nicht interessiert, ich hatte nicht den Wunsch, ein erfolgreicher Regisseur zu werden. Hätte ich unbegrenzt Mittel zu verschleudern gehabt, so hätte mich das vielleicht verleiten können, noch einen Film zu machen.

Eines Tages bekam ich eine Einladung des Vicomte de Noailles zum Abendessen und zur Vorführung eines neuen, noch nicht angelaufenen Films in dem privaten Filmtheater, das er sich im großen Ballsaal seines Pariser Wohnsitzes eingerichtet hatte. Es waren noch ein Dutzend anderer Gäste anwesend, Leute aus dem Adel und aus höheren Kreisen. Nach der Vorführung nahm er mich beiseite: bald reise er nach seinem Schloß in Südfrankreich ab, wie er es in jedem Winter tue, um für einige Wochen dem strengen Pariser Klima zu entgehen. Ob ich nicht mitkommen und zusammen mit einigen anderen, die er ebenfalls einlud, sein Gast sein wolle? Der Komponist Auric würde da sein und einige Schriftsteller, so daß ich mich inmitten der anderen Gäste nicht einsam zu fühlen brauchte.

Er verbinde mit seiner Frage noch einen Hintergedanken, sagte er offen, er hätte gern, daß ich meine Kamera mitnehmen und einige Szenen von den Anlagen und Kunstsammlungen auf seinem Château, das sehr modern sei, drehen würde, außerdem ein paar Aufnahmen von seinen Gästen, wie sie sich in der Sporthalle und im Schwimmbad tummelten. Der Film sei eine rein private Angelegenheit, er solle den Gästen später zum Andenken gezeigt werden und wäre nicht für öffentliche Aufführungen bestimmt. Zuerst erschien mir dieser Vorschlag sehr uninteressant, aber als ich zögerte, versicherte er mir, er werde mich in jeder Weise unterstützen und mir ein Honorar dafür zahlen. Ich solle meine Einladung als völlig gleichrangig mit der der übrigen Gäste betrachten; ich könne tun und lassen, was mir gefiele, und würde auf dem Château bequem untergebracht. Da ich Noailles Gastfreundschaft und Großzügigkeit schon von anderen Gelegenheiten her kannte — ich hatte seine Familie und die Veränderungen in seinem Pariser Haus photographiert, hatte ihm eine meiner Metallspiralen verkauft und war zu den prächtigen Bällen, die er gab, eingeladen worden —, nahm ich die erneute Einladung an. Es würden Ferien für mich, fernab vom täglichen Einerlei meines Ateliers, und dazu noch ohne finanziellen Verlust. Da ich völlig freie Hand hatte und der Film rein dokumentarischen Charakter haben würde, ohne meine Erfindungskraft zu beanspruchen, würde die Sache leicht und routinemäßig abzuwickeln sein, und an meinem grundsätzlichen Entschluß, keine Filme mehr zu drehen, würde sich nichts ändern. Daß er nicht öffentlich gezeigt werden sollte, beruhigte mich.

Bevor Noailles in den Süden fuhr, um sein Schloß für den Empfang der Gäste vorzubereiten, gab er mir ein Photo des Gebäudes — eine Ansammlung grauer Zementwürfel, errichtet über den Ruinen eines alten Klosters auf einem Berggipfel, von dem aus man die Stadt und das Meer überblicken konnte. Es war von dem damals sehr bekannten Architekten Mallet-Stevens entworfen und wirkte sehr streng und unaufdringlich, so als versuche es, den Wohlstand, den es beherbergte, zu verstecken. Entgegen meinem Vorsatz begann ich, mir erste Gedanken zu machen, und überlegte verschiedene Annäherungen an das Thema; es konnte schließlich nicht schaden, eine Art Plan zu machen, und sei es nur, um später keine überflüssige Arbeit zu haben. Die kubischen Formen des Châteaus erinnerten mich an den Titel eines Gedichts von Mallarmé: »Ein Würfelwurf niemals auslöschen wird den Zufall.« Das sollte das Thema des Films sein, und sein Titel: *Les mystères du Château des Dés* (Die Geheimnisse des Schlosses der Würfel). Ich besorgte ein paar Requisiten — nichts, was schwer zu transportieren war, nur zwei kleine und zwei sehr große Würfel und sechs Paar Seidenstrümpfe. Letztere wollte ich den im Film auftretenden Personen über den Kopf ziehen, um dem ganzen etwas Mysteriöses, Anonymes zu geben. Dem Drehbuch entsprechend, das ich vorbereitet hatte, würde ich mit dem Filmen anfangen, sobald ich Paris verließ.

Zwei Männer, warm angezogen wie für eine Fahrt im offenen Wagen an einem kalten Tag (es ist Januar in Paris), sitzen an einer Bar. Ihre Gesichter verschwimmen hinter den Strümpfen, die sie sich übergezogen haben. Sie würfeln, um zu entscheiden, ob sie aufbrechen sollen oder nicht. Die Würfel sagen Ja, und sie gehen zu einem Wagen, der draußen wartet. Wie Dampf quillt ihr Atem durch Strümpfe, als sie nach einem unbekannten Ziel aufbrechen. An den geschleiften Befestigungsanlagen vorbei fahren sie aus Paris hinaus, der Wagen holpert die unebenen Straßen entlang, bis er an die glatte Nationalstraße nach Süden kommt. Es liegt Schnee, aber der Wagen kommt zügig voran — auf den Straßen ist kein Verkehr. Ein Zug in der Ferne, dann und wann ein Fuhrwerk — das sind die einzigen Lebenszeichen. Weiter südlich tauchen hier und da Pappeln und Olivenbäume auf, und die Platanen am Straßenrand, deren Äste brutal verstümmelt sind, sehen aus, als stammten sie aus einem frühen kubistischen Gemälde. Bei der Ankunft in einer kleinen Stadt erkennt man auf einem den Ort überragenden Berg ein kubistisches Schloß. Über eine schmale, kurvenreiche Straße erreicht der Wagen das Schloß und fährt durch eine torlose Öffnung in der Mauer. Drinnen breitet sich ein weiter Rasen aus, umgeben von einer Mauer mit großen rechteckigen Öffnungen, die die Landschaft der Umgebung gleichsam einrahmen. Es sieht aus wie in einer Bildergalerie mit Gemälden an den Wänden. Nirgendwo ein Zeichen von Leben.

So sah der erste Teil des Films aus. Obwohl er zum größten Teil improvisiert war, fügte er sich sehr gut in das Drehbuch ein. Ich hatte angefangen, ohne zu wissen, worauf ich hinauswollte, und schon war, wie mir schien, der Hauch des Mysteriösen zu spüren. Unser Gastgeber empfing mich und meinen Assistenten Jacques Boiffard, der sich inzwischen zu einem perfekten Kameramann entwickelt hatte. Wir aßen zu Mittag und konnten unser Quartier beziehen. Die anderen Gäste zogen sich zur Siesta auf ihre Zimmer zurück. Zur Cocktail-Zeit kamen alle an die Bar hinunter, leger, aber doch sorgfältig gekleidet. Abgesehen vom Grafen de Beaumont, kannte ich kaum jemanden, aber der Komponist Georges Auric war da, der schon früh in mein Atelier gekommen war, und auch Marcel Raval, der eine Nummer seiner Avantgarde-Zeitschrift *Les feuilles libres* meinen Zeichnungen und Rayographien gewidmet hatte. So kam ich mir nicht allzu verlassen vor. Ich erklärte, worum mich mein Gastgeber gebeten hatte; allerdings hätte ich nun doch ein kleines Drehbuch vorbereitet, das an bestimmten Stellen den Auftritt einiger Figuren vorsehe, um die Monotonie eines rein dokumentarischen Films aufzulockern. Ob sie mir eine Stunde am Tag schenken würden — langwierige Proben werde es nicht geben, und niemand brauche sich blendendem Scheinwerferlicht auszusetzen. Die Gäste machten Einwände; sie hielten sich nicht für photogen genug, um vor eine Kamera zu treten. Ich sagte ihnen, dieses Problem hätte ich gelöst, und zwar ohne umständliches Make-up. Dann rannte ich hinauf in mein Zimmer, zog einen Seidenstrumpf über den Kopf und erschien vor ihnen als Namenloser, wenngleich die Gesichtszüge undeutlich erkennbar waren. Die Gäste waren erleichtert, fanden meine Idee gut und erklärten sich einverstanden. Aber einen kleinen Haken gab es noch; Noailles nahm mich beiseite und erklärte, er habe einen Wagen mit einem Generator und Lampen bestellt, der in ein oder zwei Tagen eintreffen würde. Er hatte geglaubt, um einen Film zu machen, sei das unerläßlich. Ich sagte ihm, er solle die Bestellung rückgängig machen; bei dem hellen Sonnenlicht seien Lampen unnötig, und ich hätte die neuesten, lichtempfindlichsten Filme und Objektive mitgebracht. Die Filmarbeit sollte nicht übermäßig professionell wirken, fügte ich hinzu.

Gewissenhaft begann ich am nächsten Tag damit, verschiedene Innen- und Außenansichten des Châteaus zu filmen, mit Schwenks über die Außenfassade des Gebäudes und Kamerafahrten auf einem kleinen Wagen in den Räumen, um die Szenen nicht allzu statisch erscheinen zu lassen. Im Keller stieß ich auf eine Reihe großer Maschendrahtrahmen, die in die Wand eingelassen waren. Ich zog einen auf seinen Rollen heraus und stellte fest, daß er mit Gemälden in allen möglichen Formaten behängt war. Bei den anderen Rahmen war es genauso. Mein Gastgeber erklärte, das seien die überzähligen Bilder seiner Sammlung, für die er keinen Platz an den Wänden hatte. Mit jedem Maler, den er kennengelernt hatte oder der Unterstützung brauchte, hatte er sich angefreundet. Die Rahmen hatten ursprünglich zur Waschkücheneinrichtung gehört, als Trockengestelle. Ich filmte, wie sie einer nach dem anderen ohne menschliches Zutun aus der Wand kamen — ein simpler Kinotrick. Aber ich filmte sie so, daß man die Bilder nur von hinten sah. Später, als ich den Film schnitt, fügte ich hier einen Zwischentitel ein: »Die Geheimnisse der Malerei«. Vielleicht war die Szene ja zu kurz oder zu schlecht gefilmt — jedenfalls war ich leider der einzige, der dieses Stückchen Satire zu würdigen wußte.

Nachdem ich genügend Material für den Dokumentarteil zusammengetragen hatte, ging ich daran, entsprechend dem skizzierten Drehbuch Personen einzuführen. De Beaumont und eine der Damen spielten die Szene nach meiner Ankunft am ersten Tag auf dem Rasen. Wie für eine Reise gekleidet, die Gesichter unter Strümpfen verborgen, gehen sie auf die Mitte des Rasens zu, wo sie vor zwei großen, im Gras liegenden Würfeln stehen bleiben. Großaufnahme der Füße, die mit den Würfeln einen Augenblick lang Fußball spielen. Sollen wir bleiben, fragen sich die beiden. Bleibt, sagen die Würfel. Plötzlich belebt sich alles. Auf der Terrasse sind die Gäste mit allerlei gymnastischen Übungen beschäftigt, die Gesichter verhüllt. Unbelebte Gegenstände, Reifen, Hanteln und Medizinbälle führen einen kleinen Tanz auf, rollen auf der Terrasse hin und her. Der Schauplatz wechselt zu dem von einer Glaswand umgebenen Schwimmbecken. Alle Gäste, die Gesichter unkenntlich, kommen in schwarzen Badeanzügen herein und tummeln sich. Über dem Becken hängen Seile und Trapeze, an denen sich die Aktiveren betätigen. Einige tauchen. Die ganze Szenerie ist in Sonnenlicht getaucht, das auf den gekachelten Wänden phantastische Schatten wirft. Das alles filmte ich ohne irgendwelche Proben. Ich war mir meiner Aufnahmen sicher; die Arbeit war leicht.

Mein Gastgeber und seine Frau waren erfahrene Schwimmer, und ich machte den Vorschlag, sie einzeln zu filmen. Sie hatten beide eine besondere Szene verdient. Marie-Laure filmte ich, wie sie unter Wasser mit drei Apfelsinen jonglierte — in Zeitlupe. Dann bat ich sie, sich mit gespielter Eitelkeit unter Wasser das Haar zu kämmen — sie konnte ziemlich lange tauchen. Noailles selbst schlug ich einen Kopfsprung vor. Er hüpfte vom Sprungbrett und verschwand unter Wasser. Ich drehte und drehte, aber er kam nicht wieder hoch. Da sah ich weiter weg einen Arm, der aus dem Wasser in die Luft griff, bis er das Geländer am Beckenrand zu fassen bekam. Dann schwang sich Noailles auf den Rand und versuchte sich den Strumpf vom Kopf zu reißen. Er bekam keine Luft mehr, da sich der Strumpf mit Wasser vollgesogen hatte. Es hätte ein tragisches Ende nehmen können. Ich entschuldigte mich für meine Unvorsichtigkeit, aber er lachte schon wieder. Um diese allzu dramatische Szene zu entschärfen, ließ ich später eine Rückwärtskopie davon machen, die zeigte, wie er sich aus dem Wasser erhob und auf dem Sprungbrett landete.

Es gab noch einige andere Szenen mit den Gästen, wie sie ausruhen und, auf dem Boden der Sporthalle liegend, träge mit den Würfeln spielen, dann in Schlaf fallen und einer nach dem anderen aus dem Bild verschwinden. Zwischentitel: »Ein Würfelwurf niemals auslöschen wird den Zufall.« In der Schlußszene begegnen de Beaumont und die Dame einander auf der Terrasse, in der Dämmerung vor dem Himmel. Ihre Formen erscheinen silhouettenhaft vor dem verlöschenden Licht, sie ringen miteinander und erstarren dann zu Statuen. Nach und nach werden die Gestalten vor dem dunklen Himmel weiß. Dann eine Nahaufnahme von einer künstlichen Hand, die zwei Würfel hält. *Finis.* Die Trickaufnahmen vollendete ich in einem Labor in Paris, und als Noailles zurückkehrte, war der Film fertig. Sie gaben ein Abendessen, zu dem sie alle Beteiligten einluden, und anschließend wurde der Film gezeigt. Man amüsierte sich sehr und versuchte, die einzelnen Personen im Film zu erkennen. Noailles war entzückt und schlug auf der Stelle vor, ich solle einen Spielfilm von voller Länge machen, den er finanzieren würde, ohne irgendwelche Bedingungen und Auflagen. Aber ich blieb bei meinem Entschluß, keine Filme mehr zu machen. Der Tonfilm hatte sich inzwischen durchgesetzt, und der damit verbundene Aufwand, die Zusammenarbeit mit Technikern und all die Einzelheiten, die bei der Produktion bedacht werden mußten, machten mir Angst. Dankend lehnte ich das Angebot meines Gönners ab.

Aber Noailles war jetzt vom Kinobazillus befallen; er machte Jean Cocteau und Luis Buñuel Angebote, die beide Filme auf der Grundlage eigener Drehbücher produzierten. Es gab gewisse subversive Momente in diesen Filmen, die Noailles

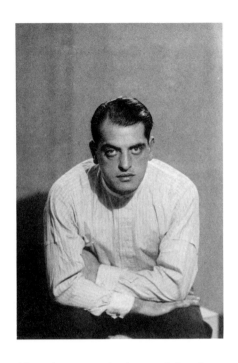

einigen Ärger mit der Kirche und mit Wohltätigkeitsorganisationen einbrachten und sein Ansehen innerhalb der französischen Gesellschaft gefährdeten. Aber das wurde ausgebügelt, und für Cocteau und Buñuel hatte auf diese Weise ihre Karriere als Filmemacher begonnen.

Mich kritisierte man, weil ich das seltene Angebot, einen Film nach meinen eigenen Vorstellungen zu machen, nicht angenommen hatte — wie schon bei früheren Gelegenheiten, so hieß es, hätte ich auch diesmal den Zug verpaßt. Ich entgegnete bloß, mir seien Reisen verhaßt. Falls das ein Science-Fiction-Autor nicht schon getan hat, schlage ich vor, daß man in Zukunft, um irgendwohin zu gelangen, nur noch einen Knopf an der eigenen Armbanduhr betätigt, mit dem man sich von der Schwerkraft befreit; dann steigt man senkrecht ein Stück weit in die Höhe und wartet, bis die Erdumdrehung das Reiseziel heranbringt. Findigeren Köpfen überlasse ich die Frage, wie man es schafft, nach Norden und Süden, also parallel zur Erdachse zu reisen. Jedenfalls dürfte eine solche Reise nicht länger als ein paar Minuten dauern. Ich glaube, im Grunde bin ich ein träger Mensch. Von verschiedenen Seiten traten Leute an mich heran, die meine Dienste als Kameramann in Anspruch nehmen wollten, aber ich ließ mich nicht darauf ein. Da war zum Beispiel General Kerenski, der, nachdem er gegen die Bolschewisten gescheitert war, mit seinen Anhängern nach Paris gekommen war, um seine Rückkehr nach Rußland vorzubereiten. Man bat mich, in seinem Hauptquartier einen Film zu drehen. Bereitwillig schickte ich meinen Assistenten mit einer Handkamera hin — der Film sollte anonym sein, ich würde mich nicht in politische Angelegenheiten verwickeln. Ungefähr zur gleichen Zeit machte Max Eastman Station in Paris, er sammelte Material für einen Film über die Russische Revolution. Damals in New Jersey hatte ich ihn kennengelernt und war von seiner Persönlichkeit beeindruckt gewesen. Trotzki lebte jetzt im Exil auf der Insel Prinkipo im Bosporus. Ob ich nicht im Orientexpreß nach Konstantinopel fahren und dort, an seinem Zufluchtsort, einen kleinen Film über ihn drehen wolle? Nicht nur, daß ich Reisen verabscheute – ich hatte auch die Befürchtung, diese Spritztour könnte bei einigen einflußreichen Leuten zu dem Mißverständnis führen, ich hätte politische Absichten. Ein Kameramann des russischen Regisseurs Eisenstein hatte mich schon in einem Buch abgekanzelt und mich oder meine Arbeit als Beispiel bürgerlicher Dekadenz hingestellt. Ich interessierte mich für Politiker nicht mehr, als sie sich für mich: meine Ideen und meine Arbeit erschienen mir ebenso bedeutend wie die irgendeines dieser Welterschütterer. Aber um Eastman einen Gefallen zu tun, schlug ich ihm eine andere Lösung vor. Ein junger Archäologe von der Universität wollte gerade in den Orient aufbrechen, um an irgendwelchen Ausgrabungen teilzunehmen. Ihm übergab ich meine Handkamera und das Geld, das Eastman mir für die Reise gegeben hatte; gerne nahm er den Auftrag an – für ihn war es eine willkommene Abwechslung – und brachte Aufnahmen von dem im Exil lebenden Trotzki mit zurück.

Bevor ich meine professionelle Filmausrüstung endgültig veräußerte, benutzte ich sie noch einmal für eine Art kinematographischer Stadt- oder besser Slum-Rundfahrt. Angestiftet von dem Dichter Jacques Prévert, der der Surrealistengruppe nahestand, durchstreiften wir die dunkleren Viertel von Paris mit meiner Kamera und filmten, nicht ohne Gefahr, was der Zufall uns brachte. Mit der Erlaubnis des Besitzers eines Tanzlokals, in dem allerlei zwielichtige Gestalten mit ihren Frauen verkehrten, dank Préverts vollkommener Beherrschung des Argots und weil wir einige Runden ausgaben, gelang es mir, das Treiben dort in einer Szene festzuhalten. Ein paar Apachen und ihre Partnerinnen überredeten wir sogar, auf einem verlassenen Grundstück eine kleine Szene für uns zu spielen. Geld wollten sie für ihre Mühe nicht annehmen. Für eine andere Sequenz baute ich meine Kamera an einem Fenster im obersten Stockwerk eines düsteren Hotels auf, von dem aus man die Place Pigalle am Montmartre überblicken konnte. Hier gingen die Prostituierten ihrem Gewerbe nach, und ich filmte, sobald eine von ihnen einen Passanten ansprach, und wie dann ein anderer Mann kam, stehen blieb, mit dem Mädchen redete, und sie öffnet ihre Tasche und gibt ihm Geld. Wir planten noch andere Exkursionen, aber da unser Geldgeber seinen Zahlungsverpflichtungen nicht nachkam, gingen uns das Filmmaterial und das Geld aus, und unser Werk wanderte ins Regal. Später wurde Prévert im französischen Film ein berühmter und sehr erfolgreicher Drehbuchautor.

Während eines Sommers Mitte der dreißiger Jahren waren André Breton, Paul Eluard, ihre beiden Frauen und ich zu Gast bei einer bezaubernden Schriftstellerin, die sich für den Surrealismus und seine Vertreter begeisterte. Lise Deharmes

73 *Paul Eluard, ca. 1930*   74 *André Breton, ca. 1930*

Landhaus im Süden war sehr weitläufig und vollgestopft mit Merkwürdigkeiten und alten Rokokomöbeln. Ein Freund hatte mir eine kleine Filmkamera gegeben, die ich mitbrachte, um ein paar Aufnahmen zur Erinnerung an unseren Aufenthalt zu machen. Es wurde der Beschluß gefaßt, zum Zeitvertreib einen surrealistischen Film zu drehen. Obwohl meine Ausrüstung für ein derart anspruchsvolles Unternehmen völlig unzureichend war, begeisterte auch mich diese Idee. Hier bot sich die Chance, einmal eng mit den Surrealisten zusammenzuarbeiten, während ich sie bei meinen früheren Projekten nicht um Rat gefragt hatte. Es war eine Gelegenheit, mich zu rehabilitieren. Breton und Eluard brachten einen Tag damit zu, ein Drehbuch für eine Handlung zu skizzieren, an der alle teilnehmen sollten. Es gab Szenen, in denen die Frauen, bizarr herausgeputzt, Haus und Garten durchstreiften. Eine Bauerstochter aus der Nachbarschaft, die wir auf einem Schimmel ohne Sattel hatten herumgaloppieren sehen, wurde überredet, den Ritt vor der Kamera zu wiederholen. Ich hätte sie gern nackt gehabt, aber das kam nicht in Frage. Statt dessen bekam sie einen einteiligen, weißen Badeanzug, der auf die Entfernung und in der Bewegung annähernd die gewünschte Wirkung ergeben würde. In einer Szene sitzt Breton am Fenster und liest, während sich auf seiner Stirn eine große Libelle niederläßt. Aber André war ein schlechter Schauspieler, er verlor die Geduld und schmiß die Rolle hin. Ich mache ihm keinen Vorwurf deswegen, insgeheim habe ich die Schauspielerei und dieses So-tun-als-ob immer verachtet. Der beste Teil der Einstellung war der

Schluß, als er wütend wurde. Das war nicht mehr gespielt. Nach einigen weiteren Sitzungen, bei denen ich immer wieder Ärger mit meinem Apparat hatte — er klemmte häufig, so daß das halbe Material verlorenging —, blies ich die Sache zu jedermanns Bedauern ab. Als wir wieder in Paris waren, wertete ich aus, was zu gebrauchen war, es sah vielversprechend aus, reichte aber nicht für einen Kurzfilm. Immerhin waren ein paar gute Standphotos dabei, die in einer Kunstzeitschrift als Ankündigung eines neuen surrealistischen Films von mir abgedruckt wurden. Man drängte mich, weiterzumachen, aber ich war nicht mit dem Herzen dabei, und außerdem besaß ich meine professionelle Ausrüstung nicht mehr, hatte dem Filmemachen abgeschworen und wollte bei meinem Entschluß bleiben. Wirklich schade, sagten sie. Ja, wirklich schade, antwortete ich und dachte im stillen: vielleicht für die anderen. Meine Neugier jedenfalls war gesättigt — übersättigt.

In Wirklichkeit gab es noch einen tieferen Grund für meine Absage an den Film. Ein Buch, ein Gemälde, eine Plastik, eine Zeichnung, eine Photographie und jedes konkrete Ding stehen immer zur Verfügung, um sie wahrzunehmen oder auch um sie zu übersehen. Ein Film dagegen findet bei dem versammelten Publikum nur so lange Aufmerksamkeit wie seine Vorführung dauert. Er mag so interessant und anregend sein, wie er will, immer ist seine Wirkung abhängig von der Stimmung des Augenblicks und der des Publikums. Ich ziehe die Bewegungslosigkeit eines statischen Werkes vor, das es mir erlaubt, meine eigenen Schlüsse zu ziehen, ohne durch äußere Umstände abgelenkt zu werden. Und so konzentrierte ich mich während der letzten Jahre vor dem Krieg neben meiner beruflichen Arbeit als Photograph auf das Malen und Zeichnen und die Herstellung surrealistischer Objekte — als Ersatz für Plastiken —, die in den von der Gruppe herausgebrachten Zeitungen und in den von ihr organisierten Ausstellungen gezeigt wurden. Meine Arbeiten wurden ohne Kritik akzeptiert und nie abgelehnt. Das bereitete mir an sich schon große Befriedigung; wo eine Jury am Werke war, habe ich nie eine Arbeit eingereicht, auch nicht zu Wettbewerben, außer wenn bekannt gegeben wurde, daß ich ohne Vorbehalte eingeladen worden war — außer Konkurrenz.

Den Höhepunkt der surrealistischen Aktivitäten bildete ohne Frage die große Ausstellung im Jahr 1938. Neben den Malern, die die Kleiderpuppen ausstaffieren sollten, wurde auch mehrere Dichter mit der Aufgabe betraut, zusätzliche Attraktionen und Zerstreuungen beizusteuern. So kam es, daß der Dichter Péret, der in Südamerika lebte, eine Kaffeeröstmaschine installierte, deren Düfte die Nasen der Besucher bestürmten. Ein verstecktes Grammophon spielte Aufnahmen des hysterischen Lachens von Insassen einer Irrenanstalt, um bei jedem Besucher die Lust am Lachen und Witzemachen im Keim zu ersticken. Die Maler hatten noch andere ausgefallene Ideen realisiert, um das Publikum zu irritieren und die saubere, klinische Atmosphäre der meisten modernen Ausstellungen zu zerstören. Natürlich hatte man mich zum Herrn der Beleuchtung ernannt. In ei-

75 *Surrealistische Komposition*, 1933

nigem Abstand von den Wänden ließ ich in der ganzen Galerie eine Rampe errichten, hinter der wie bei einer Bühnenbeleuchtung Tageslichtbirnen verdeckt
angebracht wurden. Die Bilder waren sehr gut beleuchtet. Aber am Eröffnungsabend, zu dem Tausende von Leuten kamen, gab es kein Licht. Jeder Besucher
und jede Besucherin bekam am Eingang aus einer großen Kiste eine Taschenlampe überreicht, um den Weg zu finden. Unnötig zu erwähnen, daß die Taschen-
lampen mehr in die Gesichter der Leute als auf die Werke selbst gerichtet wurden. Wie bei jeder überfüllten Eröffnung wollte jeder wissen, wer sonst noch da
war, und kaum einer kümmerte sich um die Bilder. Die Maler waren ziemlich
wütend auf mich, aber ich versicherte ihnen, die Galerie werde in den nächsten
Wochen, wenn die Leute kamen, um sich die Arbeiten anzusehen, gut beleuchtet
sein. Ein Schild bat zwar die Besucher, ihre Taschenlampe beim Hinausgehen
wieder zurückzulegen, aber viele nahmen sie als Andenken mit, so daß die Veranstalter eine große Summe als Schadenersatz zahlen mußten — die Lampen waren nämlich geliehen. Hätte ich vorher daran gedacht, dann hätte ich sie markiert
und als Andenken an die Pariser Surrealistenausstellung von 1938 verkauft.

FLUCHTLINIEN

Die Spätfolgen der hektischen zwanziger Jahre bekam ich ab 1929 zu spüren. Die Ausflüge in die Welt des Films hatten mir mehr geschadet als genutzt. Die Leute erzählten sich, ich hätte das Photographieren zugunsten des Kinos aufgegeben, und es kamen nur noch wenige Besucher, die Porträtaufnahmen haben wollten. Auch die Zeitschriften kamen nicht mehr zu mir. Ich beschloß, noch einmal von vorn anzufangen, lud Leute ein, mir Modell zu sitzen, und organisierte eine Ausstellung meiner Rayographien, um auf mich aufmerksam zu machen.

Wheeler, der meine Filme finanziert hatte, war immer noch da, und ich hoffte, ihn dafür zu gewinnen, alle Bilder zu kaufen, obwohl er bisher nie ein Kunstwerk gekauft hatte, außer einem Gemälde, das er einem Freund schenken wollte. Er war enttäuscht, daß ich meine Filmkarriere nicht fortgesetzt hatte. Aber noch bevor ich meine Überredungskünste ins Spiel bringen konnte, kam der große Börsenkrach an der Wall Street, und obwohl Wheeler sein ganzes Vermögen in Europa investiert hatte, tat er so, als hätte es auch ihn getroffen. Trotzdem, meine Ausstellung weckte neues Interesse, und langsam kamen wieder mehr Leute zu mir ins Atelier.

Aber ich hatte meine ursprüngliche Begeisterung verloren. Es war Zeit, mein Leben von grundauf zu verändern — so wie es auch bisher ungefähr alle zehn Jahre geschehen war. Ich beschloß, etwas nachzuhelfen und meiner Desillusionierung neue Interessen entgegenzusetzen. Nachdem ich eine Liebesaffäre beendet hatte, fühlte ich mich zu neuen Abenteuern aufgelegt. Außerdem mußte ich die Dinge, die mir zuviel Zeit und Energie geraubt hatten, loswerden, vor allem die technischen Apparate. Ich verkaufte die professionelle Filmkamera und das protzige Auto, deren Sklave ich sechs Jahre lang gewesen war. Diese Dinge hatten nicht mehr den romantischen Reiz wie am Anfang; sie waren für mich jetzt so alltäglich wie eine Nähmaschine. Es war ein Luxus, in ein Taxi zu steigen und es am Ziel der Fahrt für immer zu verlassen. Ich probierte keine neuen Kameras mehr aus, sondern ging hin und wieder in die Dunkelkammer, um einige Solarisationen anzufertigen, denn das war ein Verstoß gegen eine der wichtigsten Grundsätze ordentlicher Photographie. Man brauchte nicht im Dunkeln zu arbeiten — Solarisationen konnte man sehr bequem machen, wenn das helle Licht eingeschaltet war.

Eines Tages stieß ich in einer stillen Straße in der Nähe des Jardin du Luxembourg auf ein Schild: Wohnung zu vermieten. Ich nahm sie auf der Stelle und brachte die ersten Monate damit zu, sie nach meinen eigenen Vorstellungen auszustatten, wobei ich auch die Möbel selbst entwarf. Es gab nichts, was aus einem Warenhaus hätte stammen können. Die Wohnung war sehr nüchtern, und doch ein vollendetes Liebesnest. Den Morgen brachte ich jetzt regelmäßig mit Malen zu — fern der Atmosphäre des Photoateliers. Meine Assistentin Natascha konnte sich um Anrufe, Termine und die Arbeit in der Dunkelkammer kümmern, bis ich nachmittags kam.

Abends kochte dann oft eine Freundin ein leckeres Essen für ein paar Leute, die ich eingeladen hatte. Die Wände des Eßzimmers waren mit Bildern und Objekten von mir und meinen surrealistischen Freunden bedeckt. Von einigen Rayographien abgesehen, gab es keinerlei Anzeichen für meine Photographentätigkeit. Es fanden auch kleine, intimere Abendessen statt; und als die Concierge eine Bemerkung über die Zahl der unbegleiteten Frauen fallen ließ, die zu mir in die Wohnung kamen, ließ sich das leicht mit meinem Photographenberuf erklären. Diese Besuche wurden meistens nur wenige Male wiederholt, da ich mit meinen Gästen ein bißchen zu locker umging und meinem Vorsatz treu blieb, mich nicht mehr an eine einzige zu binden. Einmal lief ein Mädchen zornentbrannt aus meiner Wohnung, weil sie meine Vorstellungen von Innenarchitektur mißbilligte. Allerdings hatte ich ihr gesagt, sie müsse ja nicht unbedingt bleiben, wenn ihr meine gelben Vorhänge nicht paßten.

Mitte der dreißiger Jahre hatte ich als Photograph wieder Fuß gefaßt, bewegte mich wieder mehr in der Gesellschaft und bekam häufiger Anfragen von Werbeagenturen und Modezeitschriften. Diese Arbeit war unregelmäßiger als die Porträtphotographie, aber sie wurde besser bezahlt und ließ mir mehr Zeit zum Malen. Ich fand ein großes Atelier mit einer Wohnung, die ich wieder nach meinen Vorstellungen einrichtete. Hier konnte ich gleichzeitig leben und arbeiten. Ich reduzierte mein Doppelleben auf ein einziges — und bewahrte mir, was die amourösen Abenteuer anging, meine Freiheit. Das Atelier war voll von Apparaten und Photokram, um die Kunden zu beeindrucken, aber an den Wänden hingen Gemälde, und zwischen den Lampen standen einige Staffeleien. Niemand außer den Surrealisten und einigen Freunden beachtete diese Gemälde. Auch mit meinen Kunden ging ich locker um und holte aus ihnen heraus, was herauszuholen war. Ich legte mir wieder einen kleinen Wagen zu, weil ich häufig Außenaufnahmen zu machen hatte, aber soweit als möglich, benutzte ich nach wie vor ein Taxi. Und ich fing an, ein bißchen zu reisen, denn man schickte mich kreuz und quer durch Europa, um Porträtaufnahmen berühmter Ärzte und Naturwissenschaftler zu machen — als Werbung für amerikanische Erzeugnisse.

76 *Adrienne, photographiert von Wols:*
   „Addy martiniquaise", o. D.

Man erwartete außergewöhnliche Ergebnisse von mir, aber bald stellte ich fest, daß die Redakteure mehr an meinem Namen als an neuen Vorstellungen und Bildideen interessiert waren. Wenn sie über der Frage zögerten, ob es ratsam sei, eines meiner extravaganteren Bilder zu verwenden, und deshalb um eine Verringerung des Honorars baten, erwiderte ich nur, in diesem Falle werde das Honorar zur Besänftigung meiner verletzten Eitelkeit verdoppelt. Meine Reisen in den späten dreißiger Jahren führten mich auch nach New York, um dort, wie schon erwähnt, für Modezeitschriften zu arbeiten, und auch wegen der Surrealistenausstellung im Museum of Modern Art. Im Sommer machte ich Autoreisen nach Südfrankreich, um Freunde zu treffen, darunter den Dichter Paul Eluard und Picasso. Trotz meines Vorsatzes, mich auf keine feste Bindung mehr einzulassen, hatte ich kurz zuvor die Bekanntschaft der Tänzerin Adrienne gemacht, einer schönen jungen Mulattin aus der französischen Kolonie Guadeloupe. Wir waren ineinander verliebt und wurden von den anderen im Süden mit offenen Armen empfangen.

Wir trafen uns an dem exklusiven kleinen Strand von La Garoupe in Antibes. Kodak hatte gerade einen neuen Farbfilm herausgebracht; sie hatten mir eine Filmkamera und einen kleinen Filmvorrat mitgegeben, ich sollte sehen, was ich damit anfangen konnte. Nur Adrienne mit ihrer milchkaffeebraunen Haut schien in die Gegend zu passen, wir anderen sahen in unseren neuen Badehosen und Badeanzügen wie bleiche Würmer aus. Nun ja, Picasso war noch ein bißchen gebräunt (seine angestammte spanische Hautfarbe). Für einen Farbfilm würde das niemals reichen, dachte ich. Also nahm ich einen Orange-Filter von meiner

Schwarzweißausrüstung, setzte ihn auf die Farbkamera, filmte die Gruppe und schickte die Filme später zum Entwickeln nach London, denn von dort hatte ich sie auch bekommen. Als ich nach Paris zurückkam, fand ich den Film vor, zusammen mit einem vorgedruckten Zettel, auf dem stand, ich hätte vergessen, einen Filter von der Kamera zu nehmen — die Farben seien alle verkehrt. Als ich den Film vorführte, war ich über das Resultat erstaunt und entzückt: der Himmel war grün, das Meer braun, und alle sahen wie Rothäute aus oder zumindest so, als hätten sie einen Monat lang in der Sonne gelegen. Voller Wut auf die Techniker, die wahrscheinlich noch nie etwas von Gauguin und Tahiti gehört hatten, schickte ich die Kamera zurück. Ich hatte die Nase voll von Film und Kino, zumindest wollte ich nie mehr eine Filmkamera in die Hand nehmen.

Damals mietete ich eine Art Penthouse-Wohnung in Antibes, um so viel Zeit wie möglich dem Malen zu widmen. Aber es lagen böse Gerüchte in der Luft, und dann kam das Münchner Abkommen von 1938. Ich kehrte nach Paris zurück, denn ich war der Ansicht, wenn es hart auf hart käme, sollte ich eher dort sein. In Paris war nichts von Angst zu spüren; wie üblich gab es Partys und Ausstellungen, ich photographierte die neuen Modekollektionen, und es kam sogar zu einer Ausstellung von einigen der Bilder, die ich im Süden gemalt hatte.

Im Spätsommer des nächsten Jahres marschierte Hitler in Polen ein, ohne Kriegserklärung, aber gut vorbereitet — während die gesitteteren Länder, Frankreich und England, um ihren Verträgen nachzukommen, feierlich den Krieg erklärten, jedoch ohne vorbereitet zu sein. Frankreich hatte sich hinter seiner Maginot-Linie verschanzt wie ein Strauß, der den Kopf in den Sand steckt (ob diese Fabel der Wirklichkeit entspricht, weiß ich nicht), aber sein Hinterteil schaute noch heraus, denn der Verteidigungswall reichte nicht bis an die Nordsee. Die Nazis gingen ganz methodisch vor und erledigten zunächst Belgien, Dänemark, Norwegen und Holland, bevor sie sich der schwierigeren Aufgabe zuwandten, Frankreich zu besetzen.

Wie jeder weiß, geschah in den ersten acht Monaten nichts, obwohl sich Paris schon zum Kampf gerüstet hatte: Ausgangssperre, Luftschutzbunker, Verdunkelung am Abend mit den schwachen blauen Lämpchen an den Straßenecken, die einem nach Einbruch der Dunkelheit den Weg nach Hause zeigen sollten. Dann kamen die Gasmasken. Jedes Schulkind und jeder französische Staatsangehörige bekam eine und mußte sie in ihrem Blechbehälter über die Schulter gehängt immer bei sich tragen. Ein paarmal wurde ich von der Polizei angehalten und gefragt, warum ich keine bei mir hätte. Ich antwortete, als Ausländer hätte ich keinen Anspruch auf eine Maske. Aber ich könne mir doch eine kaufen, hieß es. Ich versprach das.

Es gab ein paar Schein- und Einschüchterungsangriffe auf Paris, die darauf angelegt waren, Schäden in abgelegeneren Wohnbezirken anzurichten. Als die Sirenen zum erstenmal heulten, stieg ich mit den anderen in einen Luftschutzbunker hinunter, aber danach nie wieder. Lieber ging ich ins Bett oder setzte mich mit einem Buch auf eine Bank im Jardin du Luxembourg, bis die Entwarnung kam. Im Park kam einmal ein Polizist auf mich zu und fragte, warum ich nicht im Bunker sei. Ich erklärte ihm, ich würde an Klaustrophobie leiden. Er schüttelte den Kopf und ließ es dabei. Von diesen kleinen Luftangriffen abgesehen, bei denen der gesamte Verkehr stillstehen mußte, veränderte sich nicht viel. Um die Mittagszeit waren die Restaurants voll, und auch abends saßen die Leute hinter den abgedunkelten und zum Schutz gegen Glasbruch mit Klebebändern bedeckten Scheiben und aßen. Sie gingen ins Kino und ins Theater und sahen zu, daß sie so gut wie möglich nach Hause kamen, meistens zu Fuß.

Irgendwann in den ersten Wochen nach der französischen Kriegserklärung hörte ich, Picasso habe die Wohnung in Antibes, die ich ihm im Jahr zuvor überlassen hatte, aufgegeben. Es waren noch eine ganze Reihe von Dingen dort, die ich für das neue Häuschen, das ich mir in der Nähe von Paris, in St.-Germain-en-Laye gekauft hatte, zurückholen wollte. Um in den Süden zu fahren, brauchte ich einen Militärpaß, denn alle Straßen und Brücken wurden bewacht. Mit Hilfe eines einflußreichen Freundes aus dem Wissenschaftsministerium konnte ich mir den Paß besorgen. Ich bot der Regierung meine Dienste an, falls ich ihr irgendwie von Nutzen sein könne, aber es hieß, das sei nicht möglich, da ich Angehöriger eines neutralen Landes sei; aber vielleicht könnte ich mich inoffiziell nützlich machen. Mein Freund werde mit mir in Verbindung bleiben.

Ich stieg in mein Auto und machte mich mit Höchstgeschwindigkeit auf den neunhundert Kilometer langen Weg nach Antibes. Von ein paar Kontrollen durch bewaffnete Soldaten abgesehen, kam ich in dem Nieselregen gut voran. Aber in einer abschüssigen Kurve kurz vor einem Dorf geriet der Wagen ins Schleudern, kam von der Straße ab und landete zweieinhalb Meter tiefer zwischen zwei Bäumen in einem morastigen Rübenfeld — auf allen vier Rädern. Einen Augenblick lang saß ich ganz ruhig da, es schien mir nichts zu fehlen. Dann stieg ich aus, um zu sehen, was kaputt gegangen war. Der Wagen hatte nicht einmal einen Kratzer. Von einem Haus kam ein Mann herübergerannt, aber als er sich vergewissert hatte, daß weder ich noch der Wagen etwas abbekommen hatten, machte er Schäden an seinen Rüben geltend. Ich zeigte ihm meine Versicherungspapiere, aber es war zwecklos — der Wagen könne nicht geborgen werden, bevor die Sache nicht geregelt sei, und zwar in bar. Ich gab ihm ein paar hundert Franc und fragte, ob es hier in der Gegend jemanden gebe, der mich abschleppen könnte. Nicht weit entfernt, an der Straße wohne ein Leichenbestatter, der habe Pferde. Und im Dorf, anderthalb Kilometer weiter, war eine Werkstatt. Ich ging zu dem Leichenbestatter und überredete ihn, mit einem Pferd und ein paar Brettern zu kommen. Nach zwei Stunden stand der Wagen wieder auf der Straße, und das Pferd schleppte ihn gemächlich in die Werkstatt. Ich bat, Lenkung und Getriebe nachzusehen, und quartierte mich für die Nacht in einem kleinen Gasthaus ein.

Früh am nächsten Morgen ging ich wieder hin; der Wagen war vollkommen in

Ordnung. Da ich schon ein Drittel der Strecke hinter mir hatte, fuhr ich jetzt durch und kam noch vor Einbruch der Dunkelheit in Antibes an. Am nächsten Tag trieb ich einen Spediteur auf und gab ihm Anweisungen, die Wohnung auszuräumen und meine Sachen nach St.-Germain-en-Laye zu schicken. Anscheinend funktionierte alles normal — es gab kein Anzeichen dafür, daß sich Frankreich im Krieg befand.

Ich lud noch allerlei Kleinkram hinten in den Wagen und machte dann einen Spaziergang in die Stadt. Wahrscheinlich sah ich diesen Ort, mit dem sich so viele angenehme Erinnerungen verbanden, jetzt zum letzten Mal. Ich setzte mich in das Café an der Place Macé mit ihren hohen Palmen. Bald darauf nahm ganz in der Nähe ein gut aussehender Japaner mittleren Alters Platz. Es war Sessue Hayakawa, ein berühmter Kinostar der Stummfilmzeit. Ich sprach ihn auf Englisch an, und er antwortete mir in perfektem Englisch mit amerikanischem Akzent. Er war froh, jemanden gefunden zu haben, mit dem er reden konnte, denn er lebte ganz allein und für sich an der Riviera. Seit dem Aufkommen des Tonfilms gab es für ihn nicht mehr viel zu tun.

Die Rückfahrt nach Paris verlief ohne besondere Vorkommnisse. Nur an einer Straßenkreuzung hielten mich die Soldaten an und brachten mich zur Überprüfung meiner Papiere auf die örtliche Polizeistation. Dort hielt man ein junges amerikanisches Paar fest, sie hatten keinen Militärpaß und sprachen nicht französisch. Ich redete mit ihnen; sie versuchten, per Anhalter nach Paris zurückzukommen, und hofften, von dort repatriiert zu werden. Der Beamte fuhr mich an, ich solle französisch sprechen. Ich sagte ihm, ich würde mich als Dolmetscher betätigen und spräche übrigens englisch — ob er den Unterschied zwischen Deutsch und Englisch nicht kenne, und seien die Engländer nicht Verbündete der Franzosen? Außerdem hätten die beiden doch ihre amerikanischen Pässe dabei. Ich bot an, für sie zu bürgen und sie mit nach Paris zu nehmen. Nein, sie müßten zur weiteren Überprüfung festgehalten werden, alle Spione seien mit Pässen ausgestattet, meinte er und schickte mich weg.

Auch wenn es im Herbst und Winter 1939/40 keine direkten Anzeichen für den Krieg gab, wurden doch Beschränkungen und Gesetze erlassen, die zu größerer Sparsamkeit anhalten sollten. Zucker, Tabak, Kaffee und Benzin wurden rationiert und natürlich gehortet, und sofort entstand ein schwarzer Markt. Es bildeten sich Schlangen vor den Lebensmittelgeschäften, deren Schaufenster kreuz und quer mit Papierstreifen beklebt waren, manche ausgesprochen künstlerisch. Ich glaube, diese beklebten Fenster deprimierten mich am meisten, aber auch ich folgte diesem Beispiel bei meinen Atelierfenstern, nahm dazu aber durchsichtiges Klebeband. Es war einigermaßen unsichtbar.

Ich hatte kaum Photoaufträge und wandte mich der Malerei zu. So führte ich mehrere große Ölbilder aus. Auf einem hatte ich einige Träume miteinander verknüpft, in leuchtenden Farben und unter Verwendung sämtlicher Stile, vom Impressionismus bis zum Kubismus und zum Surrealismus. Ab und zu fuhr ich zu

77 Man Ray: »Le beau temps«, Gemälde 1939. Privatsammlung

meinem kleinen Haus in St.-Germain-en-Laye, in dem Arbeiter gerade ein paar
Umbauten vornahmen, und blieb einige Tage dort. Eines Nachts hörte ich in der
Ferne Geschütze, und als ich wieder einschlief, träumte ich, zwei mythische Tiere würden auf dem Dach meines Hauses auf Leben und Tod miteinander kämpfen. Ich machte eine Zeichnung davon und fügte die Szene in das Traumgemälde
ein, dem ich den Titel *Le beau temps* (Schönes Wetter) gab.
Als ich eines Morgens über den Markt in der Stadt schlenderte, begegnete ich
dem Maler André Derain, dessen Haus ein paar Meilen außerhalb der Stadt auf
dem Land lag. Wir schwatzten ein Weilchen und erörterten den erwarteten Einmarsch der Deutschen. Er war der Meinung, Paris könne nichts geschehen, es
würde so sein wie im Ersten Weltkrieg; damals seien die Deutschen, die sich von
Osten genähert hatten, zurückgeschlagen worden. Und wir persönlich brauchten

um unser Eigentum nicht zu bangen, wir wohnten ja ganz im Westen von Paris. In den Monaten Februar und März wurden im allgemeinen die Frühlings- und Sommerkleider präsentiert. Die Couturiers entschlossen sich zu einer äußersten Anstrengung, um zu zeigen, wie gut die Moral der Franzosen war. Sie veranstalteten aufwendige Modenschauen — amerikanische Redakteure und Kunden kamen scharenweise nach Paris, und ich hatte einige Wochen lang mit den Kollektionen zu tun. Wie üblich mußte alles sehr schnell gehen, um den Redaktionsschluß der Zeitungen nicht zu verpassen. Tag und Nacht fanden Sitzungen statt, in Ateliers mit eigens vorbereiteten Hintergründen und in den Ausstellungsräumen von Innenausstattern. Es gab häufig Luftalarm, dann wurde die Arbeit eingestellt, und alle gingen bis zur Entwarnung in den Bunker. Ich verfügte mich mit einem Buch oder einer Zeitung auf die Toilette. An manchen Abenden machten uns von der Straße her die Pfiffe eines Polizisten darauf aufmerksam, daß man durch eine Vorhangspalte unsere Lampen sehen konnte. Es lag Gefahr in der Luft, und das machte die Arbeit spannender; wir kamen uns vor wie Soldaten an der Front. Einige Direktoren bellten ihre kurzen Befehle wie ein Kompaniechef. Es endete dann mit aufgeriebenen Nerven und dem ständigen Ruf nach Beeilung, weil die Deutschen ihre Bombenangriffe zur Zermürbung des Landes verstärkten. Über einen von U-Booten unsicher gemachten Atlantik eilten Kunden und Redakteure wieder nach New York.

Wir in Paris kehrten zum Alltag zurück und warteten ab, was die Zukunft bringen würde. Es herrschte großes Vertrauen in die Fähigkeit der Armee, den Eindringling abzuwehren. Die Parole aus dem Ersten Weltkrieg kam wieder auf: »Ils ne passeront pas« (»Sie werden nicht durchkommen«). Es kam nicht zu Kämpfen; die Armee saß in ihrer neunstöckigen Maginot-Linie, ausgerüstet für eine lange Belagerung. Draußen wurde alles grün, der Frühling kam, die Kastanien an den Boulevards setzten ihre rosaweißen Kerzen auf, emsig bepflanzten die Gärtner die Beete in den Parks mit den ersten Blumen aus den Gewächshäusern. Im Jardin du Luxembourg war ein kleines Stück abgezäunt, dort stand eine kunstvoll getarnte Fliegerabwehrkanone, ein- oder zweimal wurde sie gegen ein paar deutsche Flugzeuge eingesetzt, die der Stadt in aller Ruhe einen Besuch abstatteten.

Über Tarnung wurde viel gesprochen; seit dem letzten Krieg waren neue Ideen aufgekommen, aber noch niemand wußte, daß grüne und braune Anstriche auf Photographien anders wirkten als natürliche Grün- und Brauntöne, die Infrarotstrahlen abgaben, so daß die Natur ganz braun aussah, während gestrichene Flächen grüner waren als die Natur selbst. Der erfolgreichste Tarnversuch war der, den der Maler Léger an dem kleinen Automobil einer Amerikanerin unternahm. Sie war dem Roten Kreuz beigetreten und kurvte wie ein Schmetterling durch die Stadt, in einem Wagen, der mit einem Streifenmuster in sämtlichen Primärfarben verziert war, wie die Bilder Légers, und in der Sonne aufleuchtete oder einen verhangenen Tag ein wenig aufhellte. Wären die wichtigsten Städte Frankreichs so geschmückt gewesen, mit wehenden Fahnen, dann wären die Nazis vielleicht weniger skrupellos vorgegangen, mehr so, als machten sie Urlaub.

Alles in allem war Paris im Frühling wieder ein Paradies; man konnte nicht anders als optimistisch sein, denn die Natur war sich treu geblieben und mißachtete alle Drohungen. Im Mai zeigte das Barometer ständig auf Schön, wie mein letztes Gemälde, *le beau temps*, zumindest wie sein Titel. Ich konnte nicht wie Whistler sagen, die Natur ahme mich nach, denn es gab in diesem Bild einige beunruhigende Elemente, auf die der Titel nicht so recht zutraf. Das Bild war weniger eine Prophetie als vielmehr eine Dokumentation der Vergangenheit, ähnlich einem Barometer mit einem Schreiber, der die gemessenen Werte festhält, so daß man aus dem, was bisher gewesen ist, die Tendenz für die Zukunft ablesen kann.

Als das Wetter nicht mehr schöner werden konnte, setzten sich die Nazis in Bewegung, aber nicht in Richtung auf Paris. Sie umgingen die Maginot-Linie im Norden, entlang der Küste, erledigten zuerst die britische Armee bei Dünkirchen und verteilten sich dann im Gefolge ihrer Flugzeuge, die Brücken und Bahnhöfe in die Luft jagten, über die ganze Normandie. Der Widerstand war gering, die Nazi-Maschinerie bewegte sich wie ein Roboter. Die Küste gegenüber von England wurde besetzt und immer stärker befestigt, um jeden britischen Versuch, wieder auf dem Kontinent zu landen, abzuweisen. Andere Nazi-Divisionen schwenkten nach Osten und näherten sich Paris von hinten: was anscheinend niemand für möglich gehalten hatte. Die französische Armee war nie da, wo sie am dringendsten gebraucht wurde. Obwohl viele verlangten, Paris zur offenen Stadt zu erklären, faßte man den Beschluß, es bis zum letzten Quadratmeter zu verteidigen.

Hektische Vorbereitungen begannen, so viele Soldaten, wie direkt verfügbar waren, wurden nach Paris verlegt, und um die ganze Stadt herum wurden Schützengräben ausgehoben. Kleine Beobachtungsluftschiffe schwebten am Himmel, um die Ankunft des Feindes rechtzeitig zu melden. Ein Rauchvorhang — tröstlich, aber wirkungslos — wurde um die Stadt gelegt; er hinderte die deutschen Flugzeuge nicht, Paris zu überfliegen. Schließlich erging an alle Zivilisten und alle, die nicht der Armee angehörten, die Anweisung, Paris innerhalb von vierundzwanzig Stunden zu verlassen.

Flüchtlingsströme in Richtung Süden verstopften die Straßen von den nördlicheren Städten her. Unter ihnen auch die Glücklichen, denen es gelungen war, aus Belgien und Holland herauszukommen. Der Exodus aus Paris nahm biblische Dimensionen an. Es gab keine Panik, alles war gründlich, aber auch mit einer gewissen Phantasie vorbereitet. Autos wurden mit den wertvolleren Besitztümern beladen, darunter Vogelkäfige, Hunde und Katzen. Obenauf wurden Matratzen und Bettzeug gepackt (im Radio hatte es geheißen, die feindlichen Flugzeuge würden auf die langen Flüchtlingskolonnen herabstoßen und sie mit Maschinengewehren beschießen, obwohl die Flugzeuge auch Flugblätter abwarfen, in denen erklärt wurde, aus ihrer Position sei es schwierig, zwischen Soldaten und Zivilisten zu unterscheiden). Kleinere Fabrikanten ließen ihre Maschinen auf Lastwagen verladen. Die Tankstellen wurden belagert, alle Autobesitzer füllten jedes erdenkliche Behältnis mit Reservebenzin. Wer keine anderen Transportmittel besaß, machte sich zu Fuß auf den Weg, ein Fahrrad schiebend oder einen Kinderwagen, beladen mit ein paar Habseligkeiten und obenauf der Vogelkäfig oder das Goldfischglas.

Als guter Kunde bekam ich bei meiner Tankstelle zwei 35 Liter-Kanister mit Benzin, die ich in den Kofferraum des Wagens lud. Als ich mich in meinem Atelier umsah, um zu entscheiden, was ich mitnehmen wollte, überkam mich ein Gefühl der Hilflosigkeit. Es war so vollgestopft mit Dingen, die ich all die Jahre hindurch zusammengetragen hatte — Gemälde, Zeichnungen, Bücher, das Photoarchiv und das Photomaterial —, daß ich mich nicht entscheiden konnte, selbst wenn ich genug Platz in meinem kleinen Wagen gehabt hätte. Ich packte bloß ein bißchen Wäsche, einen Mantel und feste Schuhe ein. Adrienne hatte ihren ganzen Modeputz zum Einpacken bereitgelegt, aber den sortierte ich sofort wieder aus und gestand ihr nur ein paar notwendige Dinge zu. In der Küche füllten wir einen kleinen Korb mit ein paar Sardinendosen, Obst und einer Flasche Sekt, Cordon Rouge — eine glänzende Idee, wie sich später herausstellen sollte, aber in diesem Augenblick stellte sie mich auf eine Stufe mit den Vogelliebhabern. Mit einem letzten Blick auf mein Atelier und in dem Gefühl, daß ich es nie mehr wiedersehen würde, daß zwanzig Jahre Arbeit ausgelöscht waren, verriegelte ich die Tür.

Der Morgen war sehr schön, mild und sonnig. Wir stiegen in den Wagen. Außer einem kleinen Koffer auf dem Rücksitz und unserem Korb mit den Lebensmitteln, der aussah, als seien wir zu einem Picknick oder einem Wochenendausflug unterwegs, war der Wagen leer, während unsere Nachbarn geladen hatten, bis die Reifen unter den Kotflügeln verschwanden. Ich hatte ein etwas schlechtes Gewissen — ich hätte ja ein paar Freunde anrufen und ihnen anbieten können, sie mitzunehmen. Andererseits wußte man nicht, wohin diese Odyssee führen würde. Da man nur nach Süden fahren konnte, wollte ich nach Spanien. Besser keine zusätzliche Verantwortung übernehmen. Zuerst fuhr ich zur Bank, um Geld abzuheben. Ich könne nicht alles mitnehmen, hieß es. Ich war überrascht, daß es keinen Ansturm auf die Bank gegeben hatte. Dann fuhr ich zu einem Reifenhändler; meine Reifen waren zwar noch gut in Schuß, aber ich wollte kein Risiko eingehen und ließ neue Reifen montieren, dazu auch einen neuen Ersatzreifen. Dann ging es durch Paris, Richtung Westen, nach St.-Germain-en-Laye, um mein Häuschen auf dem Land abzuschließen. Dieser Teil von Paris war völlig verlassen. Als ich in den Bois de Boulogne hineinfuhr, hielt mich ein Polizist an und fragte, wohin ich wolle. Ich sagte es ihm. Aus dieser Richtung würden die Deutschen kommen, meinte er. Ich sei Amerikaner und neutral, gab ich zurück. Ich würde ihnen meinen Paß zeigen. Der Schutzmann schüttelte traurig den Kopf und ließ mich weiterfahren.

Nachdem wir die Stadt hinter uns gelassen hatten, gab ich Gas und raste durch einige Dörfer an der Seine entlang — keine Menschenseele war zu sehen, alles verschlossen, es war niemand mehr da. Einmal kam uns eine Kompanie französischer Soldaten entgegen — ich hielt am Straßenrand an, und sie marschierten vorüber, ohne uns zu beachten. Es war Mittag, als wir unser Ziel ungefähr erreicht hatten, und ich beschloß, erst zu Mittag zu essen, falls irgendwo etwas geöffnet hatte. Als wir auf den Platz vor dem Schloß von St.-Germain-en-Laye einbogen, wo alle Restaurants dicht beieinander lagen, bot sich uns ein merkwürdiger Anblick. Die Restaurants hatten geöffnet, die Terrassen standen voller Tische und Stühle, und überall saßen die Flüchtlinge. Ihre Autos mit Matratzen und Bettzeug auf dem Dach hatten sie in der Nähe geparkt; in der Nacht hatte es geregnet, aber jetzt schien die Sonne und trocknete die nassen Sachen. Wir setzten uns an einen leeren Tisch. Neben uns saß eine Familie, die ihre nassen Sachen auf einem anderen unbesetzten Tisch ausgebreitet hatte. Als sie aufbrachen, wurden ihnen zusätzlich fünf Franc berechnet, weil auch die Decke auf diesem Tisch naß geworden war. Es gab einen ziemlichen Streit deswegen. Wie ließen uns Zeit mit dem Essen und leerten dazu eine gute Flasche Wein.

Dann fuhr ich zu meinem Häuschen hinunter, packte ein paar kleinere Sachen zusammen, die uns nicht weiter belasteten, legte eine kurze Nachricht und ein bißchen Geld für das Hausmädchen auf den Tisch, das jeden Tag vorbeikam, schloß die Türen und Fensterläden sorgfältig ab und ging in die Garage, um Wasser, Gas und Strom abzustellen. Adrienne wollte ihr neues bronze-goldenes Fahrrad mitnehmen, wollte es vorne auf den Wagen schnüren, wie wir es bei einigen Flüchtlingsautos gesehen hatten. Aber ich weigerte mich, ich ließ so viele andere wertvolle Dinge zurück, das Fahrrad würde uns am allerwenigsten fehlen.

Ich kannte die Gegend recht gut und hielt mich, während wir nach Süden fuhren, so weit wie möglich auf kleineren Straßen; auch sie waren schon voller Fuhrwerke, auf denen die Bauern ihren Hausrat und die Familie wegschafften. Schließlich mußte ich aber doch auf die Hauptstraße, auf der in beiden Richtungen sehr dichter Verkehr herrschte; aus Paris kamen die Flüchtlinge, während die Reservetruppen der Stadt zustrebten. Es gab viele Stauungen, und wenn es einmal vorwärtsging, dann nur langsam. Spät am Nachmittag ertönte ein Ruf, schwoll an und wurde lauter, je näher er kam: die deutschen Flugzeuge kamen. Alle ließen ihre Fahrzeuge im Stich und stürzten in den Wald, der die Straße säumte. Durch den Lärm der Motoren hörten wir einige Maschinengewehrsalven, aber niemand kam zu Schaden. Und wie es in den Gerüchten geheißen hatte, lagen tatsächlich Flugblätter auf dem Boden, in denen man sich für den Angriff entschuldigte. Kurz vor Einbruch der Nacht kamen wir durch Rambouillet, in sieben Stunden hatten wir kaum fünfzig Kilometer geschafft. Als wir wieder auf der Landstraße waren, bog ich in einen Weg ab, der in den Wald führte, und wir verbrachten die Nacht zusammengerollt im Auto. Am nächsten Morgen nahm ich eine weniger benutzte Straße nach Chartres, während die meisten Flüchtlinge die Route direkt nach Süden, Richtung Orléans einschlugen. Ich beschloß, mich weiter westlich zu halten, Richtung Bordeaux. Bald wurde die Straße wieder voller, aber es war immerhin möglich, zwanzig bis dreißig Kilometer in der Stunde zurückzulegen. Wir kamen durch eine kleine Stadt und aßen in dem überfüllten Speisesaal des einzigen Hotels zu Mittag. Ein Radio verkündete krächzend die neuesten Nachrichten. Es sah gar nicht gut aus; direkte Nachrichten aus Paris, wo sich die Armee verschanzte, gab es nicht, aber überall, wo die Nazis an den Straßen auf Gegenwehr stießen, da schickten sie ihre Flugzeuge vor, die die Widerstandsnester mit ein paar Bomben ausradierten. Irgendwo hatte eine französische Panzereinheit ihre Stellung gehalten, aber nach kurzer Zeit war sie aufgerieben worden. Nach und nach leerte sich der Speisesaal, wir gingen zum Auto zurück und setzten unsere Fahrt gemächlich fort.

Die nächste größere Stadt war Tours, wohin alle fuhren, um zu tanken. Ich hatte auf der Fahrt zwar erst einen der beiden Reservekanister verbraucht, aber ich wollte ihn wieder füllen, um ganz sicher zu gehen. Ich reihte mich in eine lange Schlange vor einer der Tankstellen ein und setzte mich auf den leeren Kanister; es sah so aus, als müsse man lange warten. Alle waren ziemlich zitterig, Gerüchte wollten wissen, daß die Deutschen Tours demnächst bombardieren würden. Weil es bei den Tankstellen so langsam voranging, wurde die Stimmung immer gereizter. Vor mir begannen zwei Flüchtlinge, sich wegen ihres Platzes in der Schlange zu prügeln. Nach einer halben Stunde gab ich auf und kehrte mit dem leeren Kanister zum Wagen zurück. Menschenmassen ekelten mich immer an; alles Gedränge, ob bei einer Straßendemonstration oder im Konzertsaal, wenn alle unisono Beifall klatschten, erfüllte mich mit Widerwillen. Von meinen Erfahrungen mit den Dada-Veranstaltungen wußte ich, daß jeder, der sich als Einzelner entzog, die Wut des Mobs zu spüren bekommen konnte.

Ich fuhr aus Tours hinaus, zur Loire hinunter und nahm eine ruhige Landstraße, die neben dem Fluß herlief. Nach dem Einbruch der Dämmerung bog ich in einen von Bäumen gesäumten Feldweg ein, wo wir es uns für die Nacht so bequem wie möglich machten. Adrienne war eine wunderbare Reisegefährtin, ihre gute Stimmung und ihre Zurückhaltung hielten mich bei Laune und verhinderten, daß ich einem Gefühl der Verzweiflung nachgab. Und es war erholsam, keinen anderen Menschen zu sehen. Bei Tagesanbruch machten wir uns wieder auf den Weg, um die ersten Sonnenstrahlen zu erwischen — zwischen den Bäumen war es kühl und feucht gewesen. Ich fuhr ein paar Stunden, bis wir zu einem Dorf namens Montaigu kamen, an dessen Eingang eine Tankstelle lag. Außer dem alten Tankwart, der an einem Tischchen saß und ein Croissant in seine Kaffeeschale tauchte, war keine Menschenseele zu sehen. Ich fragte, ob er Benzin hätte; er nickte bejahend. Dann erkundigte ich mich, ob es in der Nähe ein Café gab, wo wir frühstücken konnten, während er den Tank füllte und nach Öl und Wasser sah. Er lud uns ein, mit ihm Kaffee zu trinken, und holte zwei rissige Schalen, eine Kaffeekanne und ein paar Croissants hervor. Während wir aßen, kümmerte er sich um den Wagen und füllte auch den leeren Kanister. Ich holte meine Benzinzuteilungsscheine hervor und fragte nach der Rechnung, er aber winkte ab; bald würden die Deutschen da sein und alles beschlagnahmen — dann würden Geld und Marken ohnehin nutzlos sein. Ich dankte ihm vielmals, konnte mir aber die Bemerkung nicht verkneifen, daß es mit dem Land nicht so weit gekommen wäre, wenn die Franzosen zusammengehalten hätten und zueinander so großzügig gewesen wären, wie er zu Ausländern war. Dann fuhren wir los. Mehr denn je war ich davon überzeugt, daß es den Menschen am besten geht, wenn sie für sich allein sind.

Ich wollte jetzt zunäcbt die Atlantikküste erreichen und dann hinunter nach Bordeaux fahren, das noch ein ganzes Stück entfernt lag. Also fuhr ich zunächst einmal in die nächste Stadt, Sables d'Olonne, eine Sommerfrische am Meer, in der Hoffnung, ein bequemes Hotel zu finden, wo wir ein paar Tage bleiben und uns ausruhen konnten. Die Straße war leer, aber ich fuhr langsam und freute mich an der Verlassenheit der Gegend. Wir kamen an einem völlig zerstörten Militärflughafen vorbei, die Flugzeughalle war dem Erdboden gleichgemacht, und ein paar zerschossene Maschinen lagen herum. Die Deutschen hatten ihn tags zuvor bombardiert. Der Krieg schien immer noch in weiter Ferne; bis jetzt hatten wir keine Kriegshandlungen gesehen und sehr wenig von seinen Folgen.

Nachdem wir in Les Sables angekommen waren, suchte ich die drei oder vier in meinem Reiseführer verzeichneten Hotels auf, aber sie waren alle belegt. Das letzte bot mir eine Dachkammer an, ohne Fenster, nur mit einer Dachluke, durch die man ein Stückchen blauen Himmel sehen konnte. Ich nahm sie, schaffte den Koffer hinauf und ging dann zum Auto zurück, um mich nach einer Garage umzusehen; in jenen Tagen ließ niemand sein Auto über Nacht auf der Straße stehen, und in der ganzen Stadt erblickte man keinen einzigen Wagen. Die nächstgelegene Garage war bis dicht an die Tore mit Autos vollgestopft, sie konnten keinen mehr aufnehmen; bei zwei weiteren war es das gleiche. Dann hatte ich Schwierigkeiten beim Starten des Motors, man merkte der Batterie die Belastung durch die Fahrt von Paris hierher an. Der Mechaniker der letzten Garage sagte mir, ich solle die Batterie die Nacht über dalassen, er werde sie aufladen. Aber wo sollte ich den Wagen hinstellen? Ich fuhr zum Hotel zurück, parkte den Wagen an der Bordsteinkante, baute die Batterie aus und schleppte sie zu der Garage zurück. Die Hüter des Gesetzes würden Nachsicht üben, wenn ich in dieser Notsituation den Wagen im Freien ließ.

Es war eine Wohltat, als wir uns nach zwei Tagen und Nächten auf der Straße in unserer Kammer ausziehen und lang ausstrecken konnten, auch wenn die Matratze nicht von der besten Qualität war; wir schliefen bis zum Morgen. Ich wusch und rasierte mich auf dem Zimmer, während sich Adrienne eine halbe Stunde lang im Badezimmer auf dem Korridor erging. Zweimal klopfte das Zimmermädchen an ihre Tür, um zu sehen, ob sie nicht ertrunken war. Dann gingen wir hinunter, um uns nach einem Frühstück umzusehen. Der Speiseraum war überfüllt mit Flüchtlingen: Holländer, Belgier, auch Franzosen aus den Städten im Norden, die schon früher in der Woche hierhergekommen waren. Im Radio ertönte patriotische Musik; dann verkündete eine Stimme, General Pétain habe dem französischen Volk eine wichtige Mitteilung zu machen. Er sagte, es sei ein Waffenstillstand ausgerufen worden. Die Deutschen waren in Paris einmarschiert, das man zur offenen Stadt erklärt hatte. Zwar sei jeder französische Soldat bereit gewesen, seinen letzten Blutstropfen für das Vaterland hinzugeben, aber man hatte die unschätzbaren historischen Denkmäler von Paris schonen müssen. Die Feuereinstellung, die Pétain bei den Deutschen erreicht hatte, war jedoch nicht unwürdig zustande gekommen. Man hatte sich auf eine Linie geeinigt, die Frankreich von Osten nach Westen in eine besetzte und eine unbesetzte Zone teilte. Die Deutschen würden nördlich dieser Linie bleiben. Die Flüchtlinge wurden ermahnt, bis auf weiteres zu bleiben, wo sie waren, und die Straßen nicht zu versperren, die für die erforderlichen Militäroperationen freigehalten werden müßten. In absehbarer Zeit könnten wir alle nach Hause und in den Alltag zurückkehren. Der Krieg sei vorüber. Ertragen wir es mit Würde und tun wir nichts, um die Eindringlinge zu provozieren, die ihrerseits als Sieger den Besiegten gegenüber äußerste Nachsicht walten lassen würden. Damit beendete er seine Ansprache, und es folgte die Marseillaise. Alle erhoben sich; Männer und Frauen ließen ihren Tränen freien Lauf.

Also, dachte ich, war der ganze Wirbel, aus Paris herauszukommen, vergebens, wir wären besser dort geblieben. Jetzt mußten wir erst einmal weitere Anweisungen abwarten. Die Demarkationslinie lag südlich von uns; jeden Tag konnten die Nazis kommen.

Später ging ich zu der Garage hinüber, um meine Batterie abzuholen. Ich baute sie wieder ein und prüfte sie, um fahrbereit zu sein, sobald die Straßen wieder freigegeben wurden. Den Wagen bis dahin auf der Straße stehen zu lassen, war riskant; ich öffnete die Kühlerhaube, nahm den Zündverteiler heraus und steckte ihn in die Tasche. Jetzt konnte niemand den Wagen stehlen. Tage vergingen, ohne daß wir etwas Neues erfuhren, außer dem, was die sorgfältig kontrollierten Radiosendungen über die Deutschen mitteilten, die nach und nach die Städte einnahmen und die Vorkriegsverhältnisse wieder einführten — Frankreich wieder zu seinem Alltagsleben verhalfen. Vereinzelt gebe es immer noch Widerstandsnester, die von hitzköpfigen, gegen die Interessen ihres eigenen Landes handelnden Uneinsichtigen gehalten würden, hieß es, aber sie würden schnell beseitigt.

Als ich meine Wohnung in Antibes ausräumte, hatte ich gehört, Picasso sei nach Royan, an die Küste zwischen Les Sables und Bordeaux gefahren. Das würde mein nächstes Ziel auf der Reise nach Süden sein — ich hatte nicht die Absicht, nach Paris zurückzukehren, in ein Paris, das von den Nazis besetzt war. Bevor ich Paris verließ, hatte ich auch einen Brief von Duchamp bekommen, der nach Arcachon, südlich von Bordeaux gegangen war, wo er sich zusammen mit Mary Reynolds nach New York einschiffen wollte. Ich schickte ihm ein Telegramm, in dem ich ihm meinen Aufenthaltsort mitteilte, und bekam ein paar Tage später einen Brief, in dem es unter anderem hieß, er hoffe, daß ich nicht nach Paris zurückgehen würde, ich solle statt dessen nach Arcachon kommen.

Ich war jetzt seit einer Woche in diesem Hotel, und jeder Tag brachte neue Einschränkungen. Der Kaffee wurde dünner; die Milch verschwand vom Tisch. Mittags und abends gab es Kartoffelsuppe und gekochte Bohnen oder eine Scheibe kalten Schinken — und das zu den unveränderten Preisen für Vollpension. Ich sah, wie der Hotelbesitzer und seine kleine Familie zu Mittag (wenn sich der Speisesaal geleert hatte) Huhn oder Hummer aßen. Niemand wagte, sich offen zu beschweren. Einige vorsichtige Bemerkungen wurden kurz abgetan — wer nicht zufrieden sei, könne ja gehen.

Als wir am elften Tag unseres Aufenthalts in Les Sables morgens in den Speiseraum kamen, stießen wir auf eine heftig erregte Gruppe von Gästen, die sich um das Radio versammelt hatte. Es war eine Durchsage gekommen, die Deutschen seien in der Nähe und würden im Laufe des Tages in die Stadt kommen. Auch war den Einwohnern und Flüchtlingen geraten worden, sich jeglicher Demonstration zu enthalten. Am späten Vormittag füllten sich die Gehsteige um den Platz im Zentrum der Stadt mit Menschen. Andere drängten sich in den Fenstern der benachbarten Häuser. Das Bankgebäude und das kleine Rathaus waren verschlossen, Lastwagen hatten schon früher alles Geld und sämtliche Dokumente abtransportiert. Wie auf ein Signal rollten die ersten Wagen mit dem deutschen Stab auf den Platz, gefolgt von Lastwagen, die mit Soldaten gefüllt waren. Zwei Panzer nahmen mit gesenkten Geschützrohren strategische Positionen auf dem Platz ein. Alles — die Wagen, die Soldaten, die Uniformen, die Panzer — war von dem gleichen trostlosen Graugrün, als sei die ganze Armee durch eine Anstreicherwerkstatt geschleust und damit besprüht worden. Einige Männer sprangen von den Lastwagen, liefen zur Bank und zum Bürgermeisterhaus und hämmerten gegen die Türen. Als sie keine Antwort bekamen, zogen sie ihre Revolver und zerschossen die Türschlösser. Andere Soldaten folgten ihnen mit Maschinengewehren, die sie oben auf den Dächern in Stellung brachten und auf uns richteten.

Schweigend und reglos sah die Menge zu. Ein Mann Mitte fünfzig neben mir sah mich mißtrauisch an. Irgendwie muß er mir angesehen haben, daß ich kein Franzose war. Er wisse ja nicht, wer ich sei, sprach er, und es sei ihm auch gleichgültig, aber zu seiner Zeit, das heißt, im Ersten Weltkrieg, hätte man sich das nicht so ohne weiteres gefallen lassen. Er sagte es so laut, daß die Umstehenden es hören konnten. Einige warfen mir finstere Blicke zu, und mir wurde klar, daß ich mich in einer jener gefürchteten Situationen befand, in der der Mob über jeden verfügbaren Sündenbock herfallen konnte, um die eigene Enttäuschung an ihm abzulassen. Vielleicht hielt man mich für ein Mitglied der fünften Kolonne, und ich sah mich schon mit einem Messer im Rücken. Adrienne wollte etwas sagen, aber ich schob sie vor mir her aus dem Gedränge heraus, wobei ich laut und mit starkem amerikanischen Akzent sagte, ich sei Amerikaner. Ein Lautsprecher auf einem Lastwagen forderte die Menschen auf, nach Hause zu gehen und sich ruhig zu verhalten. Diese Durchsage erfolgte in tadellosem Französisch. Schweigend ging die Menge auseinander.

Die Deutschen richteten ihr Hauptquartier im Rathaus ein, schickten Trupps los, um Häuser zu übernehmen und ihre Leute einzuquartieren, und suchten die Garagen auf, wo sie die am besten aussehenden Autos für ihren Gebrauch beschlagnahmten. Am nächsten Tag hingen überall in der Stadt Plakate, auf denen alle Flüchtlinge und sonstigen Personen, die nicht im Ort wohnhaft waren, aufgefordert wurden, mit ihren Papieren vor dem Stab zu erscheinen. Ich gratulierte mir selbst, daß ich meinen Wagen nicht in einer Garage untergestellt hatte, als ein deutscher Offizier, begleitet von einem französischen Dolmetscher, im Hotel erschien und sich nach dem Besitzer des Wagens erkundigte, der auf der Straße draußen parkte. Ich kam herunter, und wir gingen zum Auto. Der Offizier hatte eine elegante neue Uniform und trug ein Monokel im Auge. Mit Hilfe des Dolmetschers verlangte er, ich solle ihn zu einer bestimmten Stelle außerhalb der Stadt fahren und mich zu seiner Verfügung halten. Mit anderen Worten, ich und mein Wagen waren beschlagnahmt. Ich antwortete, der Wagen sei kaputt gegangen, sonst hätte ich ihn in eine Garage gebracht. Als der Dolmetscher das übersetzt hatte, machte der Offizier eine ungeduldige Geste und sagte auf deutsch zu mir, ich solle aufhören, Ausflüchte zu machen. Ich verstand ein bißchen deutsch, tat aber so, als hätte ich nichts begriffen, und als der Franzose wieder übersetzt hatte, erklärte ich, ich sei Amerikaner — aus einem neutralen Land — und zog meinen Paß hervor. Der Offizier stieß ihn mit einer unhöflichen Bemerkung über die Amerikaner beiseite und befahl mir, mich ans Steuer zu setzen. Ich zog meinen Zündschlüssel heraus, hielt ihn ihm hin und sagte, er dürfe sich meines Wagens gern bedienen, wenn er ihn zum Laufen brächte — dies auf englisch. Er winkte dem Dolmetscher mitzukommen und meinte, er wolle sich nach einem anderen Wagen umsehen. Ich sah ihnen nach und klopfte mir auf die Hosentasche, in der der Verteiler steckte, dessen Entfernung mir die Sicherheit gegeben hatte, den Nazi so erfolgreich an der Nase herumzuführen.

Am Morgen erschien ich im Hauptquartier und legte meine Papiere und meinen Paß vor. Als sie meine Pariser Adresse sahen, sagten sie, ich solle dorthin zurückkehren; als ich die Absicht äußerte, nach Süden zu fahren, und um einen Passierschein bat, wurde mir höflich mitgeteilt, niemand dürfe die Linie, die Frankreich in eine besetzte und eine unbesetzte Zone teilte, überschreiten. Dann fragte ich, wo ich das Benzin bekommen könnte, um nach Paris zurückzufahren. Ich solle in der nächsten großen Stadt, in Nantes, halt machen, hieß es, dort gebe es viele Tankstellen.

Nach einem dürftigen Imbiß beglich ich die Hotelrechnung, im stillen wünschend, der Besitzer möge Schwierigkeiten mit den Nazis bekommen, sein Hotel möge beschlagnahmt und er auf schmalste Ration gesetzt werden. Dann fuhren

wir los. Nantes lag direkt in nördlicher Richtung, nicht unmittelbar an der Straße nach Paris. Es war ein Umweg von ungefähr achtzig Kilometern, aber ich glaubte, genug Treibstoff zu haben, um von den vierhundert Kilometern zurück nach Paris immerhin die Hälfte zu schaffen. Aber in Nantes gerieten wir in die gleiche Situation wie zwei Wochen zuvor in Tours. Lange Schlangen vor allen Tankstellen, lauter Leute, die nach Hause zu kommen versuchten. Ich fuhr weiter Richtung Osten in die nächste Stadt, nach Angers mit seinem Schloß und den eindrucksvollen Befestigungsanlagen, aber hier war es wieder das gleiche. Also fuhr ich noch einmal neunzig Kilometer bis Le Mans. Es war später Nachmittag, als ich auf den Platz im Zentrum der Stadt einbog. Ein düsterer Anblick bot sich uns, und düstere Klänge drangen an unser Ohr. Dicht an dicht standen die Wagen geparkt. Auf den Bürgersteigen hatten die Flüchtlinge Bettzeug und Decken ausgebreitet, die Familie hatten sich darauf niedergelassen, als richteten sie sich für einen langen Aufenthalt ein. Und ein graugrüner Nazi-Lastwagen mit einem Lautsprecher spielte Wagner-Musik — *Götterdämmerung.* Ein Bild wie aus Dantes Inferno — mit Ton.
Nachdem ich meinen Wagen zwischen zwei andere gequetscht hatte, machte ich einen Spaziergang über den Platz. Alle Cafés und Restaurants waren mit graugrünen Uniformen besetzt — dazwischen hin und wieder eine Frau. Unmöglich, sich dazuzusetzen, selbst wenn ein Tisch frei gewesen wäre. Als ich zum Wagen zurückging, kam ich an einer Bäckerei vorbei und konnte eines der letzten Brote ergattern. Flüchtlinge und Soldaten hatten den Laden völlig leer geräumt. In unserem kleinen Korb hatten wir immer noch ein paar Sardinendosen; wir schmierten uns Brote und gaben auch unserem Nachbarn, der sich mit seiner Frau, seiner Mutter und einem Kind auf dem Boden niedergelassen hatte, etwas ab. Sie hatten nichts zu essen, holten aber eine Flasche einfachen Rotwein hervor, die wir herumgehen ließen. Gegen acht Uhr war es noch hell, aber alle Flüchtlinge waren schon dabei, sich für die Nacht einzurichten, entweder im Auto oder mit Bettzeug und Decken auf den Bürgersteigen. Sie hatten nicht genug Benzin und wollten nicht Gefahr laufen, irgendwo unterwegs liegenzubleiben.
Da kamen zwei Deutsche vorbei und blieben stehen, um sich mit den Franzosen zu unterhalten. Sie trugen Dolmetscherabzeichen an den Uniformen. Meine Identität offenbarend, sprach ich sie auf englisch an, und sie antworteten auf englisch. Daß ich aus Paris kam, interessierte sie — sie kannten die Stadt noch nicht und überhäuften mich mit Fragen. Ich wechselte das Thema und fragte sie, warum sie all diesen Flüchtlingen kein Benzin gaben, damit sie nach Haus konnten; die Tankstellen hatten genug, waren aber von den einmarschierenden Truppen geschlossen worden. Der Ältere der beiden antwortete, sie hätten gerade einen anstrengenden Feldzug hinter sich und müßten sich etwas ausruhen; um Benzin auszugeben, müsse zuerst ein gerechtes Verteilungssystem entwickelt werden, was mehrere Tage dauern würde. Aber bald sei es so weit. Ob er denn für mich als Neutralen nicht sofort etwas tun könne? Er überlegte einen Augenblick und

fragte mich dann, ob ich genug Benzin hätte, um ein paar Kilometer zu fahren; er war in einem Haus im Wald, draußen vor der Stadt an der Straße nach Norden einquartiert. Wenn ich früh am nächsten Morgen käme, würde ich rechts eine Seitenstraße mit einem Schild »Le Château Bleu« finden. Hundert Meter weiter auf dieser Straße stehe ein Wachposten, dem ich das Kennwort sagen müsse: »Dolmetscher«, und der mich dann zu ihm führen würde. Vor allem dürfe ich den anderen Flüchtlingen nichts davon sagen und mit meiner Exkursion keinerlei Aufsehen erregen.

Also zog ich am nächsten Morgen meinen französischen Nachbarn ins Vertrauen und sagte ihm, wir könnten so tun, als hätten wir einen Hinweis auf ein Hotel außerhalb der Stadt bekommen, wo seine Familie, die in schlechter Verfassung war, unterkommen konnte. Ich sagte ihm, vielleicht könnte ich Benzin auftreiben, und wenn er mir helfen wolle, würde ich mit ihm teilen. Außerdem bat ich ihn, eine zusätzliche Decke hinten in meinen Wagen zu legen, um die Kanister abdecken zu können, falls wir tatsächlich Benzin bekamen.

Ich ließ Adrienne mit der französischen Familie auf dem Platz zurück und fuhr unter den neugierigen Blicken einiger Flüchtlinge nach Norden aus der Stadt hinaus. Nach ungefähr zehn Minuten kamen wir, wie es uns beschrieben worden war, an ein Schild, und ich bog in einen engen Waldweg ein. An seinem Ende öffnete sich eine Lichtung, auf der ein Haus stand, davor ein Wachposten mit Gewehr und Bajonett. Ich fuhr vor und sagte ihm das Kennwort. Der Posten klopfte an die Tür, und mein Dolmetscher kam in Hemdsärmeln, die Hosenträger noch über die Schultern ziehend, heraus. Als er sich neben mich in den Wagen gesetzt hatte, fragte er mich nach dem Mann auf dem Rücksitz. Ich beruhigte ihn, der solle mir wenn nötig helfen. Er nickte und sagte, ja, Hilfe würde ich gebrauchen können, und ließ mich in einen anderen Pfad einbiegen, der zu einer größeren Lichtung führte. Hier auf dem offenen Platz standen vier riesige Panzer mit ihren Geschützrohren, britische Panzer, bei Dünkirchen erbeutet. Deutsche Ingenieure würden sie untersuchen, sagte der Dolmetscher. Und mit den Worten, sie seien voll Benzin, ich möge mich bedienen, verließ er uns.

Mein Gefährte und ich begannen, die Ungeheuer mit ihrer ein Zoll dicken Panzerung zu untersuchen, aber wir konnten keinerlei Anzeichen für eine Öffnung zu den Benzintanks entdecken. An den Außenseiten waren Äxte und Brechstangen mit Riemen angeschnallt, aber alle Versuche, irgendwelche Schlitze oder Ritzen aufzustemmen, waren vergeblich. Ich kletterte auf einen Geschützturm und fand den Eingang, ließ mich hinab und landete in einem Sitz direkt vor dem Steuerrad. Das Innere war ganz mit Schaumgummi ausgekleidet. Vor dem Steuerrad befand sich ein waagerechter, etwa zehn mal dreißig Zentimeter großer Sehschlitz, der mit mehreren Schichten von kugelsicherem Glas abgedeckt war. Auf dem Boden neben dem Sitz lag ein anderer ähnlicher Glasblock. Er hatte Geschoßspuren und Risse. Ich beschloß, ihn als Andenken mitzunehmen. Neben dem Sitz lag ein Helm mit Ohrstücken, auch er mit Schaumgummi ausgepolstert.

Ich setzte ihn auf, als würde mir das bei der Lösung meines Problems helfen. Ich probierte verschiedene Knöpfe am Armaturenbrett und fand den Starter. Der Motor sprang an. Benzin war also vorhanden. Ich schaltete den Motor wieder aus und sah mich um. Hinter mir in einer Ecke entdeckte ich einen schweren Griff, und als ich daran zog, klickte es. Ich kletterte heraus und sagte meinem Gefährten, er solle die verschiedenen Klappen noch einmal versuchen; eine von ihnen ließ sich jetzt leicht öffnen und enthüllte den Einfüllstutzen des Tanks. Er öffnete den Verschluß und roch daran. Feinstes Flugzeugbenzin, sagte er. Aber wie es herausbekommen? Da fiel mir ein, daß bei dem Wagenheber und den Werkzeugen hinten in meinem Wagen auch ein Stück Gummischlauch von einer alten Dusche war. Ich hatte ihn einmal benutzt, als mir unterwegs der Treibstoff ausgegangen war und ein hilfsbereiter Autofahrer mir erlaubte, aus seinem Tank etwas abzuzapfen. Ich fuhr den Wagen so dicht wie möglich an die Tanköffnung des Panzers heran, mein Helfer senkte das eine Ende des Schlauchs hinein und setzte durch Saugen den Fluß in Gang, wobei er einen Mundvoll Benzin wieder ausspuckte. Es dauerte einige Zeit, aber dann lief der Tank über, und wir steckten den Schlauch in meine leeren Kanister. Das Benzin floß immer noch — es müssen an die vierhundert Liter in diesem Tank gewesen sein. Ein Dutzend leere Fünf-Liter-Öldosen, die herumlagen, füllten wir ebenfalls — zum Glück lagen auch die zugehörigen Deckel da. Wir packten alles auf den Rücksitz, verbargen unseren Schatz mit der Decke und fuhren zurück zu dem Haus. Ich dankte dem Dolmetscher und fragte, ob ich ihm etwas dafür bezahlen dürfe. Nein, nichts, sagte er. Da zog ich die Flasche Sekt heraus, die ich von Paris mitgenommen hatte, und schenkte sie ihm. Er bekam glänzende Augen: Ah, Paris, sagte er. Er erwartete, in ein paar Wochen Urlaub zu bekommen — ob er mich besuchen dürfe und ob ich ihm dann einige der Sehenswürdigkeiten von Paris zeigen würde? Ich gab ihm einen falschen Namen mit falscher Adresse, dann fuhren wir zurück nach Le Mans.

Unsere Leute erwarteten uns ängstlich. Es war inzwischen fast Mittag. Sie hatten schon befürchtet, wir würden nie mehr zurückkommen. Es standen noch einige andere Flüchtlinge herum, die ihre Befürchtungen teilten. Ich sagte, wir hätten keine Hotelzimmer finden können, aber ein altes Ehepaar in einem kleinen Haus habe uns ein freies Zimmer angeboten. Ich fuhr los, mein Nachbar dicht hinter mir. Als wir aus der Stadt hinaus waren, bogen wir in einen Seitenweg und teilten uns das Benzin. Der Mann sah mir dabei ganz genau auf die Finger, und als ich fertig war, verlangte er eine weitere kleine Blechdose. Ich schenkte ihm zwei: weil er die größere Familie habe, sagte ich, gab ihm die Hand und machte mich davon.

Der Wagen lief wunderbar, und ich gab kräftig Gas. Nachdem wir ungefähr eine Stunde lang über eine verlassene Straße gefahren waren, hörte ich hinter mir ein gebieterisches Hupen. Im Rückspiegel erkannte ich einen offenen, graugrünen Wagen mit vier Uniformierten, der immer näher kam. Die Gewehre der beiden

Männer auf dem Rücksitz waren nach oben gerichtet. Ich fuhr an den Straßenrand, und sie sausten an uns vorüber. Noch beschwingt von meiner morgendlichen Heldentat und ein bißchen verwegen gestimmt, legte ich Tempo zu, bis ich die Nazis wieder eingeholt hatte, und dann hielt ich die Hand auf die Hupe. Diesmal fuhren sie an die Straßenseite, und ich überholte mit einer Hand winkend — als Zeichen des Danks oder auch des Triumphs. Es hätte mich nicht überrascht, wenn ein paar Kugeln an mir vorbeigezischt wären. Leider stießen wir nach ein paar Kilometern auf eine Bahnschranke, und ich mußte anhalten. Der Bahnwärter, der die Schranke erst öffnen mußte, ließ sich reichlich Zeit, und unterdessen kam auch der andere Wagen neben uns zum Stehen. Ein Offizier mit einem Monokel im Auge musterte uns, besonders Adrienne, und lobte dann auf französisch meine Fahrkünste. Ob das ein amerikanisches Auto sei, fragte er. Nein, antwortete ich, ein französisches. Er lachte; ich ließ ihn vorausfahren und nahm mein Tempo zurück.

Einmal, an einer Kreuzung in einem Dorf wurden wir durch eine lange Kolonne durchnäßter französischer Kriegsgefangener aufgehalten, die sich langsam fortschleppten, alle zehn Meter von einem deutschen Soldaten mit einer Maschinenpistole eskortiert. Während wir warteten, bis die Prozession vorüber war, sammelten sich einige andere Autos heimkehrender Flüchtlinge hinter uns. Plötzlich erschien ein deutscher Wachposten und inspizierte das Innere der wartenden Wagen. Außer den wenigen Benzinkanistern unter der Decke war der Rücksitz meines Autos frei. Der Wachposten kehrte zu der Kolonne zurück, wählte zwei Gefangene aus und forderte sie mit einem Wink auf, hinten in meinen Wagen einzusteigen. Mir war nicht klar, ob das ein Akt der Menschenfreundlichkeit war oder ob er die Zahl der Leute verringern wollte, um die er sich zu kümmern hatte. Die Kolonne muß aus ein paar tausend Menschen bestanden haben; als sie vorüber war, fuhr ich weiter. Meine neuen Fahrgäste waren Landarbeiter aus der Umgebung; sie baten, ich solle sie irgendwo herauslassen, sie würden leicht nach Hause finden. Ob sie etwas gegessen hätten, fragte ich. Nein, seit vierundzwanzig Stunden nichts mehr. Ich gab ihnen eine Dose Sardinen und etwas Brot vom Tag zuvor und ließ sie dann hinaus. Sie dankten mir überschwenglich und unbeholfen in einem äußerst merkwürdigen Französisch; es müssen Polen oder Tschechen gewesen sein.

Ich fuhr Richtung St.-Germain-en-Laye in der Erwartung, mein Haus voller Deutscher zu finden. Wir kamen vor Einbruch der Nacht an und fanden alles so, wie wir es verlassen hatten — keine Menschenseele weit und breit. Mir wurde klar, daß die Invasoren darauf aus waren, besser aussehende Gebäude zu beschlagnahmen, von denen es im Ort und in seiner Umgebung genügend gab. Ich ging durch das Haus — alles war in Ordnung. An der Garage jedoch stellte ich fest, daß die Tür aufgebrochen worden war: das Fahrrad war weg. Adrienne schien untröstlich; ich versuchte, ihr klarzumachen, was wir für ein Glück gehabt hatten; ich versprach ihr ein Fahrrad aus massivem Gold, mit Nerz verkleidet. Sie lachte ud schlang die Arme um mich: ihre Gereiztheit komme nur von der langen Anspannung, meinte sie. Während unseres ganzen Abenteuers hatte sie sich nie auch nur das Geringste anmerken lassen.

In Paris fand ich das Atelier genauso vor, wie wir es verlassen hatten. Adrienne machte sich daran, das Bett frisch zu beziehen, nahm ein Bad und legte sich schlafen. Ich ging im Atelier umher, rückte hier und da etwas zurecht, einfach aus Freude darüber, Dinge zu berühren, von denen ich geglaubt hatte, ich würde sie nie wiedersehen.

Viele Geschäfte, auch meine Autogarage, waren noch geschlossen. Offenbar war es ihren Inhabern noch nicht gelungen, zurückzukehren, oder sie hatten die Demarkationslinie überschritten und wollten nicht in ein besetztes Paris zurückkommen. Ich öffnete die alte Wageneinfahrt des Gebäudes, in dem sich mein Atelier befand, und fuhr den Wagen in den Hof. Ich hatte immer noch einen großen Benzinvorrat und wollte den Wagen hin und wieder für eine Fahrt zu meinem Haus auf dem Land verwenden. In der Stadt verkehrten keinerlei Autos von Zivilisten, außer einigen luxuriösen Limousinen, die die Nazis requiriert hatten, und ihren eigenen Militärfahrzeugen. Einige Lebensmittelgeschäfte hatten zu bestimmten Zeiten geöffnet; man konnte sich mit Vorräten versorgen, wenn man sich anstellte. Wenige Restaurants waren geöffnet, und man konnte dort essen, wenn es einem nichts ausmachte, zwischen lauter graugrünen Uniformen zu sitzen. Aber weder das Essen noch dieser Anblick waren sehr appetitlich. Hin und wieder marschierte eine Kolonne deutscher Soldaten vorbei, die mit ihren schweren Stiefeln den Rhythmus zu ihren deutschen Liedern stampften. Mir fiel ein, daß eigentlich jeder von ihnen, am Gürtel befestigt, eine Dose graugrüner Farbe mit einem Pinsel bei sich haben müßte, um dann und wann den Anstrich auszubessern.

Einer meiner ersten Gänge führte mich zur amerikanischen Botschaft, um dort meinen Aufenthaltsort mitzuteilen und mich nach den Möglichkeiten einer Repatriierung zu erkundigen. Das Gebäude in einer Ecke der Place de la Concorde lag neben dem vornehmen Hotel »Crillon«, das der deutsche Generalstab belegt hatte. Eine riesige Nazifahne hing über dem Eingang. Die Balkone und das Dach starrten von Maschinengewehren. Als ich vorbeigehen wollte, hielt mich ein französischer Polizist an und verlangte, ich solle, um zur Botschaft zu gelangen, eine Seitenstraße benutzen. Dort angekommen, ging ich zur Informationsstelle. Ich wollte als erstes ein Telegramm nach New York schicken und ein paar Freunden mitteilen, daß es mir gut ging und ich in Sicherheit war. Wie ich erfuhr, gab es keine direkte Verbindung mit den Staaten, alle Telegramme mußten wegen der Zensur über Berlin laufen. Der amerikanische Botschafter, den die Deutschen zur Persona non grata erklärt hatten, war nach Washington zurückgekehrt. Ich berichtete über meinen Versuch, nach Bordeaux zu fliehen, und daß ich gehört hatte, amerikanische Schiffe nähmen dort amerikanische Staatsbürger auf, um sie in ihre Heimat zu bringen. Die Botschaft wußte nichts davon. Die

Botschaftsangehörigen waren von der Außenwelt völlig abgeschnitten. Mit der Bitte, mich zu benachrichtigen, falls sich neue Entwicklungen und Möglichkeiten ergeben sollten, machte ich mich wieder auf den Weg.

Draußen, auf der Place de la Concorde, sah ich, daß französische Arbeiter, wahrscheinlich Kriegsgefangene, unter der Aufsicht von deutschen Soldaten Geländer auf dem Platz abrissen und die bronzenen Schiffsschnäbel von den Säulen entfernten. Ein paar Tage später erschien in einer von den Nazis kontrollierten französischen Zeitung ein Photo, das deutsche Soldaten zeigte, die ebenfalls auf der Place de la Concorde arbeiteten; in der Bildunterschrift hieß es, der Platz sollte verschönert werden. Dabei wußte jeder, daß viele Bronzestücke an deutsche Fabriken geschickt, dort eingeschmolzen und für die Rüstungsproduktion verwendet wurden. In zahlreichen Cafés, vor allem im Quartier Latin, wo Studenten aller Rassen zusammenkamen, tauchten Schilder auf, die besagten, diese Cafés seien Ariern vorbehalten. Aber das änderte sich bald, und nun hieß es auf den Schildern: »Nur für Nicht-Arier« — also für Deutsche verboten. Die Nazis versuchten, mit den Franzosen rücksichtsvoller umzugehen als mit den besetzten Ländern im Norden, Polen, Dänemark, Belgien usw.

Plakate tauchten an den Wänden auf, die die Bevölkerung dazu ermuntern sollten, die Eindringlinge als Freunde zu betrachten. Eines von ihnen zeigte einen Nazi, der ein Kind auf dem Arm trug, hinter ihm ein kleiner Junge, der Süßigkeiten in der Hand hatte. Und darüber stand, die Deutschen liebten Kinder. Auf einem der Plakate war am nächsten Morgen etwas darübergekritzelt: auch die Franzosen liebten Kinder. Auf einem kleinen Platz in einem Wohnviertel hielt ein Armeelastwagen und rief die Bewohner über einen Lautsprecher zusammen, es würden Lebensmittel verteilt. Als sich eine ausreichende Schar von Frauen und Kindern versammelt hatte, sagte der Sprecher, wer Schokolade wolle, solle die Hand heben. Am nächsten Tag erschien ein Photo in der Zeitung, das Franzosen beim Hitlergruß zeigte. Es wurde befohlen, Theater und Kinos wieder zu öffnen, wobei die Programme selbstverständlich einer strengen Zensur unterlagen; und bekannte Unterhaltungskünstler, die nach Süden in die unbesetzte Zone geflohen waren, wurden zur Rückkehr aufgefordert, um die Moral der Bevölkerung zu stützen — falls sie nicht wollten, würde man ihre Verwandten und Angehörigen als Geiseln behandeln. Schon gingen erste Transporte mit kräftigen, arbeitsfähigen Männern nach Osten, wo sie in den Fabriken arbeiten mußten; später folgten ihnen die wahllos zusammengetriebenen Scharen derer, die in die Konzentrationslager gebracht wurden.

In einem solchen Klima zu arbeiten, war für mich unmöglich; außerdem kam auch niemand zu mir ins Atelier — alle meine Freunde waren verschwunden. Eine Widerstandsbewegung hatte sich bis jetzt nicht gebildet. Die Menschen waren noch wie betäubt. Eines Nachmittags kam Adrienne, die ihre Angehörigen besucht hatte, zitternd und keuchend von der Straße herauf. Sie war von einigen Offizieren in einem großen schwarzen Kabriolett verfolgt worden, die ihr Geld,

Juwelen, den Wagen, ein Landhaus versprochen hatten, wenn sie mit ihnen kommen würde. Zuerst hatte sie ihnen keine Beachtung geschenkt, aber als sie nicht lockerließen, hatte sie sich umgedreht und sie gefragt, was denn mit ihren rassischen Prinzipien sei — sie gehöre nicht zu ihrer Herrenrasse. Ach, das sei doch bloß Politik, hatte einer geantwortet, intelligente Deutsche liebten alles, was exotisch sei. Sie rannte, so schnell sie konnte.

Am nächsten Tag ging ich den Boulevard Montparnasse entlang und kam an einem Geschäft für Damenwäsche vorbei, das geöffnet hatte. Ich trat ein und wollte für Adrienne ein Paar Strümpfe kaufen — sie hatte erwähnt, daß sie kaum noch welche hatte. Zwei Soldaten sahen die Vorräte durch, die die Verkäuferin auf der Theke ausgebreitet hatte — an die sechzig Paar Strümpfe. Sie legten sie wieder in die Schachteln zurück, und einer fragte, wieviel das alles zusammen kosten würde. Das Mädchen sah sie bestürzt an und meinte, das wäre sehr teuer. Dann nahm der eine die Schachteln unter den Arm, während der andere einen Stapel Geldscheine hervorzog und sie auf die Theke warf. Das Mädchen nahm das Geld und blickte dann auf ihre Finger. Sie waren voll frischer Druckerschwärze. Es war das Geld, das die Armee druckte und den Franzosen als reguläre Währung aufzwang. Ich bemitleidete sie und versuchte nicht, irgend etwas zu kaufen.

Vor meinem Fluchtversuch hatte ein englischer Freund von mir in einem Erster-Klasse-Hotel in der Nähe meines Ateliers gewohnt. Seit meiner Rückkehr machte ich mir Sorgen um ihn und ging hin, um zu erfahren, ob es ihm gelungen war, noch vor der Besetzung wegzukommen. Jahrelang hatte ich das Hotel häufig besucht, um Freunde dort zu treffen; den Mann an der Rezeption kannte ich ziemlich gut. Er war immer noch da, aber in einer brandneuen Naziuniform mit Hauptmannsabzeichen. Er erkannte mich nicht oder tat jedenfalls so. Ich wußte, daß er mehrere Sprachen sprach, aber alle mit Akzent. Angeblich war er Elsässer. Ein deutscher Stab hatte das Hotel jetzt mit Beschlag belegt. Ich fragte nach meinem Freund, ohne seine Nationalität zu erwähnen. Der Hauptmann sah in seinen Büchern nach und sagte, der Mann sei vor der Besetzung abgereist. Später erfuhr ich, daß er sicher nach England zurückgelangt war.

Ich entschloß mich nun endgültig dazu, für immer von Paris wegzugehen. Noch einmal ging ich zur Botschaft, wo man mir mitteilte, ich könne mich beim deutschen Hauptquartier um eine Erlaubnis bemühen, mit dem Zug nach Spanien zu fahren und von dort nach Lissabon, wo amerikanische Schiffe Passagiere nach New York aufnahmen. Ich suchte das Hauptquartier mit meinem Paß und meinen französischen Papieren auf, erklärte, ich wolle das Land verlassen, und bat um einen Erlaubnisschein für mich und meine Frau. Der Offizier sah in meinen Personalausweis, in dem als ständiger Wohnsitz Paris eingetragen war, und fragte mich, warum ich weggehen wolle; der Krieg sei vorüber, ich könne weiter hier leben und arbeiten wie vorher. Ich sagte, ich hätte in New York photographische Verpflichtungen, die ich erfüllen müsse. Er wisse über mich Bescheid, sagte er;

die Deutschen hätten auch reichlich Arbeit für mich und würden ebenso gut bezahlen wie die Amerikaner, wenn nicht besser. Ich erwiderte, ich sei vertraglich gebunden und müsse weg. Er händigte mir den Erlaubnisschein aus.

Ich brauchte mehrere Tage, um meine Sachen, so gut es ging, zu ordnen. Ich nahm die großen Ölbilder von ihren Keilrahmen, rollte sie zusammen (das war die Rolle, die Mary Reynolds im Jahr darauf mit nach Amerika brachte) und lagerte sie zusammen mit anderen Arbeiten bei René Foinet, meinem Farbhändler, dem ich außerdem eine Generalvollmacht für meinen ganzen Besitz, auch das Haus in St.-Germain-en-Laye, erteilte. Er versprach, auf meine Sachen aufzupassen.

Ich fuhr mit dem Wagen hinaus, um ihn dort in die Garage zu stellen. Da Zivilfahrzeuge nicht verkehren durften, schnürte ich eine alte Matratze auf das Dach des Wagens, so daß ich mich, falls man mich anhalten würde, als heimkehrenden Flüchtling ausgeben konnte. Mit der vagen Vorstellung, ich würde vielleicht in ein paar Monaten zurückkommen, hievte ich den Wagen mit dem Heber auf Blöcke, um die Reifen zu entlasten, und entleerte die Batterie. Mit einem letzten Blick auf das Haus schloß ich sorgfältig ab und stieg die Anhöhe zum Bahnhof von St.-Germain-en-Laye hinauf, wo ich den Vorortzug nach Paris nahm.

Adrienne erklärte ich, wenn wir erst einmal in Portugal wären, würden wir sehen, was weiter zu tun wäre. Aber in letzter Minute erklärte sie, sie müsse in Paris bei ihrer Familie bleiben, die auf ihre Hilfe angewiesen war. Zuerst war ich wütend, aber dann dachte ich, vielleicht ist es besser so; ich konnte nicht voraussehen, wohin dieser neue Aufbruch führen würde. Unser früherer Fluchtversuch war zwar vergeblich, aber harmlos gewesen, diesmal jedoch würden wir vielleicht weniger Glück haben. Es war am besten für sie, wenn sie dablieb. Ich machte ihr Schecks zurecht, mit denen sie mein Bankkonto aufbrauchen konnte.

Ich konnte nur etwas Handgepäck mitnehmen, und wieder sah ich mich in meinem Atelier um, unschlüssig, was ich einpacken sollte. Schließlich füllte ich zwei Koffer mit einem Stapel Rayographien, Zeichnungen und Aquarellen — Sachen, die mir für meine Photographie und meine Malerei repräsentativ erschienen. Dann packte ich meinen Abendanzug, ein paar Lieblingspfeifen, meine Lackschuhe und etwas Wäsche ein, wieder mit einem Gefühl der Verzweiflung.

Der Zug zur spanischen Grenze sollte am Abend abfahren. Adrienne hatte sich hingelegt, sie fühlte sich krank. Ich machte einen Spaziergang, um noch einmal einen Blick auf mein altes Revier, den Montparnasse, zu werfen.

Die Terrassen der Cafés waren an diesem Sommertag Ende Juli mit Menschen gefüllt. Viele deutsche Soldaten, einige französische Frauen, sehr wenige französische Männer. Unterwegs traf ich Giacometti. Während des Exodus hatte er Paris zu Fuß verlassen und war auf den verstopften Straßen direkt nach Süden gegangen. Er war Zeuge von Tragödien geworden, hatte auch miterlebt, wie Zivilisten von Flugzeugen aus mit Maschinengewehren beschossen worden waren. Paris sei ein allzu deprimierender Anblick, er wolle in seine Heimat, in die Schweiz zurückgehen. Ich erzählte ihm, daß auch ich noch am gleichen Tag aufbrechen würde, um in mein Land zurückzukehren. Als wir an einem Café vorübergingen, rief uns eine Stimme an. Es war Kiki, die mit einem anderen Mädchen zwischen den Soldaten allein an einem Tisch saß. Wie setzten uns zu ihr und erörterten ein paar Minuten lang die allgemeine Lage. Sie hatte sich der allgemeinen Flucht nicht angeschlossen, war in Paris geblieben, das als offene Stadt in aller Ruhe besetzt worden war. Da habe sie Glück gehabt, meinte ich. Auf einmal drehte sic sich zu einem Nachbartisch um, an dem ein Mädchen mit einem Nazi-Soldaten saß. Mit lauter Stimme und in beleidigenden Argotausdrücken, die nur ein Franzose verstehen konnte, machte sie dem Mädchen heftige Vorwürfe — ob sie sich nicht schäme, mit einem »boche« an einem Tisch zu sitzen? So nannten die Franzosen die Eindringlinge. Das Mädchen antwortete, der Mann sei ein alter Freund von ihr, der in den letzten fünf Jahren jedes Jahr nach Paris gekommen sei — natürlich nicht in Uniform.

Wir versicherten uns noch gegenseitig, daß wir einander bald unter glücklicheren Umständen wiedersehen würden, dann kehrte ich ins Atelier zurück, um endgültig Lebewohl zu sagen. Adrienne lag immer noch im Bett und weigerte sich, aufzustehen; sie könne die Qual, mich zum Bahnhof zu bringen, nicht ertragen, aber sie hatte einen Bruder herbeigerufen, der mir mit den Koffern helfen konnte. Taxis gab es nicht, so mußten wir den Bus nehmen. Ich versprach, so oft wie möglich zu schreiben und zu telegraphieren, und ermahnte sie, nur auszugehen, wenn es notwendig war. Mit meinem Erlaubnisschein durfte ich auf dem Bahnhof die von zwei Soldaten bewachte Sperre passieren. Meine beiden Koffer schleppend, bestieg ich den Zug. Er war voller Soldaten, ich war der einzige Zivilist. Ich fand ein Abteil mit einem leeren Platz, in dem schon einige uniformierte Deutsche saßen. Sie sahen mir neugierig entgegen, sagten aber nichts. Ich erklärte einfach, ich sei Amerikaner. Ich verstand, wie einer von ihnen zu einem anderen sagte, diese Amerikaner trieben sich aber auch überall herum, und war versucht, zu erwidern: Ja, genau wie die Nazis. Aber meine Ruhe war mir wichtiger; es war besser, so zu tun, als verstünde ich ihre Sprache nicht. Die Fahrt bis zur spanischen Grenze würde die ganze Nacht hindurch dauern, und ich machte es mir so bequem wie möglich, nahm ein Buch heraus und versuchte zu lesen, so als sei mir meine Umgebung gleichgültig. Auf ihren Sitzen aneinandergelehnt, schliefen die Soldaten die Nacht über, während ich vor mich hin döste und immer wieder aufwachte. Der Morgen war sonnig, als wir in eine Stadt in der Nähe von Biarritz einfuhren. Überall sah man Soldaten, was mich überraschte, ich hatte gedacht, wir seien jetzt im unbesetzten Teil Frankreichs, erfuhr aber bald, daß die Deutschen die gesamte Atlantikküste besetzten und befestigten — um einem möglichen Landungsversuch der Briten zuvorzukommen und auch als Vorbereitung auf die Invasion nach England, sobald sich die Deutschen von ihren Anstrengungen so weit erholt hatten, um den nächsten Schritt zu machen. Alle Soldaten stiegen an dieser Station aus, ich blieb allein zurück, während der Zug noch die wenigen Kilometer bis zur Grenzstadt Hendaye weiterfuhr.

Hier stieg ich in einem Hotel ab, um mich mal wieder eine Nacht auszuschlafen und dann über die Grenze nach Irún zu gehen, wo der spanische Zug nach Lissabon abfuhr. Das Hotel war voller Flüchtlinge, die das gleiche Reiseziel wie ich hatten, aber die Grenze war geschlossen und wurde auf französischer Seite von den Deutschen, auf spanischer Seite von den Soldaten Francos bewacht. Keiner konnte hinüber. Familien kampierten auf dem Boden des Wartesaals der kleinen Bahnstation. Die zuständigen Stellen verhielten sich gleichgültig oder waren nicht in der Lage, ihnen zu helfen. Ich schlenderte durch die Stadt, um vielleicht irgendwelche Informationen zu bekommen, und kehrte zum Mittagessen ins Hotel zurück. Im Speisesaal begegnete ich dem Komponisten Virgil Thomson, und wir erörterten Mittel und Wege, aus Frankreich herauszukommen. Ich kannte die Gegend um Biarritz ziemlich gut, weil ich in früheren Jahren hier häufiger bei den Wheelers zu Gast gewesen war, und ich erinnerte mich an eine Cocktailparty beim amerikanischen Konsul Roy McWilliams. Wir faßten den Entschluß, ihn am nächsten Tag aufzusuchen. Mit dem Bus oder der Straßenbahn fuhren wir nach Biarritz. Der Konsul war da und empfing uns herzlich. Er ließ für uns einen Brief in deutsch an die Behörden von Hendaye aufsetzen. Dann warnte er uns noch, wir dürften keine fremden Devisen nach Spanien einführen, nachdem wir die Eisenbahnfahrkarte gelöst hatten. Außer etwas französischem Geld hatte ich auch ein paar hundert Dollar dabei. Der Konsul nahm sie und gab mir einen Scheck über diesen Bertrag, ausgestellt auf seine New Yorker Bank.

Wieder in Hendaye, fanden wir einen Mann mit einem Handwagen, der unser Gepäck über die Grenze schaffen konnte. Während des allgemeinen Exodus hatte Virgil Paris mit vierzehn Koffern verlassen, war zunächst bei Freunden in Südfrankreich untergekommen und hatte sich dann nach und nach bis Hendaye durchgeschlagen. Auf der kleinen Brücke, die die beiden Länder miteinander verbindet, mußten wir warten. Ein Belgier vor uns wurde durchsucht. Obwohl er einen Brief von einer höheren Stelle dabei hatte, ertasteten die Deutschen etwas ungewöhnlich Hartes im Saum seines Mantels. Er war mit ungefaßten Diamanten gefüttert. Der Mann wurde in ein nahegelegenes Gebäude abgeführt. Dann wandten sich die Soldaten unserem Handkarren zu und beäugten ihn argwöhnisch. Virgil wurde aufgefordert, einen bestimmten Koffer zu öffnen. Er war angefüllt mit Partituren: Beethoven, Mozart, Bach und Brahms. Der Zollbeamte nickte zustimmend und ließ eine Bemerkung über Thomsons guten Geschmack fallen. Ohne weitere Prüfung winkte er den Karren über die Brücke. Meine Koffer hatte er gar nicht angerührt, und ich bedauerte, nicht ein paar meiner Lieblingsobjektive eingepackt zu haben.

Auf der spanischen Seite dann wurde es schwieriger. Die Soldaten nahmen uns die Pässe ab und forderten uns auf, in einen Wagen zu steigen. Wir wurden die Straße hinunter zu einem Gebäude gefahren und in ein Büro geführt, wo man uns eine Stunde lang festhielt. Mit unseren Pässen in der Hand ging ein Schreiber die Listen durch. Uns wurde klar, daß sie überprüften, ob wir während des Bürgerkriegs von 1936 Verbindung zu den Republikanern gehabt hatten. Mir fiel ein, daß auf dem Schiff, mit dem ich damals von einem kurzen Besuch in New York zurückkehrte, eine Anzahl junger Männer gewesen war, die als Freiwillige gegen Franco kämpfen wollten. War das nicht die Lincoln Brigade gewesen? Sogar Hemingway hatte sich beteiligt. Aber gegen Thomson und mich lag nichts vor, und man brachte uns zu unserem Gepäck zurück. Wir schafften es zum Bahnhof und kauften uns mit den französischen Francs zu einem unglaublich schlechten Wechselkurs unsere Fahrkarten. Wir bekamen noch etwas Wechselgeld heraus, und der Fahrkartenverkäufer deutete auf ein kleines schwarzes Sammelkästchen für wohltätige Zwecke, in das wir das Geld stecken sollten. Ich zeigte mit dem Finger in meinen Mund, um anzudeuten, daß ich mir am Buffet etwas zu essen kaufen wolle. Wir bezahlten den Mann mit dem Handwagen, kauften uns von einem Teil des Wechselgeldes eine Flasche Schnaps und betrogen auf diese Weise die spanische Regierung — wenigstens ein kleines bißchen.

Die Nachtfahrt nach Lissabon war unbequem, aber der Zug war nicht überfüllt; wir streckten uns auf den Bänken aus. Als wir am späten Vormittag des nächsten Tages eintrafen, überkam mich ein tiefes Wohlbehagen — ich war frei und würde nicht länger diese schrecklichen graugrünen Uniformen sehen müssen. Unser restliches Geld tauschten wir in portugiesisches um.

Wir luden unsere Koffer in ein Taxi und baten den Chauffeur, uns in ein Hotel zu bringen. Es war ein schmuddeliger Laden, in dem wir ein Zimmer mit zwei Feldbetten bekamen. Aber wir waren zu erschöpft, um noch einmal umzuziehen. Wir aßen sehr gut in einem Restaurant zu Abend, machten noch einen Spaziergang über die Hauptgeschäftsstraße und tranken einen köstlichen Kaffee auf einer Caféterrasse. In dieser Nacht plagte uns das Ungeziefer in unseren Betten, und am nächsten Tag wechselten wir in ein Erster-Klasse-Hotel. Es war voller Flüchtlinge aus ganz Europa — sie machten einen wohlhabenden Eindruck. Wir dagegen hatten keinen einzigen Penny mehr.

Der Speisesaal war voller Menschen, es wohnten so viele Leute im Hotel, daß zu den Mahlzeiten zweimal serviert werden mußte. Aber das Essen war reichlich, mit Fisch und Fleischgängen — zweifellos ein portugiesischer Brauch. Und dazu auch Wein — keine Einschränkungen mehr, nichts von der Knappheit, die wir hinter uns gelassen hatten. Ein paar alte Freunde erschienen an den Tischen: Salvador Dalí mit seiner Frau, René Clair mit seiner Frau, der Redakteur einer französischen Zeitschrift, für die ich gearbeitet hatte — sie alle wollten in die Vereinigten Staaten, sobald sie eine Überfahrt buchen konnten.

Am nächsten Tag gab es viel zu tun. Zuerst mußten wir uns bei der örtlichen Polizei melden, unsere Papiere überprüfen lassen und uns ein befristetes Visum besorgen; es hieß, wir müßten während unseres Aufenthalts jeden Tag zur Überprüfung kommen. Dann ein Besuch auf der amerikanischen Botschaft, um unsere Anwesenheit zu melden. Hierauf stellten wir uns in die Schlange vor dem Büro der Schiffahrtsgesellschaft, um eine Karte für eine Überfahrt zu bekommen, gleichgültig, auf welchem Schiff. Es ging ungefähr ein Schiff pro Woche, und als Amerikaner hatten wir Anspruch auf bevorzugte Behandlung. Viele Ausländer hatten nicht die erforderlichen Visa, es dauerte Wochen, bis man eines bekam. Ich ging zur Bank, aber erst nachdem ich mein Scheckbuch einer New Yorker Bank, meinen Paß und den Scheck des amerikanischen Konsuls in Biarritz vorgelegt hatte, erklärten sie sich bereit, auf meine Kosten telegraphisch um Anweisung eines Betrags zu bitten, der es mir erlaubte, meine Hotelrechnung und die Schiffskarte zu bezahlen. Es gab noch eine Menge Papierkrieg, und erst eine Woche später kam die Nachricht, die Geldanweisung sei eingetroffen. Jetzt blieb mir nichts anderes übrig als zu warten.

Ich vertrieb mir die Zeit in Cafés, besuchte das Museum der Stadt und ein paar Lokale, in denen Sängerinnen, begleitet von Gitarrenspielern, portugiesische Lieder vortrugen. Es klang überhaupt nicht wie Spanisch — ich glaubte eher Anklänge ans Russische herauszuhören. Eine Operette, die wir eines Abends besuchten, erwies sich als Satire auf das spanische Gemüt. Es gab ein Strandbad in der Nähe, wo man auch Glücksspiele machen konnte. Wir schauten uns einen Markt an, auf dem hübsche Mädchen in der einheimischen Tracht verkauften. Bei meiner Abreise von Paris hatte ich eine kleine Kamera mit einem Kolorfilm eingesteckt, mit der ich jetzt ein paar Aufnahmen machte. Eines der jungen Mädchen in einer Art Hochzeitskleid, mit weißem Satinkleid und einem weißen Satinhütchen auf dem Kopf, bezauberte mich ganz besonders. Sie sprach ein bißchen Französisch und gab mir ihre Adresse, damit ich ihr ein Bild schicken konnte. Leider wurde mir die Kamera später auf dem Schiff gestohlen, und trotz der Versicherung des Zahlmeisters, man werde sie spätestens bei der Landung finden, sah ich sie nie wieder. Hätte der Dieb mir nur den Film gelassen, dann hätte ich ihm verziehen.

Nach zwei Wochen in Lissabon erhielt ich Nachricht, daß ich auf dem nächsten Schiff einen Platz bekommen würde. Es sollte in wenigen Tagen abgehen. Es hatte nur eine Klasse, führte auch Fracht mit, war aber als ideal für reisende Touristen angezeigt worden. Ich folgte meinem Träger, der die beiden Koffer schleppte und mich, als wir an Bord waren, in den großen Salon führte. Der Boden war mit Matratzen bedeckt, auf denen viele junge Männer saßen, ihr Gepäck neben sich. Es waren amerikanische Studenten von verschiedenen Universitäten in ganz Europa, die in ihre Heimat zurückkehrten. Der Träger stellte meine Koffer neben eine unbelegte Matratze. Ich legte Hut und Mantel darauf und kehrte zum Fallreep zurück, um zu sehen, wer noch an Bord kam. Thomson erschien und gesellte sich zu mir, nachdem er sich im Laderaum seines umfänglichen Gepäcks entledigt hatte. Man hatte uns in den Salon verwiesen, weil wir ohne Anhang waren. Ehepaare wie die Dalís und die Clairs, denen es gelungen war, sich Visa zu besorgen, erhielten Kojen. Wieder diese Knappheit, dachte ich, nach der Erholungspause in Portugal.

Die Überfahrt verlief ereignislos und unbequem. Wir hatten ruhiges, sonniges Wetter. Ein- oder zweimal gab es Alarm — U-Boote waren gesichtet worden, aber nach dem Austausch einiger Funksprüche konnten wir unsere Fahrt unbehelligt fortsetzen. Nachts war das Schiff hell erleuchtet, und wir begegneten einigen anderen, ohne Zweifel neutralen Schiffen, die genauso beleuchtet waren. Als Vorsichtsmaßnahme zeigte man uns, wie man Schwimmwesten anlegt. Bei den vielen Menschen an Bord sah es nicht so aus, als könnten die Rettungsboote uns alle fassen.

Die Landung in New York war dann sehr aufregend, vor allem für die europäischen Flüchtlinge. Mich überfiel ein Gefühl tiefer Niedergeschlagenheit. Die Bemühungen von zwanzig Jahren progressiver Anstrengung hinter mir zurücklassend, kam es mir so vor, als kehrte ich in die Zeit meiner frühen Kämpfe zurück, als ich das Land unter dem lastenden Eindruck von Unverständnis und Mißtrauen verlassen hatte. Obwohl ich inzwischen ein bekannter Photograph war, dem alle Türen offenstanden und dem sich hier die Möglichkeit zu einem neuen Leben eröffnete, schien es mir, als würde ich, um überleben zu können, gemeinsame Sache mit Leuten machen, für die es nichts Erregenderes gab, als zu kaufen und zu verkaufen. Ich würde mich verstecken, so dachte ich, bis ich in meine gewohnte Umgebung zurückkehren konnte, zu dem leichten, angenehmen Leben von Paris, wo man genausoviel zustande bringen konnte, und das auf sehr viel befriedigendere Art und Weise — wo Individualität noch geschätzt wurde und eine Arbeit von gleichbleibender Qualität ihrem Urheber wachsendes Ansehen eintrug.

Solche nebulösen Gedanken gingen mir durch den Kopf, als Salvador Dalí zu mir kam und mich bat, ihm als Dolmetscher behilflich zu sein. Der übliche Schwarm von Reportern und Photographen war an Bord gekommen, um nach Berühmtheiten Ausschau zu halten. Glücklicherweise stand mein Name unter dem Buchstaben R, so daß er der Presse nicht auffiel. Statistiker und Bürokraten hatten immer Schwierigkeiten mit meinem Namen, weil sie nicht wußten, ob sie ihn unter M oder unter R einordnen sollten. Die Franzosen hatten keine Probleme damit, sie betrachteten ihn als ein Wort und sortierten ihn bei M ein. Es war wie bei den vielen, die nicht akzeptierten, daß ich beides war, Maler und Photograph; ich mußte entweder das eine oder das andere sein, auf Kosten von einer der beiden Ausdrucksformen. Großartiger Photograph, mieser Maler, mußte es heißen, oder großartiger Maler, mieser Photograph. Als ob irgendein Kritiker großartig genug gewesen wäre, um das zu entscheiden.

Ich entschuldigte mich bei Dalí mit der Begründung, ich wolle keine Aufmerksamkeit auf mich lenken. Er kam auch so mit der Presse sehr gut zurecht. In den Staaten ist es dem Ansehen einer Person oft förderlich, wenn sie eine fremde Sprache oder Englisch nur mit starkem ausländischem Akzent spricht.

Nachdem ich von Bord gegangen war, fuhr ich mit einem Taxi zu einem Hotel irgendwo in den Fünfziger Straßen, aalte mich einige Zeit in der Badewanne und stieg dann in das große Bett. Es kam mir vor, als sei ich gerade einem Konzentrationslager entkommen. Später rief ich ein paar gute Freunde an und teilte ihnen meine Ankunft mit. Ich machte eine Verabredung für den Abend und schlief ein. Ich träumte, ich sei noch auf dem Schiff, bei schwerem Seegang ginge ich über das Deck, der rollenden Bewegung wegen ständig um mein Gleichgewicht kämpfend. Eine Sirene heult auf, die Passagiere rennen in allen Richtungen durcheinander und rufen: U-Boote. Ich stürze an die Reling, um einen Blick auf das Meer zu werfen; da stoße ich mit einem gewaltigen Schlag gegen ein hartes, unsichtbares Hindernis, das mich zurück aufs Deck wirft. Ich fuhr aus dem Schlaf hoch, blickte um mich und beruhigte mich wieder. Langsam stand ich auf und machte mich zum Ausgehen fertig.

Sobald sich die Nachricht von meiner Rückkehr verbreitet hatte, überhäuften mich die Zeitschriften mit Bitten, doch gleich an die Arbeit zu gehen. Werbeagenturen boten mir ein Atelier und alles Erforderliche an. Aber ich entschuldigte mich, sagte, ich hätte gerade einen Krieg hinter mir und bräuchte ein paar Wochen zum Ausruhen. Ich würde mir die Angebote ansehen, wenn ich wieder in der Stadt sei. Ich hatte etwas Geld auf der Bank und spielte insgeheim mit dem Gedanken, an die Westküste zu reisen, und von dort vielleicht nach Tahiti, um für ein, zwei Jahre zu verschwinden.

ICH ENTDECKE HOLLYWOOD

Außer den paar engen Freunden, bei denen ich mich gemeldet hatte, und den Zeitschriften, für die ich gearbeitet hatte, wußte niemand, daß ich in New York war. Ich besuchte keine Galerien und traf niemanden aus der Kunstszene, ausgenommen meinen alten Freund Stieglitz, mit dem ich einmal zu Mittag aß. Ich hatte ihn seit Jahren nicht gesehen; er sah alt aus, aber über den missionarischen Sinn seines Lebens verbreitete er sich so ausführlich wie eh und je. Im Scherz sagte ich, er sei immer noch ein Idealist. In meinen jungen Jahren hatte er mich als Idealisten bezeichnet.

Eines Tages lernte ich durch meine anhängliche Schwester einen jungen Geschäftsreisenden kennen, der mit dem Auto an die Westküste fahren wollte, mit Zwischenstationen in den größten Städten, um Bestellungen für seinen Artikel zu bekommen — Herrenkrawatten. Ich sagte ihm, ich plane einen kurzen Urlaub in Kalifornien. Harry bewunderte die Bilder von mir, die bei meiner Schwester hingen, und lud mich ein, mit ihm zu fahren. Er hatte nie eine Kunstgalerie betreten, empfand aber großen Respekt vor Künstlern. Er interessierte sich für Musik und hoffte, sich irgendwann einmal eingehender damit beschäftigen zu können. Ich nahm seine Einladung an, und wir fuhren los, zuerst nach Chicago. Ich war noch nie westlich von New York gewesen, aber einige ältere Arbeiten von mir, Gemälde, waren in Chicago ausgestellt worden und befanden sich dort in der Sammlung von Arthur J. Eddy. Zwischen den beiden Kriegen hatte ich auch als Gast im Arts Club der Stadt ausgestellt. Während Harry einige Tage lang seinen Geschäften nachging, besuchte ich die Kunstzirkel, wo man mir mit Einladungen zum Lunch und Zeitungsinterviews einen herzlichen Empfang bereitete. Ob ich irgendwelche neuen Arbeiten mitgebracht hätte, wurde ich gefragt. Ich erklärte, in welcher Lage ich mich befand, und äußerte die Hoffnung, mich bald irgendwo niederlassen und mit dem Malen wieder anfangen zu können.

Wir fuhren weiter nach Südwesten, St. Louis, Kansas City und Oklahoma City. Die Großstädte, die endlosen Weizenfelder — nichts konnte mich beeindrucken. Es war, als durchquerte ich die Sahara. Immer wieder mußte ich an die verwinkelten französischen Dörfer denken, an die sattgrüne Gartenlandschaft Frankreichs, in der hier und da ein ehrwürdiges, wohlerhaltenes Château oder eine verfallene Burg auftauchten. Erst als wir nach Arizona kamen und dort den Painted Desert über eine hundert Meilen geradeaus führende Straße in einen wildfarbigen Sonnenuntergang hineinfuhren, taute ich auf. Vielleicht lag es auch daran, daß ich gerade am Steuer saß, Harry war eingenickt. Ich hatte den Wunsch, diesen Sonnenuntergang einzuholen, bevor er verblaßte — so wie bei einem Regenbogen. Plötzlich fuhr mein Begleiter hoch und starrte auf den Tachometer. Der Zeiger stand bei hundertvierzig. Er schrie auf — der Wagen sei neu, noch nicht eingefahren. An die nervösen, lauten französischen Kleinwagen gewöhnt, in denen man schon bei sechzig das Gefühl hat, zu rasen, hatte ich die Kraft und den ruhigen Lauf des größeren amerikanischen Autos nicht richtig eingeschätzt. Ich bremste langsam — zum Glück, denn wir näherten uns gerade einer schmalen Brücke, die über einen kleinen Fluß führte. Zur gleichen Zeit tauchte auf der anderen Seite der Brücke ein Lastwagen auf. Ich fuhr weiter und kam gerade noch an ihm vorbei — es fehlte vielleicht ein halber Zentimeter. Harry hielt die Augen geschlossen und hatte die Hände ineinander gekrallt.

Er übernahm wieder das Steuer, bis wir nach Los Angeles kamen. Die Fahrt durch die Innenstadt mit den dunklen, formlosen Bürohäusern, die mit Parkplätzen, Bahngleisen und rußigen Straßen abwechselten, war kurz; wir gelangten nach Hollywood, das mir wie eine Stadt am Rande der Zivilisation vorkam. Anscheinend hatte kein Gebäude mehr als zwei Stockwerke, überall war der Himmel zu sehen, zuweilen durchkreuzt von Scheinwerferlicht — wie der Himmel über Paris, der im Krieg nach feindlichen Flugzeugen abgesucht wurde; hier dagegen kündeten die Scheinwerfer von der Aufführung eines neuen Film oder der Eröffnung eines Supermarkts.

Wir aßen in einem Drive-in zu Abend, von Tabletts, die an den Wagentüren befestigt wurden — für mich etwas völlig Neues —, und quartierten uns dann in einem nahegelegenen Hotel ein. Die geräumige Hotelhalle war im Spanischen Kolonialstil eingerichtet, obwohl der Name des Hotels italienisch war. Eigentlich hätten wir und die anderen Gäste die dazu passenden zeitgenössischen Kostüme anziehen müssen. Erst später wurde mir klar, daß das Unverwechselbare an Hollywood gerade seine anachronistischen Züge sind.

Am Morgen rief Harry ein Mädchen an, das er von New York her kannte und das hier bei einer Freundin wohnte, und kündigte mir an, wir würden heute abend zusammen essen. Tagsüber blieb ich mir selbst überlassen; ich erkundete die Stadt. Mit ihren von Palmen gesäumten Straßen und den niedrigen, weiß gekalkten Häusern glich sie einem Ort in Südfrankreich. Etwas steifer, weniger verwinkelt, aber der gleiche strahlende Sonnenschein. Mehr Autos natürlich, aber wie sie da vorbeiflitzten, schienen sie sich dafür entschuldigen zu wollen, daß sie einen Augenblick lang die Aussicht verstellten. Ich war anscheinend als einziger zu Fuß unterwegs und schlenderte, die belebteren Bezirke meidend, gemächlich umher. Hier konnte man sich zurückziehen, überlegte ich, und in aller Ruhe leben und arbeiten — warum noch weiter gehen?

Georgia war griechischer Abstammung und arbeitete als Modeschöpferin. Sie war aus New York gekommen und kannte sich in der Welt der Kunst aus. Auch Juliet, die bei ihr wohnte, wirkte mit ihren faunhaften Zügen und den schräg stehenden Augen irgendwie exotisch; sie hatte sich ebenfalls in Künstlerkreisen bewegt und wußte über mich und meine Malerei Bescheid. Ich fühlte mich sehr geschmeichelt. Nach dem Abendessen gingen wir in einen Nachtclub, in dem der beste Jazz der damaligen Zeit gespielt wurde. Wir tanzten. Juliet lag wie eine Feder in meinen Armen, sie hatte modernen Tanz bei Martha Graham studiert. Harry wollte seine Tour in wenigen Tagen fortsetzen; ich sagte, ich wolle ein Weilchen bleiben und mich ausruhen, ich hätte es nicht eilig, nach New York zurückzukehren. Ich versprach, ihn zu besuchen, wenn ich wieder zurück wäre. Er schenkte mir ein halbes Dutzend wunderschöner Seidenkrawatten. Ich sah hier nur selten jemanden, der eine Krawatte trug — in diesem warmen Klima war der Byron-Kragen sehr viel mehr in Mode. Meinen Hut und die konventionelleren Kleidungsstücke legte ich jetzt beiseite. In New York hatte ich mir eine leuchtendblaue Tweedjacke gekauft, die sich vor allen Modephantasien des bessergekleideten Mannes in Hollywood sehen lassen konnte, selbst vor den Sportjacken mit Wildlederflicken auf den Ellenbogen, die Armut vorspiegeln sollten. (Als die Ärmel meiner Jacke etwas abgetragen waren, überlegte ich, ob ich mir nicht Aufschläge aus Wildleder machen lassen sollte.)
Der Gedanke, ein Einsiedlerleben zu führen, hatte schon früher etwas Verlockendes für mich gehabt, aber ein oder zwei Versuche in dieser Richtung hatten mich davon überzeugt, daß ich nicht das Zeug zu einem Eremiten hatte. Das

Angenehmste an einem solchen zeitweiligen Rückzug war die Aussicht auf das nächste Gesicht, das mir begegnen würde. Am Tag nach Harrys Abreise rief ich Juliet an und bat sie, mit mir zu Mittag zu essen und danach weiter die Stadt zu erkunden. Wir liefen herum und unterhielten uns. Wir kamen durch einen Park mit einem See, und ich mietete ein Ruderboot. Seit meinen Kindertagen hatte ich keine Ruder mehr in der Hand gehabt und ich stellte mich dementsprechend unbeholfen an, aber mir fielen jene romantischen Tage wieder ein, in denen ich einen Teenager herumgerudert hatte und mir wie der Herr über unser beider Geschick vorgekommen war. Juliet war zurückhaltend und in Gedanken versunken. Als ich sie zu Georgias Wohnung begleitete, fragte ich sie nach ihren Plänen. Eigentlich wolle sie bald wieder in den Osten zurück; die Atmosphäre in der Wohnung ihrer Freundin war ziemlich gespannt und belastend — ein Kind, ein pflichtvergessener Ehemann und der ständige Existenzkampf.

Ich erzählte ihr von den Abenteuern, die ich hinter mir hatte, von dem Bruch in meinem Leben und daß ich einen neuen Anfang machen und, wenn möglich, zu meiner ersten Liebe, zur Malerei, zurückkehren wolle. Malen sei eine Tätigkeit, die man in jeder Situation ausüben könne — das hätten schon viele andere vor mir getan. Sie meinte, ich solle als erstes eine Ausstellung machen, das würde mir neuen Mut geben. Ob ich meine Arbeiten mitgebracht hätte? Ich sagte, eine Reihe älterer Sachen lägen in New York, ich könne sie herschicken lassen. Ich erzählte ihr von der Mappe mit Zeichnungen, Aquarellen und Rayographien, die ich mitgebracht hatte. Juliet wollte sie gern sehen. Ich nahm sie mit in mein Hotel und zeigte ihr die Kollektion.

Außerdem hatte ich noch ein kleines Bündel Photographien von Bildern, die ich in Paris zurückgelassen hatte, Sachen, von denen ich glaubte, ich würde sie nie wiedersehen. Mir kam die Idee, sobald ich mich irgendwo festgesetzt hatte, einige von ihnen zu rekonstruieren, solange die Erinnerung an die Farben noch frisch war. Dann sah ich Juliet an und schlug ihr vor, in mein Hotel zu ziehen und mir Gesellschaft zu leisten, während ich wieder Fuß zu fassen versuchte. Ich würde ihr sofort ein Zimmer reservieren lassen; sie könnte noch am gleichen Tag einziehen. Ohne Umstände willigte sie ein. Im Laufe der nächsten beiden Wochen festigten wir unsere Beziehung, aber daß wir die Anstandsregeln des Hotels beachten mußten, verdroß mich. Ich war an eine derartige Heuchelei nicht gewöhnt und hielt Ausschau nach einer häuslicheren Unterkunft.

Bei meiner Suche stieß ich auf ein Hotel mit Kochgelegenheit. Es hieß »Château des Fleurs«. Abgesehen von seinem französischen Namen, der schon etwas verlockendes für mich hatte, verfügte es über abgeschlossene, gut möblierte Wohneinheiten; wir zogen ein. Juliet ging auf den Markt einkaufen und bereitete dann, wie sie sagte, die erste Mahlzeit ihres ganzen Lebens zu. Für mich war es seit langem das erste Mal, daß ich wieder in einem Zuhause aß. Es gefiel mir ungemein. Zwischendurch besuchte ich Walter Arensberg, den wohlhabenden Dichter und

Sammler, der von New York nach Hollywood gezogen war und den ich seit meinem Aufbruch nach Frankreich vor zwanzig Jahren nicht mehr gesehen hatte. Er empfing mich herzlich inmitten seiner Sammlung moderner und primitiver Kunst. Es waren noch andere Leuten anwesend, darunter ein Lehrer der örtlichen Kunstschule, der sich mir sofort anschloß und mir erklärte, wie inspirierend eine Ausstellung meiner Werke vor einigen Jahren für seine Schüler gewesen sei. Der Leiter dieser Schule hatte mich in den dreißiger Jahren in Paris besucht und eine Reihe von Sachen für eine Ausstellung entliehen. Der Lehrer verbreitete die Nachricht von meiner Anwesenheit, und man lud mich in die Schule ein, um einen Vortrag zu halten und eventuell auch der Fakultät als Dozent beizutreten. Es folgten Einladungen zum Lunch und zum Dinner, aber ich blieb zurückhaltend und sagte, ich sei nur zu einem kurzen Aufenthalt hier. In Wahrheit hatte ich mir geschworen, mich nie auf irgendeine Unterrichtstätigkeit einzulassen, ich glaubte nicht ans Unterrichten und war der Meinung, daß man die Dinge, die wirklich zählen, nur allein machen kann.

Ich erklärte auch, ich sei vollauf damit beschäftigt, die Verluste, die ich in Europa glaubte erlitten zu haben, wieder wettzumachen. Ich wolle mich darauf konzentrieren, selbst zu malen. Der begeisterte Lehrer war mir weiterhin wohlgesonnen und lud mich zu sonntäglichen Grillpartys auf seinem Grundstück draußen vor der Stadt ein — wo ich seine Schüler in zwangloser Atmosphäre kennenlernte. Eines Tages erhielt ich von ihm eine Staffelei und einen Kasten mit Farben und Pinseln — da ich doch wieder anfangen wolle zu malen.

Ich stellte die Sachen in meiner Wohnung auf — ein zusätzlicher Anreiz, gleich mit der Arbeit zu beginnen. Ich besorgte mir ein paar Leinwände, suchte mir ein Photo von einem der Bilder heraus, die ich zurückgelassen hatte, betrachtete es genau und versuchte, mich an die ursprünglichen Farben zu erinnern. Aber dann überlegte ich es mir anders. Warum sollte ich mich mit Kopien abmühen? Ich übernahm die Grundzüge der Komposition und begann in diesem Rahmen frei zu improvisieren. Andere Maler hatten zahlreiche Variationen über ein Thema geschaffen — ich machte jedesmal etwas völlig anderes, um nicht das Interesse und die Begeisterung zu verlieren.

Nachdem ich einige Wochen in der kleinen Wohnung am Fenster vor der Staffelei gesessen hatte, fühlte ich mich zusehends beengter. Ich hatte immer hohe Ateliers mit großen Fenstern und reichlich Bewegungsspielraum gehabt. Ich faßte den Entschluß, mich nach einem Maleratelier umzusehen, und fragte bei verschiedenen Agenturen an, aber immer hieß es, so etwas gebe es in Hollywood nicht. Ein Makler meinte, Maler seien als Mieter unerwünscht — es sei zu befürchten, daß sie die Wände mit ihren Farben verschmutzte. Ich erwiderte, von derartigen Ausschweifungen sei mir noch nie etwas zu Ohren gekommen — Farben seien nämlich teuer. Mein Lehrerfreund erzählte mir von einem Apartmenthotel, das über zwei Etagen verteilte Wohnungen vermietete und in dem hauptsächlich Musiker und Filmleute wohnten. Sofort ging ich hin, es lag an der Vine Street, ein vierstöckiger Ziegelbau. Die Umgebung war nicht besonders einnehmend: Grundstücke von Autohändlern und Märkte. Aber als ich den Hof betrat, gab es da Palmen, mit Efeu bewachsene Mauern und blühende Hibiskussträucher. Ich erkundigte mich bei der Rezeption, jemand führte mich ans Ende des Innenhofs und zeigte mir eine schöne Wohnung im Erdgeschoß: ein hohes Atelier, Wohnzimmer, Eßzimmer, Küche und eine Loggia mit Schlafzimmer und Bett, komplett möbliert. Etwas Vollkommeneres hätte ich mir gar nicht ausdenken können. Ich zahlte meine erste Monatsmiete und zog so bald wie möglich ein. Zur Vorbereitung bedeutender Dinge kaufte ich mir eine Rolle Leinwand. Hier war das ursprüngliche Herz von Hollywood, in der Nähe lagen die ersten Filmstudios und ein paar Blocks weiter die Hauptstraßen: Sunset Boulevard und Hollywood Boulevard. Gleich gegenüber, auf der anderen Straßenseite war ein Filmkunstkino, in dem vor allem ausländische Filme gespielt wurden. Immer wenn ein französischer Film lief, ging ich hin, sog die Dialoge, ohne auf die englischen Untertitel zu achten, begierig auf und übersetzte sie Juliet, als ob sie die Untertitel nicht selbst hätte lesen können. Wenn ich morgens erwachte, hatte ich manchmal vergessen, wo ich war, und wollte schon hinunter ins Eckcafé, um mir einen starken Kaffee und ein Croissant zu bestellen, wie ich es in Paris manchmal getan hatte. Ich erkundete die Gegend sehr gründlich und machte abends, wenn außer den vorbeirollenden Autos kaum Leute unterwegs waren, lange Spaziergänge. Immer noch kam es mir so vor, als sei ich der einzige Fußgänger. Einmal beobachtete mich mißtrauisch ein Polizist, als ich vor einem Schaufenster stehenblieb, um mir die Auslagen anzusehen. Es war unpraktisch, keinen Wagen zu haben. Sich mit Bussen oder Taxis fortzubewegen war nicht leicht — ob man einkaufen oder Besuche machen wollte, immer waren weite Strecken zurückzulegen.

Ich beschloß, einen Wagen anzuschaffen. Es sollte ein neuer sein — die Reklametafeln der Gebrauchtwagenhändler trumpften mir zu sehr auf, ich hatte kein Vertrauen zu ihnen. Ich fuhr in die Stadt zur Flower Street, wo die meisten Ausstellungsräume für Neuwagen dicht beieinander lagen, und machte einen Schaufensterbummel. Dann sah ich meinen Wagen, zurückhaltend annonciert. Es war ein niedriger Viersitzer mit geschlossener Karosserie, vollkommen stromlinienförmig gebaut, ohne überflüssige Chromteile, metallisch blau lackiert, das Innere ebenfalls in Blau — meiner Lieblingsfarbe. Ich sah mich schon darin sitzen, mit meiner leuchtendblauen Tweedjacke, um die Farbwirkung noch zu verstärken. Das Schild im Schaufenster lieferte technische Daten, auch von einem eingebauten Vorverdichter war die Rede. Wieder spürte ich die alte Erregung in mir, wie beim Kauf meines ersten Autos. Ich trat ein und sagte dem Mann an der Theke, ich sei an dem Wagen interessiert, ob ich eine Probefahrt machen könne. Statt mir mit irgendwelchem Verkäufergeschwätz zu kommen, ging er nach hinten und kam mit einem stämmigen Mechaniker zurück. Doppeltüren wurden geöffnet, und der Wagen rollte auf die Straße hinaus. Dies sei nur der Vorführwagen, die Lieferung erfolge zwei Wochen nach der Bestellung, hieß es.

Ich setzte mich neben den Fahrer, der tippte bloß auf die Pedale, und schon sprang der Wagen vorwärts, so als habe er direkt in einen hohen Gang geschaltet. In ein paar Minuten waren wir draußen auf dem Cahuenga Pass. Nach einer Fahrt von einer halben Stunde kehrten wir zum Geschäft zurück. Ich sagte, ich wolle den Wagen nehmen. Nein, auf einen anderen könne ich nicht warten. Ich müsse sofort verreisen. Aber der Wagen ist gebraucht, ist schon fünfzehnhundert Kilomenter gelaufen, sagte der Mann. Egal, ich wollte diesen und keinen anderen. Er war einverstanden und gab mir sogar einen kleinen Rabatt für die fünfzehnhundert Kilometer, die der Tachometer anzeigte. Ich schrieb einen Scheck aus. Als alle Formalitäten erledigt waren, setzte ich mich hinter das Steuer und fuhr los. Ich hatte jenes Machtgefühl, das ich auf dem Gesicht jedes Autofahrers erkenne, der seinen Wagen lenkt. Vergessen waren all meine Vorsätze, mich nie mehr mit Automobilen einzulassen. Dies hier war lebendig, wie ein Vollblutpferd. Ich berührte das Gaspedal kaum — und wie schnell könnte ich fahren, wenn ich es ganz herunterdrückte? Ich nahm mir vor, es bald herauszufinden. Nach den klapprigen Vehikeln, die ich in Frankreich gefahren hatte, war es, als hielte ich eine Feder in der Hand — als würde ich mit Juliet tanzen. Ich parkte am Gehweg vor meinem Atelier. Ich stieg aus und trat zurück, um mir den Wagen noch einmal richtig anzusehen. Er hatte auch noch Weißwandreifen, äußerst elegant. Es gab einen kleinen Auflauf, junge Burschen — die besten Autokenner. Ein Mann blieb stehen und fragte mich, was das denn für ein ausländisches Fabrikat sei. Amerikanisch, antwortete ich in dem gleichen herablassenden Ton, in dem ich den Deutschen geantwortet hatte, die mich in Frankreich gefragt hatten, ob das ein amerikanischer Wagen sei. Ich holte Juliet, um ihr meine Neuerwerbung zu zeigen. Sie konnte es gar nicht fassen. Wahrscheinlich war ich ihr nie wie jemand vorgekommen, der neben seinen anderen Fähigkeiten auch Autofahren konnte.

Nun hatte ich also wieder alles beisammen, eine Frau, ein Atelier, ein Auto. Die alle zehn Jahre fällige Erneuerung meines Lebens, die mir ein Astrologe geweissagt hatte, war planmäßig vonstatten gegangen. Nachdem die materiellen Voraussetzungen geschaffen waren, konnte ich mich jetzt auf das langfristige Vorhaben konzentrieren, als Maler wieder Fuß zu fassen. Es gab reichlich zu tun. Ich wollte nicht nur Bilder rekonstruieren, die ich verloren glaubte, ich hatte auch Skizzen und Notizen für neue Werke, zu deren Realisierung ich in Paris nicht die Zeit gehabt hatte. Wenn das geschafft war, konnte ich mit Fug und Recht meinen alten Lieblingsspruch gebrauchen: Ich habe nie ein neues Bild gemalt. Jetzt, da ich den Wagen hatte, kam ich mehr herum, sah mir ein paar Galerien zwischen Hollywood und Beverly Hills an und besuchte auch häufiger die Arensbergs, bei denen ich neue Gesichter kennenlernte. Ein Händler bot mir seine Galerie für eine Ausstellung an. Ein guter Anfang, dachte ich. Ich ließ mir

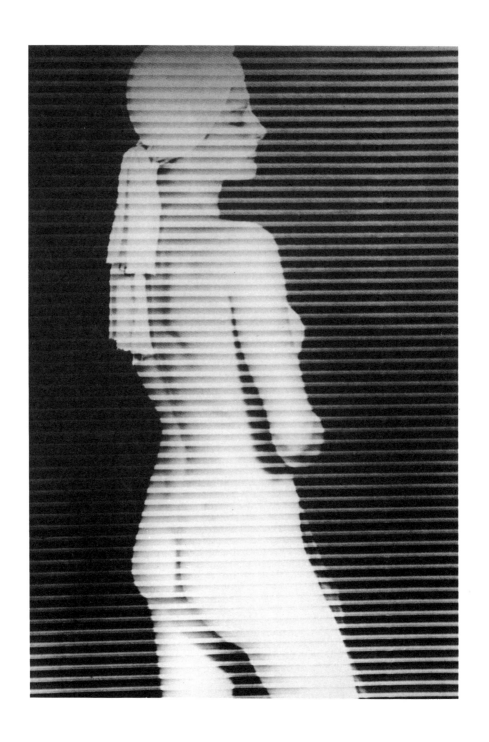

79 *Juliet, ca. 1945*

meine alten Bilder, die in New York lagerten, schicken. Die Eröffnung war gut besucht — viele Filmleute waren da; nichts wurde verkauft. An der Kunstbörse wurde ich nicht notiert, und vermutlich waren meine Preise zu niedrig, um Sammler zu beeindrucken. Die Kritiker in den Zeitungen waren abwartend, wenn nicht feindselig — so als seien meine Arbeiten ganz neu und nicht schon fünfundzwanzig Jahre alt. Mit seinen Urteilen über die zeitgenössische Kunst war New York immer zwanzig Jahre hinter Paris zurück und Kalifornien zwanzig Jahre hinter New York. Aber mein Name machte die Runde. Museumsdirektoren luden mich zu Ausstellungen meiner Werke ein: San Francisco, Santa Barbara und in der näheren Umgebung Pasadena und das Museum von Los Angeles. Ich wurde eingeladen, an der Ausstellungseröffnung in San Francisco selbst teilzunehmen. Ich nahm die Einladung an. Auf den achthundertsoundsoviel Kilometern von Hollywood bis dorthin würde ich Gelegenheit haben, etwas von der Landschaft zu sehen und mir ein Bild von den Vorzügen meines neuen Autos zu machen. Sobald ich auf dem Highway war, fuhr ich eine Zeitlang in gleichmäßigem Tempo unter der Geschwindigkeitsbegrenzung. Da überholte mich ein großer schwarzer Sedan, ungefähr mit hundertzehn. Ich stieg auf das Pedal, bis ich ihn wieder eingeholt und ohne weiteres überholt hatte. Der Zeiger des Tachos schwankte jetzt zwischen hundertdreißig und hundertvierzig; das Gaspedal war noch nicht ganz unten. Jetzt war es so wie in den guten alten Tagen in Frankreich, als es auf den Landstraßen noch keine Geschwindigkeitsbegrenzung gab und es eine Ehrensache war, sich von keinem Wagen überholen zu lassen. Autofahren war ein ernsthafter Sport, nicht bloß ein Mittel, um irgendwohin zu kommen. Nach einiger Zeit sah ich im Rückspiegel ein Motorrad, das langsam näherkam. Ich verlangsamte die Fahrt und wurde an den Straßenrand gewinkt. Der Cop fragte mich, ob ich die Absicht hätte, Selbstmord und — mit Blick auf Juliet — Mord zu begehen. Bei der Überprüfung meiner Papiere ließ er sich viel Zeit. (Zum Glück hatte ich mir vor meiner Abreise in New York einen Führerschein besorgt, um Harry am Steuer ablösen zu können. Der Beamte dort war von meinem englischen und meinem französischen Führerschein sehr beeindruckt. Er zog aus seinem Schreibtisch eine Karte heraus, hielt sie hoch und fragte, was sie bedeute. Darauf stand das Wort »detour«, genau wie im Französischen. Da war er bei mir gerade richtig, und ich übersetzte: »Umleitung«. Ohne weitere Umstände stellte er mir die Fahrerlaubnis aus.)
Ich entschuldigte mich bei dem Polizisten, ich sei fremd hier und die hiesigen Verkehrsregeln seien mir nicht vertraut, außerdem eile ich gerade an das Bett eines Kranken. Juliet lächelte ihn lieblich traurig an. Mit der Mahnung, ich solle mir einen kalifornischen Führerschein besorgen und mir die Straßenverkehrsordnung ansehen, ließ er mich fahren.
Die Ausstellung in San Francisco war eindrucksvoll gehängt; ein Raum mit Gemälden, einer mit Rayographien und Zeichnungen. Auf die Einladungen hin kamen viele Leute zur Eröffnung; man stellte mich den kultivierten Kreisen von

San Francisco vor. Es folgten eine Reihe von Einladungen zum Cocktail oder zum Abendessen bei Leuten, die sich für Kunst interessierten und ganz erpicht darauf waren, mir ihre Erwerbungen zu zeigen. Der Blick aus ihren Fenstern auf das Golden Gate war großartig.

Der wichtigste Kritiker äußerte sich in der örtlichen Zeitung sehr ausführlich über meine Ausstellung; er hielt meine Malerei für einen schwachen.Versuch, die europäische Avantgarde zu imitieren. Ich erinnere mich daran, wie ich damals in Frankreich empfangen worden war — wie mich Dadaisten und Surrealisten als Vorläufer und Wegbereiter begrüßt hatten. Immerhin sah jener Kritiker in meinen Rayographien eine wichtige Neuerung, einen bedeutenden Beitrag zur modernen Kunst. Es war das übliche Verfahren der Kritiker — eine Sache konnte nur gut sein, wenn eine andere nicht so gut war.

Um Kritiken hatte ich mich nie sonderlich gekümmert: hätte ich sie beim Wort genommen, dann hätte ich wahrscheinlich nie etwas zustande gebracht. Im Gegenteil: wenn ich je Zweifel an meinen Arbeiten hatte, dann überzeugte mich eine negative Kritik davon, daß ich auf der richtigen Spur war.

Trotz der in einigen Kreisen verbreiteten Ansicht, der Maler solle sich an seine Malerei halten, verspürte ich über die vereinzelten Vorträge, die ich hielt, hinaus das Bedürfnis, meine Gedanken in Worte zu fassen. Die Äußerungen Delacroix' oder Cézannes besitzen mehr Gewicht als die Worte irgendeines ihrer Kritiker und haben diese letztlich in Vergessenheit geraten lassen. Ein Satz, den Picasso nebenbei fallen ließ, konnte jedes Streitgespräch beenden. Solche Äußerungen sind nicht einfach Rechtfertigungsversuche, es sind Reservepfeile, die auf das gleiche Ziel abgeschossen werden. In ihnen kristallisieren und bestätigen sich die Absichten des Malers; und nebenbei sind sie auch denen eine Hilfe, die nicht gleichzeitig sehen und verstehen können.

Während meines verlängerten Aufenthaltes in Hollywood ergaben sich mehrere Gelegenheiten, meine Ideen zu Gehör oder zu Papier zu bringen. Eimmal lud man mich ein, vor Lehrern, Schülern und anderen Interessierten die moderne Kunst zu erläutern und zu verteidigen. Ein bekannter Porträtmaler würde zugunsten der traditionellen Malerei sprechen. Der Veranstalter des Abends bat uns beide sehr dringend, wir sollten uns an das vereinbarte Thema halten — Maler, so sagte er, hätten die Neigung, beim Reden abzuschweifen. Der Porträtmaler hielt einen Stapel Blätter in der Hand, er hatte seinen Vortrag vorbereitet. Ich nicht. Ob ich beginnen wolle? Ich sagte, mir wäre lieber, als zweiter zu sprechen, das würde mir Zeit lassen, meine Gedanken zu ordnen. Der Porträtmaler begann zu lesen — es dauerte ungefähr eine Dreiviertelstunde und war im großen und ganzen eine Schmährede gegen die moderne Kunst. Er schloß mit der Feststellung, ein gutes Bild malen sei das gleiche wie einen guten Cocktail mixen: die Zutaten müßten sorgfältig, auf der Grundlage von Wissen und Erfahrung bemessen werden. Ich hatte mich schon über den Veranstalter geärgert; wenn ich noch eine weitere Provokation benötigte, dann hatte ich sie jetzt. Nachdem ich vorge-

316

stellt worden war, sagte ich zunächst, ich sei gebeten worden, über moderne Kunst zu sprechen, und man habe mich — hierbei wandte ich mich dem Veranstaltungsleiter zu — aufgefordert, mich an mein Thema zu halten, angeblich neigten Maler nämlich dazu, abzuschweifen. Da jedoch, so fügte ich hinzu, mein Vorredner von seinem Thema abgekommen sei und nicht allzuviel über die traditionelle Kunst zu sagen gehabt habe, fühlte auch ich mich berechtigt, hier etwas freier zu verfahren. Beruhigend fügte ich hinzu, stets werde die Malerei im Mittelpunkt meiner Ausführung stehen; in meiner Schulzeit seien die alten Meister für mich jahrelang eine Quelle der Inspiration gewesen: Uccello und Leonardo, die Forscher Breughel und Bosch, die Surrealisten ihrer Zeit, und viele andere aus dem 19. Jahrhundert, als die Malerei sich selbst und den eigenen Inspirationsquellen überlassen blieb und nicht mehr so sehr unter der Schirmherrschaft von Kirche und Staat stand. Ich sprach über meine Begeisterung für die Impressionisten, das Martyrium, das sie durchgemacht hatten, und kam dann zu den Kunstrichtungen des 20. Jahrhunderts: Kubismus, Futurismus — sie alle Kinder ihrer Zeit, und ihre Ungebundenheit bestätige sich gerade in ihrer Vielfalt. Anders als in der Wissenschaft, gebe es in der Kunst keinen Fortschritt — man könne es nicht besser machen als die alten Meister, man könne es nur anders machen. Dann schilderte ich kurz meine Beziehung zu den Dadaisten und den Surrealisten. Schließlich sagte ich noch, von Cocktails verstünde ich nicht allzuviel — ich hätte meine Farben nie mit Alkohol gemischt. (Gelächter und Beifall.) Eine Stunde lang wurden noch Fragen gestellt, sie richteten sich alle an mich.

Dieses Problem des Fortschritts, von Gut und Schlecht in der Kunst beherrschte alle Diskussionen. Nie tauchte, wie beim Essen und Trinken, der Gedanke des Vergnügens auf. Natürlich hörte man oft den Satz: Ich verstehe zwar nichts von Kunst, aber ich weiß, was mir gefällt. Das bedeutete doch im Grunde nur: mir gefällt allein das, was ich kenne. Und die Schlußfolgerung hieraus lautete: Ich habe Angst, daß mir etwas gefallen könnte, das ich nicht kenne — ich könnte mich ja irren. Einmal warf ich im Zorn einem Gesprächsteilnehmer vor, er rede wie ein Kunstkritiker.

Eine meiner umfassendsten Ausstellungen fand in Pasadena statt. Fünf Ausstellungsräume waren dort mit Gemälden, Zeichnungen, Aquarellen und Rayographien gefüllt. Der Organisator war ein Professor vom California Institute of Technology, Antonin Heythum, ein tschechischer Maler und Designer, der in den Staaten hängengeblieben war, nachdem er den Pavillon seines Landes für die Weltausstellung 1939 in New York gebaut hatte. Seine Überzeugungskraft und seine Begeisterung weckten in mir die Vorstellung, daß in Pasadena ein ähnlich starkes Interesse wie bei ihm selbst vorhanden sein würde. Sonntags hatte es in seinem Garten viele erfreuliche Zusammenkünfte gegeben, an denen auch seine Frau Charlotta und einige prominente Nachbarn teilnahmen. Die Eröffnung war gut besucht — ich hegte die Hoffnung, an die wohlhabenden Bewohner des Ortes, die hier ihren Alterssitz hatten, etwas verkaufen zu können. Während der

Ausstellung hielt ich aus dem Stegreif mehrere Vorträge vor Besuchern und Schülern. Der Kunstkritiker der Lokalzeitung schrieb eine lange Spalte. Ein großer Vortrag sollte im Hörsal der Bibliothek stattfinden. Der Kunstkritiker, der die Veranstaltung leitete, stellte mich einem ehrbaren, betucht wirkenden Publikum vor. Wie üblich hatte ich meinen Vortrag nicht vorbereitet und mir keine Notizen gemacht. Ich warf einen Blick über die Versammlung und entschuldigte mich dafür, daß ich meine Überlegungen nicht aufgeschrieben hatte; aber der eigentliche Grund hierfür sei die Angst, eine vorbereitete Ansprache könne langweilig werden — ich selbst sei das Opfer vieler langatmiger Vorträge geworden —, deshalb wolle ich meine Zuhörer um Nachsicht bitten, wenn ich einmal ins Stocken geriete oder gar in Schweigen verfiele. Um frei zu sprechen, so sagte ich, benötigte ich eine Provokation. Ein Blick auf die freundlichen Gesichter meiner Zuhörer überzeugte mich davon, daß dergleichen von ihnen nicht zu erwarten war. Aber das hatte ich vorausgesehen und deshalb die Provokation selbst mitgebracht. Nun zog ich den Zeitungsausschnitt mit der Besprechung, die der Kunstkritiker meiner Ausstellung gewidmet hatte, hervor. Mr. R., so fuhr ich fort, schreibt, er habe sich vier Stunden in meiner Ausstellung aufgehalten und sei verwirrter herausgekommen als er hineingegangen war. Ich wisse nicht, ob das als Kritik an meinen Arbeiten oder als Eingeständnis seines Mangels an Wahrnehmungsfähigkeit gemeint sei. In jedem Falle aber sei die Feststellung für mich schmeichelhaft. Ich selbst hätte es nie länger als eine Stunde in einem Museum ausgehalten, ohne von Müdigkeit und Schwindelgefühlen befallen zu werden. Und bei Einzelausstellungen vermittele mir zumeist der Blick auf ein einziges Werk des jeweiligen Künstlers schon eine Vorstellung von seinem Schaffen. Was nun Mr. R. so irritiert habe, sei wahrscheinlich die Vielfalt der Themen und Techniken gewesen, die alle auf einen einzigen Künstler zurückgingen, und so habe er sich nicht zu einem Urteil durchringen können. Ähnliche Schwierigkeiten hätte ich schon mit Kunsthändlern gehabt, die nicht imstande waren, jahraus jahrein mit den Wandlungen meiner Interessen Schritt zu halten. Vielleicht sei ich ja an der Malerei selbst weniger interessiert als an der Entwicklung neuer Ideen und hatte mich der bildenden Kunst zugewandt, weil ich mit ihrer Hilfe meine Ideen am direktesten darstellen konnte; jeder neue Anlauf verlange eine spezielle Technik, die erst eigens erfunden werden müsse. Aber wie abwechslungsreich und widersprüchlich sie auch sein mochten, ein Motiv oder vielmehr zwei Motive bestimmten alle meine Bemühungen: das Streben nach Freiheit und das Streben nach Vergnügen. Ich hätte furchtbare Angst, daß man mich an einem bestimmten Stil erkennen könnte, auf den ich dann festgenagelt würde. Das Malen würde mir zur Last werden. Genügte es nicht, wenn ich alle Werke mit meinem Namen signierte, wie es viele Maler vor mir getan hatten, die ihre Malstile im Laufe der Jahre ebenfalls geändert hatten?
Ich sprach noch einige Zeit weiter, äußerte ähnliche Gedanken wie bei früheren Vorträgen, bis mir plötzlich nichts mehr einfiel. Ich erklärte, ich hätte gesagt,

was ich zu sagen hatte, es sei noch früh, und falls es Fragen gebe, so würde ich sie gerne noch beantworten. Mr. R. stand auf und fragte in sorgfältig gewählten Worten: ob ich mehr daran interessiert sei, anders zu sein als die anderen, originell zu sein und mich zu amüsieren, als daran, tiefgründig zu sein? Ich gab zu, das hätte ich mir noch nie überlegt — ich hätte auch noch nie von einem anderen Maler gehört oder gelesen, für den die eigene Tiefe ein Problem dargestellt hätte. Wir würden davon ausgehen, daß wenn wir ein tiefgründiges Wesen besitzen, jeder Pinselstrich von dieser Tiefe und Bedeutung Zeugnis ablegten, andererseits würden bei einem oberflächlichen Maler alle Versuche, tiefgründig zu erscheinen, fehlschlagen, auch das würde man seinem Duktus ansehen. Und ist es nicht, fügte ich hinzu, Aufgabe des Kritikers, hierüber zu entscheiden? Und genau das tue er, R., ja auch in seiner wöchentlichen Kolumne, streiche dafür seinen Wochenlohn ein und gefährde die Chancen einiger hoffnungsvoller Maler. Das alles sei auch eine Frage der Ethik, nicht bloß der Ästhetik.

Hände fuhren in die Höhe, und Stimmen aus dem Publikum wurden laut, die sich Gehör verschaffen wollten. Ich hielt inne. Anscheinend war ich jetzt der Provokateur und nicht mehr der Provozierte. Ich deutete auf eine vor mir sitzende Frau mit einer intellektuellen Brille samt Goldkettchen, die auf dem Kopf einen eindrucksvollen, blumengeschmückten Hut trug, und bat sie zu sprechen. Sie hatte meine Arbeiten gesehen, nannte jetzt den Titel eines Bildes und wollte wissen, was daran schön sei. Ich sah sie an und enthielt mich, ihr ein Kompliment zu machen, was die Angelegenheit vielleicht vereinfacht hätte. Aber inzwischen war mir alles egal. Ich antwortete ihr, wenn sie mir sagen würde, was an ihrem Hut schön sei, dann würde ich ihr sagen, was an meinem Bild schön sei. Sie entgegnete, sie liebe es, das ganze Jahr Blumen um sich zu haben. Das, so gab ich zurück, ist mehr eine praktische Erwägung, keine ästhetische Begründung; auch ich liebte Blumen, vor allem solche, die dufteten — wie es bei ihren künstlichen Blumen damit bestellt sei? Erhob ich etwa höhere Ansprüche als sie? Maler seien auch Menschen, und wie alle anderen Menschen seien sie Gefühlen der Niedergeschlagenheit, des Zorns und der Aggression ausgesetzt; sie hätten sich entschlossen, ihre Stimmungen in ihrem Medium auszudrücken — und müßten es tun, um sich zu entlasten. Es gebe genug andere Dinge in der Welt, die zu nichts anderem da seien, als Freude und Bewunderung bei jenen zu wecken, die nur darauf aus sind, ihre Vergnügungssucht zu befriedigen.

Ich hatte geglaubt, ich sei in meinen Antworten aufrichtig und versöhnlich gewesen, aber jetzt bekam ich eine volle Breitseite ab: eine ältere Person fragte, ob ich nicht auch der Meinung sei, daß diese moderne Kunst einen schlechten Einfluß auf die jüngere Generation ausüben könne. Vielleicht, erwiderte ich. Ich kenne ein junges Mädchen, in dessen Zimmer eines meiner Werke gehangen hatte. Als sie eines Tages nach Hause kam, war das Bild verschwunden. Ihre Mutter hatte es vernichtet und sagte, es hätte einen schlechten Einfluß auf ihre Tochter gehabt. Es müsse also allein die ältere Generation sein, die so denke. Hier in Pasadena, fuhr ich fort, haben Sie diese hohe Brücke, von der in regelmäßigen Abständen Menschen herunterspringen und Selbstmord begehen. Niemand kommt auf die Idee, die Brücke deshalb zu beseitigen. Berühmte Schriftsteller haben Gedichte verfaßt, die angeblich liebeskranke junge Menschen in den Selbstmord getrieben haben. Diese Werke werden nicht verboten. Tausende kommen bei Autounfällen ums Leben, aber niemand hindert die Autohersteller daran, auch weiterhin Todesmaschinen zu bauen, die schneller als fünfzig Stundenkilometer fahren können. Für mich ist ein Maler, wenn nicht das nützlichste, so doch zumindest das am wenigsten schädliche Mitglied der Gesellschaft. Ein ungeschickter Koch oder Arzt kann unser Leben gefährden. Auch ich, so schloß ich meine Rede und deutete dabei mit dem Finger auf den Fragesteller, hätte schon versucht, ein Bild ähnlich dem Haupt der Medusa zu malen, das den Betrachter in Stein verwandelt (in Wirklichkeit sagte ich: das manchen, der es betrachtet, tot umfallen läßt) — es sei mir bis jetzt noch nicht gelungen.

Leute drängten zu mir, um mir die Hand zu schütteln und um mich zu beglückwünschen — sie hatten sich nicht gelangweilt. Andere Vorträge, die ich hielt, waren ähnlich aufgebaut — immer war ich aufrichtig bemüht, die Gedanken, die sich im Laufe der Jahre herauskristallisiert hatten, in einer möglichst einfachen Sprache zu vermitteln, ohne die verrätselnden, abstrusen Begriffe, die die zeitgenössische Kunst bevorworten. Wenn mich ein Lehrer fragte, ob ich dies oder jenes wirklich ernst meine (schon wieder dieses Wort), und die Schüler gespannt auf meine Antwort spitzten, dann gab ich zurück, ich hoffte vor allem, ein ernsthaftes Publikum vor mir zu haben; so manche Wahrheit komme als Scherz daher, und wenn einige meiner Feststellungen abgedroschen klängen, dann seien sie doch nur eine Bekräftigung dessen, was andere Denker vor mir gesagt hatten. Nicht immer würde ich versuchen, originell zu sein; das sei ebenso anstrengend wie wenn man versuche, tiefsinnig zu sein. Ein Schüler meinte, ich widerspräche vielen Ideen, mit denen er aufgewachsen sei. Ich beruhigte ihn und sagte, morgen würde ich mir selbst widersprechen — tun wir das nicht alle manchmal? Das Sprechen regte mich irgendwie an, es war ein bißchen so, als ginge ich mit mir selbst zu Rate, und es paßte durchaus zu meinem Entschluß, mich auf eine Einmanntätigkeit zu beschränken: auf das Malen. Wenn ich meine Ideen in Worten faßte, war es, als würde ich Leinwände und Farben für ein neues Werk vorbereiten. Wegen meiner Abneigung gegen Menschenmengen — Versammlungen jeglicher Art — konzentrierte ich mich oft ganz auf eine Person in meiner Nähe, wie bei einem vertraulichen Gespräch, und betrachtete die Versammlung als ein einziges Individuum. Ein Meer von Gesichtern anzusprechen, war zu beängstigend, zu abstrakt.

Aufgrund meines Rufs als Photograph kam es hin und wieder zu Versuchen, mich in die Publizität zurückzuholen. Redakteure von Modezeitschriften kamen an die Westküste, um mich für neue Aufträge zu gewinnen. Termine wurden vereinbart, ich sollte das Leben von Hollywood photographieren: Filmstars zu

Hause und im Atelier, Modeschöpfer aus der Umgebung, die vom Ausbleiben der Modeneuheiten aus Paris profitierten. Eine Zeitlang machte ich das mit, mehr aus Neugier als aus dem Bedürfnis, meine einträgliche Beschäftigung wieder aufzunehmen, aber bald verlor ich das Interesse daran und winkte den Redakteuren ab. Außerdem erschien mir nach meinem Leben im Ausland, wo ich viele persönliche Kontakte geknüpft hatte, die Atmosphäre in Hollywood zu förmlich, gewollt vornehm und ängstlich auf das eigene Ansehen bedacht. Wenn ich mich darauf eingelassen hätte, dann hätte ich trotz des Konservatismus, den ich um mich herum spürte, phantasievolle Arbeit leisten können, aber ich wußte, daß man sie nur mit Vorbehalten akzeptieren würde.

Auf Cocktailpartys hatte ich den anderen nichts zu sagen, saß in einer Ecke und hielt mich an meinem Highballglas fest. Bei einer von diesen Veranstaltungen, im Haus eines Schriftstellers, ging es dann etwas intellektueller zu. An den Wänden hingen moderne, in Europa erworbene Gemälde, auf die der Gastgeber sehr stolz war. Er wollte meine Meinung zu einem Bild hören, für das er vor kurzem eine unglaubliche Summe bezahlt hatte. Ich gab irgendeine ausweichende Antwort. Die anderen Gäste hatten sich in Fachsimpeleien vertieft — über das Kino. Es wurde eine Schallplatte mit einer Beethovensymphonie aufgelegt. Ob mir Beethoven gefalle, fragte mich mein Gastgeber. Ich hatte schon einige Drinks hinter mir und war entsprechend kühn. Ich sagte, dieser Komponist löse bei mir immer die gleiche Wirkung aus, hockte mich auf den dicken Teppich, nahm den Kopf zwischen die Knie und machte einen Purzelbaum. Einige der in der Nähe Stehenden kehrten mir den Rücken zu und wandten sich wieder ihren Fachgesprächen zu. Ich bat den Gastgeber, etwas von Bach zu spielen — meinem Lieblingskomponisten. Ich versprach, keine weitere Vorstellung zu geben.

Eines Tages rief mich ein Agent an. Bei meinen Talenten, sagte er, könne er mir einen Job beim Film beschaffen. Mit einem Produzenten von einer der großen Filmgesellschaften wurde ein Essen arrangiert. Der Agent riet mir, eine Mappe mit ein paar meiner Arbeiten mitzubringen; sehr wahrscheinlich wisse der Produzent weder, wer ich sei, noch, was ich bisher geleistet habe. Von den Photos, die ich für die Modezeitschriften gemacht hatte, besaß ich keine Originalabzüge mehr — aber diese Sachen wollte ich vorzeigen, nicht meine schöpferischen Arbeiten. Also klapperte ich die Antiquariate ab und ging die alten Zeitschriftennummern durch. Aber die meisten meiner Photos waren ausgeschnitten, offensichtlich von Studenten. Das war sehr interessant; es bestätigte mich in meinen Bemühungen, etwas hervorzubringen, das nicht von bloß von vorübergehendem Interesse war, während die Zeitschriftenredaktionen ganz auf den Aktualitätswert setzten, der mit dem nächsten Heft schon wieder vergessen war. Aber schließlich brachte ich doch noch eine Anzahl Reproduktionen von Modeaufnahmen und Prominentenporträts zusammen, auf denen die Gesichter wichtiger waren als die Kleider, etwa Aufnahmen von Gertrude Lawrence und Paulette Goddard.

Das Essen fand im Restaurant von Mike Romanoff statt, dem Treffpunkt der Filmleute. Als Mike mich erkannte, umarmten wir uns. Er hatte sich als unehelichen Sohn des Zaren bezeichnet und war auf seinen Streifzügen durch Europa (ohne Paß) oft ins Gefängnis gekommen und dann des Landes verwiesen worden. Auch in meinem Atelier war er aufgetaucht und hatte mir einige roh aus Brotkrumen geformte Schachfiguren gezeigt, mit denen er sich genau wie die Figur in Stefan Zweigs *Schachnovelle* im Gefägnis die Zeit vertrieben hatte. Den Agenten und den Produzenten muß diese Begrüßung sehr beeindruckt haben. Ich stieg in ihrer Achtung.

Während der üppigen Mahlzeit, zu der Mike eine Flasche Sekt beisteuerte, sprachen wir über meine Fähigkeiten und die Aussichten auf eine Anstellung. Ob ich Kameramann werden wolle, ein guter könne 750 Dollar in der Woche verdienen. Ich erwiderte, ich sei an einer kreativeren Arbeit interessiert. Wie wäre es, fragte der Produzent, mit einer Stelle als Fachmann für Spezialeffekte? Ich sagte, ich wäre lieber ein Mann für Generaleffekte. Er sah mich fragend an, ob ich damit sagen wolle, daß ich gerne Regie führen würde; er habe da ein nettes kleines Drehbuch, das sofort in die Produktion gehen könne. Aber ich erwiderte, wenn ich in einem Film Regie führen würde, dann mit meinem eigenen Drehbuch. Der Produzent blickte verdutzt drein, ja, ob ich denn auch schreiben würde?

Die Mahlzeit war fast beendet; ich trank noch etwas Wein und zündete mir eine Zigarre an. Ich wollte noch eine kleine Vorstellung geben — schade, daß keine Kamera da war, um die Sache im Bild festzuhalten. Dann begann ich zu sprechen, als hielte ich einen Vortrag, und zwar keinen improvisierten, sondern einen sorgfältig vorbereiteten. Zunächst beruhigte ich den Produzenten: bei meinem Drehbuch handele es sich um eine einfache Liebesgeschichte, wie bei den meisten Filmen, aber ich hätte ein neues Verfahren — nein, nichts Kompliziertes; ich könnte einen Film drehen, der nur die Hälfte von dem kostet, was sie sonst in den Ateliers ausgeben (an dieser Stelle warf mir der Agent einen mißbilligenden Blick zu, und ich erkannte meinen Fehler; ich hätte sagen müssen, ich benötigte das Doppelte).

Um nun aber diesen Film zu machen, fuhr ich fort, sei es nötig, die Technik in gewissen Punkten abzuwandeln: optische Veränderungen an den Kameras, eine andere Anordnung der Beleuchtung, gewisse Modifikationen beim Entwickeln und Kopieren der Negative, und schließlich erforderten Maske und Kostüm der Schauspieler besondere Aufmerksamkeit. Ich selbst würde nicht hinter, sondern vor der Kamera stehen und die Hauptrolle übernehmen. Oho, sagte der Produzent, wie Orson Welles und Charlie Chaplin — es klang immer noch, als sei ich ein Mann vom Fach — aber warum ich denn spielen wolle? Ich erinnerte ihn an das Gehalt, das einem erstklassigen Kameramann gezahlt würde, und fragte ihn dann, wieviel er einem Star zahlen würde. Wurde dieser Job nicht besser bezahlt? Selbstredend wurde ich nicht genommen.

Ein anderer großer Musikfilm-Produzent kam in mein Studio. Er besah sich einige meiner Gemälde und fragte nach dem Preis von einem. Ich nannte einen bescheidenen Betrag; er kaufte nicht. Dann erzählte er mir von einem notleidenden jungen Maler, den er an die Westküste geholt und zu einem bedeutenden Regisseur gemacht hatte. Da ich weder jung noch notleidend war, zeigte ich kein Interesse für diesen offenbar als Angebot gemeinten Wink.

Eines Tages kam ein wichtiger Public-Relations-Mann, der sich mit Wahlkampfwerbung befaßte, zu mir ins Atelier und wollte eine Porträtaufnahme von sich haben. Ich photographierte ihn mit seiner Melone, seinem blonden Schnurrbart und den goldenen Manschettenknöpfen — er sah aus, als sei er einem Stück von 1900 entsprungen. Er war völlig begeistert von den Bildern, von meinen Gemälden und mir selbst und schlug eine große Ausstellung in New York vor, die er für mich kostenlos arrangieren würde. Zwischendurch brachte er verschiedene Kino-Nabobs zu mir, die sich meine Gemälde ansehen sollten. Es langweilte sie ziemlich. Einer fragte mich, ob ich Kubist sei.

All diese Begegnungen verstärkten in mir — vielleicht indirekt — den Wunsch nach Einsamkeit, aber andererseits belustigte und unterhielt mich dieses Treiben und kam meinen unleugbaren geselligen Instinkten entgegen. Wäre ich meiner ursprünglichen Absicht gefolgt und hätte mich nach Tahiti oder auf irgendeine andere Pazifikinsel abgesetzt, dann wäre ich vielleicht nicht so glücklich geworden — erzwungene Einsamkeit konnte enttäuschend und deprimierend sein. Hier in der Großstadt konnte ich mir meine Umgebung aussuchen. Die Zurückweisungen konnte ich verkraften. Und mein Bedürfnis nach vertrauterem Umgang mit anderen wurde nach und nach erfüllt — ich gewann Freunde.

Da war zunächst ein nettes junges Paar, der Schriftsteller Gilbert Neimann und seine Frau Margaret. Sie wohnten im Zentrum von Los Angeles, in einem ärmlichen Viertel in der Nähe der Trambahnlinie, die man »Angel's Flight« nannte (neben »Château des Fleurs« einer der wenigen poetischen Namen in dieser Gegend). Sie hatten einige Jahre in Mexiko gelebt, hatten etwas vom Geist Lateinamerikas in sich aufgenommen und verbreiteten eine weltbürgerliche und zugleich sehr amerikanische Atmosphäre um sich. Viele Abende lang diskutierten wir über französische, spanische und amerikanische Literatur, oder wir machten mit meiner Phonoausrüstung improvisierte Tonbandaufnahmen, die wir uns nachher fasziniert anhörten, als handele es sich um ein Stück, das von anderen aufgeführt wird. Ich bemalte Masken aus Papiermaché für die Mädchen, die damit im Schutz der Anonymität wilde, vollkommen hemmungslose Tänze aufführten. Eines Abends brachten sie einen anderen Freund von ihnen mit, einen bedächtig dreinblickenden Mann mit hoher Stirn, dessen Augen hinter seinen Brillengläsern wie verkleinert schienen. Obwohl wir in Paris jahrelang Nachbarn waren und die gleichen Cafés besuchten, hatte ich Henry Miller nie kennengelernt. Später erzählte er mir, er habe den Wunsch gehabt, mich kennenzulernen, aber die englischsprachige Clique, die mich für einen Scharlatan hielt, habe ihn davon abgehalten. Ohne viel Worte zu machen, akzeptierten wir einander. Ich

hatte ein oder zwei Bücher von ihm gelesen — sprachgewaltige Werke, aber ihnen fehlte jenes Element der Selbstbeobachtung, das ich von den Surrealisten her kannte. Beim Reden jedoch schien sein Blick in die Ferne zu schweifen, so als braue sich in ihm ein Sturm von Gedanken zusammen. Er glich dann einem Weisen aus dem Morgenland, der er selbst gern geworden wäre. Das angeblich Pornographische an seinen Büchern erinnerte mich an die verbotenen Schriften des Marquis de Sade, die sogar in Frankreich verboten waren, obgleich de Sade erklärt hatte, wer in seinen Büchern nach erotischen Sensationen suche, werde enttäuscht werden — als ganzes betrachtet waren sie ein obszöner Aufschrei gegen die Ungerechtigkeit und Gemeinheit seiner Zeit — und es werde hundert Jahre dauern, bis man ihn verstehen werde.

Miller und ich benutzten, wenn wir uns unterhielten, nie irgendwelche von den Wörtern, die ihn in Verruf gebracht hatten; bei mir hatte das einen ganz bestimmten Grund: bei einem heftigen Streit hatte ich mir eines Tages nur noch mit Vulgärausdrücken zu helfen gewußt, worauf mir mein Gegenüber in aller Ruhe zu verstehen gab, dies passe nicht zu mir. Das hatte auf mich eine größere Wirkung als jede Retourkutsche.

Eines Tages standen wir an der Ecke Hollywood Boulevard/Vine Street, unterhielten uns über die um uns wimmelnde Masse der Kauflustigen und versuchten den Blick irgendeiner attraktiven Frau aufzufangen. Aber wir trafen nur auf starre Mienen und Köpfe, die sich den Schaufenstern zuwandten. Nicht so wie in Paris, fanden wir beide, und wenn die Masse gewußt hätte, wer wir wirklich waren und was wir darstellten, dann hätte sie uns wahrscheinlich gelyncht. Als sich

Miller auf den Felsklippen von Big Sur niederließ, fuhr ich zu ihm hinauf und verbrachte ein paar Tage mit ihm in seinem Adlerhorst. In den verlassenen Häusern und Hütten, die man billig mieten konnte, denn in dieser Gegend ließ sich weder etwas an- noch etwas abbauen, entstand eine kleine Künstlerkolonie. Gilbert und Margaret zogen in eine große, leerstehende Hütte an der Küste, wo er sein Buch *There is a Tyrant in Every Country*, das in Chicago und Mexiko spielte, beendete. Ich fand, es war ein großartiges Stück Literatur, und Gilbert hatte große Hoffnungen, daß es ihm zum Durchbruch verhelfen werde. Aber leider gab es damals irgendwelchen Ärger zwischen den Vereinigten Staaten und Mexiko, so daß für das Buch keine Werbung gemacht wurde.

Die Besuche in der Kolonie gehörten mit zum Erfreulichsten an meinem Aufenthalt in Kalifornien. Wir schrieben, lasen und malten, Margaret zog frisches Gemüse in ihrem Garten und konnte ganz wunderbar kochen. Landeinwärts, im kühlen Wald am Berghang lag ein tiefer Teich mit einem Wasserfall, in dem wir schwimmen konnten. Und anderthalb Kilometer weiter an der Klippenstraße gab es eine verlassene Badeanlage, in der man heiße Schwefelbäder nehmen konnte. Ein halbes Dutzend weißer Badewannen standen draußen in der Sonne an den Felsen, und man brauchte nur einen hölzernen Spund zu öffnen, um das heiße, ätzende Wasser einlaufen zu lassen. Wir badeten alle nackt, es war ja sonst niemand da; ein Gefühl vollkommener Freiheit ergriff mich. Und diese Freiluft-Installationen ergaben ein vollkommen surrealistisches Bild.
Erfreulich war auch die Bekanntschaft mit einem kleinen, weißbärtigen, tadellos gekleideten Mann, dem ich zuerst bei den Arensbergs begegnet war. Er war Produzent und Regisseur in einem der großen Filmateliers, was ich aber damals noch nicht wußte. Al Lewin begeisterte sich für Malerei und lud mich in sein Haus am Strand von Santa Monica ein, um mir seine Sammlung anzusehen. Sein Haus war nach dem letzten Schrei in der modernen Architektur gebaut. Aber drinnen war es vollgestopft mit alten Möbeln, Büchern, Polstersesseln und primitiver Kunst, sowohl Bildern als auch Plastiken. Später erzählte er mir, er habe Schwierigkeiten mit seinem Architekten bekommen, dem dieses Durcheinander nicht paßte — es füge sich nicht in seinen Entwurf. Das war die neueste Mode bei den modernen Architekten, daß sie sich auch noch für Innenausstatter hielten, während sie sich früher hauptsächlich mit der äußeren Gestaltung beschäftigt hatten. Immerhin gab es unter den konventionelleren Möbelstücken einige knöchelhohe Sessel ohne Armlehnen und einen niedrigen Cocktailtisch, an dem man sich die Schienbeine aufschürfte. Ein Dekorateur hatte erklärt, sie seien so entworfen, daß sie den Blick durch die Panoramafenster auf das Meer und die Landschaft nicht verstellten. Es fehlte nur noch, daß jeder, der ins Zimmer wollte, auf allen Vieren hineinkriechen mußte. Um aus diesen niedrigen, lehnenlosen Sesseln wieder hochzukommen, mußte man sich zuerst hinknien. Aber Al machte das wieder wett; er hatte eine luxuriöse Bar, in Ellenbogenhöhe. Und die Abendessen,

die seine Frau Millie veranstaltete, hätten sich mit allem, was in Paris bei »Maxim« und »Véfour« auf den Tisch kam, messen können.

Bei einem dieser aufwendigen Essen mit ungefähr dreißig Gästen, lauter Hollywood-Prominenz, saß ich neben dem Schauspieler und Regisseur Erich von Stroheim, berühmt für seine überaus langen und kostspieligen Produktionen und für seine gelungene Verkörperung hochnäsiger Preußencharaktere. Ich sagte ihm, wie sehr er mir als Schauspieler gefalle, ich hätte nie das Gefühl, daß er eine Rolle spiele, es wirke vielmehr so, als sei er immer er selbst, wie im wirklichen Leben. Vor allem in dem Film *La grande illusion* von Jean Renoir (der ebenfalls am Tisch saß). Stroheim hörte mir etwas von oben herab zu und fragte dann höflich, was denn ich täte. Ich sagte, ich sei Maler. Ein moderner Maler? fragte er. Er hasse die moderne Malerei. Ich erwiderte, das Wort »modern« gefalle mir auch nicht, ich betrachtete mich einfach als Angehörigen meiner Zeit. Ich fügte hinzu, wir mögen viele Dinge nicht, die wir nicht kennen, auch bestimmte Seiten von Dingen, die wir sehr genau kennen, zum Beispiel beim Kino. Er stimmte mir zu, ohne zu bemerken, daß wir aus ganz unterschiedlichen Gründen einer Meinung waren. Aber wie anders war er als etwa Jean Renoir, der mit der Malerei seines Vaters im Hintergrund und mit seinem Ruhm als Filmregisseur ebenfalls eine ganz andere Welt bewohnte als ich — und der mich doch mit Takt behandelte, meine Ausstellungen besuchte und wie Lewin versuchte, in seinen Produktionen einen Platz für mich zu finden.

Allie, wie ihn jeder nannte, lud mich nicht nur zu sich nach Hause ein, sondern auch zum Lunch in die Ateliers, wenn er gerade Regie führte, oder einfach in seine Bürosuite — so als versuche er, eine Arbeit für mich zu finden, mich in seine Welt einzufügen. Als ich ihn und die Filme, die er produziert und in denen er Regie geführt hatte, besser kennenlernte, fiel mir eine bestimmte Kontinuität in seiner Arbeit auf. In jedem Film, ob in *The Moon and Sixpence*, *Picture of Dorian Gray* oder *Bel Ami*, kam ein Maler vor. Er schrieb sich seine Drehbücher selbst und wurde in seiner Umgebung etwas abschätzig als Intellektueller betrachtet, aber als Pionier der Filmindustrie und Entdecker neuer Stars auch mit einem gewissen Respekt. Ich sagte ihm, uns beiden sei das Interesse an der Malerei gemeinsam. Seine Sammlung bestand allerdings zum größten Teil aus Primitiven oder Bildern von sogenannten Sonntagsmalern, die er kaufte, weil sie ihm gefielen, ohne darüber nachzudenken, was man zu sammeln hätte, wie es viele Kunstmäzene tun. Ich äußerte die Vermutung, das sei vielleicht eine Reaktion auf seine eigene hohe Intellektualität — der Film sei zwar eine junge, aber ganz bestimmt keine primitive Kunst. Vielleicht hatte meine Feststellung einen Einfluß auf ihn, denn bald begann er, anspruchsvollere Werke zu kaufen, etwa Bilder von Surrealisten.

Einer seiner letzten Filme während meiner Zeit in Hollywood beruhte auf der Sage vom Fliegenden Holländer, mit Ava Gardner als Pandora. Die männliche Hauptfigur ist nicht nur dazu verdammt, in alle Ewigkeit die Erde zu umsegeln, sie betätigt sich auch als Maler. Der Fliegende Holländer malt Pandoras Porträt, noch bevor er ihr begegnet — ein durchaus surrealistischer Einfall. Allie brauchte für eine Einstellung ein farbiges Porträt von Ava in einem historischen Kostüm. Ich erbot mich, es zu machen, und er schickte sie in mein Atelier. Sie war absolut hinreißend — kein Film, so kam es mir vor, war ihr jemals gerecht geworden. Und als Modell wurde sie von keinem der vielen Mannequins und Berufsmodelle, die ich erlebt hatte, übertroffen. Während ich sie photographierte, bewegte sie sich genau wie vor einer Filmkamera. Im Film sah mein Bild dann so aus wie ein Gemälde. In einer der Szenen verwendete er auch ein Schachspiel, das ich entworfen hatte, und gestand mir später, der Produzent hätte versucht, diese Szene herauszuschneiden, aber sie blieb drin, und ein Fan machte mich ausfindig und bestellte bei mir ein ähnliches Spiel. Ein Schöpfer braucht einen einzigen Enthusiasten, dann ist er gerechtfertigt, überlegte ich mir. Allie zeigte seine Begeisterung, indem er seiner Sammlung einige meiner Arbeiten hinzufügte, was für mich von größerer Bedeutung war, als wenn er mir irgendeinen Posten beim Film verschafft hätte — und sei es vor der Kamera.

Als ich im Laufe der Jahre merkte, daß ich in Kalifornien wie in der Wüste saß — daß meine Ideen und meine Arbeit hier keine allgemeine Zustimmung finden konnten, weil ich nicht das Talent besaß, mich einzuschmeicheln —, zog ich mich in mein privates Schneckenhaus zurück und beschränkte mich auf den Umgang mit den wenigen Freunden, mit denen ich sprechen konnte, ohne mir wie der Prediger in der Wüste vorzukommen, und mit denen, die mich aufsuchten und von sich aus den ersten Schritt taten. Unter diesen waren mehrere Frauen

81 Ava Gardner und Man Ray, 1950

— manche verheiratet mit erfolgreichen Filmleuten, andere hatten prosaischere Berufe —, die bei mir Unterricht in Photographie und Malerei nehmen wollten. Ich nahm sie gerne an, da ich so meine Gedanken weitergeben konnte, ohne einer Menschenmenge gegenübertreten zu müssen. Eine dieser Schülerinnen — sie stammte aus einer reichen Zeitungsfamilie, die über eine bedeutende Kunstsammlung verfügte, und war mit einem berühmten Schauspieler verheiratet — empfand grenzenlose Bewunderung für mich als Photographen, war aber völlig blind für meine Malerei. Mein Stolz litt etwas darunter, aber ich war an diese Art von einseitiger Wertschätzung gewöhnt und beschränkte meine Anleitungen wie bei anderen Photographie-Schülerinnen auf rein technische Fragen.

Sie hatten ihre eigenen festen Vorstellungen — beschäftigten sich mehr mit dem Wie als dem Warum. Meine Malschülerin dagegen war von ganz anderem Schlag. Zunächst einmal kam Dolly aus einer anderen Welt — sie war Kellnerin in einem Restaurant, und eine heftige Leidenschaft für die Malerei hatte sie erfaßt. Als sie von ihrer Technik her so weit war, daß sie klare Farben und Formen auf die Leinwand bringen konnte, kam sie an jedem freien Nachmittag mit ihren Arbeiten zu mir, nicht so sehr der Kritik wegen, wie sie vorgab, sondern um sich Anregung zu holen. Ich entwickelte ihr meine Grundideen, als spräche ich zu einem Publikum, und bezog mich kaum auf das vor uns liegende Werk. Ab und zu machte ich sie auf eine unsichere Stelle in ihrem Bild aufmerksam und gab ihr den Rat, eine Fläche so lange frei zu lassen, wie sie sich ihrer Absichten nicht ganz sicher war. So hatte auch Cézanne gemalt; lange hatten seine Werke als unfertig gegolten, aber heute erscheinen uns die unfertigen Flächen so bedeutsam wie alles übrige — es war wie mit den Pausen in der Musik. Ich weiß nicht, ob Dolly meine Überlegungen ganz verstand, manche erschienen ihr vielleicht eher verschroben und weit hergeholt, aber sie wirkten sich auf ihre Arbeiten aus, die nun entschlossener und selbstsicherer wurden. Ich habe einmal einen Maler kennengelernt, der auf Leinwand nicht malen konnte und zu resistenteren Malgründen Zuflucht nehmen mußte, weil ihn seine Empfindungen so sehr bestürmten, daß er die Leinwand einriß. Er hatte seinen Beruf verfehlt, er hätte Bildhauer werden sollen.

Wie meine Vorträge war auch meine Lehrtätigkeit ziemlich unorthodox, und akademische Lehrer hätten darüber wohl den Kopf geschüttelt. Das Ziel jedoch war in beiden Fällen das gleiche: die Menschen zum Denken anregen. Einige meiner Zuhörer habe ich zum Denken angeregt, und manchmal hat sie das zornig gemacht; andere wieder habe ich zornig gemacht, und das hat ihnen zu denken gegeben.

Jetzt, gegen Ende des Jahres 1961, sitze ich im Haus von Bill Copley, außerhalb von Paris, vergesse, wo ich mich befinde, und versetze mich zurück nach Hollywood, in die Zeit vor fünfzehn Jahren, als mein jetziger Gastgeber zum erstenmal in meinem Atelier auftauchte; er hatte gerade das College hinter sich und sah aus wie ein typisches Produkt derartiger Einrichtungen, in mancher Hinsicht unbeholfen, aber ohne den typischen Ausdruck dessen, der entschlossen ist, sich in der Welt eine angesehene Stellung zu verschaffen. Später erklärte er mir, der Empfang, den ich ihm bei unserer ersten Begegnung bereitet habe, sei alles andere als herzlich gewesen. Wenn das zutrifft, dann entspricht das dem Eindruck, den ich auch bei anderen hinterlassen habe, die zum erstenmal in mein Atelier kamen. Aber warum eigentlich sollte ein erster Kontakt nicht abschreckend sein? Die Fähigkeit zum Austausch von Nettigkeiten hatte ich nie kultiviert; es war angemessener, den Neuankömmling mit einem Stirnrunzeln zu empfangen, als ein frostiges Lächeln aufzusetzen, das womöglich später wieder verschwand. Neue Freunde erklärten mir, nachdem sich die Beziehungen gefestigt hatten, oft, sie hätten es nicht gewagt, an mich heranzutreten — mein Ruf habe sie eingeschüchtert. Wahrscheinlich hatten sie erwartet, einer imposanten Gestalt gegenüberzutreten, einsachtzig groß, mit Bart und einer schweren Brille auf der Nase. Meine lange Beschäftigung mit Gesichtern hatte mich gelehrt, daß niemand so aussieht, wie er wirklich ist, obwohl sich viele Menschen auf den ersten Eindruck verlassen.

Nachdem wir uns einige Male getroffen hatten, wurde mir klar, daß Bill vom Malereibazillus befallen war. Aber im Unterschied zu anderen bemittelten Leuten, die ihr Dasein damit rechtfertigen wollen, daß sie sich unvermittelt ins schöpferische Arbeiten stürzen, ging er behutsamer vor. Er fing an, Bilder zu sammeln, und gleichzeitig begann er in aller Stille zu malen, ohne sich von den Arbeiten anderer beeinflussen zu lassen — wenn man einmal von einer bilderstürmerischen Grundhaltung absieht, die er von den Dadaisten und den Surrealisten übernahm. Seine undisziplinierte Technik und sein beißender Humor respektierten keine der herrschenden Kunstrichtungen. Das entsprach genau der von mir häufig vertretenen These, Kunst sei das Streben nach Freiheit und Vergnügen.

Dann machte Bill im Zentrum von Beverly Hills eine Galerie auf. Innerhalb von sechs Monaten gab es ein halbes Dutzend Ausstellungen surrealistischer Maler. Ganz Hollywood fand sich zu den Eröffnungen ein. Es wurde viel getrunken und wenig verkauft. Bill selbst war der beste Kunde und behielt von jedem Maler ein Werk. Zur Eröffnung meiner Ausstellung installierte ich im Garten ein typisch französisches Café, um das sich Strawinskys Schwiegertochter Françoise kümmerte, die Zwiebelsuppe, Rotwein und schwarzen Kaffee servierte. Die Leute brachten ihren Whisky von drinnen mit, setzten sich an die kleinen Tische und hörten sich französische Chansons auf einem Plattenspieler an. Strawinsky selbst klopfte mir auf die Schulter und nannte mich »maítre« (Meister). Außer dem großen Bild, *Les amoureux*, das Bill für sich reservierte, wurde ein anderes an Al Lewin verkauft. Die Party dauerte bis spät in die Nacht, bis alle Whiskyflaschen geleert waren. Ich hatte für meine Ausstellung einen aufwendigen Katalog zurechtgemacht, er trug den Titel *To Be Continued Unnoticed*, und die letzte Seite hatte ich Kritiken — lobenden wie abfälligen — zu früheren Ausstellungen vorbehalten. Eine war im Stil von Lewis Carrolls Nonsense-Gedichten abgefaßt und sollte so den Eindruck wiedergeben, den die Ausstellung auf den Kritiker gemacht hatte. (Wahrscheinlich war er dem schöpferischen Schreiben nie näher gekommen als hier.)

Kurz nach Kriegsende schrieb ich einigen alten Freunden in Paris und erhielt die Nachricht, alles sei unversehrt, die Nazis hätten nichts angerührt, auch nicht mein kleines Haus in St.-Germain-en-Laye. Nur das Atelier sei geräumt und meine Sachen in der Dachkammer eines Hauses in der Nähe deponiert worden. Aber das Leben in Paris sei sehr hart, die Lebensmittel knapp und immer noch rationiert. Ich war ganz aufgeregt und schon drauf und dran, mich auf den Weg nach Paris zu machen. Aber inzwischen hatten sich in meinem Atelier in Hollywood fast ebenso viele Dinge angesammelt, wie ich dort zurückgelassen hatte. Außerdem gab es noch Verpflichtungen, Ausstellungen waren geplant; unmöglich, sofort abzureisen. Ich ließ mir Zeit zum Überlegen; jetzt, wo meine Sachen in Sicherheit waren, brauchte ich mich nicht zu beeilen, sondern konnte meine Rückkehr und einen längeren Aufenthalt sorgfältig planen. Äußere Umstände hatten mich — während der letzten fünf Jahre — gezwungen, ein Leben aufzugeben, das ich zwanzig Jahre lang geführt hatte; jetzt konnten die Umstände ein bißchen warten, bis ich so weit war.

Als in Kalifornien die kriegsbedingten Restriktionen aufgehoben wurden, entspannte ich mich innerlich und mir wurde klar, daß ich die ganzen Jahre über unbewußt unter einer starken Anspannung gelebt hatte, auch wenn man das angesichts meiner vielfältigen Aktivitäten nicht hätte vermuten sollen. Ich unternahm jetzt häufiger Ausflüge mit dem Wagen, zusammen mit Freunden oder um Freunde zu besuchen — eine denkwürdige Tour mit Gilbert und Margaret über die mexikanische Grenze zu einem Stierkampf in Tijuana, Besuche bei Henry Miller, der sich endgültig in Big Sur niedergelassen hatte, bei Bill Copley in San Diego und bei Max Ernst in Arizona. Sehenswürdigkeiten sah ich mir allenfalls nebenbei an, sie bildeten nur den Hintergrund zu den Kontakten mit Freunden. Eine Ausnahme war der Besuch bei den Riesenmammutbäumen. Ich wollte meine Eindrücke festhalten und brachte einen ganzen Tag damit zu, sie zu photographieren. Das Resultat war enttäuschend. Sie sahen aus wie ganz gewöhnliche Bäume. Ein Häuschen, ein Auto oder ein Mensch neben ihnen, um die Größenverhältnisse zu zeigen, sahen statt dessen so aus, als gehörten sie zu einer Lilliputanerwelt. Es gab nur eine Möglichkeit, diese Dimensionen zu verdeutlichen: ein Photo, das so groß war wie der Baum selbst. Aber auch ein solches Photo hätte noch nicht das Wichtigste an diesen Riesen sichtbar gemacht. Sie sind die ältesten Lebewesen in der Natur, reichen zurück bis ins alte Ägypten, und ihre zarte Rinde in den warmen Farben scheint so weich wie Fleisch. Ihr Schweigen ist beredter als die tosenden Sturzbäche und die Niagarafälle, als der Wiederhall des Donners im Grand Canyon und als das Explodieren von Bomben — und es enthält keinerlei Drohung. Die tuschelnden Blätter der Mammutbäume, hundert Meter über unseren Köpfen, sind zu weit entfernt, als daß mah sie hören könnte. Mir fiel ein, wie ich in den ersten Monaten nach Ausbruch des Krieges bei einem Spaziergang durch den Jardin du Luxembourg unter einer alten Kastanie stehengeblieben war, die wahrscheinlich schon die Französische Revolution miterlebt hatte — wie ein Zwerg kam ich mir vor und wünschte, ich könnte mich in einen Baum verwandeln, bis wieder Frieden wäre. Ich weiß: in Friedenszeiten werden Bäume gefällt, sogar Mammutbäume. Und Menschen auch; von Christus bis Gandhi hatte man Vorkämpfer für den Frieden umgebracht. Solche Gedanken schossen mir durch den Kopf, während ich vor den fünftausendjährigen lebenden Patriarchen mit meiner hilflosen Kamera herumhantierte.

Nachdem ich eine Serie von Gemälden abgeschlossen hatte, wandte ich mich der Abwechslung halber der Fabrikation von Objekten aus Materialien zu, die ich zufällig vorfand und deren ursprüngliche Form ich unverändert ließ — so wie ich in früheren Jahren das Glas hergestellt hatte, in dem statt Oliven Stahlkugeln in Öl lagen, oder das Bügeleisen mit der Nagelreihe auf der Unterseite. Seither hat man sie als Assemblagen bezeichnet — und, zumindest dem Geiste nach, häufig imitiert. Ich nannte sie »Objekte meiner Zuneigung«. Eine neue Galerie bot mir die Gelegenheit, sie auszustellen. Die mehr oder minder uninteressierte Aufnahme, die die Ausstellungen meiner Gemälde gefunden hatten, war ein Anreiz, einmal etwas Provokativeres zu zeigen. Etwa dreißig Objekte wurden mit viel Feingefühl aufgehängt oder auf Sockel plaziert. In einem kurzen Text für den Katalog erklärte ich, sie seien gemacht, um zu amüsieren, zu irritieren oder zum Nachdenken anzuregen, aber man solle in ihnen nicht die ästhetischen Ansprüche oder die gestalterische Vollendung suchen, die man für gewöhnlich von Kunstwerken erwarte. Die Besucher waren durchaus irritiert, und sie trauten sich nicht, sich zu amüsieren — zweifellos weil man eine Galerie für ein Heiligtum hält, in dem man mit der Kunst keine Scherze treiben darf. Bei der Eröffnung waren aber auch ein paar Kinder anwesend, die sich überhaupt nicht einschüchtern oder abstoßen ließen. Mitten in der Galerie stand ein Billardtisch mit einem auf Laufrollen montierten Steuerrad darauf; in der Radnabe war eine Drahtfeder mit einem Gummiball am Ende befestigt, der hin- und herpendelte, wenn man das Rad herumschob. Die Kinder spielten damit, bis ihre Eltern sie wegzerrten. Der Titel des Objekts, *Auto-mobile*, machte die Sache auch nicht besser.

Einige begeisterte Sammler förderten die Gründung des Modern Museum of Art. Es gab ein paar Ausstellungen jüngerer Maler, und hin und wieder wurde ein besser bekannter Moderner gezeigt. Auch Vorträge und Konzerte gehörten zum Programm. Mich lud man ein, über den Surrealismus zu sprechen. Meine einzige Vorbereitung hierfür bestand darin, daß ich ein Objekt baute, mit dem ich einen surrealistischen Akt demonstrieren wollte. Es bestand aus einem Lotterierad aus Pappe mit Zahlensegmenten und einem feststehenden Pfeil, die ich auf ein senkrecht stehendes Brett montierte, an dem unten eine Rolle Klopapier hing. Als die

Zuhörer nach und nach eintrudelten, bekam jeder ein Stück zusammengefaltetes Toilettenpapier, auf dem eine Zahl stand: natürlich waren viele Blätter leer, weil mehr Leute kamen, als Zahlen auf dem Rad Platz hatten. Während meines Vortrags stand dieses Objekt neben mir auf einem Tisch. Wie üblich begann ich mit einer Entschuldigung dafür, daß ich nichts vorbereitet hatte — ich kenne meine Themata gut genug, sagte ich, um aus dem Stegreif sprechen zu können, aber möglicherweise würde ich zwischendurch einmal zögern, um meine Gedanken zu ordnen. Als Belohnung für die geduldige Aufmerksamkeit des Publikums wolle ich am Ende meiner Ansprache das Rad an meinem Apparat drehen, und wer die vom Pfeil angezeigte Zahl bekommen hatte, würde ein Vermögen gewinnen.

Ich sprach ungefähr eine halbe Stunde, schilderte meine Aktivitäten in der Pariser Surrealistengruppe, erzählte ein paar Anekdoten, die die Absichten des Surrealismus und seinen Einfluß auf das zeitgenössische Denken veranschaulichten, und schloß mit der Bemerkung, gleichgültig welche Vorbehalte man gegenüber dem Thema habe, zu seinen Vorzügen zähle jedenfalls die Kürze. Dies hätte ich hiermit verdeutlicht, fügte ich hinzu, und wolle nun ein konkretes Beispiel geben. Ich gab dem Rad an meinem Objekt einen kleinen Stoß, es machte ein paar Umdrehungen und blieb dann stehen. Der Pfeil zeigte auf die Fünfzehn. Aus dem Publikum fuhr eine Hand hoch, die den Zettel mit der Zahl hielt; ich bat den Besitzer nach vorne. Er stellte sich neben mich, während ich noch einmal kurz das Wort ergriff und erklärte, daß ich nach diesem dramatischen, von allen mit Spannung erwarteten Augenblick gern bereit sei, etwaige Fragen zu beantworten. Dann nahm ich das Objekt mit dem Lotterierad und überreichte es dem Gewinner mit den Worten, es sei dies ein konkretes Beispiel von Surrealismus. Das Objekt trage den Titel *La Fortune* (Zufall, Glück, Vermögen).

Beim Stichwort Lotterie fällt mir eine Episode mit einem anderen Ausstellungsveranstalter ein. Das Modern Museum machte nach ungefähr einem Jahr wegen zu geringer Unterstützung wieder zu, aber das Interesse an zeitgenössischer Kunst wuchs weiter, und es gab viele junge Maler, die keine Ausstellungsmöglichkeiten hatten. In der Stadt gab es ein Museum mit vielen freien Wänden, aber das Interesse des Museumsdirektors reichte über das 18. Jahrhundert nicht hinaus, nachdem er eine Schenkung von unschätzbarem Wert aus der Sammlung Hearst erhalten hatte, die die wichtigsten Ausstellungsräume füllte. Seine zweite Liebe galt der Ornithologie; an den Wänden reihten sich Glaskästen, randvoll mit Beispielen der Ausstopferkunst. Einer meiner jüngeren Assistenten konnte ihn jedoch dazu bewegen, einige unbenutzte Räume für eine moderne Ausstellung abzutreten, und es wurden Einladungen an Maler verschickt, ihre Arbeiten einer Jury zu unterbreiten.

Ich ignorierte meine Einladung — es gehörte zu meinen Grundsätzen, meine Arbeiten nie einer Jury vorzulegen und mich nie an einem Wettbewerb um einen Preis zu beteiligen, eine Haltung, die mir, wie ich wohl wußte, als Maler gescha-

82 *Man Ray: »La Fortune III«, Objekt*
1946

det hatte, jedenfalls was die Anerkennung betraf. Als der Veranstalter zu mir kam und auf meiner Teilnahme beharrte, erklärte ich, ich würde nur dann etwas schicken, wenn die Einladung außer Konkurrenz erfolge und auch als solche deklariert werde. Darüber hinaus stellte ich die Autorität seiner Jury — und jeder Jury — in Frage. Einige der namhaften Maler von heute seien jahrelang von Jurys zurückgewiesen worden. Ich hätte immer nur in unabhängigen Salons ausgestellt, in denen jeder ausstellen konnte. In Frankreich habe es sogar einmal einen »Salon des Refusés« von inzwischen berühmt gewordenen Malern gegeben, die von den etablierten Organisationen abgelehnt worden waren. Warum könne man nicht auch hier eine juryfreie Ausstellung veranstalten? Der junge Mann erwiderte, es sei vor allem eine Raumfrage — es seien zu viele Maler für den zur Verfügung stehenden Platz. Ich schlug ihm eine andere Lösung vor: warum nicht jedem Maler, der ausstellen will, eine Nummer geben, und dann entsprechende Nummern aus einer Schale ziehen, bis der gesamte Raum verteilt war? Bei der nächsten Ausstellung könne man es wieder genauso machen, dann hätten die, die bei der ersten Ziehung kein Glück gehabt hatten, erneut eine Chance, und so weiter. Aber stellen Sie sich vor, wandte der Veranstalter ein, die schlechtesten Bilder kämen gleich in die erste Ausstellung. Jetzt führe er sich auf wie ein einsamer Richter, meinte ich, das sei genauso schlimm wie eine Jury, wenn nicht noch schlimmer — er war ebenso fehlbar wie eine Jury: die sogenannten schlechtesten Bilder in juryfreien Ausstellungen entpuppten sich manchmal als die bedeutendsten. Mein Gegenüber schien nicht überzeugt, führte die Debatte jedoch fort, offensichtlich in der Absicht, meinen Vorschlag ad absurdum zu führen. Nehmen Sie an, sagte er, es seien Preise zu vergeben — wie wollen Sie dann eine Jury ersetzen? Genauso, antwortete ich, durch eine Ziehung, und wenn das sogenannte schlechteste Bild den ersten Preis erhielte — welch großzügiger Akt wäre das — der arme Stümper würde für seine glücklosen Anstrengungen entschädigt, während der sogenannte beste Maler auf derlei Anerkennung nicht angewiesen sei. Die Leute würden zusammenlaufen, um sich die Mißbildung anzusehen, würden sie vielleicht sogar kaufen. So oft sei es schon geschehen, daß Preisträger, die von einer Jury ausgewählt worden seien, sehr rasch wieder in Vergessenheit gerieten. Jahre später, als ich wieder in Paris war, bekam ich einmal die Möglichkeit, meine Theorie in die Praxis umzusetzen — mit sehr befriedigenden Resultaten. Es gab keine Kritik und kein Murren. Über das Wirken des Zufalls ließ sich nicht debattieren.

Dabei gab es ja noch eine andere Funktion, die Jurys ausüben: die Zensur. Juroren haben im allgemeinen die Macht, solche Arbeiten auf der Stelle auszuschließen, die als subversiv oder einfach als obszön betrachtet werden könnten. Zwar nimmt die Toleranz in diesen Dingen mit der Zeit zu, aber die Einwände einer puritanischen Minderheit reichen aus, um eine von Argwohn geprägte Atmosphäre zu schaffen, in der dann bestimmte Arbeiten unterdrückt werden — um sicher zu gehen. Es wäre nur gerecht, wenn man eine zweite Jury aus namhaften Persönlichkeiten bilden würde, die einmal Opfer puritanischer Schmähungen geworden sind. Diese Jury nun würde alle mit Anspielungen operierenden Werke, die sich noch im Bereich des Erlaubten bewegen, zensieren — und zwar wegen Scheinheiligkeit: weil sie eine Form von Subversion darstellen, in der die Ummäntelung zur wirksamsten Form von Obszönität wird, der einzigen, an der der puritanische Geist Gefallen finde könnte. Mit Hilfe der Medizin ließe sich beweisen, daß die Sexualität, in der Obszönität am ehesten in Erscheinung tritt, gesünder ist, wo sie nicht mit Umschreibung und Anspielung verkleidet wird.

Viele meiner Pariser Freunde hatten während des Krieges Zuflucht in New York gesucht, aber ich unternahm keine Anstrengungen, den Kontakt zu ihnen aufrechtzuerhalten. Sie lebten in hoffnungsvoller Erwartung, genau wie ich, und ich spürte, daß eine Begegnung mit ihnen meine Niedergeschlagenheit verstärkt hätte. Aber ich traf mehrere alte Bekannte aus New York wieder. Julien Levy, der vor Jahren eine Galerie eigens für Photographie aufgemacht hatte und davon ausgegangen war, man könne Photos ebenso marktfähig machen wie Gemälde. Er hatte die erste Ausstellung mit Photos von mir veranstaltet, erkannte aber bald, daß er einen Fehler begangen hatte und daß sein Projekt nicht zu verwirklichen war. Er wandte sich dem Verkauf von Gemälden zu, wie die anderen Händler, widmete seine Galerie aber hauptsächlich den Surrealisten. Er war mir treu geblieben und veranstaltete jetzt eine Ausstellung all dessen, was ich in meiner Zurückgezogenheit angehäuft hatte. Der Widerhall war so gering wie bei meinen Ausstellungen an der Westküste. Mir gegenüber verhielt sich New York genauso ablehnend wie Kalifornien, vielleicht noch ablehnender, denn hier war ich als Photograph bekannt gewesen, aber man hatte vergessen, daß ich zu den Pionieren der surrealistischen Malerei gehörte. Auch einige »Objekte meiner Zuneigung« wurden ausgestellt, aber die Kunstwelt war noch nicht reif für sie. Als Pionier ist man wirklich in einer unglücklichen Lage; bezahlt macht es sich, wenn man der letzte ist, nicht der erste.

Auf Einladung von Charles Henri Ford, eines alten Freundes, der in New York die Zeitschrift *View* herausgab, begann ich, ein wenig zu schreiben. Zwei Artikel wurden gedruckt, beide irrational, wie Traumsequenzen; der eine hatte den Titel *Photography is Not Art*, der andere *Ruth, Roses, and Revolvers*. In einigen Kreisen wurden sie wohlwollend aufgenommen. Ein anderer alter Freund, der dadaistische Maler und Filmemacher Hans Richter (der mich eigentlich hätte verprügeln müssen, weil ich früher in Paris versucht hatte, seine hübsche Frau zu verführen), schrieb mir und bat mich, eine Sequenz zu dem Film beizusteuern, den er gerade vorbereitete und zu dem auch mehrere andere Künstler jeweils ein Stück beitrugen. Ich schickte ihm ein Drehbuch mit dem Titel *Ruth, Roses, and Revolvers* und fügte hinzu, er solle es selbst verfilmen, ich wolle mich nicht noch einmal auf das Filmemachen einlassen. Richter benutzte mein Skript, das eine satirische Tendenz hatte, gab ihm aber im Einklang mit dem übrigen Film, den er *Dreams That Money Can Buy* nannte, eine psychologische Wendung. Abgesehen von ein paar kleinen Veränderungen — weniger als jedes Drehbuch in Hollywood zu erleiden hatte — war ich mit der Umsetzung sehr zufrieden. Es war wie ein Wunder, zu beobachten, wie sich so viele konkrete Bilder aus ein paar Worten formten, ohne daß ich mich mit irgendwelchen technischen Details herumschlagen mußte; es war eine Umkehrung des alten chinesischen Sprichworts, ein Bild sei so viel wert wie tausend Wörter; in diesem Fall brachte ein Wort tausend Bilder hervor.

Eines Nachmittags erschien in meinem Atelier Max Ernst mit seiner Verlobten, der Malerin Dorothea Tanning. Sie wollten in Hollywood heiraten und baten mich, als Trauzeuge aufzutreten. Ich war jetzt sechs Jahre lang mit Juliet zusammen und fand, es sei an der Zeit, ebenfalls zu heiraten. Also beschlossen wir, uns gegenseitig als Trauzeugen zu dienen, und fuhren zum Rathaus, um uns die Eheerlaubnis zu holen. Einige Photographen und Reporter lungerten herum und hielten Ausschau nach irgendwelchen Prominenten, die sich zu einem ähnlichen Gang wie wir entschlossen hatten. Max hatte sich kürzlich von Peggy Guggenheim scheiden lassen, was nicht ganz unbeachtet geblieben war, und wollte jetzt alles weitere Aufsehen vermeiden. Die Frau hinter dem Pult verwies uns an einen Arzt auf der anderen Seite der Straße, von dem wir uns Gesundheitszeugnisse ausstellen lassen mußten.

Am nächsten Tag kehrten wir mit den erforderlichen Papieren zurück und standen herum, ziemlich nervös — der Raum war voller Menschen, darunter auch Zeitungsleute. Während die Büroangestellte unsere Erlaubnisscheine ausstellte, trieb Max höfliche Konversation. Er äußerte sich lobend über den hübschen Kalender hinter ihr an der Wand. Sie meinte, das könne er doch wahrscheinlich besser machen — offensichtlich hielt sie ihn für den Maler, dessen Name in der Zeitung gestanden hatte. Max sagte, er glaube nicht, daß er das besser machen könne. Die Angestellte fand ihre Vermutung wohl bestätigt und muß den Zeitungsleuten einen Wink gegeben haben, denn sie folgten uns, als wir das Gebäude verließen. Ein Photograph richtete seine Kamera auf Max — ich stellte mich dazwischen und erklärte, wer ich sei. Aber er wollte nicht mich, er wollte den Mann, der sich hinter mir versteckte.

Mit unseren Erlaubnisscheinen fuhren wir zum Friedensrichter der Stadt, aber es war Samstagnachmittag, und er war nicht da. Man schickte uns nach Beverly Hills, wo wir einen geeigneten Beamten fanden, der noch im Dienst war und die Zeremonie vollzog.

An diesem Abend feierten wir unsere Hochzeit bei einem guten Essen mit Sekt. In den folgenden Tagen gaben die Lewins und die Arensbergs Luncheons und Dinners zu unseren Ehren. Ich photographierte Dorothea, die ihrerseits ein schönes Bild von Juliet mit einem phantastischen weißen Kopfputz malte, der aussieht wie ein Brautschleier; und später malte Max ein großes Ölbild mit dem Titel *Doppelhochzeit in Beverly Hills*.

Die Zeit verging; der Gedanke, nach Paris zurückzukehren, war etwas in den Hintergrund getreten. Ich fühlte mich in Kalifornien sehr wohl, wollte keine folgenreichen Schritte tun und verabscheute das Reisen. Es war wie früher: wenn ich mich einmal niedergelassen hatte, blieb ich, wo ich war, bis außerhalb meiner Macht liegende Umstände mich zwangen, eine andere Umgebung aufzusuchen. Ich hatte meinen Briefwechsel mit Paris aufrechterhalten, da bekam ich eines Tages einen Brief von einem Freund, der in mein kleines Haus auf dem Lande hatte einziehen wollen. Er schrieb mir, es sei eingebrochen worden und alles, was nicht niet- und nagelfest war, sei gestohlen. Außerdem seien die örtlichen Behörden dabei, in allen unbewohnten Gebäuden obdachlose Familien unterzubringen. Er hätte es gern genommen, aber Heizung und Rohrleitungen müßten repariert werden, Material und Handwerker seien jedoch nur entsprechend einer Dringlichkeitsliste und unter umständlichen Formalitäten zu bekommen. Ich beschloß, kurz nach Paris zu fahren, um meine Angelegenheiten in Ordnung zu bringen, gab aber das Atelier in Hollywood nicht auf. Juliet kam mit — sie war noch nie im Ausland gewesen. Die ganze Strecke legten wir im Flugzeug zurück, in den neuesten und schnellsten Modellen, und kamen, nachdem wir wegen eines Maschinenschadens zwölf Stunden Aufenthalt in Kansas City gehabt und einen Tag in New York verbracht hatten, drei Tage später in Paris an. An Schiffs- und

Zugreisen gewöhnt, kam mir das ganze wie Zauberei vor (bloß die lästigen Paß- und Zollformalitäten waren die gleichen); es war zwar nicht so romantisch, kam aber meinem Abscheu vor Reisen entgegen. Die Sache ließe sich noch verbessern, überlegte ich mir, wenn man für die Dauer der Flüge betäubt und in eine Kiste gepackt würde. Dann wäre man sogar der Angst, an seinem Reiseziel nicht anzukommen, enthoben.

Nachdem wir uns ein Hotel gesucht hatten, nahm ich Kontakt zu den Freunden auf, die noch da waren — einige waren während des Krieges verschwunden. Für jeden hatte ich kleine Geschenke mitgebracht, Dinge, von denen es hieß, sie seien knapp, darunter auch eine Reihe Büchsen mit Pulverkaffee, der bei den Franzosen aber nicht gut ankam.

Adrienne hatte einen jungen Franzosen geheiratet, der sich während der Besatzungszeit um sie gekümmert und sie beschützt hatte. Die beiden hatten den größten Teil meiner Sachen gerettet, die ich jetzt in der Dachkammer eines alten Hauses aufgestapelt fand. Als ich die Tür aufschloß, konnte ich kaum eintreten, der Raum war bis unter die Decke mit Archivkästen, Möbeln, Bildern und anderen Gegenständen vollgestopft. Der Fußboden war übersät mit Negativen und Abzügen, auf denen herumgetrampelt worden war; die Concierge erklärte mir, jemand habe einige Sachen abgeholt — mit meiner Erlaubnis, wie sie sagte. Einige Gemälde von mir, auch einige aus meiner Sammlung, tauchten dann in Galerien auf — wie ich erfuhr, waren sie »mit meiner Erlaubnis« zum Kauf angeboten worden. Aber im ganzen war ich froh; der größte Teil der Dinge, die ich nie wiederzusehen geglaubt hatte, war noch da.

Mehrere Tage brachte ich in der Dachkammer zu, sortierte und vernichtete Abzüge und Negative, legte Gemälde und Bücher beiseite, die in die Staaten transportiert werden sollten. Einige Kisten mit Büchern und anderen Dingen vertraute ich Mary Reynolds an, die in ihr kleines Haus in der Rue Hallé zurückgekehrt war. Einer meiner ersten Besuche galt dem Haus in St.-Germain-en-Laye. Die Schlösser am Gartentor und an der Haustür waren aufgebrochen, die Rosensträucher verwelkt, und meterhohes Gras und Unkraut bedeckten das Grundstück. Im Inneren des Hauses gab es kein einziges Möbelstück mehr, an den Wänden waren Wasserflecken von einer undichten Stelle im Dach. Heizkörper und Rohrleitungen, die ich vor dem Krieg sorgsam geleert hatte, waren geplatzt. Die Garage war leer, ein Ölfleck bezeichnete die Stelle, an der ich meinen Wagen aufgebockt hatte. Ein plötzlicher Schmerz durchzuckte mich, genau wie es Adrienne ergangen war, als sie entdeckte, daß ihr Fahrrad nicht mehr da war. Später erfuhr ich, der Wagen sei verkauft worden, um meine während der Besatzungszeit angefallenen Steuern zu bezahlen. Ich konnte die Tüchtigkeit einer Regierung nur bewundern, die noch in schweren Krisenzeiten darauf bestand, daß man seine Pflichten erfüllt, auch wenn sie selbst einem keinerlei Sicherheit und Schutz mehr bot. Kriegsschäden konnte ich nicht geltend machen, weil mein Eigentum von den Armeen weder beschlagnahmt noch zerstört worden war. Wegen des

Mangels an Arbeitskräften und Material hätte es lange gedauert, das Haus wieder instandzusetzen. Ich entschloß mich zum Verkauf und übergab es einem Makler. Ein Offizier der in Frankreich stationierten britischen Armee nahm es kurze Zeit später so, wie es war. Innerhalb weniger Wochen war es renoviert, und in der Garage stand ein neues Auto — was mir der Engländer alles voller Stolz zeigte, als er mich zum Tee einlud.

Äußerlich hatte sich in Paris anscheinend nicht viel verändert, nur hier und da schien sich die Stadt ihre Wunden zu lecken. Es gab viele nackte Sockel, von denen die Deutschen Bronzestatuen entfernt hatten. Im Jardin du Luxembourg wurden Blumen gepflanzt, und man kümmerte sich um die Bäume, aber um das Senatsgebäude herum, das abgezäunt war, wurden in aller Vorsicht Gräben ausgehoben, um die Minen zu beseitigen, die die Invasoren hier gelegt hatten. Alle öffentlichen Gebäude hatten sie in dieser Weise vermint, und es hätte nur eines Knopfdrucks bedurft, um die ganze Stadt in die Luft zu sprengen. Aber irgendwie hatte der deutsche Statthalter in letzter Minute gezögert — wieder war Paris gerettet worden, zum zweiten Mal in diesem Krieg. Wir gingen in den Louvre, einige meiner Lieblingsbilder waren noch nicht wieder aus ihren Verstecken hervorgeholt worden; auch den schmutzigen Montmartre besuchten wir, überragt von seiner phallischen Zuckerhutkirche, die sich soviel Mühe gab, wie eine Kathedrale auszusehen; und ich bestieg mit Juliet den Eiffelturm, den ich während meiner zwanzig Jahre in Paris nie besichtigt hatte. Der Blick von dort ist eindrucksvoller als der vom Empire State Building, wenn auch nicht so schwindelerregend. Ein paar Mal speisten wir in bekannten Restaurants wie »Lapérouse«, die von der Lebensmittelrationierung offensichtlich nicht betroffen waren.

Eine tiefgreifende Veränderung hatte sich in den Beziehungen zwischen meinen früheren Freunden, sowohl innerhalb als auch außerhalb der surrealistischen Bewegung vollzogen. Die Zwistigkeiten und der Hader der früheren Tage waren in ein vollständiges Auseinanderfallen der Interessen gemündet. Schon in den dreißiger Jahren hatten Aragon und Eluard — zusammen mit Breton die führenden Gestalten der Bewegung — eine eher politische Haltung eingenommen und sich den Kommunisten angeschlossen. Die meisten ihrer Schriften waren entsprechend tendenziös; sie »engagierten« sich, wie man das nannte. Auch Breton hatte sich eine Zeitlang beteiligt, aber ohne von seinen surrealistischen Ideen abzurücken oder irgendwelche Zugeständnisse an die allgemeine Mittelmäßigkeit zu machen; man betrachtete ihn mit einem gewissen Mißtrauen, er blieb reserviert und dominierte weiterhin eine Gruppe jüngerer Anhänger, so wie er es schon mit der früheren Gruppe getan hatte.

Mit Eluard, der mir unter den Dichtern als der menschlichste und einfachste erschienen war, war ich besonders eng befreundet gewesen und nahm daher sofort Kontakt zu ihm auf. Während der Besatzungszeit hatte ich in Kalifornien von der Résistance gedruckte und verteilte Flugschriften bekommen, die auch seine aufwühlenden Gedichte über Freiheit und Liebe enthielten. Seine Frau Nusch war vor kurzem gestorben, das hatte ihn schwermütig gemacht; ab und zu zwang er sich, ein fröhliches Gesicht wie in alten Zeiten aufzusetzen. Wir sprachen nie über Politik, er deutete nur an, daß er sich auch weiterhin als politisches Sprachrohr betätigen werde — er werde gebraucht und wolle mitarbeiten an einer besseren Welt. Armer Paul, dachte ich, hineingeraten in das Räderwerk erbarmungsloser Intrigen. Nur ein naives Wesen konnte sich so in die Irre führen lassen. Er glaubte, seine Position als Dichter wahren zu können, während er sich gleichzeitig aktiv mit gesellschaftlichen Problemen auseinandersetzte, die sich unausweichlich in mit der Dichtung völlig unvereinbare ökonomische Probleme verwandeln mußten. Dichter sind sehr häufig dem ökonomischen Druck erlegen, unfähig, sich ein Auskommen zu sichern. Lange bevor er sich politisch engagierte, hatte sich Paul Eluard zum Glück für Malerei begeistert, hatte jungen Malern geholfen, bekannt zu werden, und hatte eine eigene Sammlung aufgebaut, und mit dieser Sammlung — nicht mit seiner Dichtung — bestritt er seinen Lebensunterhalt. Aber die Malerei, für die er sich interessierte, war mit der Dichtung eng verknüpft — alle Gewinne, die ihm aus der Malerei zufielen, waren gerechtfertigt. Sowohl er selbst als auch die Maler profitierten davon. Er veröffentlichte weiterhin seine Gedichte in limitierten Auflagen, jetzt begleitet von Illustrationen befreundeter Maler, darunter auch Picasso. Es war wahrscheinlich diese enge Verbindung, die Picasso dazu veranlaßte, der Kommunistischen Partei beizutreten. Allen war das ein Rätsel; nie könnten die Parteimitglieder Picassos Werk akzeptieren — hatte man seine Werke in Rußland nicht aus den Magazinen geholt und sie als Beispiele bourgeoiser Verkommenheit ausgestellt?

Für mich war die Erklärung einfach. Bei politischen oder künstlerischen Versammlungen sagen die Reder meistens all das, was von ihnen erwartet wird, und erhalten gebührenden Beifall dafür. Die wirkungsvollste Propaganda bestünde, wie mir scheint, darin, in das Lager des Feindes zu gehen und dort weiterhin den offenen Umsturz zu predigen. Gewiß, auch das hat es im Laufe der Geschichte gegeben, und es hat Märtyrer hervorgebracht.

Während der Besatzungszeit hatten die Deutschen, obwohl sie die sogenannte entartete Kunst verfolgten, Picasso weitgehend geschont, so als wollten sie beweisen, daß sie keine völligen Barbaren waren, und hatten ihm Kohlen im Tausch gegen Bilder angeboten (was er ablehnte); aber er war die Gans, die goldene Eier legt. Und so ist er jetzt eine Feder am Hut der Kommunistischen Partei in Frankreich, der ja nichts lieber wäre, als alle unter ihren Hut zu bringen. Als Stalin gestorben war, hatte man Picasso gebeten, für die Parteizeitung ein Porträt von ihm zu machen. Aragon, der Chefredakteur, der Picasso verehrte, war hierfür verantwortlich, und er benutzte Picassos Zeichnung. Als das Mondgesicht mit dem Schnurrbart dann erschien, herrschte Bestürzung, man drohte, Picasso zu exkommunizieren. Dabei glaube ich gar nicht, daß es ihm um eine Profanierung gegangen war, und es sollte auch kein Witz sein, es war einfach dichterische Freiheit, vielleicht prophetisch. Später, als die Entstalinisierung in Gang gekommen war, wäre die Zeichnung vielleicht eher akzeptiert worden. Wie auch immer, Picasso hat seine individualistische, poetische Laufbahn fortgesetzt — trotz der Verdammungsurteile von seiten des Bürgertums und der Kommunisten; und merkwürdigerweise hat er damit seine ökonomischen Probleme gelöst. Wenn die Geschicke der Nationen von Dichtern und Malern statt von Politikern gelenkt würden, wären Krieg und Verwüstung wahrscheinlich längst abgeschafft.

Nachdem ich während dieses kurzen Aufenthaltes in Paris meine persönlichen Angelegenheiten in Ordnung gebracht hatte, blieb mir nichts weiter übrig, als nach Hollywood zurückzukehren. Ich hatte mich umgehört, ob es möglich sei, ein Atelier zu finden, aber in Paris herrschte Wohnungsnot. In meiner früheren Wohnung lebte jetzt ein bekannter Kunstkritiker mit seiner Familie, ich konnte sie nicht zurückbekommen, denn der Mietvertrag war abgelaufen, und außerdem war ich nicht in der Lage gewesen, während all der Jahre meine Miete zu bezahlen. Ich hätte am Tag der Befreiung zusammen mit der amerikanischen Armee kommen sollen, sagte man mir, dann hätte ich alles haben können.

Bevor ich abreiste, traf ich mich zu einem Abschiedsessen mit dem Maler Oscar Dominguez*, der mir den Vorschlag machte, zum nächsten Salon d'Automne ein Gemälde einzureichen. Ich sagte ihm, ich würde meine Arbeiten nie einer Jury unterbreiten und wolle keine Ablehnung riskieren. Er erklärte, er selbst sei ein ständiges Mitglied; nachdem man einmal von der Jury zugelassen sei, brauche man sie für die nächsten Ausstellungen nicht mehr zu durchlaufen. In diesem Jahr jedoch wolle er ein Gemälde einreichen, das dem Komitee wahrscheinlich unannehmbar erscheinen werde. Mehrere andere Maler, ebenfalls Mitglieder, stünden auf seiner Seite, und er wolle dafür sorgen, daß ein von mir eingereichtes Bild in jedem Fall gezeigt werde. Ich sagte, in diesem Fall wolle ich akzeptieren, ein solches Experiment würde mir Spaß machen. Also spannte ich mein großes Bild *Le beau temps*, das aufgerollt gewesen war, wieder auf seinen Keilrahmen und ließ es bei Dominguez. Im Herbst, als ich schon wieder in Hollywood war, erfuhr ich genauer, was geschehen war. Wie Oscar es erwartet hatte, wurde sein Bild abgelehnt, meines auch, aber er machte einen derartigen Skandal, daß beide schließlich doch zugelassen wurden, ich meine Karte als ständiges Mitglied erhielt und mich in Zukunft keiner Jury mehr zu unterwerfen brauchte. Wenn ich in diesem Fall von meinem Grundsatz abgewichen war und eine Arbeit bei einer Jury eingereicht hatte, so wurde er durch das Resultat doch erneut bekräftigt: wir hatten über die Köpfe der Jury hinweg Einzug gehalten.

Wir verteilten den größten Teil unserer Habseligkeiten unter unseren Freunden und fuhren mit sehr wenig Gepäck zum Pariser Flughafen. Ich trug eine Mappe mit einigen Zeichnungen und Photographien und einen schönen, alten Spazierstock aus Ebenholz, den mir Dominguez geschenkt hatte. Aber ich hatte eine große Sendung zusammengestellt, die uns mit dem Schiff folgen sollte. Es war

---

* Oscar Dominguez 1906 in Teneriffa geboren, nahm sich am 31.12.1957 in Paris das Leben.

verboten, Kapital aus Frankreich auszuführen, aber ich hatte die Taschen voller französischer Francs, den Erlös aus dem Verkauf meines Hauses. Die Zollbeamten erleichterten mich um dieses Geld und sagten, es stünde, wenn ich zurückkäme, zu meiner Verfügung — sie würden mir eine Quittung ausstellen. Aber das Quittungsbuch war unauffindbar, und zwanzig Minuten lang machte das ganze Büro Jagd darauf, bis es schließlich doch auftauchte. Inzwischen waren einige Besatzungsmitglieder des Flugzeugs, das hierdurch aufgehalten wurde, auf den Plan getreten und schlugen Krach. Schließlich eskortierte man uns zu unseren Plätzen, neugierig beäugt von den anderen Passagieren, die sich fragten, wer diese Prominenten wohl sein könnten, die immer erst in letzter Minute eintrafen und auf die die Flugzeuge immer warteten.

Nach ein paar Tagen in New York fuhren wir mit dem Zug nach Westen, begleitet von meiner jungen Nichte Naomi, die gerade ihr Studium am Bennington College beendet hatte. Sie hatte sich entschlossen, Photographin zu werden, und wollte bei mir in die Lehre gehen. Sie war schlank und dunkelhaarig, eine vollkommene Nachbildung meiner Schwester, in die ich in jungen Jahren verliebt gewesen war. Wenn ich meine Nichte betrachtete, schweiften meine Gedanken in die Vergangenheit, wurden aber gleich wieder zurückgerufen, sobald sie mich mit »uncle« anredete, einem der abgeschmacktesten Wörter der englischen Sprache.

Der Aufenthalt in Chicago, wo wir umsteigen mußten, stand im Zeichen eines Besuchs beim Art Institute, wo wir uns Seurats *La Grande Jatte* ansahen. Trotz des großen weißen Badezimmerrahmens, der die verblassenden Farben aus dem Gleichgewicht brachte, war die ruhige Erhabenheit diese Bildes ungebrochen. Unter den Photographien, die ich mit nach Hollywood zurückbrachte, befand sich auch ein Bündel von Aufnahmen, die ich in den dreißiger Jahren als Ausgangsbasis für eine Serie von Gemälden gemacht hatte. Sie zeigten Gebilde aus Holz, Gips und Draht, die zur Veranschaulichung algebraischer Gleichungen gebaut worden waren und im Institut Poincaré in staubigen Vitrinen herumlagen. Die dazugehörenden Formeln sagten mir nichts, aber die Formen selbst waren so vielgestalt und authentisch wie Naturgebilde. Die Tatschae, daß sie von Menschenhand gemacht waren, steigerte noch die Bedeutung, die sie für mich hatten; man konnte sie nicht als abstrakt ansehen, wie Breton befürchtete, als ich sie ihm zum erstenmal zeigte — die ganze abstrakte Kunst schien mir aus Fragmenten zu bestehen, aus Vergrößerungen von Einzelheiten in Natur und Kunst, wohingegen diese Gebilde in sich vollkommene Mikrokosmen waren. Als ich sie malte, schuf ich keine buchstäblichen Kopien, sondern verwendete sie als Kompositionselemente, veränderte die Proportionen, fügte Farben hinzu, ließ die mathematische Absicht außer acht und fügte mitunter nicht dazu gehörende Formen ein, etwa einen Schmetterling oder ein Tischbein. Als ungefähr fünfzehn Bilder vollendet waren, gab ich der Serie den Obertitel *Shakespearean Equations*

(Shakespearesche Gleichungen), und jedem einzelnen Bild gab ich den Titel eines Shakespeare-Stücks, ganz willkürlich, welcher mir gerade einfiel. So nannte ich das letzte Bild *All's Well That Ends Well* (»Ende gut, alles gut«). Einige sahen eine symbolische Beziehung zwischen Motiv und Titel.

Diese Gemälde waren dann Bestandteil meiner Ausstellung in der Copley Gallery. Der aufwendige Katalog, den ich vorbereitet hatte, *To Be Continued Unnoticed* (ein Anagramm), erwies sich als prophetisch — tatsächlich nahm kaum ein Kritiker Notiz von der Ausstellung, und auch die Sammler blieben aus, außer zweien, die ich persönlich kannte. Al Lewin erwarb *The Taming of the Shrew* (»Der Widerspenstigen Zähmung«), und die Weschers kauften ein anderes Bild, das ich speziell im Blick auf sie gemalt hatte und das keinen Shakespeare-Titel trug.

Das Tempo meiner — wie sich herausstellen sollte — letzten beiden Jahre in Hollywood beschleunigte sich immer mehr, so als spitze sich eine Krise zu. Ehen gingen auseinander, vertraute Gesichter verschwanden, und neue tauchten in schneller Folge auf. Jean Renoir drehte einen Film auf der Grundlage von Mirabeaus (»*Tagebuch einer Kammerzofe*«), eine tragische Geschichte, die aber von der Filmgesellschaft in eine Story mit Happy end umgemodelt wurde. Er baute sich eine nettes Haus in den nahen Bergen, wo wir uns auf Holzkohle gebratene Steaks aus dem in Augenhöhe in die Wand des Eßzimmers eingebauten Grill schmecken ließen. Ganz in der Nähe besorgte er auch eine Bleibe für Gabrielle, das Lieblingsmodell seines Vaters, und deren amerikanischen Gatten, Slade, einen hochgewachsenen, bärtigen Mann von äußerst würdevollem Auftreten. Mit Juliet tanzte er auf französische Manier Walzer, als seien sie einem Gemälde von Renoir entsprungen.

Mein alter Freund Donald heiratete M.F.K. Fisher und wohnte mit ihr draußen in Bare Acres, wo wir einige Wochenenden verbrachten. Sie wußte, wie man einen Wolf zubereitet, und ihr Bœuf bourguignon schmeckte wie in Dijon. Ihr Buch mit Geschichten aus Kalifornien war bezaubernd. Dann war da Galka Scheyer, die einmal mit Paul Klee befreundet gewesen war. Ihr Haus im Niemandsland hoch oben in den Bergen von Hollywood war vollgestopft mit Werken des Malers. Wir lernten auch die unermüdliche Kate Steinitz kennen, die früher mit dem Maler Kurt Schwitters befreundet gewesen war und jetzt die Elmer Belt Foundation leitete, die sich ausschließlich mit den Werken von Leonardo da Vinci, meinem Liebling unter den alten Meistern, beschäftigte. Das Haus Dr. Weschers und seiner Frau Mary stand uns immer offen, er interessierte sich für alles, was ich machte, obwohl er Paul Gettys Antikenmuseum leitete. Es gab Partys bei Clifford Odets und Strawinsky, auf denen die Leute vom Film in der Überzahl waren und ich wie üblich wenig Aufmerksamkeit fand und mir wie ein schwarzes Schaf vorkam. Ich spielte Schach mit Bertolt Brecht und mit Joseph von Sternberg, der Marlene Dietrich den Weg geebnet hatte — und verlor

*83 Mathematische Instrumente, Photovorlage für die Serie „Equations shakespeariennes",
1936*

wie üblich. Die von mir entworfenen Schachfiguren dagegen waren erfolgreich
— Filmstars kauften sie, wohl eher als Dekorationsstücke, nehme ich an.
Aber diejenigen, die ich am häufigsten getroffen hatte, verließen einer nach dem
anderen die Bühne, wie in dieser Symphonie von Haydn, in der ein Musiker
nach dem anderen die Kerze an seinem Notenpult ausbläst und sich davonmacht.
Gelegentlich gab es Erdbeben, die Natur war so unzuverlässig wie die Einrich-

tungen der Menschen. Eine unsichtbare ätzende Dunstglocke hing über der Stadt; ständig lief man mit geröteten, tränenden Augen herum. Als sich in Zeitungen und Öffentlichkeit besorgte Stimmen erhoben, setzte man Ausschüsse ein, um die Ursachen zu untersuchen, aber die Fachleute konnten sich nicht einigen, ob die Gummiindustrie oder die Autoabgase die Schuld am Smog hatten. Die einzige Lösung schien die Abschaffung der Autos zu sein, die so viel Benzin und Gummi verschlangen.

Obwohl sie notwendige Hilfsmittel waren, fing ich an, eine Abneigung gegen Autos zu entwickeln, mein eigenes eingeschlossen. Zehn Jahre hatte es mir gute Dienste geleistet. Ich hatte es behalten, obwohl viele mir geraten hatten, es gegen ein neues in Zahlung zu geben. Es lief wunderbar, der einzige schwache Punkt war der Auspufftopf, der mir vier- oder fünfmal durchrostete. Ich freute mich fast jedesmal, wenn es wieder passierte, denn es schien die Kraft des Motors zu verstärken — den Lärm allerdings auch, wie einige Verkehrspolizisten bemängelten. Einmal hatte ich sogar mit ein paar Jungs in einer frisierten Schrottkiste ein Rennen veranstaltet und hatte sie abgehängt. Da ich jetzt seltener Fahrten unternahm und seßhafter geworden war, beschloß ich, das Auto abzuschaffen. Hollywood fing langsam an, seinen Glamour zu verlieren.

Da trat ein neuer Hausherr auf, der die Mieten beträchtlich erhöhte. Ich rechnete mir aus, daß ich nach der Mieterhöhung mit einer Jahresmiete die Übersiedlung nach Paris bezahlen konnte. Nach dem, was ich hörte, mußte in Paris wieder alles beim alten sein. Auch meinen Freund Bill Copley, der in häusliche Probleme verstrickt war, hatte Unruhe ergriffen. Wir faßten den Entschluß, sofort aufzubrechen. Innerhalb weniger Tage war der größte Teil meiner Sachen verpackt und eingelagert — die Arbeit von zehn Jahren. Ich dachte, sobald ich in Paris wäre, würde ich einen Stapel neuer Arbeiten für eine Ausstellung machen. Außerdem lagerte dort noch eine ganze Reihe von Sachen. Als wir gerade zum Flughafen wollten, kam der Hausherr vorbei, um uns auf Wiedersehen zu sagen, und meinte, wenn ich zurückkäme, hätte er jederzeit ein Atelier für mich. Dann fragte er, was ich mit meinem Wagen zu tun gedächte, der draußen vor der Tür stand. Ich antwortete, ein Freund werde sich darum kümmern und ihn wahrscheinlich für mich verkaufen. Da bot er mir an, ihn zu kaufen, der Wagen gefalle ihm sehr. Und er gab mir einen Scheck über die Hälfte der Summe, die ich zehn Jahre zuvor dafür bezahlt hatte, was in der Autobranche unerhört ist. Jetzt, wo er mir nicht mehr gehörte, sah ich ihn mir zum Abschied noch einmal liebevoll an und las den diskreten Schriftzug auf der Motorhaube: »Hollywood Supercharger«.

WIEDER IN PARIS

Während des kurzen Zwischenaufenthaltes in New York, zögerte ich einen Augenblick und überlegte, ob es nicht genauso gut wäre, sich hier niederzulassen. In der großen Stadt konnte ich mir meine Bekanntschaften ebenso aussuchen, wie ich es im Westen getan hatte, ohne mich auf irgendwelche aufreibenden Aktivitäten einlassen zu müssen. Aber nach wenigen Tagen hatte ich mich entschieden. Das Problem wäre gar nicht aufgetaucht, wenn ich sofort weitergereist wäre. Aber mein Hang zur Geselligkeit trieb mich, einigen Freunden meine Anwesenheit mitzuteilen; es folgten Cocktails und aufwendige Essen. Der Redakteur einer eleganten Zeitschrift bat mich, einen Artikel über Photographie zu schreiben. Ich versprach es, sobald ich mich eingerichtet hätte. Das Museum of Modern Art hatte gerade eine Ausstellung über amerikanische Pioniere der modernen Malerei zusammengestellt, auch mein großes Bild *The Rope Dancer Accompanies Herself with Her Shadows*, das in der Ausstellung der Unabhängigen von 1917 gezeigt worden war, hatten sie ausgegraben. Hier in New York, wo es ein wachsendes Interesse an Werken gab, die man früher verurteilt hatte, könnte ich wieder anfangen zu malen und mich ganz auf die Malerei konzentrieren — ging es mir durch den Kopf. Aber es war riskant: einem Maler, der sich der Photographie zuwendet, wird leicht verziehen, aber einem bekannten Photographen, wie ich einer war, der sich der Malerei verschreibt, würde man, auch wenn er einigen als Pionier bekannt ist, mit Mißtrauen begegnen. Ich hatte einige Fälle dieser Art miterlebt. Ich entschied mich gegen New York. Vielleicht war es auch die größere Anziehungskraft von Paris — so wie es den Verbrecher an den Schauplatz seines Verbrechens lockt. Außerdem war ich mir meiner Aufnahme in Europa sicherer.

Wir buchten eine Passage auf der *»De Grasse«*, einem langsamen Schiff — wir hatten es nicht eilig, und im März waren nur wenige Passagiere an Bord. Als ich die Kabine betrat, saß da Marcel Duchamp mit einem kleinen Paket auf den Knien, um mir Lebewohl zu sagen. Das Objekt, das er mir schenkte, war eine abstrakte, galvanisierte Gipsplastik, sein Titel *Feuille de Vigne Femelle*. Eine der raren, rätselvollen Schöpfungen, die er von Zeit zu Zeit hervorbrachte.

Während der geruhsamen Überfahrt war der Speisesaal unsere Hauptzerstreuung. Es war die letzte Fahrt des Schiffes, danach sollte es stillgelegt werden, und es hatte den Anschein, als setze die Küche alles daran, ihre Vorräte aufzubrauchen. Die Köche stellten ganz ungewöhnliche Gerichte für uns zusammen — jeden Tag gab es einen Geburtstagskuchen und zum Abschluß der Mahlzeiten Sekt. Zwischendurch spazierten wir an Deck herum oder saßen im Salon und spielten Schach. Ein stattlicher Südamerikaner forderte mich zu einer Partie heraus, die nach dem Mittagessen begann und noch nicht beendet war, als die Dinnerglocke ertönte. Keiner von uns beiden wollte aufgeben, bis seine Frau und seine beiden hübschen Töchter erschienen und so lange ungeduldig herumstanden, bis er einen Fehler machte. Danach zu urteilen, wie er mit seiner Familie — auf spanisch — sprach, muß er sich ziemlich geärgert haben.

Ich hatte reichlich Zeit, und so beschloß ich, den Artikel zu schreiben, den ich dem Redakteur in New York versprochen hatte. Ich bat den Steward um eine Kabine, wo ich meine Schreibmaschine aufbauen konnte. Er gab mir eine nicht belegte Suite, die normalerweise für Millionäre oder Filmstars reserviert war. Diese Umgebung hätte mich inspirieren müssen: goldene Vorhänge, Doppelbett, gekacheltes Badezimmer. Ich hätte ein oder zwei Partys veranstalten und einige von den interessanteren Passagieren einladen sollen. Statt dessen schuftete ich allein vor mich hin, bis ich ungefähr vier Seiten vollgeschrieben hatte. Es war ein sehr abseitiger Artikel über die Kunst im allgemeinen, das Wort Photographie kam darin gar nicht vor. Absichtlich nicht. Nach der Ankunft schickte ich das Manuskript sofort ab, hörte aber nie mehr etwas von dem Redakteur und bekam auch das Manuskript nicht zurück. Ich erkannte meinen Fehler; er hatte von mir einen Bericht über meine Beziehungen zu den Hollywoodstars der vierziger Jahre erwartet. Ich hätte erzählen sollen, wie ich Paulette Goddard, Tilly Losch, Ava Gardner, Gypsy Rose Lee photographierte, wie ich mit Hedy Lamarr Schach spielte, wie ich bei Janet Gaynor und zusammen mit Artie Shaw bei Kathleen Winsor zu Abend aß; wie ich Weihnachten mit Benny Goodman bei den Stotharts verbrachte und Ostern zusammen mit den Strawinskys; wie ich mich mit John Barrymore und Errol Flynn betrank; mich mit Chaplin und Dudley Nichols bei Clifford Odets zankte; und wen ich sonst noch bei Renoir und Lewin kennenlernte. Ich hatte in dem Artikel nicht mit Namen geklingelt (wie in diesem Buch hier) — wenn man meinen eigenen Wert nicht wahrhaben wollte, um so schlimmer für mich. Aber immerhin hatte ich meine eigenen Ideen zum Ausdruck gebracht; an einer Stelle hatte ich geschrieben, daß die Welt Ideen im Grunde verabscheut, Taschenspielertricks hingegen liebt. Manchmal seien auch Ideen, als Taschenspielereien verkleidet, an den Mann gebracht worden. Leider war an dem, was ich geschrieben hatte, nichts von Taschenspielerei — es war einfach naive Aufrichtigkeit.

Als wir in Le Havre anlegten, herrschte dort ein allgemeines Durcheinander. In Frankreich war der Generalstreik ausgerufen worden — es fuhren keine Züge mehr. Die Schiffahrtsgesellschaft stellte Busse zur Verfügung, die die Passagiere nach Paris bringen sollten, gefolgt von Lastwagen mit dem Gepäck. Die Fahrt dauerte doppelt so lange wie mit dem Zug; schließlich kamen wir vor dem geschlossenen Bahnhof an, wie Tauben vor ihrem Taubenschlag. Es war schon dunkel, kein Taxi weit und breit, nur ein paar Privatwagen waren in der Nähe. Von einem der Wagen kamen zwei Leute auf uns zu; es waren meine Nichte Naomi und David, ihr Mann. Sie studierten und arbeiteten hier; sie wußten, daß wir mit der »De Grasse« kommen sollten, und kannten die allgemeine Lage. Wieder mußten wir warten, diesmal auf die Lastwagen mit dem Gepäck. Als sie kamen, wurde alles kreuz und quer auf dem Gehsteig abgeladen, und die Passagiere durften sich ihre Gepäckstücke selbst zusammensuchen. Schließlich hatten wir unser halbes Dutzend Koffer beisammen, da stellte Juliet fest, daß ihre Geige fehlte — sie hatte sie seit Jahren nicht mehr benutzt, außer bei einem Mal, als ich sie mit dem Instrument photographiert hatte. Naomi stürzte zu dem leeren Lastwagen, kletterte hinein und kam mit dem wertvollen Kasten wieder heraus. Wir fuhren zum Hotel, wo Zimmer für uns reserviert waren, und dann zum Abendessen in die »Coupole« am Montparnasse. Der Besitzer, Monsieur F., der zwischen den Tischen herumging, erkannte mich und begrüßte mich sehr herzlich mit einer Flasche Champagner; nach dem Essen gingen wir hinunter in den Nachtclub und tanzten, bis geschlossen wurde.

Als ich am nächsten Morgen aufwachte, erwartete mich ein typischer, trostlos grauer Pariser Märztag. Es war kalt im Zimmer, obwohl das Hotel angeblich zur ersten Kategorie gehörte. Wie üblich in französischen Häusern, befanden sich die Heizkörper am anderen Ende des Raums, so weit wie möglich von den Fenstern entfernt, als sollten sie sich nur ja nicht erkälten. Offenbar waren Kohlen immer noch knapp, oder sie waren zu teuer. Einige Amerikaner, denen ich begegnete, schüttelten traurig den Kopf, Frankreich sei nicht mehr so wie früher, meinten sie. Ich erwiderte, wir seien es, die sich in den letzten zwanzig Jahre verändert hätten, außerdem hätten wir es jetzt mit einer neuen Generation zu tun. Mir kam es so vor, als hätte sich nichts geändert, die Parks und die äußere Erscheinung des Landes waren unversehrt; sogar innerlich war die französische Geisteshaltung die gleiche geblieben. Immer noch galt ihr das Lebensnotwendige als Luxus und der Luxus als lebensnotwenig. Es war doch nur verständlich, wenn ein Volk, das Opfer so vieler Invasionen und Revolutionen gewesen war, versuchte, sich bei Laune zu halten.
Als erstes kümmerte ich mich um eine eigene Wohnung; jeder Zeitungsanzeige und jedem Hinweis von Freunden ging ich nach, aber alle Wohnungen wurden nur möbliert und sehr teuer für eine begrenzte Zeit vermietet, während die eigentlichen Inhaber Ferien machten. Ich konnte das nicht verstehen, ich hatte mir gedacht, nach dem Krieg mit all seinen Toten müßte mehr Raum zur Verfügung stehen. Aber die Mieten wurden immer noch staatlich kontrolliert; die Vermie-

ter kamen nicht auf ihre Kosten und boten leerstehende Wohnungen oder Häuser lieber zum Verkauf an, aber auch das zu unerschwinglichen Preisen.

Nach ein paar Wochen zogen wir in ein bescheideneres Hotel am Montparnasse, wo ich gern wieder gewohnt hätte, und ich setzte meine Suche fort. Bevor ich mich morgens auf den Weg machte, ging ich in die alte »Retonde«, aus der inzwischen ein luxuriöses Café-Restaurant geworden war, aber es gab noch immer den gleichen starken, schwarzen Kaffee wie früher — der mir während der ersten Tage in Hollywood so gefehlt hatte.

Nach ungefähr zwei Monaten erfolgloser Suche trafen wir uns eines Abends zum Essen mit June, einer Freundin aus Kalifornien, die auf der Durchreise war. Sie erzählte von einem ausländischen Beamten, der nach einer komfortablen, gut möblierten Wohnung Ausschau hielt und dem ein altes Bildhaueratelier in einer kleinen Straße unweit der Kirche St. Sulpice angeboten worden war. Sie gab mir auch die Adresse. Am nächsten Morgen ging ich hin und kam vor eine Tür am Ende einer hohen Mauer, die ein altes Priesterseminar umgab. Als auf mein wiederholtes Klingeln an der Türglocke keine Antwort kam, schob ich einen Zettel mit meinem Namen und der Telefonnummer meines Hotels unter der Tür durch. Dann machte ich einen Spaziergang durch die Nachbarschaft, die ich sehr gut kannte. Es war eines der älteren Viertel von Paris, ruhig und fast ländlich, auf halbem Weg zwischen dem Montparnasse und St. Germain-des-Prés, in dessen Cafés jetzt das neue Revier der Intellektuellen, der Existentialisten-Clique und der Touristen war. Die gewaltige Kirche selbst galt als eine der häßlichsten von Paris — vielleicht weil sie nicht gotisch war, sondern ein Ergebnis der Rückbesinnung auf die Antike im 18. Jahrhundert. Sämtliche Stile der griechischen Architektur waren hier aufeinandergeschichtet: drei Tempel in einer Kirche, ein dorischer, ein ionischer und ein korinthischer, darüber zwei runde Türme aus einem noch wirreren Stilgemisch, die versuchten, anmutig zu wirken, obwohl der eine unvollendet war, seit sich der letzte Architekt von dort oben in den Tod gestürzt hatte. Diese Kirche rief mir meine Vorliebe für heidnische Schöpfungen wieder in Erinnerung, die ich früher bei meiner Beschäftigung mit Architektur empfunden hatte. Ihre unsichtbaren Feinheiten hatte ich den spektakuläreren, flammenderen Bauten des Abendlandes vorgezogen.

Auf dem Rückweg zum Hotel durch den Jardin du Luxembourg kam ich an dem Museum vorbei, das seit dem Krieg geschlossen war und das früher von der Regierung erworbene Gemälde beherbergt hatte — Werke, die im Louvre selbst nicht aufgehängt werden konnten, entweder weil die Maler noch lebten oder weil die Arbeiten von zweitrangiger Bedeutung waren, wie zum Beispiel Whistlers Portrait seiner Mutter. Dieses Museum war so etwas wie ein offizieller »Salon des Refusés« gewesen.

Zwei oder drei Tage später rief mich der alte Bildhauer an; sofort machte ich mich auf den Weg und wurde in das Atelier eingelassen. Den riesigen, weiß getünchten Raum erhellten Oberlichter und Fenster in sechs Meter Höhe. Ein idea-

les Atelier für einen Bildhauer mit monumentalen Projekten, aber mir war klar, warum man zögerte, sich hier eine Wohnung einzurichten. Brancusi mit seinem nüchternen Bettgestell in einer Nische, einem Ausguß in der anderen Ecke und einem Ofen in der Mitte wäre hier vielleicht in seinem Element gewesen. Aber ich war kein Junggeselle; Juliet mußte um ihre Meinung gefragt werden, und ich holte sie, damit sie sich das Atelier ansehen konnte. Es deprimierte sie; ihr schien es zu gewaltig, um etwas damit anfangen zu können. Aber ich hatte mir die Sache schon überlegt. Schließlich hatte ich schon andere Ateliers in komfortable Wohnungen verwandelt, ich besaß Erfahrung und machte schon Pläne für den Umbau. Ich nahm das Atelier und zahlte dem Bildhauer als Ablösung, was er für die wenigen alten Stilmöbel haben wollte, die dazugehörten. Die meisten von ihnen verkaufte ich dann später, außer einem großen Kleiderschrank — Wandschränke gab es keine — und einem zwei Meter fünfzig hohen, fünfteiligen, weißen Paravent, auf den ich etwas malen wollte, wenn mir ein Einfall kam. Einstweilen stellte ich in einer Ecke ein Bett auf, das der Wandschirm verdeckte, und des Lebens im Hotel überdrüssig, zogen wir ein. Der Sommer war heiß, aber im Atelier war es angenehm kühl.

Ich beauftragte Installateure, Elektriker und Schreiner, die mit ihrer Arbeit einen Monat später fertig waren — eine Glanzleistung, wenn man an ihre übliche Bummelei mit allerlei Ausflügen zu einem Umtrunk in die Cafés denkt. Ich selbst arbeitete in diesem Sommer nicht, sondern legte mit Hand an, um das Atelier so bequem wie möglich zu machen. Ich war froh, daß es Heizkörper gab und

Rohrleitungen, die das Atelier mit dem aus dem 18. Jahrhundert stammenden vierstöckigen Nachbarhaus verbanden. Aber als die Tage kalt wurden, stellte ich fest, daß keine Wärme da war; die Heizungsanlage war im Krieg kaputtgegangen, und die Mieter heizten jeder für sich. Da stellte ich einen dickbauchigen Kohleofen auf, der die fünfhundert Kubikmeter ordentlich erwärmte.

Eines Tages klingelte es. Eine Touristengruppe stand vor der Tür und fragte, ob sie zu einer Besichtigung hereinkommen dürften. Der Reiseführer erklärte mir, hier habe früher einer der drei Musketiere gelebt — ob ich Postkarten zu verkaufen hätte? Ich hatte gehört, daß die Gebäude in der Nachbarschaft unter Denkmalschutz standen — ihr Äußeres durfte nicht verändert und in der ganzen Straße durften keine Geschäfte eröffnet werden. Jetzt erst fiel mir ein, ich hätte die alten Möbelstücke behalten und das Atelier im Stil des 18. Jahrhunderts ausstaffieren sollen — ich selbst, als D'Artagnan verkleidet, mit Federhut, Wams und Degen, hätte Souvenirs und Postkarten von den verwinkelten Straßen und mit meinem eigenen Bild verkaufen können. Aber vielleicht hätte ich damit das Mißfallen der Behörden erregt — ich war als Künstler geduldet, mein Beruf war als der eines Nicht-Gewerbetreibenden eingestuft, und womit ich meinen Lebensunterhalt verdiente, war, wie man es von Malern nicht anders erwartet, ein Geheimnis.

Von meiner neuen Umgebung beeindruckt, malte ich ein ziemlich akademisches Bild der Straße — so wie ich sie auch hätte photographieren können — und nahm das Gemälde sehr zur Verwunderung einiger Freunde in eine Ausstellung meiner mehr imaginativen Arbeiten auf. Warum ich ein solches Bild gemalt hätte, fragten sie. Einfach deshalb, erklärte ich, weil man es nicht von mir erwartete — andere Zeitgenossen verspürten das Bedürfnis, etwas ähnliches zu tun, getrauten sich aber nicht —, außerdem hätte ich Spaß daran, mir selbst zu widersprechen.

Nicht immer hatte ich eine schlagfertige Antwort bei der Hand, wenn jemand etwas über meine Arbeit sagte. Einmal brachte mich sogar eine Zehnjährige zum Verstummen. Ich hatte gerade ein Stilleben beendet, ein Trompe-l'oeil, das eine bestimmte Anordnung von Dingen auf dem Tisch, die mich fasziniert hatte, ganz exakt wiedergab. Das Mädchen stellte sich vor die Staffelei, besah sich das Bild und dann die Gegenstände auf dem Tisch, als wolle es die Genauigkeit der Darstellung überprüfen. Als ich dann fragte, wie ihr das Bild gefalle, erwiderte sie, es sei sehr schön, aber warum ich zweimal dasselbe haben wolle?

Ich kannte einen Maler, einen eingefleischten Abstrakten, der sich ganz unvermittelt der gegenständlichen Malerei zuwandte; als er nach meiner Meinung fragte, sagte ich, ich sähe, daß es ihm offensichtlich Spaß mache — obwohl er ästhetische und philosophische Gründe für diesen Wandel anführte. Immer wieder diese scheinbar tiefsinnigen Wortklaubereien, um ein einfaches menschliches Bedürfnis, einen simplen Wunsch zu verschleiern — während man mich der Leichtfertigkeit und Oberflächlichkeit verdächtigte, sobald ich die Fragen eines Sammlers beantwortete, dem meine Werke ziemlich unzugänglich erschienen. Ein Kritiker las Motive in das Bild von der Straße hinein, die mir nie bewußt gewesen waren — er war offensichtlich ein Gegner der abstrakten Malerei und benutzte mein Bild, um seine These zu belegen. Mir erschien es tröstlich, daß keine Interpretation und keine Kritik ein Bild je verändern konnten, das ein für allemal feste Gestalt angenommen hatte; je vielfältiger die Meinungen über ein Werk, desto gelungener erschien es mir. Wie bei jedem Versuch, Kunstwerke zu bewerten, war die Würdigung mangels eines Kriteriums, an das man sich halten konnte, willkürlich und sinnlos.

Nachdem wir uns einmal bequem eingerichtet hatten und die unmittelbaren materiellen Probleme gelöst waren, begann für mich eine intensive Phase des Malens. Obgleich ich meine Tätigkeit als Berufsphotograph aufgegeben hatte, war mein Interesse an der Photographie noch vorhanden; in freien Augenblicken beschäftigte ich mich mit der Farbphotographie. Um mich abzulenken, machte ich einige Farbporträts mit dem verfügbaren Material, das zufriedenstellende Ergebnisse erbrachte, soweit man sich auf Diapositive beschränkte; aber alle Verfahren, Farbaufnahmen auf Papier zu übertragen, ließen viel zu wünschen übrig. Mit ihren tauben oder verfälschten Farben sahen die Abzüge aus wie Chromolithographien. Nach einer Reihe von Versuchen, schaffte ich es, das ursprüngliche Diapositiv in einen schönen Papierabzug zu verwandeln, wobei der Glanz der Farben erhalten blieb und die Qualität eines Gemäldes hinzukam. Gewiß, die Wahl des Motivs, der Beleuchtung und der Farben waren die entscheidenden Faktoren, genau wie bei einem Gemälde, in ihnen spiegelte sich die Persönlichkeit des Produzenten. Aber das Verfahren selbst war einfach und erforderte kein besonders technisches Geschick. Mit Hilfe einiger einflußreicher, wohlmeinender Freunde bekam ich Gelegenheit, einigen bedeutenden Farbfilmherstellern in mehreren Ländern meine Idee vorzutragen, wobei ich den Technikern so weit wie möglich aus dem Wege ging. Die Idee wurde abgelehnt mit dem Argument, das Verfahren lasse sich nicht schützen, es lasse sich nicht patentieren — jeder könne es sich zunutze machen.

Genau das hatte mir vorgeschwebt; ich betrachtete mich nicht als Erfinder, ich wollte die Farbphotographie einfach ein bißchen interessanter machen, gleichgültig, welches Ausgangsmaterial man verwendete. Dafür hoffte ich eine bescheidene Summe zu bekommen, ohne an die Gewinne zu denken, die den Herstellern aus dem gesteigerten Verkauf von Farbfilmen zufließen würden. Als Daguerre aufgrund seiner Beziehungen von der französischen Regierung eine Rente für seine Verbesserungen der Schwarzweißphotographie erhielt — er war nicht der Erfinder, denn Nièpce war im vorausgegangen, ohne etwas dafür zu bekommen —, da wurde das Verfahren der Welt zum Geschenk gemacht, und jedem stand es frei, sich seiner zu bedienen. Meine Haltung war die eines Malers, der einen persönlichen Stil entwickelt, den er sich auch nicht patentieren läßt, den man vielmehr straflos nachahmen kann. Wenn man es einmal begriffen hat, ist nichts Geheimnisvolles mehr daran — man fragt einen Maler nicht, welche Materialien er verwendet. Es ergab sich eine Gelegenheit, mein Verfahren anzuwenden, als ich von einer Zeitschrift gebeten wurde, einige Farbaufnahmen von einer bekannten Persönlichkeit zu machen. Stolz bediente ich mich meiner neuen Methode, aber der Redakteur war ratlos — es sei unmöglich, mein Bild mit den herkömmlichen Apparaten für die Reproduktion von Diapositiven zu verarbeiten. Mir wurde klar, daß meine Technik nur zur Herstellung von Originalen interessant war und für Amateure, die damit spielen wollten.

Dieses Erlebnis bestärkte mich in meinem Entschluß, mit dem Malen fortzufahren und Originale zu produzieren — Einmannerzeugnisse — und die Probleme der Reproduktion den Technikern zu überlassen. Daß ich tagelang in meinem Atelier herumkramte, mich mit Photoexperimenten ablenkte und kein Bild in Angriff nahm, bis es keine Entschuldigung mehr für eine weitere Verzögerung gab, lag in Wirklichkeit an einer gewissen Angst, wie ich sie auch verspürte, wenn ich mich hinter das Steuer meines Wagens setzte oder mich mit einer geliebten Frau treffen wollte. Dieser Gefühlszustand hatte mich schon früher gequält — eine Art böser Vorahnung in bezug auf das Ergebnis meiner Vorhaben. Aber sobald ich einmal angefangen hatte, war alle Ungewißheit verschwunden, und ich machte mit Zuversicht und vollkommen sicher weiter.

Während die Photographie einfach eine Sache der Kalkulation war — es kam das heraus, was man sich vorher ausgerechnet hatte —, war die Malerei ein Abenteuer, bei dem irgendeine unbekannte Kraft die Erscheinung der Dinge plötzlich von grundauf verändern konnte. Das Resultat konnte für mich genauso überraschend sein wie für einen Betrachter. Die Überraschungen, die eine falsch eingestellte Maschine hervorbringt, sind wertlos, die Irrwege eines Gehirns aber, das gleichzeitig spürt, wie es denkt, sind immer interessant. Die ganze moderne Psychologie beruht hierauf, und die Kunst ebenso. Ein bekannter Maler pflegte zu sagen: Ich suche nicht, ich finde; ein zweiter: Es gibt keine Probleme, also auch keine Lösungen; und ich selbst: Ich habe keine Probleme, ich habe nur Lösungen. Beispiele dafür, wie das Gehirn in vollkommenem Einklang mit den eigenen Gefühlen arbeitet, zugleich aber auch Haltungen, die man durchaus als Fälle für einen Psychiater betrachten könnte. Wenn ich beim Malen den Absprung einmal geschafft hatte, konnte ich jene Maler verstehen, die bis zum letzten Atemzug weiterarbeiteten, gleichgültig, ob sie in ihrem Leben geehrt und anerkannt oder mißachtet worden waren. Selbst wenn sie sich wiederholten, war es, als berauschten sie sich an einer Gewohnheit, die ihr ganzes Leben begleitet hatte. Nicht wie in anderen Berufen, wo man nach jahrelanger mehr oder minder interessanter Tätigkeit seinen Abschied nimmt und den wohlverdienten Ruhestand genießt. Für mich verband sich damit auch die Illusion, ein Stück meiner Jugend wiederzufinden — einem völlig ungegenständlichen Gemälde gab ich willkürlich den Titel *Mon premier amour* (Meine erste Liebe), wahrscheinlich weil ich mich wieder einer früheren Technik bediente. Gleichzeitig suchte ich nach einer neuen,

automatischeren Technik — wie wenn man ein Samenkorn oder einen Schöß-
ling pflanzt und davon ausgeht, daß die Kräfte der Natur das übrige erledigen.
Ich legte Pinsel und Spachtel beiseite und trug die Farben ganz nach der Laune
des Augenblicks auf, preßte sie dann mit einer anderen Platte und erzielte so etwas, das wie eine Variante des Rorschachtests aussah. Die Ergebnisse waren erstaunlich, sie wiesen Feinheiten auf, die man mit der Hand nur sehr langsam und
mühselig hätte hervorbringen können. Ich gab diesen Produkten den Obertitel
Natural Paintings.

Zwischen den Objekten und Gemälden, die sich im Atelier ansammelten, stand
immer noch der große weiße Paravent — nutzlos jetzt, da es inzwischen stabilere
Trennwände für Küche, Bad und Schlafzimmer gab. Er schien mich zum Angriff
herauszufordern, aber ich wartete einen günstigen Zeitpunkt ab. Erst wenn ich
einen Einfall hatte oder irgend etwas den Anstoß dazu gab, wollte ich mich an
diese unberührte Fläche heranmachen. Auch andere vorbereitete Leinwände hatten jahrelang herumgestanden und geduldig darauf gewartet, daß ich mich ihnen
zuwandte. An Ideen fehlte es nicht, aber viele verwarf ich wieder. Wenn sie zum
dritten oder vierten Male auftauchten, schien es mir der Mühe wert, etwas mit
ihnen anzufangen. Wenn nicht — auch gut, oder sogar besser: die vergessene Idee
hatte eine Realisierung nicht verdient.

Wir hatten fast ein Jahr in dem Atelier gewohnt, ohne Ferien zu machen oder
einmal einen Szenenwechsel vorzunehmen. Mir machte es nichts aus, es kam mir
so vor, als sei ich ständig in Ferien — aber Juliet sehnte sich nach einem Strand,
wo sie in der Sonne liegen und schwimmen konnte. Ein junges Paar, das in den
Süden fahren wollte, lud uns ein, mitzukommen. Ich wollte lieber zu Hause bleiben und ließ Juliet ohne mich fahren. Allein in dem riesigen Atelier, kam es mir
so vor, als hätte ich doppelt so viel Zeit wie vorher. Und der weiße Wandschirm
betonte noch die Leere. Ich fing an, ihn wie ein Schachbrett in vierzig Rechtecke
aufzuteilen. Eine der ersten Aufgaben, die ich meinen Malschülern stellte, bestand darin, ein Schachbrett zu entwerfen. Ich erklärte ihnen, es sei die Grundlage jeglicher Kunst: ein Bild sei eine Fläche, aufgeteilt in kleinere Flächen, deren
Formen, so wie es das Motiv verlangte, verändert werden konnte, wobei man die
Kontraste zwischen hellen und dunklen Feldern beibehalten oder, wenn erforderlich, die Flächen ineinander übergehen lassen konnte.

Auf dem Wandschirm hielt ich mich an meine Theorie, behielt den Schachbrett-
effekt bei und füllte jedes Feld mit einem improvisierten Motiv, das weder abstrakt noch gegenständlich war. Man konnte ganz nach Belieben alles mögliche
in diese Felder hineinsehen. Ich legte sie abwechselnd hell und dunkel an, wie
bei einem Schachbrett. Der Wandschirm wurde nun zu einem Teil des Ateliers.
Als Juliet zurückkam, war sie sehr erfreut und beeindruckt; wahrscheinlich dachte sie auch, mir sei nicht viel Zeit geblieben, ihre Abwesenheit auszunutzen, und
ich sei ihr treu geblieben. Und wie war es ihr auf der Reise ergangen? Wunderbar,
antwortete sie, nur einmal sei es etwas kritisch geworden; der Mann hatte Annä-

herungsversuche gemacht, die Frau hatte etwas bemerkt, und am Ende habe eine gewisse Kühle zwischen ihnen geherrscht. Juliet war wunderbar braun geworden und sah blendend aus. Am nächsten Tag malte ich auf ein Feld des Paravents den Titel: *Les vingt jours et nuits de Juliet* (Die zwanzig Tage und Nächte Juliets). Wie in Kalifornien kamen, wenn ich eine neue Serie von Bildern fertiggestellt hatte, auch hier Einladungen, sie auszustellen. In mehreren Städten hatte es große Retrospektivausstellungen vor allem mit Werken des Dadaismus und des Surrealismus gegeben, die man inzwischen ernster nahm. Ich war auf diesen Ausstellungen gut vertreten, nachdem ich mir eine Anzahl älterer Arbeiten, die eingelagert gewesen waren, hatte zuschicken lassen. Einige Galerien in Paris veranstalteten Einzelausstellungen meiner neueren Arbeiten, aber obwohl sie gut besucht waren, blieben die Verkäufe dürftig. Maler, Bildhauer und Schriftsteller äußerten am meisten Verständnis — und am meisten Lob. Bald jedoch kamen immer häufiger Sammler und Händler in mein Atelier und fragten nach älteren Werken, sahen sich Datierungen genau an und schmeichelten mir mit dem Wort »Pionier«. Man hätte meinen können, sie seien als Weinkenner an bestimmten Spitzenjahrgängen interessiert. Das ärgerte mich zwar, aber ich gab bereitwillig die älteren Sachen weg, bis kaum noch welche übrig waren, und sah mit Vergnügen dem Zeitpunkt entgegen, an dem ich sagen konnte, es sei nichts mehr da. Vielleicht würden sie sich dann mehr für meine neueren Werke interessieren; oder mußte ich noch auf die nächste Generation warten? Jetzt war es zu spät. Hätte ich weniger Selbstvertrauen besessen, dann hätte ich diese Situation vielleicht bedrückend gefunden, aber die vielen Ausstellungen, die mir keine direkten Gewinne gebracht hatten, hatten mich abgehärtet. Außerdem hatte ich weniger Grund zu klagen als mancher meiner Vorgänger. Ich tröstete mich mit dem Vorsatz, dem Titel des Katalogs meiner letzten Ausstellung in Hollywood zu folgen: *To Be Continued Unnoticed* (Unbeachtet fortzusetzen). Immerhin war ich bei guter Gesundheit, war frei und fühlte mich wohl. Ich hätte die Malerei sogar aufgeben können, so wie ich die Berufsphotographie aufgegeben hatte — und wie ich in meiner Jugend ein Büro verlassen hatte, entschlossen, nie wieder nach der Pfeife eines anderen zu tanzen. Die Freude über die Freiheit hatte alle Bedrängnisse aufgewogen. Ich hatte jetzt genug geleistet, um mir meine Zukunft sichern zu können.

Ohne deshalb verbittert zu klingen, entwickelte ich in Gesprächen und Vorträgen einen spöttischeren Ton, was mir den Vorwurf eintrug, ich witzelte nur. Als mir nun mein alter Freund Roland Penrose, der das Londoner Institute of Contemporary Art leitete, die Galerie des Instituts für eine Ausstellung zur Verfügung stellte, wählte ich Arbeiten aus allen Phasen, von der frühesten Zeit bis in die Gegenwart, aus — ein umfassender Überblick, ziemlich unzugänglich, wie mancher vielleicht sagen würde — und stellte dann mit viel Sorgfalt den Katalog zusammen, in den ich auch die Transkription eines Artikels von Erik Satie, jenem fröhlichen, tiefsinnigen, rätselhaften Komponisten, aufnahm. Ich war in einer Musikzeitschrift aus dem Jahr 1912 auf ihn gestoßen, Satie hatte ihn als Erwiderung auf die Angriffe von Kritikern geschrieben. Ich veränderte einige wenige Worte in diesem Artikel, um ihn meinem Fall anzupassen: wo Satie von »Musik« spricht, spreche ich von »Malerei«, und wo er »Klang« sagt, sage ich »Farbe«. Der Titel lautet: »Was ich bin«:

»Jeder wird Ihnen sagen, ich sei kein Maler. Das stimmt. Schon zu Beginn meiner Laufbahn habe ich mich sogleich den Photometrographen, den Belichtungsmessern, zugerechnet.

Meine Arbeiten sind rein photometrisch. Nehmen Sie *Revolving Doors* oder *Seguidilla*, *Le beau temps* oder die *Shakespearean Equations*, und Sie werden feststellen, daß keine gestalterische Idee bei der Schaffung dieser Werke beteiligt war. Vielmehr dominiert das wissenschaftliche Denken.

Außerdem bereitet es mir mehr Vergnügen, eine Farbe zu messen, als sie zu betrachten. Mit dem Belichtungsmesser in der Hand arbeite ich fröhlich und sicher. Was habe ich nicht schon alles gewogen und gemessen? Den ganzen Uccello, den ganzen Leonardo usw. Es ist schon sehr merkwürdig.

Als ich zum ersten Mal ein Photoskop benutzte, untersuchte ich damit eine mittelgroße Birne. Ich versichere Ihnen, nie habe ich etwas Widerwärtigeres erblickt. Ich rief mein Hausmädchen und zeigte es ihr.

Auf der Photowaage wog ein ganz gewöhnlicher Akt einhundert Kilogramm. Ein sehr dicker Maler hatte sie mir geschickt, den ich ebenfalls wog.

Ist Ihnen bekannt, wie man Farben säubert? Eine schmutzige Arbeit ist das. Das Spinnen der Farben ist sauberer. Sie zu sortieren ist sehr schwierig, und man braucht gute Augen dazu. Damit gelangen wir zur Phototechnikologie.

Was die häufig so unangenehmen Farbexplosionen angeht, so läßt sich ihre Wirkung auf das Maß des Erträglichen beschränken, indem man die Augen mit Watte bedeckt. Damit sind wir bei der Pyrophotologie.

Als ich die *Mains libres* zeichnete, bediente ich mich eines Kaleidophoto-Aufnahmegeräts. Es dauerte sieben Minuten. Ich rief mein Hausmädchen und zeigte es ihr.

Ich glaube, ich darf sagen, daß die Photologie der Malerei überlegen ist. Sie ist abwechslungsreicher. Der pekuniäre Ertrag ist größer. Ich verdanke ihr mein Vermögen.

Wie dem auch sei, mit einem Monodynamophot vermag ein kaum geübter Photometrograph in der gleichen Zeit und mit dem gleichen Kraftaufwand mehr Farben aufzuzeichnen als der versierteste Maler. Dank dieses Apparats habe ich so viel gemalt.

Die Zukunft gehört der Philophotologie.«

Auch als die große Dada-Retrospektive in Düsseldorf organisiert wurde, bat man unter anderen auch mich, ein paar Zeilen für den Katalog zu schreiben. Ich machte gerade Ferien in Südfrankreich, hatte nichts zu tun, und brachte das Folgende, ohne weiter darüber nachzudenken oder nachträglich etwas zu verändern, zu Papier:

»Dadamade

Wer hat Dada gemacht? Keiner und jeder. Ich habe Dada gemacht, als ich noch in. den Windeln lag, und meine Muter hat mir dafür den Hintern versohlt. Jetzt beansprucht jeder für sich, Dada erfunden zu haben. Schon seit dreißig Jahren. In Zürich, in Köln, in Paris, in London, in Tokio, in San Francisco, in New York. Ich könnte behaupten, ich hätte Dada in New York erfunden. Im Jahre 1912 vor Dada. 1919 machte ich Dada in New York, und zwar rechtsgültig — mit Erlaubnis und Zustimmung anderer Dadaisten. Nur einmal. Das reichte. Die Zeit verdiente nicht mehr. Es war ein Dada-Datum. Die eine Ausgabe von New-York Dada trug nicht einmal die Namen ihrer Schöpfer. Wie ungewöhnlich für Dada. Natürlich gab es eine Anzahl von Mitarbeitern. Freiwillige und unfreiwillige. Überzeugte und Mißtrauische. Was kam schon dabei heraus? Nur eine Ausgabe.   .

Vergessen — von den meisten Dadaisten und Anti-Dadaisten nicht einmal wahrgenommen. Jetzt versuchen wir, Dada wieder zum Leben zu erwecken. Warum? Wen kümmert's? Wen kümmert's nicht? Dada ist tot. Oder lebt Dada noch. Etwas, das lebt, können wir ebensowenig zum Leben erwecken wie etwas, das tot ist.

Ist Dadatot?

Lebtdada?

Dada ist.

Dadaismus.«

Auch in Paris fand eine Retrospektive mit frühen dadaistischen Werken statt, und aus diesem Anlaß wurde mein Objekt *Boardwalk* von seinem Besitzer entliehen. Die Ausstellung machte einen respektablen, nach heutigen Maßstäben fast konservativen Eindruck. Ich hatte noch ein weiteres Objekt beigesteuert, das ich in früheren Jahren erdacht hatte: ein einfaches Metronom, an dessen schwingendem Stab ich das Photo eines Auges befestigt hatte, das nun mit dem Ticken hin- und herpendelte. Der Titel lautete: *Object To Be Destroyed* (Zu zerstörendes Objekt). Ich hatte wirklich die Absicht, es eines Tages zu zerstören, aber vor Augenzeugen oder vor einem Publikum während eines Vortrags.

Eines Tages war ich gerade mit meinem alten Freund Tristan Tzara, der beim Aufbau mitgeholfen hatte, in der Ausstellung, als eine Gruppe halbwüchsiger Jungen und Mädchen, einige mit Mappen unter dem Arm, hereinmarschierte — offensichtlich kamen sie aus der Académie des Beaux Arts. Plötzlich wirbelten überall grüne Flugblätter umher, und eine Stimme verkündete den übrigen Besuchern, dies sei ein Protest gegen die Dadaisten und die Surrealisten. Die Studenten fingen an, die ausgestellten Arbeiten abzuräumen und sie vorsichtig auf den Boden zu legen, um die unter Glas befindlichen nicht zu beschädigen. Danach verließen sie ganz friedlich den Raum.

Aber auf dem Weg nach draußen schnappte sich einer das Metronom und verschwand damit. Mein *Boardwalk* hing in der Nähe der Tür; ein zweiter aus der Gruppe nahm es und schleppte es mit fort. Ich rannte ihm nach und packte ihn beim Kragen, aber ein anderer stellte mir ein Bein, und ich fiel auf den Bürgersteig. Ich rappelte mich hoch und wollte ihnen folgen, da hielten schon auf der anderen Straßenseite zwei Mädchen das *Boardwalk*-Objekt in die Höhe, ein Knabe zog eine Pistole und schoß Löcher hinein. Ich gab auf.

Glücklicherweise hatte der Sekretär der Galerie schon zu Beginn der Demonstration die Polizei angerufen. Es erschien ein Polizeiauto, und die Anführer wurden festgenommen. Auch ein paar unschuldige Zuschauer nahm die Polizei mit. Ich ergriff mein *Boardwalk*-Objekt und brachte es zurück in die Galerie. Außer den Einschußlöchern und ein paar Fußabdrücken hatte es keinen großen Schaden genommen. Die Mädchen hatten versucht, es zu zerstören, aber es war aus stabilem Sperrholz, ziemlich unzerstörbar. Ich nahm eines der Flugblätter und las: es war ein Pamphlet gegen alle Dadaisten und Surrealisten unter Berufung auf die Werte der guten alten Traditionen; sogar Villon, den Dichter aus dem 15. Jahrhundert, hatte man bemüht, als sei er nie wegen Diebstahls zum Galgen verurteilt worden.

Am nächsten Tag wurde ich auf das Polizeirevier gerufen und gefragt, ob ich auf einer Strafverfolgung bestehe, aber ich lehnte ab und sagte, das sei Sache der Polizei: ob es nicht verboten sei, Waffen bei sich zu tragen? Der Polizeihauptmann zog eine Schublade heraus und zeigte mir die Pistole. Ja, darum würden sie sich kümmern. In den Zeitungen wurde ich mit dem Satz zitiert: In ihrem Alter würde ich genauso gehandelt haben.

Später hatte ich eine interessante Unterredung mit einem Versicherungsfach-

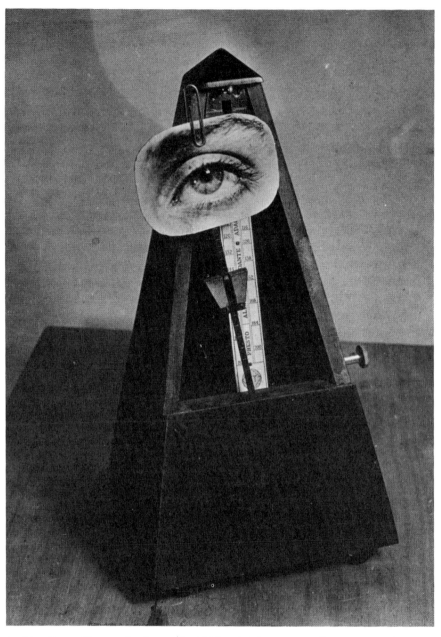

86 Man Ray: »Object to be destroyed«, Objekt 1923 (zerstört 1957)

mann; die Galerie hatte die Ausstellung versichert. Zunächst bot er mir an, die Kosten für das Metronom zu ersetzen, das sei eine Kleinigkeit. Ich wies ihn darauf hin, daß man ein Kunstwerk, ein Gemälde, nicht mit Pinseln, Farbe und

Leinwand ersetzen könne. In diesem Punkt gab er nach: da ich ein bekannter Künstler sei, wolle er mir den vollen Versicherungswert bezahlen. Dann aber äußerte er in vertraulicherem Ton den Verdacht, ich würde mir womöglich von diesem Geld einen ganzen Vorrat an Metronomen kaufen. Genau dies sei meine Absicht, entgegnete ich; eins jedoch würde ich versprechen, ich wollte den Titel ändern: statt *Object To Be Destroyed* würde ich es jetzt *Indestructible Object* nennen. In bezug auf *Boardwalk* schlug er vor, es zu reparieren, die Kugellöcher aufzufüllen und das Bild zu säubern. Im Gegenteil, sagte ich, als Dada-Objekt sei es jetzt wertvoller als vorher und dürfe nicht angerührt werden. Warum ich dann auf der Zahlung einer Versicherungssumme beharrte, wollte er wissen. Ich dachte an den Besitzer und schlug vor, die Versicherung solle den vollen Wert, den es heute habe, bezahlen und das Werk behalten — so wie es im Vertrag vorgesehen war. Er wandte ein, seine Gesellschaft sammle keine Kunst, und erklärte sich schließlich bereit, den halben Wert zu bezahlen. Ich war sehr zufrieden mit dem Resultat dieser Auseinandersetzung — es war mir gelungen, etwas, das nicht als Kunstwerk galt, als rechtlich ebenso gültig und wirksam durchzusetzen wie jedes andere legitime Gemälde oder Bildhauerwerk auch.

Trotz wiederholter Ankündigungen, der Surrealismus sei tot — einige hatten ihn schon ganz zu Anfang als Totgeburt bezeichnet —, lebte er immer wieder auf, in Form einer neuen Galerie, die sich dem Surraealismus widmete, oder einer neuen Zeitschrift, die sich mehrere Nummern lang halten konnte, und immer noch scharte sich eine Gruppe von Anhängern um seinen Begründer, André Breton. Wie andere Kunstbewegungen vor ihm, trat der Surrealismus jetzt in seine letzte Phase ein — in den Besitz der Öffentlichkeit.

Eine der jüngsten Manifestationen war eine Ausstellung mit dem Titel *E-xposition inte-R-nati-O-nale du S-urrealisme,* ihr Thema war die Erotik. Außer daß ich ein Gemälde beisteuerte, lud man mich auch ein, einen Artikel für den Katalog zu schreiben. Für viele, die nach pornographischen Attraktionen suchten, war die Ausstellung eine Enttäuschung — sie bewegte sich auf einer poetischen und eher symbolischen Ebene. Mein Aktbild hielt man offenbar für eines der erotischsten, denn es wurde so unauffällig plaziert, daß es nur wenige bemerkten. Ich selbst hatte es zunächst übersehen und schon geglaubt, es sei zensiert worden. Mein Artikel jedoch kam im Katalog gut zur Geltung und fand viel Beifall. Er wurde ins Französische übersetzt, was mir sehr lieb war. Ich hatte ihn überschrieben »Inventur eines Frauenkopfes«:

»Bei allen Einschränkungen und aller Tarnung, sei es, um den Körper der Frau zu verbergen, sei es, um ihn bloß anzudeuten, haben die meisten Völker unbewußt und glücklicherweise den Kopf der Frau oder doch einen Teil ihres Kopfes nackt gelassen. Schon wenn unsere Gesellschaft nur zuließe, daß einzig die Augen durch einen Schleier spähen, würde sie einen Verstoß gegen ihren Moralkodex begehen — eine Nachlässigkeit, für die die Poeten im Laufe der Jahrhunderte immer wieder dankbar waren.

Kühnere Dichter haben in den Augen der Frau ihr Geschlecht gesehen, haben bemerkt, daß der Kopf mehr Öffnungen hat als der ganze übrige Körper — und ebensoviele zusätzliche Einladungen zur poetischen, das heißt sinnlichen Erkundung. Ein Auge kann man küssen oder zur Feuchtigkeit reizen, ohne den Anstand zu verletzen.

Die vollständige Entblößung des Kopfes ist eine Einladung zu einer wahrhaften Orgie. Ob er sich in seinem natürlichen Zustand befindet oder verschönt wurde durch Schminke, Schmuckstücke oder aufwendige Frisuren — nichts kann die Phantasie davon abhalten, die wildesten Spekulationen anzustellen. Alle Sinne konzentrieren sich in diesem einen Kopf: Augen, Ohren, Nase, Lippen, Zunge und die Haut, die alles mit ihrem Netz vibrierender Nervenfasern überzieht. Man stellt sich vor, daß die Sinne, unsere eigenen und die unseres Gegenübers, bereit sind, in völliger Übereinstimmung aufeinander einzugehen.

Die Augen nehmen nicht nur ein äußeres Bild auf, sie geben auch das Bild eines unsichtbaren Gedankens nach außen; die Nase atmet unsichtbare Gerüche, die alle anderen Sinne beeinflussen können; arabeskenhafte, undurchdringliche Ohren, empfänglich nur für unsichtbare Klänge, die das Gehirn entflammen können, werden stereoauditiv, genau wie die Augen stereoskopisch sind, die Nase stereofaktorisch und der Mund stereoskulatorisch, um einer größeren Intensität und sicherer Empfänglichkeit willen. Die Stimme dagegen ist immer monophon; sie braucht nicht stereophon zu sein.

Und das Haar ist — außer in wenigen Extremfällen — den üblichen sexuellen Tabus (Schamhaare) zum Glück entgangen, so daß Augen, Hände und Nase diese Kopfeskrone erkunden und liebkosen können, die sich hingibt wie ein einwilligender Körper. Wenn schließlich die Lippen, zwei Körper, die sich in vollkommener Harmonie aneinanderschmiegen, wenn diese Lippen sich zu einem Lächeln formen, dann enthüllen sie die bedrohliche Barriere der Zähne, die gleichwohl zu weiterer Erkundung einlädt.

Wenn ich diesen Kopf in Händen halte, dann frage ich nicht, ob er ein Abbild des Körpers der Frau ist; ich weiß nur, daß ohne Kopf alle Körper gleich sind, insofern sie alle einem einzigen Zweck dienen. Als ich in einer Aktklasse, die ich als Zeichenschüler besuchte, zum erstenmal einen nackten Körper sah, war das eine totale Enttäuschung, und mit meiner ersten Aktzeichnung zog ich mir die heftigste Kritik meines Zeichenlehrers auf den Hals: Das ich keine Frau, das ist ein Pferd. Im stillen gab ich ihm recht.

Oh ich weiß, es gibt das wohlgeformte Bein, die vollkommene Brust, das einladende Hinterteil, aber zu allererst durch die Augen im Kopf wird der letzte, der sexuelle Sinn geweckt. Ich spreche jetzt von meinem eigenen Kopf, der die gleichen Sinne enthält wie der Kopf der Frau. Mein erstes Ziel ist es, in diesen beiden Köpfen durch ihre einander ähnlichen Öffungen die gleichen Wünsche zu wecken. Nur indem man die Köpfe zusammenbringt, kann man wirkliche Verständigung und Einigkeit erreichen und die Einwilligung in weitere Erkundungen. In den meisten Weltgegenden ist der Kuß das Kennwort für dieses Unisono; an einigen Orten mißbilligt man ihn wie eine in der Öffentlichkeit vollzogene sexuelle Geste. Da man die Nacktheit des Kopfes toleriert, toleriert man auch die Zusammenfügung zweier Köpfe; zumindest *unsere* Gesellschaft hält sich an eine gewisse äußerliche Logik. Zum Glück!

Der Kopf einer Frau ist das vollständige Abbild ihres Körpers, aber worin seine Faszination auch bestehen mag: »Le portrait d'un être qu'on aime doit pouvoir être non seulement une image à laquelle on sourit mais un oracle qu'on interroge«, sagt André Breton.

So laute stets und bei jedem Zweck unsere erste Frage in bezug auf eine Frau: Hat sie einen Kopf?«

Einmal sollte ich vor einer Gruppe von Zeitungsleuten und Reportern über den Wert des Bildes sprechen und hatte, als ich ankam, wie üblich keine feste Vorstellung von dem, was ich sagen würde. Der Veranstaltungsleiter schlug mir vor, ich solle als Ausgangspunkt die alte chinesische Weisheit nehmen: Ein Bild ist so viel wert wie tausend Wörter. Aber ich brachte — unbewußt, vielleicht sogar absichtlich — die Wörter durcheinander und verkündete, ein Bild könne tausend Wörter hervorbringen. Hatte man je ein Bild gesehen, das nicht von einer Bildunterschrift oder einem Text begleitet war? Sogar bei Werken, die aus sich selbst heraus verständlich waren, etwa dem Porträt eines jungen Mannes, der eine Blume hält, gemalt von einem alten Meister — ich sehe im Katalog nach und lese: »Porträt eines jungen Mannes mit Blume«.

In meinem den bildenden Künsten gewidmeten Leben habe ich immer stärker den Wunsch verspürt, meine Arbeiten durch Worte zu ergänzen. Natürlich nicht immer im buchstäblichen Sinn, wohl aber als Erkennungszeichen — so wie der Name, den einer hat, in keiner direkten Beziehung zu ihm steht und ihn nicht beschreibt. Am beliebtesten ist die Musik, die von Worten begleitet wird. Durch die Einfügung eines Wortes gewannen die früheren kubistischen Gemälde an Intensität. Es diente nicht der Erklärung. Das Wort brachte auch ein Element von Zeit in die bildende Kunst, das ihr sonst fehlte, gleichgültig, wieviel Vorarbeiten in die Realisierung eines Werkes einflossen. Die Wirkung eines Bildes ist augenblickhaft, während sich das Lesen und Hören in der Zeit vollziehen. Man hat gesagt, ein Ertrinkender sieht sein ganzes Leben innerhalb eines Augenblicks an sich vorüberziehen. Und man nimmt an, daß noch der längste und komplizierteste Traum im Nu vorüber ist.

Mittels Geschick und neuartigen Techniken habe ich beim Malen versucht, mit der Geschwindigkeit des Denkens Schritt zu halten, aber die Ausführung bleibt hinter dem Geist und hinter der Wahrnehmung zurück. Vor Jahrhunderten hatten chinesische und japanische Künstler diese Augenblickhaftigkeit beinahe erreicht. Man denke an die Geschichte vor dem Künstler, den der Kaiser beauftragt hatte, einen Drachen auf einen Wandschirm zu malen. Die Erfüllung des Auftrags ließ jahrelang auf sich warten, bis der Kaiser den Künstler eines Tages im

Atelier aufsuchte, um den Grund für diese Verzögerung herauszufinden. Das Atelier war angefüllt mit Drachenstudien, eine genauer und großartiger als die andere. Der Künstler erklärte, er mache noch Skizzen, sei aber bald bereit, in den Palast zu kommen und das endgültige Bild auszuführen. Als er dann mit einem Topf Farbe und einem Pinsel kam, begann er an einem Ende der Fläche mit einem Pinseltupfer und fuhr dann mit einer raschen Handbewegung, den Druck immer wieder verändernd, über die Fläche hinweg, bis er in wenigen Sekunden das andere Ende erreicht hatte. Das war die Synthese all seiner Studien.

Und es war dies das genaue Gegenteil zu allen abendländischen Vorstellungen von Malerei und besonders zu den Naiven mit ihren angestrengt peniblen Hervorbringungen. Vielleicht sind die Maler heutzutage bestrebt, die östliche Auffassung wiederzugewinnen. Vielleicht ist der Akt des Malens selbst primitiv und verschwindet eines Tages, und an seine Stelle tritt ein schöpferisches Tun, das mit unserer heutigen Kunstauffassung überhaupt nichts mehr gemein hat, so wie die Kunst von heute früheren Generationen als Kunst vollkommen unbegreiflich sein würde. Die abstrakten Maler, die Collagenmacher, die Kleckser und Tropfer sind schließlich die Naiven von heute. Zwar befriedigt es mich, meine Ideen und Reaktionen in Worten ebenso festzuhalten wie in Farben, aber der gestalterische Geist in mir war voller Ungeduld wegen der Zeit, die zu all dem aufgebracht werden mußte — nie habe ich mit solcher Ausdauer an einem einzelnen Werk gearbeitet wie an diesem Buch.

Eine gewisse Entschädigung gab es imerhin; viele Episoden hatte ich häufig Freunden erzählt, die mich drängten, sie niederzuschreiben. So gab ich ihnen nicht nur eine haltbare Gestalt, mir kam es auch so vor, als würde ich sie nie wieder zu erzählen brauchen — ich konnte mich von der Vergangenheit befreien und entging der Gefahr, meine Zuhörer zu langweilen, wenn ich vergaß, daß ich ihnen diese oder jene Geschichte schon einmal erzählt hatte.

Und so bereitete ich kürzlich bei einem Vortrag vor einem sehr seriösen Publikum anläßlich einer Ausstellungseröffnung, um mich nicht zu wiederholen, meine Rede gründlich vor. Viele Zuhörer standen — es gab nicht genügend Sitzplätze. Ich trug einen Abendanzug, denn nachher sollte es ein Festessen geben. Als ich mit einem Stapel Papier in der Hand das Podium erstieg, bemerkte ich im Publikum viele resignierte Gesichter. Langsam und getragen las ich die erste Seite, hielt dann inne und blickte auf meine Zuhörer. Einige rutschten auf ihren Stühlen hin und her oder traten von einem Fuß auf den anderen, um eine bequemere Stellung zu finden. Ich wandte mich der zweiten Seite zu und beschleunigte mein Lesetempo, dann folgte die dritte Seite, die ich fast atemlos herunterhaspelte. Ich schlug die nächste Seite auf, machte wieder eine Pause, hielt das Blatt dem Publikum hin und sagte, das sei alles. Die Seite war leer, genau wie die restlichen Blätter des Bündels.

PERSONENREGISTER

(*Kursive* Ziffern verweisen auf Abbildungen)